BULLETIN CRITIQUE

TROISIÈME ANNÉE

(15 MAI — 15 DÉCEMBRE 1882)

TOME III

Tours, imp. Rouillé-Ladevèze, rue Chaude, 6

BULLETIN CRITIQUE

PUBLIÉ SOUS LA DIRECTION DE MM.

DUCHESNE, INGOLD, LESCŒUR, THÉDENAT

SECRÉTAIRE DE LA RÉDACTION : M. E. BEURLIER

TROISIEME ANNÉE

15 MAI — 15 DÉCEMBRE 1882

TOME III

PARIS

ERNEST THORIN, ÉDITEUR

Libraire du Collège de France, de l'École normale supérieure,
des Écoles françaises d'Athènes et de Rome

7, RUE DE MÉDICIS, 7

1882

N° 1   15 Mai   1882

BULLETIN CRITIQUE

DE LITTÉRATURE, D'HISTOIRE ET DE THÉOLOGIE

1. — **La parole intérieure**. Essai de psychologie descriptive, par Victor Egger. 1 vol. in-8°, de 326 pages. Germer-Baillère, 1882.

Il y a près de deux ans que M. Paul Janet annonçait le travail de M. V. Egger. Le nom seul de l'auteur était de bon augure et notre attente n'a pas été trompée. Qu'est-ce que la *parole intérieure ?* (ch. I). C'est cette voix qui, au dedans de moi, dans un langage qui n'impressionne point l'oreille, mais que la conscience entend distinctement, récite mot à mot la page que je lis en silence, me dicte, également mot à mot, tout ce que j'écris. Qu'il s'agisse de souvenirs ou de conceptions nouvelles, la pensée ne se développe pas sans elle, et si, parfois, cette voix intime échappe, c'est une conséquence des effets destructifs de l'habitude ; un instant de réflexion suffit pour la ressaisir. « Pour ralentir le cours de la parole intérieure et briser sa continuité, il faut notre propre parole ; pour la suspendre tout-à-fait, durant un temps notable, il faut la parole d'autrui » (p. 5). Encore reprend-elle bien vite son rôle ; elle me souffle dans la conversation une foule de mots, critique, commente, corrige ce que j'entends. Et les distractions, les divagations, les rêves !..... « Ils ne sont ni rares, ni étranges, les hommes chez lesquels la parole est extérieure pour un cinquième seulement de sa durée » (p. 8). On dit souvent : l'œil de la conscience ; on ferait mieux de la comparer à une oreille : « L'âme n'est jamais sans entendre un son ; lorsque le son n'est pas extérieur et réel, il est remplacé par une image qui lui ressemble... (p. 5.) Nous sommes toujours parole, et nous sommes parole intérieure quand nous ne sommes pas parole extérieure » (p. 46).—N'est-ce pas un peu exagéré ? Est-il prouvé que l'âme pense toujours, dans le sens précis du mot, et surtout, que l'âme appuie toujours sa pensée sur des images sonores ? M. V. E., lui-même, ne voit là qu'une habitude, mais pour lui, c'est plus qu'une habitude invétérée. c'est une habitude devenue absolument *constante* (p. 61); bien des psychologues ne sont pas de cet avis. Autre affirmation qui nous semble inexacte : la parole intérieure serait « une parole mentale, sans existence objective, étrangère au monde physique, un simple état du moi, un fait psychique » (p. 2). M. V. E. la considère sans doute au seul point de vue de la conscience; mais la parole intérieure étant une *image*, implique une intervention du cerveau, un processus physiologique qu'il eût été nécessaire au moins de signaler.

Après l'aperçu descriptif que nous venons de résumer, l'auteur aborde l'histoire de la question. Les anciens ont entrevu la parole intérieure, mais n'ont pas réussi à s'en faire une idée distincte; ce qu'ils nomment ainsi, c'est, par métaphore, la pensée elle-même. « Il faut arriver au xviiᵉ siècle pour trouver la parole intérieure nettement dégagée des phénomènes qui l'accompagnent ou qui lui ressemblent » (p. 15). — Nous sommes heureux de pouvoir signaler à M. V. E. un passage de saint Augustin où la parole intérieure est fort nettement décrite : « Quicumque cupit ad qualemcumque similitudinem Verbi Dei, quamvis per multa dissimilem, pervenire, non intueatur verbum nostrum quod sonat in auribus, nec quando voce profertur, nec *quando silentio cogitatur*. Omnium namque sonantium verba linguarum etiam in silentio cogitantur, et carmina percurruntur animo, tacente ore corporis, nec solùm numeri syllabarum, verùm etiam modi cantilenarum, cum sint corporales, et ad eum, qui vocatur auditus, sensum corporis pertinentes, per incorporeas quasdam imagines suas præsto sunt cogitantibus et tacite cuncta ista volventibus. » (De Trinitate; lib. XV, cap. XI, n. 20. Cfr. id., ch. X, n. 19; et lib. IX, cap. X, nᵒ 15.) Nous pourrions également citer saint Thomas d'Aquin, qui n'a certainement pas confondu la parole intérieure, *imaginatio vocis*, avec la pensée elle-même. *verbum mentis*. (Sum. Theol; pars 1ª; quæst. xxxiv; art. I in. corp.) Bossuet, continue M. V. E., témoigne, en plus d'un passage, d'une connaissance exacte de la parole intérieure. Il le doit « à l'étude des écrivains mystiques et non à la lecture des philosophes. » C'est vrai, toutefois, les mystiques ne lui ont pas seulement fourni, comme semble le penser l'auteur, des « expressions » heureuses, mais un enseignement précis, des peintures souvent fort exactes (1). Locke, Leibniz, Rivarol signalent aussi la parole intérieure sans y attacher grande importance; de Bonald. au contraire, en fait « la clef de voûte d'un système complet de

(1) Cfr. Intéressantes citations de saint Jean de la Croix, dans M. J. Ribet: *la Mystique divine*, t. II, ch. XV, p. 258 à 253. Libr. Poussielgue.

philosophie théorique et pratique, l'explication du mystère de l'être intelligent. » Damiron, Maine de Biran se préoccupent, avant tout, de réfuter le paradoxe de l'institution divine du langage, ils méconnaissent même la réalité du phénomène de la parole intérieure ; Cardaillac, « le premier, lui assigne sa place légitime, non-seulement dans la théorie du langage, mais aussi dans la psychologie générale ; on peut dire qu'il a fait entrer dans la science, ce qui, parmi les idées de Bonald, méritait de durer. » L'auteur donne un excellent résumé de ces diverses théories, en montre les erreurs ou les lacunes. Une monographie plus précise et plus large de la parole intérieure restait donc à faire ; M. V. E. en trace le programme complet (p. 64), mais il restreint ses recherches à l'essence de la parole intérieure et ses rapports avec la parole extérieure et la pensée.

La comparaison de la parole intérieure et de l'extérieure, leurs analogies et leurs différences, la place de la parole intérieure dans la classification des faits psychiques, forment le sujet des chapitres II et IV, qui renferment des vues et des descriptions psychologiques fort intéressantes.

Au chapitre III, l'auteur étudie les *variétés vives* de la parole intérieure, c'est-à-dire les formes intenses, de plus en plus rapprochées de la parole extérieure, qu'elle revêt sous l'influence de l'imagination et de la passion. A la parole vive *dramatique* ou *passionnée*, il faut joindre la parole intérieure vive *morale*, la fameuse « voix de la conscience » aux formules brèves, impératives, encourageantes, approbatives parfois, ou, au contraire, sévères, méprisantes même. Le philosophe ne voit là que des phénomènes imaginatifs, accompagnant les jugements de la raison pratique, et donnant, par suite de leur intensité et de leur brusque apparition, l'illusion de l'extériorité ; un mystique, lui, y cherchera une cause surnaturelle, ce seront des avertissements célestes, des messages d'en haut. A l'appui de sa thèse, trop absolue pour être exacte, M. V. E. évoque deux grandes et sympathiques figures, Socrate et Jeanne d'Arc ; rapprochement inattendu et piquant, véritable coup de théâtre, dirais-je volontiers, si je pouvais penser que M. V. E. eût visé à l'effet. Que M. V. E. ne croie pas que je plaide ici *pro domo mea*. L'Église pourra décerner à Jeanne d'Arc, l'héroïque et angélique victime, les honneurs d'un culte public. C'était le vœu le plus cher de l'Évêque d'Orléans, bien digne de son grand cœur. Mais, alors même, l'Église ne ferait pas des visions de Jeanne un article de foi et tolérerait à leur sujet une discussion respectueuse. Ce qui blesse, dans notre auteur, c'est qu'à l'entendre, la croyance générale que partagent cependant des esprits de premier ordre, ne semble pas mériter mention ou discussion. Est-ce un sacrifice au goût du jour, à cette mode d'éluder toute intervention surnaturelle dans la sphère psychologique sous le prétexte vague et commode de mysticisme et d'hallucination ? M. V. E., il est vrai, a bien soin d'appeler les hallucinations de Jeanne physiologiques, et non pathologiques, mais cette précaution oratoire, renouvelée de M. Brierre de Boismont, est à peu de chose près une affaire de mots; lorsque M. V. E. admire « la sublime folie » de Jeanne, pense-t-il que l'épithète fasse oublier le substantif ? Que M. V. E. ait appelé les visions de Jeanne des représentations imaginatives, c'eût été probablement fort exact, mais avant de les nommer hallucinations, il aurait fallu prouver que les dites représentations, ne pouvaient être, et, de fait, n'ont pas été produites en elle par des agents surnaturels. M. V. E. fait bien allusion à quelques erreurs de Jeanne, à quelques moments d'hésitation, de doute, mais il connaît trop bien la vraie nature de la certitude pour faire fond sur de pareils arguments. D'ailleurs que de particularités on pourrait lui opposer, l'épée de Fierbois, par exemple. L'auteur a prévu l'objection ; voici sa réponse : « Cette prédiction, qui se trouva réalisée, est la plus hardie qu'aient faite les voix de Jeanne d'Arc, et la seule où l'espace soit franchi au lieu du temps; mais, philosophiquement, l'espace lointain, c'est l'avenir » (Note p. 141). Je ne sais s'il faut ainsi ranger les voix de Jeanne parmi les précurseurs de Kant, mais, à coup sûr, je ne trouve pas le fait en question élucidé par le paradoxe de M. V. E. Quant au fameux δαιμόνιον de Socrate, on ne peut faire à son sujet, que des hypothèses; l'interprétation de M. Fouillée, adoptée par M. V. E., si plausible soit-elle, n'est pourtant qu'une conjecture.

L'auteur (ch. V), passe aux rapports de la pensée et de la parole intérieure. Sont-elles vraiment *simultanées* ? Oui, semble nous répondre la conscience; mais qu'un effort intellectuel devienne nécessaire pour comprendre le sens d'un mot ou pour trouver l'expression exacte de notre pensée, la prétendue simultanéité disparaît; c'est donc là encore une illusion de l'habitude qui peu à peu réduit à un minimum indiscernable, à un zéro pour la conscience, l'intervalle qui sépare l'apparition de la pensée et celle du mot. Ce que l'on conçoit bien s'énonce clairement, non parce que la pensée n'a pas d'existence, de réalité, indépendamment de son expression, mais au contraire, parce qu'un esprit aux conceptions bien distinctes est seul capable de choisir, parmi les nombreux et incessants apports de la mémoire verbale, une formule expressive adéquate. La mémoire verbale, il est vrai, enrichit la conception primitive d'éléments nouveaux, mais à une condition, c'est que l'esprit aura préalablement associé aux mots des idées nettes, des jugements exacts; autrement la pensée première serait bien vite dénaturée.

Mais à quoi bon la parole conventionnelle, le signe arbitraire, puisque la pensée est déjà revêtue d'images, de signes analogiques

(Chap. VI). ? C'est que toute représentation imagée est essentiellement particulière, composée d'éléments individuels, impropre, par conséquent, à représenter *impartialement* les idées générales ou celles dont les objets ne tombent pas sous les sens. C'est d'ailleurs du sein des images qu'est sorti le signe arbitraire ; « vraisemblablement, tous les noms aujourd'hui conventionnels sont d'anciennes métaphores, et toutes les métaphores sont d'anciennes onomatopées » (p. 258). L'auteur décrit cette curieuse évolution et termine par quelques considérations théoriques et pratiques sur le rôle que doit jouer l'attention pour défendre les idées contre les mots.

« La sécheresse en psychologie est toujours inexactitude. » Certes, ces paroles de M. V. E. ne peuvent être appliquées à son étude qu'on suit avec autant d'intérêt que de profit. Sauf peut-être quelques paragraphes du dernier chapître (§ 6, 7, 8), où les exemples sont trop rares, ce qui en rend la lecture assez pénible, l'auteur n'a jamais « emprisonné sa pensée dans ses propres sentences » et a su donner à ses idées « un commentaire varié, abondant, persuasif » ; son travail fait vraiment honneur à la psychologie française contemporaine.

Marcel Hébert.

2. — **Opera Patrum apostolicorum**, textum recensuit, etc. Fr. X. Funk ss. theologiae in universitate Tubingensi prof. p. o., volumen II. — Tubingue, Laupp, 1881 ; in-8° de LVIII-372 pages.

M. Funk, professeur à la Faculté de théologie catholique de Tubingue a publié, il y a quatre ans, une remarquable édition des Pères apostoliques ; dans ce volume il nous en donne comme le supplément. C'est un recueil d'écrits fort divers, les uns authentiques, les autres anonymes, d'autres pseudépigraphes, qui tous se rapportent à des auteurs ecclésiastiques de la première moitié du second siècle, ou se recommandent de leur nom. De vraiment authentique il n'y a que les fragments de Papias et des *Presbyteri* cités par saint Irénée. On pourrait y joindre la vie de saint Polycarpe par Pionius, s'il était certain que ce dernier nom n'est pas un nom d'emprunt ; l'édition de M. Funk a été faite sur les épreuves de la mienne, mais elle a l'avantage d'être accompagnée d'une version latine, celle de Bollandus, revue et corrigée.

Les écrits anonymes sont : d'abord *trois passions de saint Ignace*. M. Funk avait admis dans son premier volume le *martyrium Colbertinum* de Ruinart, tout en démontrant qu'il n'avait pu être rédigé avant le Vᵉ siècle. Il publie ici le *martyrium Vaticanum* de Dressel, celui de Métaphraste, enfin une passion latine éditée déjà par les Bollandistes (Acta SS. Feb. t. I. p. 29) ; pour tous ces textes M. Funk a collationné des manuscrits différents de ceux que l'on avait employés jusqu'ici. Il faut en dire autant de la *passion grecque de saint Clément*. Dans la préface à cette pièce, M. Funk aurait pu ajouter à la liste des textes qui en dérivent le *Missale Gothicum*, le *De gloria martyrum* de Grégoire de Tours (c. 35), enfin le *Liber Pontificalis*, notice de saint Clément.

Pour les *lettres* pseudépigraphes *de saint Clément aux vierges*, M. Funk ne donne pas le texte syriaque, mais seulement la traduction latine de M. Beelen, revue par M. Himpel.

Mais le grand intérêt du volume consiste dans la nouvelle édition du *saint Ignace interpolé ou apocryphe*. Ici M. Funk nous donne le résultat de longs et fructueux travaux poursuivis dans les bibliothèques d'Allemagne, de France, d'Angleterre et d'Italie; il a même obtenu du métropolite Philothée Bryenne une collation du manuscrit de Constantinople, maintenant célèbre, d'où ce prélat tira, en 1875, des fragments considérables de saint Clément. Ses recherches se sont étendues à la vieille version latine du pseudo-Ignace, publiée, dès l'année 1498, par Lefèvre d'Etaples, et d'après laquelle on a presque toujours cité saint Ignace jusqu'au milieu du XVIIe siècle. On ne saurait trop louer ce travail consciencieux et patient, consacré à un ouvrage qui, tout apocryphe qu'il est, n'en est pas moins du plus haut intérêt. On méprise trop les apocryphes. Lorsqu'on a découvert qu'un livre est antidaté et porte un nom d'emprunt, on s'empresse de le jeter au panier et de traiter son auteur de vil faussaire. C'est ce que fait volontiers Tillemont; il est vrai que, pour sa peine, il lui arrive parfois d'accepter, sur l'autorité de certains Pères et par respect pour eux, des histoires qu'ils ont eux-mêmes tirées des apocryphes. Ces livres anonymes ou ornés de faux noms étaient plus lus que les grands traités des docteurs : c'était la littérature pieuse et populaire. Aussi est-il très important de les tirer de la poussière des bibliothèques, de les nettoyer le mieux possible des fautes de transcription et de les replacer dans le temps et dans le milieu où ils ont été écrits. Cette dernière tâche, M. Funk l'a reprise pour le pseudo-Ignace, après plusieurs essais dont le plus remarquable est celui de M. Th. Zahn, dans son *Ignatius von Antiochien*. Je dois dire que, sans accepter toutes les raisons et toutes les conclusions de M. Zahn, il me semble être plus près de la vérité que M. Funk. M. Funk maintient dans sa préface les conclusions d'un mémoire publié par lui en 1880, dans le *Theologische Quartalschrift* (t. LXII, p. 355) et persiste à croire que le pseudo-Ignace est un apollinariste. Je continue, quant à moi, à lui trouver des sentiments ariens. Il est vrai qu'il n'emploie nulle part les termes techniques d'Arius, le ἦν ὅτε οὐκ ἦν, le κτίσμα, le ποίημα, mais il ne se sert pas non plus du terme nicéen ὁμοούσιος, ni même de l'ὁμοιούσιος semi-orthodoxe de Basile d'Ancyre. M. Funk exagère un peu en disant que l'épithète ὁμότιμοι appliquée (*Philip.* II 4) aux trois personnes divines est une expression presque nicéenne d'une doctrine absolument nicéenne : ὁμότιμος n'est synonyme ni d'ὁμοούσιος ni d'ἰσότιμος. Il n'y a pas besoin de croire à la consubstantialité ou même à la similitude des trois personnes divines pour les révérer ensemble ; dans le symbole dit de Constantinople le *conglorificatur* n'est pas, par lui-même et sans autre explication, l'expression de la consubstantialité et de la divinité du Saint-Esprit. Quant au passage (*Philip.* v 2) où le Christ est dit φύσει ἄτρεπτος, il se rapporte ici au Verbe incarné, dans lequel l'élément humain est déterminé au bien par son union avec Dieu, et non au Verbe avant l'Incarnation ; on ne saurait y voir une formule antiarienne ; l'arianisme d'ailleurs a varié sur ce point : les anoméens admettaient un Fils ἄτρεπτος. — Ce qui est clair d'un bout à l'autre du recueil, c'est la conception subordinatienne de la Trinité. Je sais que l'on peut incidenter sur certaines expressions, en montrer d'analogues dans Justin, Clément d'Alexandrie et autres auteurs anté-nicéens, ou encore dans les Pères cappadociens du ive siècle, Basile, Grégoire de Nazianze, Grégoire de Nysse ; mais ceux-ci mêlent les formules orthodoxes au vieux langage subordinatien : quant aux autres, la comparaison ne serait pas légitime ; après Nicée et Rimini, alors qu'on pouvait exprimer une doctrine orthodoxe en des termes clairs, parler de la Trinité comme saint Justin, c'eût été faire de l'archaïsme inutilement et non sans danger. Pour ne citer que quelques textes pris au hasard, l'homme qui donne au Père le titre de seul et unique vrai Dieu (*Magn.* XI, 2), qui refuse à Jésus-Christ celui de ὁ ἐπὶ πάντων θεός (*Tars.* II, 1), qui continue la hiérarchie des anges par la hiérarchie des personnes divines (*Trall.* V, 2), qui a ccentue perpétuellement la prééminence du Père et l'infériorité du Fils, sans aucune restriction, sans le moindre correctif, cet homme-là ne conçoit pas la Trinité comme ses contemporains, Athanase, Basile, Apollinaire..

Sans doute il ne fait pas de polémique contre les consubstantialistes ; ses adversaires dogmatiques sont différents. Il les énumère assez souvent sans les nommer, par exemple *Trall. VI, Philad. VI, Antioch. V.* Ce sont les juifs, les marcionites, les paulianistes ou photiniens, les ascètes du type eustathien ; c'est surtout une secte docète qui refuse de voir dans la chair du Christ autre chose qu'un fantôme, et cela pour échapper aux ignominies de l'enfantement et de la passion ; je suis porté à y voir les manichéens. Le vrai Ignace attaque souvent des doctrines analogues à celles-là ; il était tout naturel que l'on fût tenté d'adapter ses lettres à la controverse contemporaine. Il suffisait de les rajeunir de deux siècles et demi et de les traduire dans la langue religieuse que parlait à Antioche l'église arienne d'Euzoïus. Car c'est bien à

Antioche que le recueil a été mis en circulation, et cela sous le règne de l'empereur Valens; la discipline pascale, la séduction des fêtes juives, la situation ecclésiastique de l'empereur, l'insistance contre les conventicules tenus en dehors de l'évêque, d'autres détails encore que ce compte-rendu doit négliger, nous conduisent tous en Syrie, dans la grande ville où réside le chef de l'empire, en un temps où l'église officielle arianise et où les dissidents, privés d'évêque et d'organisation ecclésiastique, sont réduits à tenir des assemblées illégales en dehors des basiliques.

Quant aux traits que M. Funk signale comme spécifiquement apollinaristes et comme dirigés contre Théodore de Mopsueste, j'avoue ne pas les distinguer. Le docétisme manichéen combattu avec la christologie arienne me semble suffire à expliquer certaines particularités de langage qui n'ont d'ailleurs que peu de relief. Je ne puis donc admettre que nous ayions ici l'œuvre d'un disciple d'Apollinaire écrivant pour propager sa doctrine. Quant aux rapports entre ce livre et le recueil, syrien également, des Constitutions apostoliques, ils sont intéressants à étudier, mais ne pourront l'être suffisamment que si quelque syriacisant veut bien prendre la peine de nous traduire en une langue moins orientale les six livres de la rédaction syriaque publiée par M. Lagarde. Je ferai remarquer cependant que le passage (*Philip.* XIV) sur la Pâque, où le système protopaschite est condamné, suppose la réforme introduite en Syrie par les conciles de Nicée et d'Antioche (341) et défendue par saint Épiphane (*haer.* LXX) contre les Constitutions apostoliques, avant que celles-ci n'eussent pris la forme qu'elles ont maintenant.

Parmi les fautes matérielles, je signalerai παράνομος pour παράμονος (p. 124, l. 6); la traduction latine porte *singulare*, ce qui porte à croire que la faute est ancienne, un maladroit ayant pu trouver ce sens dans παράνομος; —κυνδύνοις (p. 136, l. 12); — καρθιέρωσαν pour καθιέρωσαν (p. 168, l. 15); celle-ci est déjà dans l'édition Zahn. — P. XIII, je ne vois pas bien pourquoi on cite un canon de Sardique à propos de la discipline syrienne : ce concile n'est entré dans le droit ecclésiastique grec que bien longtemps après le pseudo-Ignace.

En somme, nous avons ici un travail important et bien conduit qui fait le plus grand honneur à l'érudition de M. le professeur Funk et aux études théologiques de la faculté de Tubingue. Le volume est dédié au vénérable *senior* de cette université, le professeur Kuhn, à l'occasion de sa cinquantaine de sacerdoce.

(1) V. là dessus mon Mémoire dans la *Revue des questions historiques,* juillet 1880.

L. Duchesne.

3. — **Marc Antoine Muret**. Un professeur français en Italie, dans la seconde moitié du XVIe siècle, par CHARLES DEJOB, ancien élève de l'École Normale supérieure, professeur de rhétorique au collège Stanislas, à Paris. — Paris, Ernest Thorin, éditeur, 7, rue de Médicis, 1881.

C'est un travail considérable et plein d'intérêt que cette étude sur l'un des plus féconds savants du XVIe siècle, et M. Charles Dejob, heureusement inspiré dans le choix de son sujet, a traité la matière avec la conscience d'un érudit et l'élégante correction d'un écrivain de goût. Homme d'enseignement, il salue dans ce professeur de la Renaissance un collègue resté français par la clarté et le libéralisme des méthodes, en dépit du titre, fort honorable d'ailleurs, de citoyen romain, que lui avait conféré le pape Grégoire XIII. Le compatriote et l'ami de Scaliger, de Turnèbe et de Cujas ; cet esprit délié qui n'eut d'autre maître que lui-même, et qui ne fut pas moins l'auteur de sa renommée que l'artisan de ses disgrâces, offrait sans doute un beau sujet d'étude. Strict observateur de la méthode historique, M. C. Dejob prend Muret sur les bancs mêmes de l'école, où, paraît-il, le futur humaniste se révélait écolier capricieux ; il le suit de Muret, sa ville natale, à Limoges, à Villeneuve d'Agen, à Poitiers, de Poitiers à Bordeaux, de Bordeaux à Paris, de Paris à Toulouse ; se tient au courant de ses démarches pendant que le malheureux auteur des *Juvenilia* expie au Châtelet certains péchés d'une répréhensible jeunesse, veille sur sa fuite, et franchit avec lui les Alpes. Voilà Muret en Italie : il trouve à Venise un refuge, et, résolu de demeurer jusqu'à la fin de ses jours sur la terre hospitalière des lettres et des arts, il ne quitte la ville des Doges que pour Ferrare, et vient enfin se fixer à Rome. M. C. Dejob l'accompagne partout : il ne le quittera qu'après avoir vu le licencieux imitateur de Catulle, mis au cercueil, revêtu de la robe austère du prêtre. On ne saurait trop féliciter l'historien et le critique du soin avec lequel il appuie ses assertions et ses jugements sur des documents empruntés, soit aux Archives et aux Bibliothèques d'Italie, soit à une biographie manuscrite de Muret, communiquée à l'auteur de la thèse par M. Tamisey de Larroque.

Durant une existence fort agitée, mais dont un repentir sincère honora le déclin, Muret, on peut le dire, vit toutes les extrémités des choses humaines. M. C. Dejob nous le représente débutant au collège de Bordeaux où il put rencontrer (ce n'est qu'une conjecture) Jérôme de Costa, Antoine de Gouvéa, le parisien Hervé et Élie Vinet ; puis à Paris, où, au témoignage de Benci, son enseignement excita un tel enthousiasme « qu'on eût dit qu'un nouveau Démosthéne s'était levé dans l'Athènes chrétienne (1) ». Au séjour à Paris se rattachent trois publications : le discours sur l'Excellence de la théologie, les Juvenilia, et, sur les Amours de Ronsard, un commentaire dont M. C. D. constate, non sans étonnement la forme exclusivement grammaticale ou philologique. Quoi ? Muret, l'ami de Ronsard, se borne à élucider dans un texte des difficultés « qui d'home n'eussent jamais esté bien entendues, si l'auteur ne les eût ou à lui ou à quelque autre familièrement déclairées (2) ? » Est-ce bien le travail d'un disciple enthousiaste ? On ne le croirait pas, en vérité. Nul pourtant, plus que Muret, ne fut admirateur du grand poète.

Critique judicieux et délicat, M. C. Dejob me semble quelquefois juge sévère. Il laisse peser sur son poète, trop pratique imitateur de Catulle, certaine accusation dont un autre biographe eût cherché à atténuer la gravité. Il s'agit d'un fait immoral au premier chef, imputé à Muret durant son séjour à Toulouse, où il s'était rendu en quittant Paris. M. C. Dejob n'a pas le courage de plaider la cause de son client, même à huis clos. Le dossier lui paraît trop chargé. Songez donc ! Il y aurait eu, quatre ans plus tard, récidive en Italie. Sans doute on n'ignore point la haine inventive des calomniateurs au xvie siècle. La remarque est de M. C. Dejob lui-même. Pourquoi donc, répondrons-nous, ne pas croire à une attaque réitérée de cette haine ? surtout quand on voit Muret accueilli avec tant d'honneur à Venise, par les sénateurs de la République, à Ferrare par le cardinal d'Este, à Rome par le Pape qui lui accorde les plus hautes faveurs ? — « On calomnie Muret, ajoute M. C. Dejob (3), et Ronsard se tait. — Ronsard était sourd. Peut-être aussi ne voulait-il pas entendre. Faisons comme Ronsard, et n'écoutons pas.

Innocent ou coupable, Muret fut conduit au Châtelet d'où il réussit à s'enfuir. Épuisé, malade, ayant failli servir d'expérience à deux médecins qui s'emparent de lui sans le connaître, il passe les Alpes et va chercher un asile en Italie. Venise le reçoit avec bienveillance ; Muret obtient au concours une des six chaires d'humanités créées par l'ordonnance de 1551. M. C. Dejob qui date de cette année le Commentaire sur les Catilinaires, fait remarquer à propos de cette publication la haute clairvoyance de Muret (4). « Le travail difficile de l'épuration des textes latins, procure, au jugement du Commentateur de Cicéron une gloire plus durable que la composition de discours ou de poèmes grecs ou latins ». Qui tient ce langage ? » demande M. C. Dejob Est-ce Scaliger ? Est-ce Turnèbe ? Non : c'est Muret, qui, même dans son siècle, doit surtout sa

(1) P. 19.
(2) P. 29.
(3) P. 55.
(4) P. 104.

réputation à ses poésies et à ses discours ». L'argument ne me paraît pas sans réplique. Les meilleurs esprits méconnaissent parfois les qualités qu'ils possèdent pour tirer vanité de celles qui leur manquent. De notre temps, tel peintre célèbre, qui semblait faire peu de cas de ses tableaux, souffrait avec peine qu'on mît en doute son talent pour la musique. Au lieu de cette clairvoyance qu'admire M. C. Dejob, je serais porté à voir dans la réflexion de Muret, soit un éloge délicat à l'adresse de Turnèbe ou de Scaliger, qui ne lui marchandaient pas non plus les louanges, soit le naïf aveu d'un érudit qui exagère à ses propres yeux son mérite, et compte beaucoup plus sur la réussite douteuse d'un certain travail, que sur le succès assuré d'un certain autre.

Je lis ces mots au chapitre 21 : « On dit : l'Horace de Lambin, le Tacite de Juste Lipse, tandis que le nom de Muret n'est attaché à aucun des auteurs qu'il a publiés (1) ». N'est-ce pas risquer de replonger dans l'oubli le malheureux qu'on cherche à en faire sortir ? Veut-on connaître la cause de cette lamentable infériorité ? — Le Commentaire de Muret n'a point assez de pages (2). Il expédie si lestement ses Commentaires ! dit-on ailleurs (3). Petit motif. Le temps et les pages ne font rien à l'affaire.

Appelé à Ferrare par Hippolyte II, Muret fait paraître dans cette ville la première partie de ses *Variae Lectiones*. Orateur officiel de la France auprès des papes, il entreprend un court voyage dans son pays à la suite du cardinal d'Este, puis est mandé à Rome en 1563, en qualité de professeur de philosophie morale. C'est alors qu'il devient pour Cujas « un allié et non un disciple (4). » La collaboration de Muret avec le fameux jurisconsulte, la rapidité heureuse avec laquelle il comprend les idées du grand homme, se les assimile en quelque sorte et fait oublier Alciat à l'Italie, assurent le triomphe de ces méthodes françaises qui, appliquées à l'étude du Droit, inauguraient dans la jurisprudence une révolution analogue à celle qu'elles avaient opérée déjà dans l'enseignement des humanistes. « Muret, » écrivait Scaliger, « qui parle et compose dans le goût italien, pense et professe d'après les méthodes françaises. » Et ces méthodes consistaient à mener de front l'étude du beau langage et l'étude des idées. Aussi Muret associait-il sans cesse la rhétorique à la philosophie, et le voyons-nous à Venise expliquer parallellement un discours oratoire et un traité philosophique de Cicéron.

C'est en effet ce caractère réformateur, éminemment opposé aux procédés de la scholastique, qui constitue aux yeux de M. C. Dejob toute l'originalité de l'érudit dont il expose l'œuvre avec une louable conscience

(1) P. 379.
(2) Ibid.
(3) Ibid.
(4) P. 180.

et un succès incontesté. Le cadre d'une notice ne me permet pas de rendre compte des 21 chapitres de la thèse. Je signalerai cependant le voyage en France du cardinal d'Este, au début de la guerre de religion, une conversation du cardinal avec son secrétaire, l'accueil fait par le savant professeur au roi de Pologne, qui cherchait à l'attacher à l'académie nouvelle de Cracovie, enfin la traduction piquante de l'amusant récit d'une visite rendue à la table de Muret par un certain Titius, amateur un peu trop égoïste du gibier de son voisin.

M. C. Dejob demandait dans sa préface un peu d'estime pour Muret. Une grande part de cette estime, réclamée pour le client, revient de droit à l'avocat consciencieux et habile qui a su donner à la cause un intérêt soutenu, et le charme d'un style toujours facile et correct, plus d'une fois élégant, éloquent même.

P. Tachelet.

---

1. — **Lettres Françaises inédites de Joseph Scaliger**, publiées et annotées par Philippe Tamizey de Larroque, correspondant de l'Institut. Paris, Picard, 1881. In-8° de 428 pages (Tiré à 150 exemplaires).

A ceux de nos lecteurs qui n'auraient plus exact souvenir des faits et gestes du savant dont M. Tamizey de Larroque vient de publier les lettres françaises, nous ne conseillerons pas de s'adresser à Feller. Le docte jésuite semble avoir voulu, dans la courte notice qu'il lui consacre, lutter avec lui par le peu d'aménité de son langage. Car hélas! M. T. de L. lui-même en convient, malgré toute son admiration, J. Scaliger gardait souvent peu de mesure, dans ses violentes polémiques avec ceux de ses contemporains qui ne l'admiraient pas à son gré. Ce n'est pas une raison cependant pour traiter ses écrits « d'amas de choses futiles », quitte à se contredire plus loin, pour ajouter « qu'il avait beaucoup d'étude, de critique et d'érudition » (1). Mais quelques lignes plus bas, tout s'explique : Scaliger traitait « tous les jésuites d'ânes (2) ». On comprend désormais pourquoi le bon Feller répète qu'assurément « le diable était auteur de l'érudition de Scaliger ». M. Nisard (3) n'a pas craint cependant de faire le plus grand éloge de cet espèce de démon, et c'est à son inté

---

(1) Il est vrai qu'ici Feller, selon son habitude, copie. Les injures sont bien de lui ; l'éloge, de D. Chaudon ou de Barral.

(2) De tous les jésuites, c'est le très savant Chr. Clavius que Scaliger maltraite le plus (*Teuto est, bene bibit,... c'est un gros ventre d'allemand...* etc...) Le dépit de la défaite explique, mais n'excuse pas, ces indécentes injures.

(3) *Le triumvirat littéraire au* XVI° *siècle* (Paris, Amiot, in-8°). Citons encore le témoignage de M. Thurot qui estime Scaliger « comme le premier des savants français » (p. 9).

ressante étude que nous renvoyons ceux de nos lecteurs qui seront assez
téméraires aussi pour se livrer à ce dangereux commerce.

Mais venons-en aux lettres publiées par M. T. de L. On connaissait
jusqu'ici fort peu de lettres françaises de l'illustre érudit, une vingtaine
au plus que M. de T. indique à la fin de sa publication. Celles, en bien
plus grand nombre (il y en a 124), que contient ce volume ont été trouvées,
la plupart en originaux, à la Bibliothèque nationale par M. T. de L. Elles
sont adressées soit au célèbre érudit troyen, Pierre Pithou que Scaliger
aimait, prisait et honorait comme la perle de ceux qui lui faisaient
l'honneur de le recevoir en leur amitié (1)*;* soit à Claude du Puy, ce
savant modeste qui ne s'est servi du « jugement exquis qu'il avait reçu
du ciel et des lumières qu'il avait acquises que pour examiner et améliorer les œuvres de ses amis, aimant mieux travailler pour la gloire des
autres que pour la sienne propre (2). » D'autres lettres, mais en moins
grand nombre, sont adressées au grand historien A. de Thou; et enfin
quelques-autres au fils de Cl. du Puy, à Monantheuil et à Buzenval.

Cette simple nomenclature des correspondants de Scaliger suffit à
montrer l'intérêt de ce volume. Il est d'abord dans la forme, car la
manière aisée dont le grand humaniste y manie sa langue maternelle,
fera assurément regretter avec Ronsy qu'il ne s'en soit pas servi habituellement ; il est surtout dans le fond, car ces lettres sont pleines de
détails curieux et importants (3) pour l'histoire littéraire de cette époque
si intéressante et encore si insuffisamment étudiée (4). Scaliger lui-même
s'y fait bien connaître, et vraiment sous un meilleur jour. Assez souvent
ces lettres sont modestes, habituellement pleines de cœur. Ce à quoi
l'on ne s'attendait guère de celui qu'on a nommé « le plus orgueilleux
des savants » et dont on connaît « l'humeur caustique et insuppor-
table » (5). Il est vrai qu'il écrivait à des amis et que, pour les autres, on
trouve çà et là, dans cette correspondance, de « terribles coups de bou-
toir »; contre ceux qui osaient critiquer une édition qu'il avait donnée et
dont il écrivait : « Il y a beaucoup de sortes d'hommes, et de ceux qui
« ressemblent à hommes et d'aultres qui ne sont hommes du tout, qui
« murmurent fort de mon Catulle » (p. 69). Ailleurs il déclare ne plus se
soucier de ses adversaires qui sont les plus « ignorants du monde » et

(1) Page 20.
(2) Ce bel éloge est du président de Thou, p. 53, note 3.
(3) Voir notamment, p. 230, de précieux renseignements sur Cujas; p. 324,
sur Érasme, etc..
(4) Faisons part à ce propos à nos lecteurs de l'excellente nouvelle qu'annonce M. T. de L. p. 248, note 2. « Quelqu'un que je ne veux pas nommer ici
prépare une histoire de la Renaissance qui sera, sans contredit, un des plus
beaux livres de notre temps. »
(5) Ces expressions sont encore de Feller.

« l'«ont enseigné de s'endurcir à leurs aboiements » (p. 164). De mordantes plaisanteries, on en trouve aussi dans ces lettres, tantôt contre un de ses devanciers auquel « Dieu doint bonne vie et longue, car s'il n'im-« pètre cella par nos bonnes prières, à peine l'obtiendra-t-il par son bon « entendement » (p. 48); tantôt contre le médecin Duret qui l'accusait de plagiat ; sur quoi Scaliger s'écrie : « Dieu sait, si je vouloie estre « larron, si je ne mettroie pas la main en meilleure bourse qu'en celle-« là » (p. 75). Mais nous nous attarderions trop si nous voulions citer les mots heureux, les saillies vives et spirituelles dont ces lettres sont remplies.

Est-il besoin enfin de faire l'éloge des notes dont M. T. de L. a encadré le texte de Scaliger. Le savant annotateur rapporte quelque part avoir cherché à imiter le plus possible Scaliger, qui disait de lui et de son père : *Nihil unquam scripsisse quod scivissent ab aliis dictum esse aut scriptum.* Ce qui donne aux commentaires de M. T. de L., tant de saveur que parfois, nous l'avouons ingénuement, nous y avons trouvé plus de plaisir que dans le texte même de son héros; plus de plaisir, oui, et même plus de profit. Il n'est pas un des noms cités, par exemple, — et l'on verra par la table qui termine heureusement le volume combien la liste en est longue — il n'est pas un de ces noms au sujet duquel M. T. de L. ne nous apprenne quelque chose de piquant et d'inédit (1).

Pour toutes ces raisons, nous engageons beaucoup nos lecteurs qui ont le goût des hommes et des choses du XVIe siècle et du commencement du XVIIe, à se procurer les lettres de Scaliger. Nous oserons presque leur promettre, — sans leur souhaiter cependant la nécessité de ce remède, pas plus que d'autres, — qu'ils y trouveraient au besoin un allègement à leurs souffrances, vertu que Scaliger leur attribuait : « MM. Lingelsheim et Labbé recevant mes lettres lorsqu'ils avoient la fièvre en ont esté guéris ».

A. INGOLD.

---

(1) Cachons en note quelques très légères critiques ; le vieux mot *jaçoit* n'est expliqué qu'à la page 101, après qu'on l'a rencontré plusieurs fois auparavant p. 10, p. 16, etc...; p. 108, *Palmerius* n'est pas le nom latinisé de *Meller*..... « Je voudrais être si parfait que j'eusse la bonne grâce de tout le monde », disait Scaliger, mais sans y parvenir. La savante érudition de M. T. de L. y réussit mieux et défie toute critique. Comme tout ce qui nous reste de Scaliger est précieux signalons à M. E. de L. deux manuscrits autographes, peut-être inédits, que nous avons trouvé récemment à la Bibliothêque de Munich : *Collect. Camerar.* volume 14, n° 8 et volume 33, f. 404. Le 1er contient 14 pièces de vers de Scaliger, le second deux hymnes à saint Jean Baptiste et à saint Roch.

VARIÉTÉS

SCEAU DE DAVID, EMPEREUR DE TRÉBIZONDE

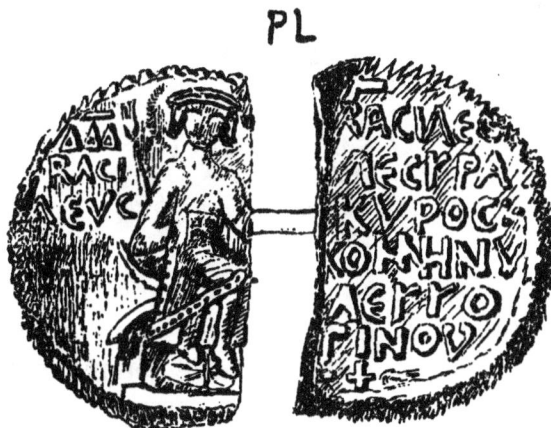

PL

Le sceau représenté ci-dessus peut être considéré comme le dernier de la série byzantine, c'est celui de David Comnène, empereur de Trébizonde qui régna de 1458 à 1461 et qui vendit son empire à Mahomet II pour une pension annuelle de trois cent mille aspres d'argent (1).

C'est à Constantinople que nous avons acquis cette bulle ou plutôt ce fragment de bulle qui n'est qu'un moulage moderne ; j'ai retrouvé l'original chez un antiquaire arménien et, à part la patine et ce je ne sais quoi que donne l'antiquité, les deux exemplaires sont identiques, c'est ce qui m'autorise à le publier (2).

L'empereur David est représenté de face, assis sur un trône comparable par la forme à nos modernes pliants ; il tient un sceptre dans la main droite, ses pieds reposent sur un escabeau ou peut-être, vu la perspective de convention des graveurs byzantins, sur un tapis orné d'une sorte de foudre.

(1) Pour le récit de la chute de l'empire de Trébizonde, cf. Critoboulos *Vie de Mahomet II*, Liv. IV 39-53.

(2) Comme on le voit, les faussaires commencent à s'essayer sur les bulles de plomb. Jusqu'ici la fraude est reconnaissable, le plomb ne pouvant pas être aussi facilement patiné que le bronze ou l'argent. Comme exemple de bulles fausses, je pourrai citer encore le sceau de Bohémond, prince d'Antioche, que j'ai vu au musée Britannique (case LIV, n° 2) et qui a été moulé sur un original qu'on a vendu autrefois à Constantinople.

A droite de l'empereur cette légende en trois lignes $\overline{\Delta\Delta\Delta}$ BACIΛEVC pour ΔABIΔ BACIΛEVC (1).

La cassure du plomb, qui, sur l'original, s'est produite à l'endroit où passait le fil qui le rattachait au document, empêche de lire la légende qui se trouvait à gauche de l'empereur.

Par analogie avec d'autres sceaux, on peut conjecturer qu'il y avait O KOMNHNOC, ce qui donnerait : David Comnène, empereur (2).

Au revers nous trouvons cette légende en six lignes.

// BACIΛEΩ/
// ΛECΓPA
// KVPOC:•
// KOMNHNOV (3)
// ΛEΓΓO
// TINOV
+

A la première ligne, il manque un mot; puis vient BACIΛEΩC qui ne présente aucune difficulté. A la seconde ligne nous avons ΛEC qui est une fin de mot, et ΓPA, évidemment le commencement de ΓPAΦΩN qui se retrouve sur un grand nombre de sceaux byzantins. A la troisième ligne un mot entier KYPOC dont la signification primitive est « garantie, sanction » et d'où dérive ἐπικυρόω, donner force de loi, légaliser. Un sceau servant à légaliser, à valider un acte, on comprend parfaitement que KYPOC soit mis à la place de σφργίς et de τύπος que l'on rencontre ordinairement. Du reste cette forme ΓPAΦΩN KYPOC se retrouve sur le sceau du grand domestique Michel déjà publié par le Dr Mordt-mann (4).

Au Droit : images des deux saints Théodore, le Stratélate et le Conscrit. Lég. ΘEOΔΩPOI

℞ ΔOMECME
ΓAΛOV MIXAHΛ (5)
ΓPAΦΩN KVPOC
AVΓOV TAΔEΛ (6)
ΦHC CVZVΓOV (7)
ΘEOΔΩPAC

(1) Pour la forme $\overline{\Delta\Delta\Delta}$ anagramme de David, cf. Gust. Schlumberger *Bulles de hauts fonctionnaires byzantins d'ordre militaire*, Gênes, 1881, p. 6.

(2) Cf. *Sceaux et bulles des Comnènes* que nous avons publiés dans la Revue archéologique de 1876.

(3) KOMNHNOV, le M et le N, le O et le V sont liés.

(4) Ὁ ἐν Κ/πόλει ἑλληνικ. φιλολογ. σύλλογος, (Παράρτημα Ἀρχαιολογ.) 1881, p. 48.

(5) ΓAΛOV, le O et le V sont liés.

(6) AVΓOV, le O et le V sont liés,
CVZVΓOV, le O et le V sont liés.

KVPOC étant un substantif neutre on peut lui faire reporter le ΛΕC de la seconde ligne ; ceci admis, on trouve de suite l'adjectif ἀσφαλές « inébranlable, certain, qui n'induit pas en erreur, authentique, etc. » ce qui nous donne, sauf un mot, pour la première partie de la légende :

$$\beta\alpha\sigma\iota\lambda\acute{\epsilon}\omega\varsigma\ \grave{\alpha}\sigma\varphi\alpha\lambda\epsilon\varsigma\ \gamma\rho\alpha\varphi\tilde{\omega}\nu\ \kappa\tilde{\upsilon}\rho\circ\varsigma.$$

A la quatrième ligne le premier mot manque, vient ensuite le nom bien connu de KOMNHNOΥ, A la cinquième ligne une fin de mot ΛΕΓΓΟΥ et à la dernière ligne la terminaison du nom KΩNCTANTINOΥ.

Mais que vient faire ici ce nom de Constantin, le sceau portant au droit l'image et l'anagramme de David. Sur quelques bulles la filiation est marquée ; ce n'est pas ici le cas puisque David était fils de l'empereur Alexis (1). Un instant j'ai pensé qu'il s'agissait de Constantin, le fondateur de Constantinople ; dans plusieurs chrysobulles, en effet, on trouve cette formule « N, in christo Deo fidelem imperatorem et moderatorem Romeorum, Ducam Angelum Comninum Paleologum, novum Constantinum, etc. (2) », mais ce protocole ne s'est pas encore rencontré sur les bulles de plomb. M. le Dʳ Mordtmann, si expert dans les choses byzantines, m'a suggéré la lecture ΓΑCΤΙΛΕΓΓΟΥ KΩNCTANTINOV. Gastilengo est le nom d'une grande famille de l'empire trébyzondain, mais que viendrait faire sur le sceau de l'empereur David le nom de ce personnage? Était-il le garde du sceau impérial? Je l'ignore et je crois que le mieux est d'attendre la découverte de quelque nouveau document ou d'un exemplaire plus complet de cette bulle qui n'en est pas moins cependant fort importante et qui clot la série byzantine des bulles impériales.

Constantinople, Janvier 1882.

AL. SORLIN DORIGNY.

(1) Athanase Comnène Hypsilantes, *affaires ecclésiastiq.* (patriarch. d'Isidore) donne la généalogie des Comnènes.

(2) Tafel et Thomas, *Urkunden zur aelteren Hand. und Staatsgeschichte der repub. Venedig.* Vienne, 1857, III, 134.

CHRONIQUE

Le Ministère de l'Instruction publique a acheté les papiers et la bibliothèque de Mariette-Pacha, pour la somme de 79,000 fr. Les manuscrits seront déposés à la Bibliothèque nationale, les livres deviendront le noyau de la bibliothéque de l'École française du Caire.

— M. Delalain publie une quatrième édition de la *Notice sur le doctorat ès lettres, suivie du catalogue et de l'analyse des thèses française et latines admises par les facultés des lettres depuis* 1810. par MM. Mourier et Deltour. Un supplément a paru pour 1880 et 1881.

— M. Ulysse Robert. vient de publier un état des monastères franc-comtois de l'ordre de Cluny du XIIIᵉ au XVᵉ siècle inclusivement, d'après les procès-verbaux des visites ecclésiastiques conservés à la Bibliothèque nationale.

— M. Mommsen s'est rendu en Italie pour y recueillir des notes sur l'his-toire romaine sous les empereurs, afin de remplacer celles qui ont été brûlées, il y a deux ans, dans l'incendie de sa maison.

— M. Man Rooses, conservateur du musée Plantin-Moretus d'Anvers, vient de publier le Catalogue de ce musée (Anvers, Buschman, 1881, in-12 de XXI-128 pp.). Il est précédé d'une notice sur l'histoire de la famille des Plantin-Moretus. Ce catalogue est intéressant pour l'histoire de l'imprimerie. Ce musée renferme aussi quelques manuscrits, des tableaux de Rubens et d'au-tres maîtres de l'École flamande.

— Le professeur D. Comparetti, de Florence, est chargé de publier un catalogue des papyrus d'Herculanum.

— L'Annuaire de l'*Association pour l'encouragement des études grecques* (1881) contient plusieurs mémoires; de M. C. Huit, sur Platon à l'Académie, et la fondation de la première école de philosophie en Grèce; de M. E. Vlastos sur la prise Constantinople par les Turcs en 1453, et diverses notes de M. A. Croiset sur un passage de la Politique d'Aristote (p. 123. a.), de M. Weil sur les grenouilles d'Aristophane, et des fragments de la Traduction de la Vie des Sophistes de Philostrate par M. Bourquin.

— Le Dʳ BELLESHEIM de Cologne travaille à une histoire de l'Église catho-lique en Écosse après la réforme. Il a découvert dans les archives de Flo-rence, parmi les papiers du comte Alphonse Montécuculli, premier envoyé du grand-duc à la cour de Saint-James, la preuve qu'Anne de Danemark, femme de Jacques Iᵉʳ était convertie au catholicisme.

— MM. D'ARBOIS DE JUBAINVILLE et Ulysse ROBERT ont été élus membres résidants de la Société des Antiquaires de France.

— Le Dʳ SCHLIEMANN pense avoir terminé ses fouilles en Troade au mois d'août prochain.

— M. L. Fabre, éditeur à Niort, prépare une nouvelle édition du *Glossarium mediae et infimae latinitatis* de Ducange. Cet ouvrage sera publié par volumes et par fascicules. Le prix de l'ouvrage complet sera de 300 fr. réduit à 200 pour les 500 premiers souscripteurs.

ACADÉMIE DES INSCRIPTIONS ET BELLES-LETTRES — *Séance du 31 mars.* — M. E. DESJARDINS est élu membre de la commission des écoles françaises d'Athènes et de Rome en remplacement de M. DE LONGPÉRIER. M. OPPERT continue sa communication sur les inscriptions des statues chaldéennes. Il signale dans le texte gravé sur la statue du roi Gudea, dont il a déjà parlé, deux noms géographiques : Maggan et Malukha, noms des pays d'où le roi Gudéa tirait des matériaux pour ses constructions. Maggan désignerait l'Egypte, probablement la presqu'île du Sinaï, et Malukha la Lybie. M. PERROT ne croit pas qu'on ait, par un voyage de circumnavigation autour de l'Ara-bie, et en remontant l'Euphrate, fait venir à Tello des matériaux qu'on pouvait trouver non loin de l'Euphrate. M. HEUZEY fait observer que ce procédé est bien conforme aux habitudes des Orientaux, qui préfèrent le transport long mais facile à un travail court mais pénible ; on observe encore chez eux des faits analogues. M. Oppert explique ensuite l'inscrip-tion gravée sur la statue du roi Urbar (Likbagus) :

« Au dieu Ninsah, le guerrier puissant de Mulkit [a dédié cette statue] Lik-« bagus, le gouverneur de Sirtella, le rejeton issu de la souveraine de la « Grande Influence, celui qui atteste la constance du cœur de la déesse Nina et « qui est favorisé par l'influence de Ninsah, celui qui honore le nom heureux « de Bagus, le favori d'Ea-Kin, le béni par la parole d'Iscar, l'esclave exal-« tant le dieu roi d'Erech, l'aîné de la fille de l'Abgan.

« Je suis Likbagus: Ninsah est mon roi ! »

Ici est une lacune de plusieurs lignes non encore déchiffrées, mentionnant l'érection d'un autel par les prédécesseurs du roi.

« ... Ils le firent de la hauteur de dix empans. Je construisis l'autel du

« temple de Mulkit, le dieu de la splendeur éclatante, haut de trente em-
« pans. A la souveraine des montagnes, la mère des dieux, j'ai construit le
« temple du séjour de la félicité.

« A Bagus, la Messagère, la Fille du Ciel, j'ai construit le temple de la
« sublime demeure.

« A Istar, la Haute Souveraine, la Fille du Ciel, j'ai construit le temple de
« son séjour.

« A Ea-Kin, le roi d'Erida, j'ai construit le temple de sa demeure heu-
« reuse.

« A Nin, le roi-maître, j'ai construit son temple.

« A la Souveraine de l'Ouest, la Messagère, la Fille aînée de Nina... j'ai
« construit le temple du Témoignage de la fermeté du Cœur.

« Au dieu... j'ai construit son temple.

« A la déesse, la souveraine... j'ai construit le temple de sa demeure
« heureuse.

« A la Fille de l'abîme, la souveraine du séjour souterrain, j'ai construit le
« temple de sa demeure heureuse. »

M. Deloche lit un mémoire sur l'époque de la transformation en sifflante du
C guttural latin. A quelle époque le C cessa-t-il d'être prononcé comme
un K? Un vase en verre, trouvé en 1880 à Hermes (Oise), dans une sépulture
mérovingienne, porte l'inscription OFFIKINA·LAVRENTI·V· Sur un
sou d'or, on lit : VIENNA DE OFFICINA LAVRENTI, le V qui termine
l'inscription du verre, signifie Vienna. Les deux monuments sortent donc du
même atelier, et la monnaie est de la fin du VIe siècle. Donc, à cette époque,
à Vienne (Dauphiné), le C se prononçait encore K. Sur le droit de cette même
monnaie, se trouve l'inscription : D·N·MAVRIꟼCIVS·P·P·AV, le S renversé indique la valeur du C devenu sifflant. Sur une autre monnaie de
Maurice Tibère, l'orthographe MAVRITI(us) indique la prononciation
sifflante de la syllabe Ti suivie d'une voyelle, ce qui explique le changement
du T en C : otium, ocium, mentio, mencio, conditio, condicio, etc. M. GASTON
PARIS ne croit pas qu'on puisse confondre les deux phénomènes. La transformation du T en C, dans les exemples cités, a pour cause le changement
du I voyelle en I consonne, changement opéré dans la langue latine au temps
où Commodien composait ses vers acrostiches sur le mot concupiscenciae ; la
prononciation gutturale du C est un fait tout autre, elle existe encore dans
des dialectes néo-latins, dans le sarde, par exemple, où le mot latin cervus
se dit Kervo. — Séance du 3 avril. — M. EDON propose un nouveau texte
et une nouvelle traduction du chant des frères Arvales. Ce chant nous est
connu par une inscription de l'an 218 ap. J.-C., époque où il n'était déjà plus
compris des Romains. Les erreurs et les incertitudes de la copie le prouvent.
Il est dit dans la partie de l'inscription qui précède le chant, que les frères
Arvales recevaient, au moment de chanter, un cahier (libellus). Ce cahier,
écrit sans aucun doute en écriture cursive, devait contenir des lettres qui, à
cause de leur ressemblance avec d'autres lettres avaient été laissées
indécises par le scribe obligé de transcrire un texte qu'il ne comprenait
pas. A l'aide des inscriptions cursives de Pompéi, M. EDON a constaté
que la confusion avait pu exister entre les lettres a et r, d et b, a et p,
entre les syllabes er et fu, ecc et imi, etc...; le graveur de l'inscription
de l'an 218, transcrivant en capitales les lettres cursives du libellus, a certainement reproduit par des erreurs les incertitudes du scribe. Reprenant ce
travail en sens inverse, par la comparaison des lettres qui ont pu être confon-
dues, M. Edon restitue ainsi le texte :

TEXTE ANCIEN

E ! nos, Lases juvate
Hi mi lu fare : mar ar, serp incuse scinde foris :
Satur fuce. Remars, limen sali.

(Stabe aborse.

Manes paternei, abvolate !
Conclos, e ! nos, Marmor, juvato.
Triumpe !

TRANSCRIPTION EN LATIN CLASSIQUE

Eh ! nos, Lares juvate.
His mihi luam fabis. Umbra, serpe, incurre iis, inde foris.
Satur fuge, Lemur ; limen sali.

(Stabis aversus.)

Manes paterni, avolate!
Cunctos eh! nos, Umbra, juvato.
Triumpe.

TRADUCTION FRANÇAISE

Soyez bons pour nous, Lares. Par ces fèves je payerai pour moi ; ombre, glisse-toi, cours après elles, de là au dehors ; étant rassasié, fuis lémur, saute le seuil, mânes paternels envolez-vous. Sois bonne pour nous tous, ombre.

M. Edon croit que ce chant a été reproduit par Ovide (Fastes V, 436-444).

. . . . *Nigras accipit ore fabas,*
Aversusque jacit. . . . .
His, inquit, redimo meque meosque fabis.
. . . .*Umbra putatur*
Colligere. . . . .
. . . . . *Rogat ut tectis exeat umbra suis :*
Cum dixit novies « Manes exite paterni »
Respicit. . . . .

M. DE CHARENCEY a essayé de déchiffrer des inscriptions yucatique. Sur le monument de Palenque, dont un moulage est déposé au Trocadéro, il pense avoir reconnu le nom Hounab-Kou, la principale divinité du panthéon yucatique. Dans le *codex Troano* il croit avoir reconnu quelques nombres.

H. THÉDENAT.

PUBLICATIONS DE LA QUINZAINE. — VICTOR TISSOT. Un jour à Capernaum, in-16, Paris, Sandoz et Thuillier. 1 fr. 50. — J. MENANT. Les fouilles de M. de Sarzec en Mésopotamie, in-8°, Paris, Maisonneuve, 1 fr. 50. — de RUBLE. Antoine de Bourbon et Jeanne d'Albret, in-8°, Paris, A. Labitte, 8 fr. — REVILLOUT. Un maître de conférences au milieu du XVIIe siècle, Jean de Soudier de Richesource, in-4°, Montpellier, Boehm et fils. — BARBET DE JOUY. Les Gemmes ou joyaux de la couronne au Louvre. Planches par Jacquemart, 2° livraison Paris, Techener, 10 fr. — A. DE PONTMARTIN. Mes mémoires, Enfance et Jeunesse, un vol. in-18, Paris, Dentu, 3 fr. 50. — G. SCHLUMBERGER. Numismatique de l'Orient latin. Supplément et index alphabétique un vol. in-4°, avec deux planches gravées par L. Dardel et une carte à trois teintes des ateliers monétaires, Paris, Leroux, 15 fr. — LÉON DE ROSNY. Les peuples orientaux connus des anciens Chinois, d'après les ouvrages originaux. un vol. in-8°, accompagné de 9 cartes. Ibid. 9 fr. — LOUIS FOCHIER. J. Locke, pensées sur l'éducation des enfants. Traduction de Coste, revue abrégée et annotée, Paris, Delagrave. 2 fr. 50. — Supplément au Dictionnaire de la conversation et de la lecture. 4° fascicule, in-8°, Paris, Firmin Didot 2 fr. 50. — CHANTELAUZE. Saint Vincent de Paul et les Gondi, in-8°, Paris Plon, 7 fr. 50. — A. GAUTIER. Précis de l'histoire du droit. in-8°, Paris, Larose, 8 fr. — EDOUARD FLEURY. Antiquités et monuments du département de l'Aisne. Quatrième partie, in-4°, Paris, Quantin, 30 fr. — E. DE BOUTEILLIER et E. HEPP. Correspondance politique adressée au magistrat de Strasbourg par ses agents de Metz (1594-1633.) tirée des Archives municipales de Strasbourg in-8°, Paris, Berger Levrault. 10 fr. — E. ZELLER. La philosophie des Grecs avant Socrate. Ouvrage traduit de l'Allemand, par E Boutroux, maître de Conférences à l'école normale supérieure, in-8°, tome II. Paris, Hachette, 10 fr. — MERLET. Études littéraires sur les classiques français des classes supérieures, un vol. in-12. ibid. 4 fr. — JAMES DE ROTHSCHILD. Le mystère du Vieil testament, publié avec introduction, notes et glossaire, in-8°, tome III, Paris Didot, 10 fr. — VAN DER AEGHEN. Études historiques, in-12, Paris, Palmé, 3 fr. — O. LEMM. Das Rtualbuch d. Ammondienstes, in-8°, Leipsig. Hinrichs, 8 M. — Cartulaire des abbayes de saint Pierre de la couture et de saint Pierre de Solesmes publiés par les Bénédictins de Solesmes, in-4°, Le Mans. Monnoyer. — HAURI. der Islam in seinem Euifluss auf das leben seiner Bekenner. Leiden. Brill. 6. M. — ARN. SCHAEFER. Abriss der Quellenkunde der griechischen und römischen Geschichte. 1 Abth, 3. Aufl, Leipsig. Teubner. 2. M. —

Le Gérant : E THORIN

BULLETIN CRITIQUE

DE LITTÉRATURE, D'HISTOIRE ET DE THÉOLOGIE

5. — **L'Hérédité psychologique**, par *Th. Ribot,* directeur de la Revue philosophique. Bibliothèque de philosophie contemporaine. Germer-Baillière, 1882. Un vol. in-8° de 422 pages. Deuxième édition, entièrement refondue.

Depuis que la question de l'origine de l'homme a conquis une place plus considérable dans les préoccupations des savants, on a mieux senti l'importance du problème de l'hérédité. Les physiologistes, puis les philosophes en ont pris souci. Naguère, M. Marion, dans un livre remarqué (1), lui consacrait d'intéressants chapitres, en se tenant toutefois au seul point de vue de la moralité. M. Ribot va plus loin ; il se propose de l'étudier dans toutes ses manifestations psychologiques : c'est le sujet de l'ouvrage dont il donne aujourd'hui la deuxième édition.

Dès l'abord, le plan de M. Ribot séduit le lecteur. Il annonce qu'il parlera : 1° des faits, 2° des lois, 3° des conséquences. Rien de plus net, et l'esprit se réjouit de voir une question attaquée avec cette franchise par un auteur dont le nom est une garantie. Pourtant, je dois dire qu'il aura finalement une déception. La faute n'en est sans doute pas au philosophe, mais à la philosophie ; quelque conscience qu'on mette à scruter un problème, il n'est pas toujours possible d'y porter une pleine lumière ; l'auteur sera le premier à en convenir.

La partie des *Faits* est traitée avec ce luxe de citations qui distingue les études contemporaines. Ne nous en plaignons pas, d'autant plus que l'auteur fait remarquer sagement que ses citations ont plutôt pour but de solliciter l'attention du lecteur, que de donner une base décisive

(1) La solidarité morale. 1880. Germer-Baillière.

aux lois qu'il s'efforcera ensuite d'établir. Il oublie bien de temps en temps la sage remarque que nous venons de noter, et semble attribuer à cette « masse de faits » l'importance d'un *argumentum cogens* ; mais, ses lecteurs ont le droit de s'en souvenir, et c'est ce qu'ils feront, tout en parcourant avec intérêt les tables généalogiques où les anciens et les modernes, les philosophes et les politiques, les mathématiciens et les artistes se rencontrent pour déposer, en faveur de l'hérédité, depuis « Aristophane et son fils Araros » jusqu'à « J. B. Say et son petit-fils Léon. » Je ne serais pas étonné cependant qu'un esprit pointilleux n'en prît occasion de chercher querelle à M. Ribot et de ressusciter la vieille objection : « Qui sait, si vous ne prenez pas l'exception pour la règle ? » Il ne manquerait pas de dire que ces faits, tirés de tous les pays et de tous les temps, ne forment pas une vérification expérimentale sérieuse ; que le procédé de Galton, concentrant ses recherches sur les Juges d'Angleterre de 1660 à 1865, offre beaucoup plus de garanties ; que c'est seulement par des recherches similaires que l'on pourra prouver la constance des faits, parce que, après tout, ces exemples choisis à tous les points de l'espace et du temps, peuvent ne représenter qu'un triage habile. Quelle que soit leur valeur dernière, ils ont du moins bonne apparence, et c'est en quoi ils sont une introduction intéressante à la deuxième partie où l'auteur se propose de rechercher les lois de l'hérédité.

M. Ribot débute par cette question : « *L'hérédité est-elle une loi?* » Cela ne fait pas de doute, s'il s'agit des caractères spécifiques soit physiques, soit psychiques, ou des caractères moins généraux qui constituent les races ou les variétés ; mais, les caractères purement individuels sont-ils héréditaires ? L'auteur répond qu'ils le sont souvent (p. 167) ; et, aussitôt, il ajoute, « l'hérédité est la loi; la non-hérédité l'exception. » Est-il juste de triompher déjà? tout l'intérêt du problème se concentre sur ces caractères individuels dont la transmission ne se fait pas avec la même évidence que celle des caractères spécifiques. S'il ne s'agissait que de ceux-ci, l'ouvrage de M. Ribot n'aurait pas de raison d'être.

Darwin a classifié les lois de l'hérédité physiologique d'une façon qui paraît à M. Ribot s'adapter convenablement à l'hérédité psychologique.

1° Les parents lèguent à leurs enfants leurs caractères psychologiques (loi de l'hérédité directe et immédiate) ;

2° L'un des deux a une influence prépondérante sur la constitution mentale de l'enfant (loi de prépondérance) ;

3° Les descendants héritent des qualités de leurs ancêtres (loi d'hérédité en retour, atavisme) ;

4° Certaines dispositions — particulièrement morbides — se manifestent chez les descendants au même âge que chez les ascendants (loi d'hérédité aux périodes correspondantes).

M. Ribot a soin de faire remarquer que ce ne sont pas des lois scientifiques, mais des lois empiriques. Malheureusement, ces lois se trouvent souvent en défaut, elles déjouent tous les calculs, et se résolvent en exceptions étranges. D'où cela vient-il ? — De plus, ces lois sont si fuyantes, se dérobent tellement que l'auteur reconnaît qu'on ne peut les soumettre à une détermination quantitative ; il ne croit pas à la possibilité d'une statistique sûre. Les groupements des statisticiens peuvent rendre quelques services, mais « c'est une illusion de croire que, parce qu'on emploie les procédés mathématiques, on arrive à une certitude mathématique... La détermination quantitative n'a pas encore pénétré dans la biologie, comment donc arriverait-elle jusqu'aux sciences morales et sociales? Le chiffre est un instrument à la fois trop grossier pour effiler la fine trame de ces phénomènes et trop fragile pour pénétrer bien avant dans leur nature si compliquée et si multiple. » (p. 220-1.)

Tout cela n'empêche par M. Ribot de conclure une fois encore que « l'hérédité c'est la loi. » Ont-ils bien le caractère des lois ces phénomènes d'hérédité qui échappent à toute prévision ? la loi c'est le rapport invariable existant entre la cause et l'effet ; où trouver ici un rapport invariable? L'auteur engage à ne pas concevoir l'hérédité d'une façon étroite, à la considérer comme une influence multiple, nous pouvons lui donner cette satisfaction, mais nous n'en croirons pas moins que sa conclusion dépasse ses prémisses. Il y a évidemment une transmission héréditaire qu'il est facile de saisir dans beaucoup de cas. Les observations rassemblées par M. Ribot en sont une preuve ; cependant, elles restent de pures et simples observations qui ne démontrent pas l'existence d'une loi. Aussi, nous permettrons-nous de reprocher à M. Ribot de traiter souvent comme des lois scientifiques ce qu'il a appelé d'abord de pures lois empiriques, et de donner parfois pour vérités acquises de simples hypothèses.

Après les lois, *les Conséquences.* Les plus importantes sont certainement les conséquences intellectuelles et morales.

M. Ribot n'appartient pas à cette école anglaise « plus radicale et plus neuve » qui attribue à l'hérédité un pouvoir créateur des idées. Il lui accorde simplement un rôle de conservation et de développement, et il se propose d'établir son assertion sur une double base physiologique et psychologique.

« Indiquons d'abord les bases physiologiques du fait qui nous occupe. C'est un fait bien connu que tout organe se développe par l'exercice :

les muscles des bras chez le forgeron, etc... En est-il de même pour le cerveau? S'accroît-il par l'exercice et cette augmentation est-elle transmisible par l'hérédité ? on n'en peut guère douter... Les fouilles faites dans les cimetières tendraient à démontrer que, depuis le moyen-âge, le volume des crânes a augmenté. D'après les recherches de Broca et d'autres anthropologistes, la capacité crânienne serait en moyenne pour les Australiens de 1224 cent. cubes ; pour les Parisiens du moyen âge (xɪɪ° S) de 1409 cent. cubes ; pour les Parisiens contemporains de 1558 cent. cubes. (hommes) et de 1337 cent. cubes. (femmes). » (p. 303-4)

Ces chiffres sont exacts. Rapprochons-les d'autres chiffres non moins exacts. Voici les troglodytes de Cro-Magnon qui ont pour capacité crânienne 1590 c. c. ; les Gaulois 1585 c. c. ; les crânes des dolmens du Nord 1580 c. c. ; le squelette de la grotte de l'Homme-Mort 1606 c. c.. — Que devient le développement par voie d'hérédité, puisque nous nous trouvons en face de chiffres supérieurs aux chiffres modernes?.. Ce qui est au moins indiscutable, c'est que ces résultats contradictoires ôtent toute solidité à la base physiologique que M. Ribot voulait constituer.

Sera-t-il plus heureux dans son recours à la psychologie ? Il convient que la thèse est difficile ; cependant il ne ménage rien pour s'en rendre favorables les éléments, particulièrement dans la physionomie qu'il trace du moyen âge où il représente les hommes vivant « à l'état de demi-hallucination, » (p. 310) la vitalité intellectuelle absente, la pensée annulée par le sentiment. Nous n'avons pas le fétichisme du moyen-âge, mais, de bonne foi, peut-on donner de pareilles allégations pour base à une argumentation philosophique? Je suis assuré que si M. Ribot avait lu récemment le discours sur l'état des lettres en France au xɪɪɪ° siècle par Daunou, dans le tome xvɪ° de l'*Histoire littéraire de la France*, il aurait singulièrement modifié ses appréciations, et par conséquent sa théorie ; car la thèse historique admise, il est tout simple de déduire par voie d'évolution, le perfectionnement de l'intelligence : le tout est de pouvoir l'admettre.

Nous ne dirons qu'un mot des conséquences morales. Ce n'est pas qu'elles manquent d'importance, mais nous savons les attaches de M. Ribot. Pour lui, l'âme n'est pas un principe, c'est une résultante. Il trouve bizarre cette idée de deux substances, corps et âme, unies ensemble, « notre chétive personnalité se rattache à l'origine des choses à travers l'enchaînement infini des nécessités. » La morale se perfectionne avec l'état social, et cela grâce à l'hérédité. Est-il vraiment prouvé que ce développement soit une conséquence de l'hérédité ?...

Voilà donc où est la déception que j'annonçais. On sent bien que M. Ribot a raison sur beaucoup de points. Ses observations ingénieuses,

ses groupements heureux frappent l'esprit, mais sa thèse : « l'hérédité est la loi » ne semble pas démontrée. Le lecteur, partagé entre les aveux de l'auteur sur « l'impossibilité de démontrer vigoureusement l'hérédité psychologique » et les conclusions absolues, triomphantes qu'il tire d'autres fois, hésite ; néanmoins, l'impression qui demeurera, dans son esprit, sera certainement que, dans cette difficile question de l'hérédité, les données actuelles de la science ne permettent pas de franchir l'abîme qui sépare l'hypothèse de la démonstration.

Aussi, M. Ribot a-t-il tort de croire que les spiritualistes redoutent d'examiner le problème de l'hérédité. Jusqu'ici, ce n'est qu'une hypothèse à laquelle nous appliquerons ce que l'auteur dit du transformisme : « Pour l'accepter, il faudrait qu'elle fût vérifiable par l'expérience ou démontrable par la logique. » Or, l'expérience ne donne que des résultats incohérents et contradictoires, la logique demeure en suspens. Nous ferons comme celle-ci : n'est-ce pas le parti le plus sage ?

LÉON DÉSERS,
Vicaire à Saint-Louis d'Antin.

6. — **Les reliques de saint Benoît**, par le R. P. dom François Chamard. Chez l'auteur, à Ligugé (Vienne) : in-8° de 213 pages.

Dom Chamard réunit en un seul tirage à part une série d'articles publiés dernièrement par lui dans le *Contemporain* sur *les reliques de saint Benoît*. Il s'agit de la fameuse querelle entre les moines du mont Cassin et ceux de Fleury, ceux-ci prétendant posséder le corps du patriarche bénédictin, transféré chez eux au viii° siècle, les autres assurant que cette translation n'a pas eu lieu et que saint Benoît n'a jamais cessé de reposer sur la célèbre montagne. Les Cassinésiens ont tort, cela est bien certain : dom Chamard n'a pas de peine à établir que le fait de la translation a été universellement admis, même au mont Cassin, jusqu'au xi° siècle. La relation anonyme, le texte de Paul Diacre, les annales de Lorsch, la fête ou commémoration de la translation, dans les documents martyrologiques et liturgiques de tout l'Occident depuis le ix° siècle, forment un faisceau de preuves absolument inéluctable. Les Bollandistes viennent de publier (*Analecta Bollandiana* t. I. p. 79-84) un document bénéventin écrit entre 830 et 833 qui, resté inconnu à dom Chamard, confirme pleinement sa thèse. Je veux apporter aussi ma petite pierre à cet édifice de critique sérieuse et saine. Dom Chamard commence à l'année 804 (1) la série

(1) Le *felire* irlandais d'Œngus cité p. 96 est de ce temps-là ; v. l'article de M. d'Arbois de Jubainville dans la *Revue critique* du 7 mars 1881, 15° année, p. 186.

des martyrologes où figure, au 11 juillet, la fête de la translation de saint Benoît à Fleury. Voici un fait qui permet de remonter un peu plus haut. On connaît trois manuscrits du VIIIe siècle contenant le martyro-loge hiéronymien, celui d'Epternach (Paris 10.837), celui de Berne (289) et le *codex Blumanus*, que j'ai retrouvé (1) et copié tout der-nièrement à Wolfenbüttel. Ce dernier est de l'année 772, le *Bernensis* est un peu moins ancien ; quant au manuscrit d'Epternach il remonte tout-à-fait au commencement du VIIIe siècle et paraît avoir été écrit en Grande-Bretagne. Ces deux circonstances expliquent pourquoi il ne contient que la fête ordinaire de saint Benoît (21 mars) et non pas celle de la translation, arrivée vers l'an 703. Mais les deux autres manuscrits ont les deux fêtes, ce qui montre que la seconde était déjà connue, en 772 au moins, dans les pays voisins du Rhin, à Wissembourg et à Metz, d'où proviennent les manuscrits en question.

Peu après le pieux larcin des moines de Fleury, les religieux du mont Cassin, retirés à Rome depuis 150 ans, rétablirent leur abbaye. Pour se consoler de n'y avoir plus les ossements de leur saint fonda-teur ils s'attachèrent à cette idée, déjà exprimée par Paul Diacre, que les Français n'avaient pas emporté ses chairs, depuis longtemps tombées en poussière. Mais ils finirent par trouver cette compensation insuffisante : à partir du XIe siècle ils se mirent à fabriquer des textes et des diplômes apocryphes destinés à battre en brèche la possession de l'abbaye de Fleury. Il fait beau voir dom Chamard fourrager dans ce chartrier et mettre impitoyablement à nu toutes les fraudes cassiné-siennes. Il a dû lui en coûter un peu de plonger son scalpel dans ces plaies de famille ; mais, après tout, *magis amica veritas*. C'est égal, il fera bien de ne pas se risquer désormais au mont Cassin, car il pourrait lui arriver quelque aventure analogue à celle des deux capucins à Port-Royal.

La fin du mémoire, sur la conservation et les vérifications des reli-ques de saint Benoît à Fleury, n'est guère moins intéressante que le reste. On y voit que depuis la Révolution les évêques d'Orléans, devenus dépositaires responsables du pieux trésor, l'ont un peu plus gaspillé qu'il ne l'aurait été sous les bénédictins. Mgr Dupanloup a troublé souvent le repos de cette tombe douze fois séculaire : espérons que saint Benoît ne lui a en pas gardé rancune.

Je reprocherai à dom Chamard d'avoir groupé ses matériaux, qui représentent d'immenses recherches, d'une façon un peu tumultuaire et d'avoir encombré son exposition de polémiques avec des adver-saires souvent chétifs, presque toujours de parti pris. En rendant

(1) Grâce à une indication de mon ami M. Samuel Berger.

son travail plus synthétique, plus facile à lire, il aurait porté un coup plus sûr à la thèse qu'il veut renverser. — P. 64, une phrase m'étonne : « Ce serait une grave erreur de croire que chaque « fête de saint, au viiie et même au ixe siècle, était comme aujourd'hui « accompagnée d'une légende de saint. Cette *manie germa* plus tard « et ne *s'épanouit* qu'au xiie et au xiiie siècle » Les dates sont contestables et la manie au moins inoffensive.

L. Duchesne.

7. — **Lettres de Saint Vincent de Paul**, *fondateur des Prêtres de la Mission et des Filles de la Charité*. Édition publiée par un prêtre de la congrégation de la mission. Paris, Dumoulin, 1882. 2 in-8° de VI-547 et 576 pages.

Saint Vincent de Paul a été, ces derniers temps, l'objet de plusieurs remarquables travaux. Après les volumes de l'abbé Maynard est venue la publication de M. A. Loth, dont il faut surtout louer l'illustration. En ce moment même, M. Chantelauze achève un curieux travail sur saint Vincent de Paul et les Gondy, pour lequel nous avons été heureux de fournir d'importants documents, et dont, après les lecteurs privilégiés du *Correspondant*, tout le monde jouira bientôt, nous l'espérons. A leur tour, les fils de saint Vincent de Paul, après avoir débuté par un certain nombre de volumes destinés à leur usage particulier, viennent de publier l'important recueil dont on a lu le titre.

Nous voudrions n'avoir qu'à louer ce travail, et que de raisons pour le faire, en effet! Ces deux volumes sont la première publication un peu complète de la correspondance de saint Vincent de Paul ; des 588 lettres qu'ils contiennent, la plupart sont inédites. Leur intérêt est très considérable ; il suffit, pour s'en convaincre, de lire la table des personnages à qui elles sont adressées : on y trouve la reine de Pologne à côté d'Anne d'Autriche, sainte Chantal et Mazarin, Innocent X et Alexandre VII. Que de renseignements précieux on y puisera pour l'histoire de l'Église à cette époque, sur les diverses congrégations religieuses du temps, sur les commencements du jansénisme... Que dire surtout de leur intérêt pour les personnes qui y chercheront leur édification et un encouragement à la piété et à la vertu? Il est naturellement immense. Même, et c'est ici précisément qu'il nous faut commencer nos critiques, les éditeurs semblent n'avoir voulu atteindre que ce but et avoir négligé à dessein tout ce qui aurait pu donner à ce livre une apparence plus scientifique.

A notre avis, c'est fort regrettable. D'abord on n'y a guère réussi. Pour ne faire de ces volumes qu'un livre de *lecture spirituelle*, une

foule de lettres exclusivement historiques étaient à omettre, le format
à modifier, toute l'ordonnance du livre à changer. Au contraire, pour
une édition complète, définitive, que de choses manquent! Nous allons
les marquer rapidement.

Et d'abord il aurait fallu ne pas se borner à reproduire, pour les trois
premières lettres seulement, le style ancien et l'orthographe originale de
saint Vincent; mais les reproduire toutes telles quelles sans se permettre
de les modifier. C'est ainsi que l'on procède aujourd'hui, et qu'il aurait
fallu faire, autant par respect pour saint Vincent que pour donner à
cette publication plus de caractères d'authenticité. Il ne s'agit pas ici,
comme le croit l'éditeur (p. 1), d'une simple chose de curiosité, mais
d'intérêts graves. Quant aux lettres latines, assez nombreuses dans ces
deux volumes, nous approuvons fort qu'on y ait ajouté la traduction;
mais c'est cette dernière que l'on devrait trouver en note et non le
texte du saint.

Ceci bien établi pour le texte même, arrivons aux notes. Les notes,
dans une publication de ce genre sont de deux sortes : les unes bibliographiques, les autres historiques. Les premières indiquent si la lettre
est autographe; dans le cas où elle ne l'est pas, de quelle époque et
de qui est la copie : dans l'un et l'autre cas, où se trouve l'autographe,
où la copie. Elles mentionnent en outre si la lettre est inédite ou bien
si elle a été déjà publiée et où. Cette catégorie de notes fait absolument
défaut : sur 558 lettres, deux à peine sont accompagnées de l'un
ou l'autre de ces renseignements. Les notes historiques ne sont pas si
régulièrement absentes; mais elles sont bien insuffisantes et consistent
à peu près uniquement dans l'indication de la date d'entrée à Saint-
Lazare et de la mort, pour ceux des correspondants de saint Vincent qui
étaient de sa congrégation; pour les évêques, quand ils sont nommés
(car on trouve, par exemple, d'incroyables mentions comme celles-ci :
N. archevêque de Narbonne; N. évêque de Saint-Malo), on indique simplement les dates de leur épiscopat. Rien habituellement sur les autres
correspondants du saint, ni sur les personnages, souvent fort intéressants, mentionnés dans le cours de la lettre. Rien par exemple, p. 25, sur
le P. de Gondy, dont il est cependant si souvent question dans cette correspondance; p. 27, rien ou à peu près rien sur A. Duval; p. 38, rien sur
un monsieur N. à qui est adressée la lettre et que cependant l'on connaît, puisqu'une note dit qu'il fut le promoteur des conférences ecclésiastiques (1); p. 54, il est question de Mgr le cardinal, pourquoi ne pas
nommer Richelieu? p. 67, rien sur Mme de Liancourt...etc... etc...

_____

(1) Cette note ne serait-elle donc pas de l'éditeur? Dans ce cas, il aurait
fallu renseigner le lecteur, et dire d'où elle est prise. Les autres notes se-

Tout cela à propos des notes absentes du volume. Il y a à faire de sérieuses critiques sur celles qui s'y trouvent. On s'arrête, par exemple, p. 17, à nous faire savoir que Montmirail a aujourd'hui 2,343 habitants, sans nous dire qui est cette demoiselle Leclere à qui la lettre est adressée, ainsi que plusieurs autres. — Page 34, on lit une note sur les exercices des ordinands : l'auteur croit qu'ils commencèrent à Beauvais. A-t-il quelque document en faveur de cette opinion, à notre avis fort contestable ? — Page 255, la note n'est pas à sa place, car il a déjà été question plusieurs fois du livre d'Arnauld dans cette correspondance. — Page 266, note 1. Il y est question de l'Hibernie, pourquoi ne pas dire Irlande ? — Pages 488 et 500, les mémoires du P. Rapin sont cités comme autorité. Le temps où l'on croyait cet auteur sur parole est bien loin de nous.

Mais nous n'en finirions pas si nous voulions nous arrêter à relever tous ces détails. Nous n'aurions pas même osé insister si longtemps, si nous n'avions trouvé, comme un oasis au milieu du désert, parmi ces lettres si insuffisamment accompagnées de notes et de renseignements, la lettre 246e, p. 472, annotée d'une façon non seulement suffisante, mais excellente. L'éditeur a fait là merveille. Que ne l'a-t-il voulu partout ! Il eût élevé à la mémoire de saint Vincent un véritable monument. Il le fera quelque jour, nous l'espérons, car il a prouvé qu'il en était capable.

A. INGOLD.

8. — **Le Chateau de Clagny et Madame de Montespan**, d'après les documents originaux. Histoire d'un quartier de Versailles par P. Bonnassieux. Un vol. petit in-8° 195 pp. tiré à petit nombre, orné de quatre eaux fortes et d'un plan comparatif du domaine de Clagny et des quartiers de Montreuil, Notre-Dame, et de Clagny. Paris. Alphonse Picard. 1881.

On connaît le mot de Bourdaloue à Louis XIV, lorsqu'après le Jubilé de 1676 il se sépara de Madame de Montespan : « Vous serez content de moi, disait le roi, Madame de Montespan est à Clagny. — Dieu le serait bien plus, répondit le prédicateur, si Clagny était à quarante lieues de Versailles. M. Bonnassieux a entrepris de nous faire connaître dans une monographie rédigée d'après les mémoires du temps et les documents conservés aux archives nationales, ce domaine de Clagny que possédait la maîtresse de Louis XIV.

Rien ne reste du château, un des plus beaux de l'époque, disent les raient-elles également empruntées à une ancienne compilation de lettres de saint Vincent? Certains indices le font croire. Mais, encore une fois, pourquoi n'en pas avertir le lecteur?

contemporains, seules les estampes et les descriptions contenues dans les titres de propriété peuvent nous donner une idée de sa splendeur. Clagny relevait du fief de Clatigny et, par divers intermédiaires, en dernière ligne des Célestins de Paris. Le plus ancien seigneur que nous fassent connaître les documents est Guillaume de Vitry au XIVe siècle, notaire et secrétaire du roi Charles VI. Nous arrivons par divers possesseurs successifs jusqu'à la famille de Pierre Lescot, dont le plus célèbre Pierre Lescot II construisit le Louvre de 1546 à 1578. M. Bonnassieux trace en quelques pages, avec la plus grande précision, la biographie de ce grand artiste dont le nom est plus connu que la vie. Il donne même un tableau généalogique de la famille des Lescot. Clagny était passé de mains en mains aux Incurables de Paris, quand le 30 novembre 1665 il fut acheté par Colbert au nom du roi.

Mansart construisit pour la favorite un château dont Mme de Sévigné écrivait à sa fille, le 7 août 1675 : Que vous dirais-je ? C'est le palais d'Armide ; le bâtiment s'élève à vue d'œil ; les jardins sont faits. Vous connaissez la manière de Le Nôtre : il a laissé un petit bois sombre qui fait fort bien ; il y a un petit bois d'orangers dans de grandes caisses ; on s'y promème, ce sont des allées où l'on est à l'ombre ; et pour cacher les caisses, il y a des deux côtés des palissades à hauteur d'appui, toutes fleuries de tubéreuses, de roses, de jasmins, d'œillets ; c'est assurément la plus belle, la plus surprenante, la plus enchantée nouveauté qui se puisse imaginer... » Le *Mercure Galant* de novembre 1686 décrit le détail, les bâtiments et les appartements de Clagny. Les comptes royaux constatent la dépense de 2.448.000 livres pour l'achat et les constructions. C'est là qu'en 1686 Mme de Montespan reçut les fameux ambassadeurs de Siam que Louis XIV se plut à éblouir de sa gloire.

Le duc du Maine, le prince des Dombes, le compte d'Eu possédèrent successivement Clagny, qui fut échangé par ce dernier, en 1766 contre d'autres domaines.

Le 12 avril 1769, un arrêt du Conseil ordonna la destruction de l'œuvre de Mansart. Le domaine fut alors démembré, de nombreuses maisons furent bâties, et aujourd'hui la propriété de Mme de Montespan est devenue un quartier de Versailles.

Tel est en résumé l'histoire de Clagny, telle que M. Bonnassieux nous la fait connaître. La notice qu'il a consacré à ce château est intéressante par la précision des renseignements, et par les souvenirs historiques qu'elle évoque. C'est une excellente monographie rédigée toujours d'après des documents originaux. On ne pourra désormais écrire une histoire de Versailles sans la consulter, et elle sera lue avec profit par tous ceux qui s'intéressent au XVIIe siècle.

Le portrait de Mᵉ de Montespan d'après E. Picard, et trois vues du château de Clagny aux diverses époques de son histoire, illustrent ce volume imprimé avec luxe. Nous ferons une observation au sujet du plan comparatif. Les lignes rouges qui représentent le domaine de Clagny ne sont pas toujours assez apparentes ; de là en quelques parties une certaine confusion. Il eut été je crois possible de l'éviter en faisant deux plans superposés, l'un sur la feuille même, l'autre sur un papier transparent. Ce procédé employé dans le *Paris à travers les âges* de Firmin Didot, me paraît donner de meilleurs résultats.

E. BEURLIER.

9. — **Essai de critique idéaliste** : par VICTOR DE LAPRADE, l'un des quarante de l'Académie française. Un vol. in-12 de 391 p. Paris, Didier.

Le titre de ce volume mérite bien l'épithète qui en détermine le sens ; la critique de M. de Laprade, est, à vrai dire, de la critique idéaliste. Elle nous entraîne haut, dans les régions sereines et cependant ardentes de l'admiration ; c'est à plein cœur et à pleine bouche que l'auteur des *Symphonies* et des *Idylles héroïques* loue les maîtres qui peuvent reconnaître en lui un fils ou un émule. D'autre part, ne perd-on pas quelquefois un peu trop terre ; l'*a priori* et l'esprit du système ont-ils toujours tenu un compte suffisant des faits ? M. de Laprade avait le droit de réprouver. dans la *Divine Comédie*, d'étranges imaginations et des duretés iniques ; était-ce une raison pour préférer, au point de vue religieux et moral, le poème de Milton à celui de Dante ? Et, lorsque M. de Laprade a reproché aux chantres de l'enfer de « faire du mal un principe indestructible et » de « proclamer son éternité », je ne sais s'il s'est parfaitement compris ; le mal n'est pas un principe indestructible et éternel ; mais la liberté créée peut choisir le mal, et nulle nécessité métaphysique ou morale ne saurait contraindre Dieu à arracher la liberté créée au choix qu'elle a faite, et aux conséquences de son choix.

Sur d'autres sujets encore, d'une gravité beaucoup moindre, on peut différer d'avis avec M. de Laprade ; on peut du moins hésiter lorsqu'il affirme. Ses vues sur la mission respective de chacun des arts sont ingénieuses, mais seraient-elles toutes aisément justifiables ? L'auteur est sévère à l'égard du *paysage ;* je ne le contredis pas, mais je trouve piquant de signaler ces rigueurs chez un poète à qui l'on a quelquefois reproché d'aimer la nature visible, au point de paraître s'y absorber.

Trois grandes études littéraires se détachent de ce volume dont elles composent la partie la plus importante ; elles sont consacrées à Corneille, à la morale de Molière, à Lamartine. Plus équitable pour le grand co-

mique que Lamartine ne l'a été pour Lafontaine, admirateur de l'observation profonde, triste d'ailleurs et désenchantée, qui nous apparaît
dans Molière, et aussi de son français, « langue logique, directe, pleine
« de sens et de raison, et en même temps pleine de mouvement, de vie,
« et d'une saveur toute particulière », M. de Laprade montre cependant
que ses plus impérieux attraits ne le poussent pas vers l'auteur de
l'*École des maris*, de l'*École des femmes*, de *Tartuffe*, des *Femmes
savantes*. J'ai nommé les *Femmes savantes*; certes, ni Bourdaloue ni
Bossuet ne leur eussent adressé les reproches que d'autres comédies ont
mérités; mais M. de Laprade les critique à un point de vue qui, moins
essentiel, a bien aussi sa valeur.

Dieu nous garde d'envoyer les jeunes filles à l'école de Trissotin,
moins encore d'un Trissotin qui a suivi les leçons de Tartuffe et qui lui
en remontrerait peut-être; pourtant, je n'en apprécie pas moins les
réflexions suivantes de M. de Laprade : « Y a-t-il un danger bien grand
« qu'hommes et femmes de toutes les conditions oublient trop la bonne
« soupe pour le beau langage ? Nous ne croyons pas que, même du temps
« de l'hôtel de Rambouillet et des Précieuses de Molière, il y ait jamais
« eu lieu de craindre l'oubli de cette précieuse vérité..... La conclusion
« tacite du philosophe élève d'Épicure et de Gassendi (notons en passant
que M. de Laprade met à tort sur la même ligne deux hommes qui ne se
ressemblent guère et deux systèmes qu'il ne faut pas confondre), « la
« moëlle que nous trouverons en disséquant la pièce et en *cassant l'os*,
« ce n'est rien de plus que ce bon gros matérialisme bourgeois, qui, de
« de Rabelais à Béranger, en passant par Molière, a si souvent pour-
« suivi de sa verve, toute élévation, tout enthousiasme, toute noblesse,
« toute poésie, toute religion..... »

Avec Corneille et Lamartine, nous échappons à la courte et vulgaire
sagesse qui croit préserver en abaissant: M. de Laprade a voué à ces
deux grands poètes si dissemblables une admiration sans mesure. Je
pense comme lui que la France ne saurait trop priser l'auteur d'Horace
et de Polyeucte; le fier génie, l'âme magnanime qui a peint tous les
héroïsmes et qui peut les inspirer tous, sans sacrifier mes attraits, tout
en répétant :

Il faut finir mes jours en l'amour d'Uranie,

et *Uranie*, pour moi, c'est Andromaque, c'est Monime, c'est Esther,
— je conçois qu'on préfère Nicomède à Mithridate et Polyeucte à Athalie. Mais M. de Laprade excède quand il écrit que « dans Racine la
grande langue française « s'achemine vers la langue de Voltaire »,
vers la langue molle, terne, essoufflée, des tragédies si chères au xviiie
siècle, et que « dans Athalie, « le sentiment religieux est plus pompeux
que profond ». Où je suis pleinement d'accord avec M. de Laprade,

c'est lorsqu'il met en lumière certains aspects vraiment incomparables de la tragédie cornélienne, j'ajouterai, de la grande tragédie française. « Un drame est autre chose qu'un paysage orné de fleurs charmantes, « de chênes superbes, et traversé par des tempêtes et des tonnerres. « Quand la personne humaine, c'est-à-dire la conscience et le libre « arbitre sont absents, il n'y a pas de drame ». S'il en est ainsi, qui donc, parmi les étrangers les plus grands et les contemporains les plus vantés, a poussé le drame aussi loin que Corneille ?

L'admiration de M. de Laprade pour Corneille a dépassé parfois les vastes limites qui eussent pu la contenir ; son admiration pour Lamartine est une excessive et universelle indulgence. J'eusse voulu rencontrer des réserves là où je n'ai trouvé que l'excuse, l'apologie ou l'éloge. Au point de vue religieux, *Jocelyn* n'a pas l'innocence qu'on se plaît à lui prêter. Et qu'il serait facile de répondre à certaines justifications, à certaines glorifications tentées par M. de Laprade ! « Le plus « grand reproche qu'on ait adressé à son court ministère, c'est de n'avoir « pas violemment rompu avec certain de ses collègues, c'est de n'être « entré en guerre avec personne ; le plus grand vice des histoires qu'il « a écrites, c'est l'indulgence de ses jugements. En un mot, son défaut « suprême c'est de n'avoir jamais pu haïr. D'un crime pareil nous ne « chercherons pas à le défendre ». Non, ne cherchez pas à l'en défendre, car ce *crime* a été une désertion coupable de toutes les nobles causes pour lesquelles vous avez lutté ; et la légèreté, l'inconscience même ne sauraient absoudre celui qui l'a commis. Étrange indulgence, d'ailleurs, que celle qui dore d'un rayon menteur la face sinistre des bourreaux, et qui discrédite ainsi la pitié qu'elle témoigne aux victimes !

Heureusement, dans l'héritage de Lamartine, il y a mieux que l'œuvre éphémère du politique et que l'*Histoire des Girondins* qui l'avait préparée. Il y a ces merveilleuses poésies qui trop souvent ont été écrites avec la plume d'Ovide, mais qui sont sorties de l'âme de Virgile. Ne l'oublions pas, d'ailleurs, le Virgile auquel nous les devons, moins chrétien que M. de Laprade ne le prétend, l'a été assez pour confesser le Christ au plein midi de sa renommée, pour revenir à lui aux jours de sa douloureuse vieillesse. C'est là la meilleure gloire de Lamartine, et, contre cette gloire, le souvenir même de ses défaillances ne prévaudra pas.

A. LARGENT.

VARIÉTÉS

—

INSCRIPTION DE RADÈS (Maxula), Tunisie.

On a découvert dernièrement, au pied du village de Radès, dans les travaux de construction de la voie ferrée française de Tunis à Hammam-el-lif, deux torses de statues de dimensions colossales.

Je me demandais depuis quelque temps si ces statues n'auraient pas représenté l'empereur Hadrien et son épouse Sabine, quand je fus prévenu par M. Fanier, chef de service des travaux à la Société de construction des Batignolles, qu'une inscription récemment découverte venait de révéler le nom de deux personnages. On y lisait en effet :

```
S A B I N A E
A V G
I M P · H A D R I A N
A V G
```

La plaque de calcaire, sur laquelle est gravée cette inscription, mesure 82 centimètres de hauteur, 54 de largeur et 5 d'épaisseur. La hauteur des lettres est de 10 centimètres.

Cette plaque a un double intérêt, car elle est opistographe et l'inscription qu'elle porte au revers renferme un renseignement topographique. La voici :

```
. . . . . . . . . . . . . . . . . . . (1)
C O S · P · A · I I I I · A M A T O R I · O R
D I N I S · A E Q V E · M A X V L A E
O B · M V L T A · E R G A S E M E R I T A
V N I V E R S V S · O B S E Q V E N S
G R A T V S · O R D O · M A X V L ·
```

Hauteur des lettres : 0m08.

La *Maxula* mentionnée dans cette inscription est la Maxula de Ptolémée (2), la Maxula Prates de l'itinéraire d'Antonin (3), la Maxula de la Table de Peutinger, la Maxula de Pline et enfin celle de Victor de Vite (Maxulitanum littus) (4).

La plupart des savants qui se sont occupés de la géographie ancienne de la Tunisie se sont trompés sur l'emplacement de cette Maxula. Les

(1) La première ligne a été martelée à dessein.
(2) Ptolémée, l. IV, c. 3, 7.
(3) *Itiner. Antonini*, édit. Parthey et Pinder, n° 57. Cet itinéraire place Maxula à X milles de Carthage, distance qui existe également entre cette dernière ville et Radès.
(4) *De persecutione vandalica*, 1, 5.

uns, et c'est le plus grand nombre, l'ont identifiée avec Hammam-el-lif (1) qui ne peut-être que *Ad Aquas*; d'autres avec Soliman, Mraïssa, El-Arbaïn.

M. Tissot paraît-être le seul qui, s'appuyant sur l'étude raisonnée des itinéraires et des localités, ait placé Maxula là où s'élève aujourd'hui le village de Radès (2). La découverte de l'inscription ci-dessus, dûe aux travaux de construction du chemin de fer, vient confirmer, après quinze années, les savantes conclusions de M. Tissot.

Maxula était le point de jonction de plusieurs voies romaines.

Il serait intéressant de connaître le nom du personnage, peut-être un proconsul, qui s'était ainsi acquis des droits à la reconnaissance de l'*ordo Maxulitanus*.

A. L. DELATTRE,

Missionnaire d'Alger, à Saint-Louis.

Carthage, 27 août 1881.

Sabine reçut le titre d'*augusta* en 128, l'année même où Hadrien fut appelé *pater patriae*. Elle mourut en 136 ou au commencement de l'année 137. C'est donc entre les années 128 et 137 que la première inscription a été gravée sur la pierre de Radès.

La date de la seconde inscription ne peut pas être déterminée d'une façon aussi certaine. Le P. Delattre dit que la première ligne a été martelée avec intention. Elle devait contenir le nom du personnage honoré. Il s'agit évidemment d'un proconsul d'Afrique. En examinant attentivement la pierre, et surtout en la mouillant, on retrouverait peut-être les traces de quelques lettres qui aideraient à rétablir la première ligne. Le chiffre $\overline{\text{IIII}}$ qui suit le titre de *pro*)COS.P·A· *proconsul provinciae Africae*, doit être rapproché d'une mention analogue qui se trouve dans une inscription de Guelma, gravée entre les années 294 et 305 :

*procon*SVLATV QVARTO INSIGNIS AVRELI ARISTOBVLI...etc

C'est l'indication de la quatrième année d'un proconsulat (3). S'agissait-il du même personnage? Rien ne le prouve ; cependant la seconde inscription de la pierre de Radès paraît appartenir à la fin du IIIᵉ siècle ou au commencement du IVᵉ.

---

(1) V. Guérin, *Voyage archéologique dans la Régence*, t. I, p. 79; t. II, p. 196; de Fortia, *Itinéraires anciens*, p. 17, 18, 290, 294; d'Avezac et Lapie, *Itinéraires*, p. 257; de Sainte-Marie, *Bulletin de l'Académie d'Hippone*, nᵒ XIV, p. 71,74.

(2) Tissot, *Revue africaine*, nᵒ LVIII, p. 270 et suivantes.

(3) C. I. L. t. VIII, nᵒ 5290. Cf. des mentions analogues aux nᵒˢ 1488 (proconsulat d'Aurelius Antiochus, et 10586 (proconsulat de C. Vibius Marsus).

L'expression AMATOR se retrouve dans d'autres textes d'Afrique : *amator civium* (1), *amator sanguinis sui* (2), *amator regionis suburbani sui Azimaciani* (3) ; dans une inscription de Préneste les

AMATORES·REGIONIS·MACELLI·CVLTORES·IOVIS·ARKANI

paraissent avoir formé un collège religieux (4).

La restitution *max*VLITANI proposée par M. Tissot (5) et adoptée par les éditeurs du Corpus (6), sur un fragment d'inscription géographique découvert à Carthage, ne semble pas démontrée. On peut également retrouver sur ce fragment l'ethnique de *Cululis* (7) et restituer *cul*VLITANI. Quoi qu'il en soit de ces deux hypothèses aussi incertaines l'une que l'autre, l'ethnique de *Maxula* est bien *Maxulitanus* ainsi que le prouve la mention des *sancti* (*martyres*) *Maxulitani* dans le kalendarium Carthaginiense (8) au XI des calendes d'août, et les mentions réunies par Morcelli (9).

A. H. DE V.

(1) C. I. L., t. VIII, n° 2400.
(2) *Ibid.*, n° 7174.
(3) *Ibid.*, n° 7741.
(4) Fabretti, *Inscript. antiquae*, p. 411, n° 352.
(5) *Lettre à M. E. Desjardins sur la Table de Souk-el-Khmis*, p. 7.
(6) C. I. L., t. VIII n° 10530.
(7) Ville de la Byzacène. Cf. Procope, *De aedificiis*, l. VI, c. 5 ; Morcelli, *Africa christiana*, t. I, p. 149.
(8) Inséré à la fin des *Acta sincera* de dom Ruinart.
(9) Morcelli, *Africa christiana*, t. I, p. 220.

CHRONIQUE

La librairie E. Leroux publie le catalogue des publications, livres, brochures et journaux relatifs à l'Orient publiés en 1881. Ce catalogue est rédigé par C. Friederici.

— Le tome XLI des *Mémoires de la Société des Antiquaires de France* contient plusieurs travaux intéressants. 1° Un mémoire de M. A. Prost sur deux monuments dédiés, le premier au dieu Cissonius, le second à la déesse Moguntia. Ce dernier mentionne un *tabellarius* de condition privée, tandis qu'on ne connaissait jusqu'ici que des *tabellarii* attachés à des services publics ou à la maison des empereurs. — 2° Un mémoire de M. J. Roman sur *le tableau des vertus et des vices*. La principale des représentations figurées se trouve dans l'Église d'Argentière (arrondissement de Briançon, Hautes-Alpes) ; une planche annexée au mémoire reproduit le monument. — 3° Une note de M. Delaville le Roulx sur *les Sceaux de l'ordre de Saint Jean de Jérusalem*. avec planches. — 4° Une note de M. Rey sur *les territoires possédés par les Francs à l'est du lac de Tibériade, de la Mer Morte et du Jourdain*, accompagnée d'une carte. — 5° Une étude de M. Read sur *Salomon de Brosse*, l'architecte de Henri IV et de Marie de Médicis. — 6° Un supplément au mémoire de M. Courajod sur *deux Épaves de la chapelle des Valois à Saint-Denis*. — 7° Un mémoire de M. J. Guiffrey sur *la famille de Jean Cousin*. — 8° Une note de notre collaborateur M. Thédenat sur *un étui à collyre égyptien* conservé au musée du Louvre. L'auteur voudrait qu'un égyptologue fît sur les oculistes égyptiens un travail semblable à celui qu'il a entrepris en collaboration avec M. Iléron de Villefosse sur les oculistes romains. Cette note est accompagnée de plusieurs bois. — Le reste du volume contient le compte-rendu des séances de l'année.

— La mission de MM. RENÉ BASSET et HOUDAS, professeurs à l'école supépérieure d'Alger a été sans grand succès. Les deux professeurs devaient recueillir des manuscrits arabes mais ils se sont vu refuser l'entrée des mosquées et des bibliothèques, à Tunis. A Kairouan ils ont trouvé 24 manuscrits; le plus intéressant est un traité géographique du XIᵉ siècle. Ils ont pû copier diverses inscriptions arabes. M. HOUDAS est retourné à Tunis pour explorer les bibliothèques, M. BASSET continue à chercher des inscriptions.

— M. G. PARIS prépare une bibliographie complète des œuvres de son père M. Paulin Paris.

— M. E. RUELLE bibliothècaire à Sainte-Geneviève a reçu une mission scientifique pour collationner à Venise des manuscrits grecs de Damascus du IXᵉ ou Xᵉ siècle encore inédits.

— Notre collaborateur le P. Ingold, vient de faire paraître le 2ᵉ volume du Recueil des vies de quelques prêtres de l'Oratoire , par le P. Cloysenet. Cet ouvrage dont nous parlerons bientôt plus longuement, est précédé d'une lettre de Mgr. Perraud, évêque d'Autun, et orné d'une gravure. Il contient les vies des PP. Bourgoing, Morin, Languet, Serrin, de Rez, Jaubert, Yvan, Bertad, de la Fontenelle, Senault, Lejeune, Mitouart, Andifridy, Amaury, Collo, Lecointe. Dupuy et Bouchard. Le nombre des volumes parus de la *Bibliothèque Oratorienne* se trouve ainsi porté à 5, qui tous se trouvent chez Poussielgue, Rue Cassette, 15.

— M. POUY publie un essai sur la situation des états de Picardie durant la ligue (Amiens. Delattre-Lenoél.) Cette brochure qui porte pour titre : *La chambre du Conseil des états de Picardie pendant la ligue*, contient, en appendice, plusieurs documents inédits.

— L'Académie impériale d'Autriche vient de publier le tome V du *Corpus scriptorum ecclesiasticorum latinorum*. Ce volume contient Orose publié par le professeur Zangemeister, bibliothécaire en chef de Heidelberg. En appendice se trouve le *liber apologeticus* écrit par saint Augustin et qui était interprété dans le texte d'Orose.

— Le Dʳ ISIDORO FALCHI, inspecteur des fouilles pour la Campiglia maritima a, dit-on, découvert une ancienne ville. Les médailles et les ruines lui font penser que c'est Vetulonia, ville d'Étrurie.

— Un catalogue du musée des antiques de Constantinople, sera publié prochainement par M. Sal. Reinach, de l'école française d'Athenes. M. Albert Dumont a déjà donné, il y a quelques années, un excellent cataloge de cette collection.

— L'Académie de Berlin va publier la série complète des commentaires grecs sur Aristote. Cette collection fera la suite de l'édition des œuvres du Philosophe.

— M. BACKHOUSE propose dans l'*Academy* (25 mars) une correction au chapitre XIIIᵉ, verset 2 de l'épître de saint Barnabé. Au lieu de Καὶ συνέλαβεν. Εἶτα καὶ ἐξῆλθε, etc. il propose Καὶ συνέλαβεν. Εἶτα · καὶ ἐξῆλθε, etc. Cette correction semble excellente.

— Les syndics de l'imprimerie de l'Université de Cambridge ont en préparation : Un ouvrage sur les médailles grecques. du professeur d'archéologie, et le second volume des commentaires de Théodore de Mopsueste sur les petites épîtres de saint Paul édité par le Dʳ Swete.

— Notre collaborateur , M. A. Héron de Villefosse, a été chargé du cours d'Epigraphie romaine à l'école pratique des Hautes Études, en remplacement de M. Ernest Desjardins, membre de l'Institut, qui supplée M. Léon Renier dans la chaire d'Epigraphie romaine au Collège de France.

ACADÉMIE DES INSCRIPTIONS ET BELLES-LETTRES. — *Séance du 14 avril —*

M. Heuzey communique la première partie d'un travail intitulé *Les terres cuites de Kittion* (aujourd'hui Larnaca, Chypre). Vers le sud de Kittion, au lieu dit les Salines existent des amas de statuettes religieuses brisées, mêlées à des inscriptions en l'honneur d'Artémis Paralia, du héros local Mélanthios et d'un dieu phénicien Eshmoun-Melquarth. Ces débris proviennent de plusieurs sanctuaires voisins qui, périodiquement, se défaisaient des ex-voto sans valeur dont, à la longue, ils se trouvaient encombrés. On les brisait pour leur ôter leur puissance religieuse ou magique. Le mélange des types, d'un style très rude et en apparence, très primitif, avec les spécimens du plus bel art grec, prouve que les premiers sont souvent d'une fabrique beaucoup moins ancienne qu'on ne le pensait. Il ne faut pas confondre ce gisement avec d'autres buttes artificielles, par exemple celle de la Bamboula, située près de l'ancien port fermé, où l'on a trouvé les inscriptions du vieux temple d'Astarté commentées par M. Renan dans le premier fascicule du *Corpus inscriptionum Semiticarum*, avec quelques terres cuites d'un style purement oriental. Les terres cuites de Kittion se distinguent de celles de Dali (Idalion des anciens) par une exécution plus molle, un caractère d'imitation égyptienne généralement plus prononcé, par une terre mieux préparée, plus fine, plus semblable à la terre rose employée pour les belles terres cuites grecques de même provenance. M. Castan communique une note sur un manuscrit de la bibliothèque de Besançon décrit sous le n° 228 de l'inventaire de la bibliothèque du roi de France Charles V, dont il faisait partie. C'est un recueil de traités moraux en français; le texte calligraphié avec le plus grand luxe est entouré du liséré bleu, blanc, rouge qu'affectionnait Charles V, il est orné de 49 miniatures. A la fin du livre était un autographe du roi, profondément gratté qu'on est parvenu à lire en le reproduisant par la photographie : « *En ce livre Roman sont conteneus pluseurs notables et bons livres et est à nous Charles le Ve de notre nom Roy de France et le fimes écrire et parfere l'an MCCCLXXII Charles.* » L'examen des inventaires prouve que ce manuscrit dût sortir de la bibliothèque du roi entre 1413 et 1424. A cette époque en effet, sous le règne de Charles VI, s'accomplirent les plus odieuses dilapidations. M. Delisle avait déjà retrouvé 77 volumes de la *bibliothèque ou librairie* de Charles V. M. Achille Luchaire lit un travail sur *La chronologie des documents et des faits relatifs à l'histoire du roi Louis VII pendant l'année 1150.* En établissant la chronologie des faits, l'auteur relève, chemin faisant, un grand nombre d'erreurs de ses devanciers. Dom Brial, entre autres, s'est souvent trompé parce qu'il fixait à l'an 1151 la mort de Suger qui n'eut lieu qu'en 1152. M. Deloche commence la seconde lecture de son mémoire sur la transformation en une sifflante du C guttural latin — *Séance du 21 avril.* — M. Geffroy annonce par lettre la découverte d'un fragment de *Plan capitolin* de Rome. Dans un angle on lit : TORIS, sans doute l'indication du temple de Castor. M. Thurot est remplacé par M. Hauréau dans le conseil de l'école des Chartes et par M. Jourdain dans la commission du prix Brunet. M. Ern. Renan donne lecture d'une lettre du général Faidherbe sur les inscriptions libyques ou berbères trouvées aux îles Canaries, Après avoir donné des renseignements bibliographiques sur cette épigraphie, M. Faidherbe examine la lecture d'une de ces inscriptions: il croit qu'un mot qu'il avait lu autrefois de droite à gauche TADIDRS doit être lu de gauche à droite et donné SARDIDENT, sans doute un nom de lieu; M. Faidherbe termine en exprimant le vœu que le gouvernement fasse recueillir les éléments d'un dictionnaire, en tenant compte des différents dialectes de cette langue parlée par un demi-million de Français. M. Barbier de Meynard fait observer que la mission de M. Basset qui a recueilli en Tunisie quatre vocabulaires berbères empruntés à deux dialectes différents aidera beaucoup ce travail. M. Heuzey continue sa lecture sur les terres cuites de Kittion. Parmi les fragments de figurines du bel art grec, mêlées aux figurines de style oriental, il en est qui reproduisent mieux que tout autre monument les grands caractères de l'époque de Phidias. Pendant la période archaïque des tentatives d'hellénisation échouèrent; ce fut un évènement imprévu, sans doute l'immigration d'ouvriers venus d'Athènes, qui introduisit sans transition, le style grec dans les fabriques de Kittion. Cet évènement eut lieu vers le milieu du IVe siècle avant J.-C. M. Raffray a visité à Lalibela, province de Lasta (Abyssinie) des églises monolithes taillées dans un immense bloc de rocher. La tradition et un manuscrit géez conservé dans une de ces églises, en attribuent la construction au négous Lalibela, qui donna son nom à la ville ; ce fut le cinquième roi chrétien de l'Abyssinie où la religion chrétienne s'établit au IVᵉ siècle ; les églises seraient du Vᵉ siècle. Lalibela aurait appelé, pour les faire, environ quatre cents ouvriers d'Égypte ou de Syrie. M. RENAN fait observer que le temple phénicien d'Amrit, les tombeaux de Zacharie et d'Absalon, à Jérusalem, sont de même construction que ces églises. Elles ont dû être faites en effet par des ouvriers venus de Syrie. Mais Lalibela est, selon M. Renan du XIIᵉ et non pas du Vᵉ siècle, et le style des églises indique l'époque des croisades.　　　　　　　　　　　　　　　　H. THÉDENAT.

SOUTENANCE DE THÈSES. — Le samedi 29 avril, M. Charles Seignobos ancien élève de l'École Normale, maître de conférences à la Faculté des lettres de Dijon, a soutenu, devant la Faculté des lettres de Paris, les deux thèses suivantes : *De indole plebis romanæ apud Titum Livium. — Le régime féodal en Bourgogne jusqu'en* 1360.

La Faculté se montre peu sympathique à la thèse latine, où s'entremêlent deux sujets différents : d'un côté, la critique des sources de Tite-Live et l'appréciation de cet historien ; de l'autre, la constitution politique de la vieille Rome républicaine, et le vrai caractère de la *plebs romana*. On ne peut s'associer sans réserve aux conclusions du candidat. Qu'il faille voir exclusivement dans la *plebs* une vile populace, une tourbe sans feu ni lieu, enfin la canaille de ce temps-là, c'est une exagération que nul ne songe à soutenir ; mais d'autre part, venir nous présenter en masse tous ces plébéiens comme des gens fort aisés, qui se composent principalement de l'aristocratie des cités soumises, comme d'honnêtes bourgeois et de gros propriétaires campagnards, franchement, M. Seignobos, n'est-ce point aussi quelque peu oublier la mesure et dépasser la vérité ?

Il faut reconnaître que la thèse française est remarquable. Le séjour de M. Seignobos à Dijon, où il exerce heureusement son activité scientifique, l'étude des archives extrêmement riches de l'ancienne capitale de la Bourgogne, et, en même temps, la complaisance éclairée des archivistes, en qui M. Seignobos a trouvé de précieux auxiliaires, tout cela nous a valu un grand et beau travail, aussi utile par le nombre des renseignements accumulés, aussi estimable pour le choix discret des documents publiés en appendice, qu'il est original d'ailleurs par la symétrique régularité de son ordonnance. Avec un enthousiasme bien légitime et l'accent d'une conviction communicative, le candidat expose lui-même cette curieuse ordonnance, qui n'a rien d'artificiel, dit-il, mais tient uniquement à la réalité même et à la suite naturelle des faits. Trois périodes successives, marquées par trois remaniements des cadres territoriaux ; trois « couches » sociales superposées ; trois systèmes de gouvernement ; voilà ce qu'a présenté à M. Seignobos la Bourgogne antérieure à 1360, voilà ce qu'il a pris à tâche de grouper et de combiner en un tout harmonieux, dont les parties se correspondent entre elles avec le plus parfait équilibre, comme les pièces, distinctes sans doute, mais indissolubles et symétriques, des vieilles trilogies. A part cette ressemblance, l'œuvre de M. Seignobos n'est pas précisément un poëme ; c'est bel et bien de l'histoire, et de l'histoire sérieuse. M. Seignobos distingue une première période féodale qui s'arrête au traité de Verdun, et qu'il appelle la période romaine : puis, le temps du régime féodal proprement dit ; enfin, une troisième période où le principe monarchique commence à dominer. Pour chaque période, on peut non-seulement jeter un coup d'œil sur les cadres territoriaux, mais aussi voir l'état et les rapports des diverses « couches » de la société, étudier enfin les institutions et le système de gouvernement. M. Seignobos affectionne l'expression si gracieuse de *couches*, qui répond pour lui, non pas à une classe, mais à un ensemble de classes. — Au reste, il y avait lieu d'étudier de même chacune des classes séparément, ses origines, son caractère, la condition des hommes qui la composent, les transformations qu'elle a subies, ou les raisons de son état stationnaire ; il y avait lieu d'examiner la condition des paysans, et du bas clergé ; des nobles laïques, des nobles d'église, des gens de commune ; des hommes groupés autour du duc, de ses officiers, de ses bourgeois : c'est ce qu'a fait M. Seignobos. — Quant au système d'administration, pendant la première période dont il s'occupe, M. Seignobos la résume d'un mot : l'exploitation. L'exploitation des hommes aussi bien que des terres est le procédé général de ce régime, où l'on se propose uniquement l'intérêt du maître. Au contraire, le gouvernement de la féodalité proprement dite repose sur des contrats : contrats entre les seigneurs et les vassaux ; contrat entre le seigneur et sa commune ; contrats entre les différents seigneurs. L'association consentie, et par conséquent le souci de l'intérêt spécial du gouverné, tel est le caractère propre de cette seconde période. A l'époque où s'arrête la thèse du candidat, on peut dire que l'administration monarchique n'existe pas encore ; le duc réunit beaucoup de pouvoirs ; les uns, débris de pouvoirs anciens ; les autres, pouvoirs nouveaux ; l'unité n'est pas faite. Que l'on cherche, en principe, l'intérêt du gouverné avec l'intérêt du gouvernant, c'est clair ; mais en fait, nous ne trouvons là qu'un pouvoir sans contrôle : c'est de la tyrannie.   B. D.

PUBLICATIONS DE LA QUINZAINE. — CH. DE BOECK. Le préteur pérégrin, in-8°, Paris, Pédone-Lauriel, 5 fr. — J. FORBES. La vie vaut-elle de vivre. Études sur la morale positiviste, traduites de l'anglais de H. W. Mallock, in-8°, ibid. 6 fr. 50. — VICTOR GAY. Glossaire archéologique, fascicule I, Paris. Société bibliographique, 9 fr. — MGR DE SÉGUR. 2° recueil de lettres, in-18, Paris, Bray et Retaux, 3 fr. 50. — A. VILLARD. Histoire du prolétariat ancien et moderne, in-8°, Paris, Guillaumin, 8 fr. — LUCIEN RABOURDIN. Algérie et Sahara. La question africaine, in-8°, ibid., 3 fr. 50. — MAX DUNCKER. Les Égyptiens, in-8°, Paris, Marpon et Flammarion, 6 fr. — COMTE DE FALLOUX. Discours et Mélanges politiques, 2 vol. in-8°, Paris. Plon. 15 fr. — R. CHANTELAUZE. Saint Vincent de Paul et les Gondi, in-8°, ibid., 7 fr. 50. — ANDRE LE BON. L'Angleterre et l'émigration française de 1794 à 1801, in-8°, ibid., 7 fr. 50. — F. SALMON. Vivre, la vie en vaut-elle la peine ? traduit de W. H. Mallock, in-18, Paris, Didot, 3 fr. 50. — RICARD. Lacordaire. in-18, Paris, Plon, 3 fr. 50. — CH. SEIGNOBOS. Le régime féodal en Bourgogne jusqu'en 1360, in-8°, Paris, Thorin, 7 fr. 50. — ABBÉ BLANC. Histoire ecclésiastique, tome IV, continué par l'abbé Guillaume, in-12, Paris, Lecoffre, 5 fr. — E. REGNAULT. Christophe de Beaumont, archevêque de Paris, 2 vol. in-8° avec portrait, ibid., 12 fr. — BOUGAUD. Le Christianisme et les temps présents, tome IV. L'Église. in-8°, Paris, Poussielgue, 7 fr. 50. — PAUL DE SAINT-VICTOR. Les deux masques, tragédie-comédie, in-8°, Paris, Calmann-Levy, 7 fr. 50. — V. COSTANTINI. Institutiones theologiae moralis, in-16, Florence, Manuelli, 3 fr. 50. — E. BARK. Russlands Culturbedeutung, Berlin, Behr. 1 m. 80. — I. BOLTE. De monumentis ad Odysseam partinentibus capita selecta, in-8°, Berlin, Mayer et Mueller, 1 m. 20. — CH. FR. KEARY. Outlines of primitive Belief among the Indo-European races, Londres, Longmans, 22 fr. 50. — J. LIPPERT. Christenthum, Volksglaube und Volksbrauch. — H. ROEHL. Inscriptiones graecae antiquissimae in fol., Berlin, Reimer, 20 fr. — GERLACH. Der alten Griechen Gotterlehre, Mythen und Helden sagen Leipzig, Reichardt, 6 m.

REVUE DES REVUES

ARTICLES DE FOND.

TAILHAN. *La ruine de l'Espagne gothique* (Revue des questions historiques), 1er avril).

PIERRE. *La déportation à la Guyane après fructidor* (Revue des quest. hist., 1er avril).

PROST. *Les chroniques vénitiennes* (Revue des quest. hist., 1er avril).

AMÉLINEAU. *La trouvaille de Deir-el-Bahari* (Revue des quest. hist., 1er avril).

PIERLING. *Pie V et Ivan le Terrible* (Revue des quest. hist., 1er avril).

REUTER. *Augustin und der Katholische Orient* (Zeitsch. f. Kirchengeschichte V. 2).

SCHULTZE. *Über die Kirchlich-archaeologischen Arbeiten aus den Jahren*, 1879 und 1880 (Zeitsch. f. Kirchengeschichte V. 2).

ERBES. *Die Geschichte der SS. Quatuor coronati* (Zeitsch. f. Kirchengeschichte V. 2 : les SS. IV de Rome sont identiques aux martyrs pannoniens, Claudius, Castorius, Sempronianus, Nicostratus).

Le Gérant : E THORIN

N° 3   15 Juin   1882

BULLETIN CRITIQUE

DE LITTÉRATURE, D'HISTOIRE ET DE THÉOLOGIE

10. — **L'Asclépieion d'Athènes** d'après de récentes découvertes, par Julien Girard in-8°. IV-134 pp. Paris. E. Thorin. 1881.

Qui n'a lu la scène du *Plutus* d'Aristophane où Chremylos et Blepsidemos entreprennent de guérir le dieu aveugle? Plutus, privé de la vue, distribue ses faveurs à des indignes ; clairvoyant, il connaîtra mieux les hommes et fera meilleur emploi de ses dons. « Allons, dit Chremylos, conduisons vite et couchons Plutus dans le temple d'Asclépios... Esclave Carion, il te faut prendre les couvertures et guider les pas de Plutus, comme il convient ; emporte aussi tout ce que tu trouveras préparé dans la maison. » Ils partent, bientôt Carion revient plein de joie, et raconte à la femme de Chremylos la guérison miraculeuse de Plutus. Quel était ce temple d'Asclépios, où était-il situé, quels prêtres le desservaient, comment s'y opéraient les guérisons ? Telles sont les questions diverses que s'est posées M. Girard et qu'il a essayé de résoudre dans son livre. Le problème eut été à peu près insoluble jusqu'à ces dernières années. Quelques allusions faites dans les auteurs au culte d'Asclépios, quelques inscriptions ou bas-reliefs découverts en 1862 dans les fouilles du théâtre de Dionysos, étaient les seuls documents connus ; En 1876 la Société archéologique d'Athènes entreprit des fouilles dans l'espace compris entre le temple de Dionysos et l'Odéon d'Hérode Atticus. Ces fouilles amenèrent de nombreuses trouvailles, substructions de temples et de portiques, inscriptions, bas-reliefs, fragments de statues, terres cuites, etc. M. Girard alors présent à Athènes a pu suivre ces fouilles, étudier ces monuments ; de là est né le présent livre.

Le temple d'Asclépios a pour nom officiel Ἀσκληπιεῖον τὸ ἐν ἄστει. Il est ainsi distingué d'un autre temple qui était au Pirée. L'Asclépieion d'Athènes formait deux groupes de bâtiments distincts, l'ancien et le nouveau temple. Chacun de ces deux groupes comprenait : un temple très petit, où étaient la statue du dieu et les ex-voto les plus précieux ; des portiques, exposés au midi, où les malades venaient s'établir ; près des portiques, les sources sacrées et les terrasses où se dressaient les statues d'Asclépios et de ses enfants. De nombreuses inscriptions remplissaient le sanctuaire : inventaires des richesses du temple, décrets en l'honneur des prêtres qui s'étaient acquittés pieusement de leur mission. L'Asclépieion avait son personnel sacré. C'était d'abord le prêtre (ἱερεύς) désigné par le sort comme presque tous les prêtres athéniens. Chargé de fonctions variés, ce prêtre avait l'autorité suprême dans le sanctuaire, il veillait à l'accomplissement des fêtes et de tous les rites, il s'occupait de la décoration du temple et rendait compte au conseil de l'accomplissement régulier des cérémonies. Il était de plus administrateur des biens du dieu et maître absolu de l'hôpital religieux établi dans les portiques. Au-dessous de lui venait le *zacore*, sorte de sacristain, personnage inférieur à l'époque primitive, mais dont la dignité grandit peu à peu, et qui, à l'époque romaine, devint l'égal du prêtre. Il semble qu'il ait remplacé alors celui-ci dans la surveillance de l'hôpital proprement dit. Le prêtre et le *zacore* étaient assistés de ministres inférieurs, *cléidouques* (porteurs des clés sacrées), *pyrphores* (allumeurs du feu), *canephores*, etc. De plus les ἱεροποιοί composaient une sorte de conseil de fabrique, aidant le prêtre dans l'administration des revenus du temple. Ce conseil était nommé à l'élection et composé tantôt de cinq, tantôt de dix membres, pris parmi l'aréopage et le peuple.

Le culte d'Asclépios a pour but principal d'obtenir la guérison des malades ; par suite se présente naturellement à l'esprit cette question : le prêtre d'Asclépios était-il médecin ? Une seule fois la qualification de médecin est jointe dans une inscription au titre de prêtre. De plus c'est le sort qui désigne le prêtre, il est donc difficile de croire qu'il désignât d'ordinaire un médecin, car on ne voit nulle part que le tirage fût fait entre les médecins seuls (1). La guérison est due à une puissance supérieure, et non à la science humaine. Il faut reconnaître du reste que l'expérience acquise par les prêtres guérisseurs pendant leur séjour au milieu des malades devait aider l'action du dieu.

Le culte d'Asclépios se célébrait et par des fêtes publiques et par des sacrifices privés. Les fêtes publiques étaient les Ἐπιδαύρια et les Ἀσκληπιεῖα, auxquelles il faut ajouter les Ἡρῷα qui étaient une fête,

---

(1) Les médecins laïques, pour employer l'expression à la mode, semblent du reste avoir toujours été en bons rapports sinon avec les prêtres, du moins avec Asclépios, ainsi qu'en témoignent plusieurs inscriptions.

(M. Girard le prouve par un certain nombre de textes) et non des monuments. Les cérémonies du culte privé nous sont décrites dans la scène d'Aristophane que je citais en commençant. Du milieu des plaisanteries se dégagent les faits suivants : après une purification, les malades se couchent dans le sanctuaire. Ils ont dû apporter avec eux les gâteaux destinés à être brûlés sur l'autel du dieu. Tout le monde couché, le zacore éteint les lampes et invite les malades à dormir. Pendant la nuit Asclépios apparaît à ceux qu'il favorise et leur indique les remèdes qui les doivent guérir. A l'époque des fêtes les malades se pressaient plus nombreux, et l'on voyait se grouper autour du sanctuaire des marchands forains, comme cela se passe encore de nos jours, dans les lieux de pèlerinage.

Le dieu avait ses favoris qu'il chérissait spécialement, comme Apollonius de Tyane, Proclus, Aelius Aristide, et qui intercédaient pour les personnes moins en faveur auprès d'Asclépios. Des ex-voto : inscriptions, bas-reliefs, reproductions de membres guéris, étaient consacrés au dieu en reconnaissance de ses bienfaits. Plusieurs de ces ex-voto sont reproduits à la fin du volume, ainsi qu'un plan du sanctuaire.

Le livre de M. Girard est un modèle d'exactitude scrupuleuse dans les recherches, et de lucidité dans l'exposition. Sans doute, l'auteur semble éviter toute considération générale ; il ne s'élève jamais du spécial qui l'occupe à l'exposition d'une théorie d'ensemble sur les cultes grecs, ou sur le sentiment religieux des athéniens, mais doit-on lui en faire un reproche bien sévère, et ne vaut-il pas mieux trouver des renseignements précis que des théories brillantes mais hasardées ? Les institutions religieuses de la Grèce ne sont pas encore complètement connues, et c'est à l'aide d'une série de monographies faites comme celles de M. Girard qu'on pourra acquérir une connaissance complète des idées et des mœurs religieuses des Grecs anciens. Il faut savoir attendre et avancer pas à pas pour marcher d'une manière sûre.

La thèse de M. Girard fait naître dans tous les esprits un rapprochement naturel avec des faits contemporains. Ces sanctuaires, où de nombreux fidèles vont demander la guérison de leurs maux, nous les voyons auprès de nous. Ces ex-voto, symboles de la reconnaissance nous pouvons les contempler tous les jours. On a blamé M. Girard de n'avoir point fait ce rapprochement. A notre avis il a bien fait. Nous ne sommes pas à une heure où ces questions puissent se discuter avec le calme nécessaire. Néanmoins, qu'il nous soit permis de nous étonner qu'une semblable coïncidence puisse paraître singulière. La nature humaine est toujours la même: de tous temps les hommes ont eu recours à la puissance céleste pour lui demander le soulagement de leurs maux. Il n'y a point là imitation, il y a reproduction des mêmes faits, parce que la cause ne change pas. Qu'ils s'adressent à Asclépios ou aux saints, les hommes leur feront toujours les mêmes demandes, et témoigneront leur reconnaissance de la même manière. La similitude des dévotions ne préjuge en rien la vérité des faits miraculeux ou prétendus tels qu'elles ont pour objet.

Quelques observations de détail. Page 22. Au lieu de : le prêtre était électif, il faut lire : était désigné par le sort. Page 70. M. Girard discute longuement pour savoir si le mot θάλαττα désigne la mer ou une source destinée à la purification. Il conclue pour ce dernier sens. Je lui signalerai non un argument, mais un rapprochement. Le mot θάλασσα est employé trois fois par les Septante pour désigner la piscine purificatoire du temple de Salomon. (I. Paralip. xviii, 8 ; ii. Paral. iv, 1 ; Jérémie. lii, 17.)   E. BEURLIER.

------

11. — Tacite, Agricola, nouvelle édition avec une introduction, des notes, un appendice épigraphique, les principales variantes et plusieurs cartes, par l'abbé Beurlier, un vol. in-12, Paris, Palmé, 1881.

Le *Bulletin Critique* s'est occupé déjà des classiques publiés par la librairie Palmé : un des volumes de cette collection, l'*Art poétique d'Horace*, par M. l'abbé Lallemand, a été apprécié ici (1). Après avoir loué, comme il mérite de l'être, cet excellent livre, le critique faisait des réserves au sujet d'une préface qui n'appartenait pas à l'auteur de l'édition. Cette préface, placée en tête de tous les volumes de la collection, se retrouve dans celui que j'ai entre les mains. Depuis, paraît-il, elle a été retranchée des exemplaires, je n'en dirai donc rien. J'aurais mauvaise grâce à m'acharner sur des pages retirées, que la poussière leur soit légère.

Dans l'avertissement, M. Beurlier indique les manuscrits de la vie d'Agricola, et la manière dont il a procédé pour établir son texte. Tout cela est fort correct ; on sent, dès l'abord, un homme à l'aise dans la tâche qu'il a entreprise, bien au courant des sources où il doit puiser, familiarisé avec les procédés scientifiques. Suit un index très complet des éditions de la vie d'Agricola. Celle de M. J.-J. Cornelissen n'y figure pas (2). M. Cornelissen a vigoureusement travaillé le texte de son auteur. Dans son œuvre, les leçons trop hardies, inadmissibles ou inutiles ne sont pas clair semées, mais il en est aussi d'excellentes ; somme

(1) *Bulletin critique*, année et t. II, p. 315.
(2) Cornelii Taciti, *De vita et moribus Julii Agricolae liber*, recensuit J.-J. Cornelissen, Lugduni-Batavorum, E.-J. Brill. 1881.

toute, si on extrait de son travail tout ce qui est bon, le texte en sortira amélioré. Cette édition est récente; elle est même, je crois, postérieure de quelques jours à celle de M. Beurlier, raison très suffisante pour qu'il ne l'ait pas connue. En tous cas, je ne regrette pas d'avoir cité en passant un livre qui mérite de l'être. L'introduction de M. Beurlier se compose d'une vie de Tacite courte et substantielle, d'une liste analytique des ouvrages du même auteur, d'une appréciation, pleine d'intérêt et de bons sens, des opinions politiques de Tacite.

Les notes sont courtes, ce qui est un éloge, car, généralement, elles contiennent ce qu'il faut. Les expressions où les pensées saillantes sont, quand il y a lieu, rapprochées des textes analogues empruntés aux auteurs anciens ou modernes et aussi aux monuments épigraphiques (cf. page 20, notes 2, 4 ; p. 23, n. 2 ; p. 59, n. 4, 5 ; p. 63, n. 10 ; p. 66, n. 1, 3, 4 ; p. 69, n. 5, 6, 7 ; p. 79, n. 2... etc.) Les notes grammaticales consistent surtout dans des renvois à la grammaire de M. Gantrelle (1). Les renseignements historiques sont exacts et pris aux bons endroits. Nous risquerons cependant quelques observations : p. 25, note 1 : « Forum Julii, colonie romaine fondée par César en 46, avant J.-C. » La ville et le nom même de *Forum Julii* sont plus anciens que cette date; Plancus en fait mention dans une lettre à Cicéron qui est de l'an 43 (*Ad. fam.*, 10, 15, 3). Il eut été bon de le dire. — Même page, note 6 : M. Silanus est bien le consul Suffectus de l'an 15 après J.-C. Mais son gentilicium était *Junius* et non *Julius*. Il est d'ailleurs fort probable que l'erreur est due à une faute d'impression :

Non meus est error, nocuit librarius illis (2)

pourrait à bon droit nous répondre M. l'abbé Beurlier. Le consul Suffectus de l'an 15 ayant été confondu avec le consul ordinaire du même nom, de l'an 19, il eût été bon d'en dire quelques mots et de renvoyer à l'étude de M. Mommsen sur cette famille (3). — Page 46, note 10 : « Trebellius Maximus, consul en 57. » De Petra (4) a démontré que L. Annaeus Seneca et L. Trebellius Maximus furent consuls, non en l'année 57, mais en 56. Plus tard (an. 72) nous retrouvons Trebellius magister du collège des frères Arvales (5). — P. 50, n. 3 : à son excellente explication du mot *laureatis*, M. Beurlier aurait pu ajouter le texte de Pline où l'usage dont il parle est mentionné : « *Romani praecipue laetitiae victoriarum nuntia (laurus) additur litteris*

(1) *Grammaire et style de Tacite*, Paris, Garnier, 1874.
(2) Martial, 2, 8, 3.
(3) *Ephemeris epigraphica*, 1, p. 57. sv.
(4) Cf. Klein, *Fasti consulares*, p. 36, note 4.
(5) Henzen, *Acta fratrum Arvalium*, p. XCVIII, C. I. L., VI. n° 2053.

(*H. N.*, 15, 40, 1). » — P. 54, 6 : à propos du texte *seu centurio, seu praefectus incorruptum facti testem habebat :* « *Praefectus,* commandant d'une aile de cavalerie. » Ce pourrait, tout aussi bien, être le commandant d'une cohorte auxiliaire (1). — P. 64, n. 9 : « *Metalla.* Les Romains s'emparaient des mines pour les exploiter eux-mêmes. » L'auteur aurait pu préciser davantage en ajoutant que, sous l'empire, les mines faisaient partie du domaine impérial. — P. 87, n. 3 : M. Beurlier cite, au sujet de Catullus Messalinus, deux textes où ce personnage, qui ne l'a d'ailleurs pas volé, est fort maltraité par Juvénal et Aurelius Victor; un texte emprunté à Pline le Jeune aurait heureusement complété le portrait : « *Incidit sermo de Catullo Messalino qui, luminibus orbatus, ingenio saevo mala caecitatis addiderat. Non verebatur, non erubescebat, non miserebatur : quo saepius a Domitiano, non secus ac tela, quae et ipsa caeca et improvida feruntur, in optimum quemque contorquebatur (Epist.; 4, 22).* » — P. 87, n. 4 : Aux textes concernant Baebius Massa, on aurait pu ajouter la phrase énergique par laquelle Tacite le flétrit : « *Baebius Massa, jam tunc optimo cuique exitiosus, et in causas malorum quae mox tulimus saepius rediturus (Hist., 4, 50).* »

M. Beurlier a établi son texte en choisissant les leçons qui lui semblaient les meilleures; lui-même en a proposé plusieurs; nous en citerons quelques-unes : P. 42, l. 13 : Toutes les éditions portent : *Quaedam civitates Cogidumno regi donatae.* D'après une inscription (C. I. L., t. 7, n° 21)... *ex* auctoritate *ti* claud*ii*, *cogidubni* r(egis), lega*ti* Aug(usti) in Brit(annia)...etc.... M. Beurlier corrige le texte : *Quaedam civitates* Cogidubno *regi donatae.* » Heureuse application de l'épigraphie à la philologie. — P. 73, ligne 2 : *aegre diu obstantes*, p. 64, ligne 6 : l'excellente conjecture *quae gerat annus.*

Deux appendices terminent le volume; le premier, intitulé : *Inscriptiones selectae ad illustrandam Agricolae vitam*, comprend 21 inscriptions ayant trait aux personnages ou aux événements mentionnés dans l'ouvrage. C'est une idée nouvelle et des plus heureuses. Le professeur peut, à l'aide de ce petit recueil, donner à ses élèves des notions utiles et intéressantes. Le second appendice offre une liste des principales variantes. Une carte de la province de Bretagne termine le volume.

Dans son édition de l'art poétique, M. Lallemand suit, en y apportant toutefois les mêmes tempéraments que M. Benoist dans son Virgile, un système d'orthographe dont la théorie est exposée dans l'*Orthogra-*

---

(1) M. Beurlier est d'ailleurs trop bien au courant des antiquités romaines pour ignorer que les cohortes auxiliaires étaient commandées par un **praefectus** (cf. sa note sur ce sujet, p. 74, note 6).

phiae et prosodiae latinae summarium de L. Müller, professeur à Saint-Pétersbourg; ce système consiste à faire dans notre orthographe actuelle le maximum des changements. Un autre système, exposé dans le manuel de W. Brambach et résumé dans le *Manuel d'orthographe latine* de F. Antoine, introduit dans l'orthographe suivie jusqu'à ce jour le minimum de changements nécessaires. C'est cette orthographe mitigée que M. Beurlier a adoptée. Nous n'avons pas à nous prononcer sur la valeur relative de ces deux systèmes, étant d'ailleurs fort incompétent dans la question. Mais nous pouvons, à bon droit, nous étonner de cette différence. Il n'y a donc pas eu une direction unique, un plan adopté? Il est une chose que nous déplorons bien plus vivement encore, c'est la pauvreté des illustrations. Nous savons qu'il n'en faut pas rendre responsables les auteurs des éditions ; on leur a seulement demandé le texte et les notes, puis on a illustré, ou, pour parler plus exactement, on a saupoudré leur œuvre de méchantes petites images. On dirait vraiment qu'on a été guidé par la nécessité d'utiliser des planches faites au hasard plutôt que par les besoins du texte. On a complètement méconnu cette vérité que les illustrations doivent, pour ainsi dire, jaillir du texte, et, par ce motif, être choisies par celui qui a étudié le texte et s'en est pénétré. Pourquoi, par exemple, avons-nous les portraits de Nerva, de Néron, de Galba, de Domitien, de Caligula, et pas ceux de Tibère, de Claude, de Vespasien, mentionnés cependant dans l'ouvrage. Dans un récit où il est sans cesse question de combats, où une flotte romaine prend part à la campagne, aucune illustration ne met sous les yeux de l'élève le costume du légionnaire, ses armes, le camp, les machines de guerre, les vaisseaux. Il subsiste encore en Angleterre des monuments de la domination romaine dont la représentation eut ajouté, aux récits de l'historien, un vif intérêt.

Espérons que, si l'on arrive à une seconde édition, les auteurs seront chargés d'illustrer eux-mêmes leur texte. Espérons aussi que l'œuvre générale sera dirigée avec plus d'ensemble et de fermeté. Quand celui qui a choisi les auteurs a eu la main heureuse, les livres ont été bons ; les auteurs médiocres, n'étant ni dirigés ni controlés, ont donné des œuvres médiocres ou au-dessous du médiocre. N'est-il pas déplorable, par exemple, qu'on ait, dans certains volumes, laissé passer des notes de cette force : « *Praetor*, magistrat civil dans chaque province dont il était chargé du gouvernement. (1) »

Les volumes semblables à ceux de MM. Beurlier et Lallemand sont malheureusement rares dans la *Nouvelle collection des classiques*. Nous savons bien que, dans une collection, tous les volumes ne peuvent

---

(1) Cornelius Nepos, *Vitae excellentium imperatorum*, p. 193, note 9.

pas être d'égale valeur, mais encore faut-il que les bons soient en nombre et l'emportent. A ce prix seulement la collection nouvelle sera une œuvre scientifique et durable. Si nous voulions la juger par l'ensemble des volumes parus jusqu'à ce jour, qu'en pourrions-nous dire ?

> *Sunt bona, sunt quaedam mediocria, sunt mala plura*
> *Quae legis hic...*

Nous sera-t-il permis, quand auront paru les éditions, nombreuses encore, qui sont sur le chantier, d'introduire dans les vers de Martial une légère variante :

> *Sunt mala, sunt quaedam mediocria, sunt bona plura* ?

C'est notre désir, et aussi notre espérance.

H. Thédenat.

12. — **Jordanis Romana et Getica** recensuit Th. Mommsen, Berlin, Weidmann, 1882; in-4° de LXXIII-200 pages.

L'édition de Jordanes, longtemps attendue, vient enfin de paraître dans les *Monumenta Germaniae*, tome V des *Auctores antiquissimi*. Elle est signée Th. Mommsen, c'est assez dire ce qu'elle vaut. Il y a trois parties : la préface, le texte lui-même et les tables. — 1° *Préface*. Jordanes (et non Jornandes) est un Goth en ce sens qu'il descend des barbares de diverses races installés dans la nouvelle Dacie, sur la rive droite du Danube; certaines circonstances le rattacheraient au peuple Alain. Il a vécu dans la région danubienne entre la Thrace et l'Illyricum : après avoir été notaire, il se fit moine; c'est dans ce pays et sous cet habit qu'il écrivit ou plutôt compila, en 551, ses *Romana* et ses *Getica*. Ce dernier ouvrage doit sa valeur à ce qu'il représente un abrégé du livre perdu de Cassiodore sur l'histoire des Goths; en outre divers auteurs dont les uns sont perdus, les autres incomplets, ont été dépouillés par Jordanes pour ses deux histoires. Jordanes est un sujet dévoué de Justinien; à l'admiration de Cassiodore pour les Goths il superpose la sienne : à ses yeux la prospérité du monde dépend de l'empereur, celle de l'empereur de l'appui que lui prêtent les Goths. Parmi les Goths, c'est à ceux de Mésie, c'est-à-dire de sa patrie, qu'il s'intéresse le plus. — Assez souvent cités au moyen âge, ses livres nous ont été conservés par une cinquantaine de manuscrits divisés en trois classes dont la première seule contient les *Romana*. Le meilleur de celle-ci est à Heidelberg où il porte le n° 921; il est du VIII° siècle et paraît provenir de l'abbaye de Fulda.

2° L'*édition* est fondée sur le ms. d'Heidelberg, en ce qui concerne l'orthographe ; pour le reste sur un groupement des manuscrits où la troisième classe est mise sur le même pied que les deux autres réunies, Peu de conjectures. L'annotation est à trois étages ; au-dessous du texte, l'indication de ses sources, manuscrits ou citations, pour chaque page ; plus bas, les variantes ; tout à fait au bas de la page, les passages d'auteurs compilés par Jordanes.

3° Les *tables*, disposées avec l'expérience consommée dont témoignent celles du *Corpus inscr. latinarum*, comprennent : un *index personarum*, empereurs, rois ostrogoths et visigoths, dieux et simples mortels ; un index géographique ; un index orthographique ; un index lexicographique et grammatical. Ces deux derniers sont très détaillés. Jordanes ayant écrit en latin vulgaire, il y a ici des éléments précieux et admirablement groupés pour l'étude de cette forme de la langue romaine.

En terminant sa préface, M. Mommsen dit que cinq manuscrits, entre autres celui d'Heidelberg, qui lui avaient été prêtés pour son édition, ont péri dans l'incendie de sa maison. Aussi appelle-t-il *infelix liber* cet ouvrage qui lui rappellera toujours plus particulièrement une catastrophe si lamentable. *Infelix* pour lui, hélas ! mais *felicissimus* pour tous les hommes d'étude qui auront désormais à s'occuper des Goths et de leur historien.   L. DUCHESNE.

---

13. — **Histoire du tribunal révolutionnaire de Paris**, avec le journal de ses actes, par H. Wallon, membre de l'Institut, tomes 4, 5, 6, Paris, Hachette, 1881-1882, in-8°.

M. Wallon vient d'achever sa grande *Histoire du tribunal révolutionnaire de Paris :* nous avons déjà rendu compte ici des trois premiers volumes. (Voyez *Bulletin critique* du 1er juillet 1881). Il nous reste à parler des trois derniers qui embrassent la période comprise entre prairial an II (mai 1794) et le décret du 12 prairial an III (31 mai 1795) par lequel la Convention supprima l'affreux tribunal qu'elle avait lâchement institué.

« C'est servir la cause de la Révolution, écrit éloquemment M. Wallon,
« c'est servir la cause de la Révolution d'où la société moderne est
« sortie que de répudier les crimes qui ont souillé ses origines : et il n'en
« est pas dont le souvenir soit resté plus odieux dans l'histoire que les
« actes du tribunal révolutionnaire de Paris. Les meurtres qui ont
« ensanglanté les rues, les jacqueries qui ont porté le fer et le feu dans
« les campagnes on fait peut-être plus de victimes ; mais on y pouvait
« voir les suites de l'effervescence populaire, une fureur qui ne s'avouait
« pas et que les pouvoirs publics, sans y réussir toujours, prenaient
« du moins à tâche de réprimer. Mais le tribunal révolutionnaire

« faisait partie des pouvoirs publics ; il était fondé sur la loi ; il pro-
« nonçait dans les formes que la loi lui traçait, et quand il se passa
« des formes, ce fut encore en vertu de la loi qui l'en avait affranchi.
« Quand il poursuivait de mort de simples délits, un écrit, une parole,
« une pensée, il ne faisait encore qu'appliquer la loi. Qu'est-ce autre
« chose que l'assassinat légal ? (1) »

Ce mot *assassinat*, ce n'est pas M. Wallon qui l'a prononcé le premier.
Il a retenti à la tribune même de la Convention, alors que Lanjuinais,
flétrissant ce tribunal impie s'écriait : « Il est nécessaire de convenir
que tous ces individus, innocents ou coupables, n'ont pas été jugés,
mais assassinés ! » et que Giraud (de l'Aube) voulant faire annuler
les confiscations prononcées invoquait courageusement ce principe :
« Nul ne peut hériter de celui qu'il a assassiné. »

Émue à ces paroles qui n'étaient que l'expression de l'opinion publique, la Convention décréta, séance tenante, « que les biens des condamnés
depuis l'époque du 10 mars 1793 (date de l'institution du tribunal
révolutionnaire de Paris) seraient rendus à leurs familles, sauf les
exceptions, et sans qu'il fût besoin de la révision des procédures. »

Juste décret qui ne paraît avoir été suivi d'aucun effet !

C'est l'histoire de chacun de ces assassinats obscurs ou restés fameux
que M. Wallon retrace simplement, sans inutile effort d'éloquence :
Leprince a refusé de laisser prendre de son lit un matelas requis par
le représentant du peuple : il s'est récrié contre ce représentant. —
Condamné à mort. Gallerand et Blot, conducteurs de bœufs pour
la République, ont marqué en dépense 100 bottes de foin au lieu de
50. — Condamnés à mort. Ces accusations ridicules sont nombreuses :
Mais il y a mieux encore : nous avons la série des condamnés qui ne
furent jamais accusés : père condamné pour son fils ; fils condamné
pour son père ; et ces deux Biron condamnées quand une seule était
poursuivie ; et cette maréchale de Mouchy condamnée sans avoir été
ni poursuivie, ni entendue ; par-dessus tout, ce Pérès, conseiller à
Toulouse, qui, cité comme témoin, ne fut ni poursuivi, ni jugé, ni
condamné, mais....... exécuté (2).

Le courage de quelques-unes des victimes, leur magnanimité, leur
simplicité vient rompre la monotonie des impressions et faire succé-
der l'admiration au dégoût : la lettre d'adieu que Rigaud, conseiller
au Parlement de Toulouse adresse (3) à sa femme est un monument de

(1) Tom. VI, pp. 150, 151.
(2) Voyez tom IV, pp. 162, 347, 348, 338, 397, 400 ; tom V, pp. 53, 139.
(3) Voyez tom III. pp. 521.

piété chrétienne qui mériterait d'être mis en parallèle avec le testament de Louis XVI.

Cependant cette fureur à tuer sans intelligence et cette fièvre de sang se dévore elle-même. Sorte de machine homicide sans âme, le tribunal révolutionnaire condamne Hébert après Bailly ; après Hébert, Robespierre son créateur et Dumas son président ; après Robespierre et Dumas, Carrier. Enfin réorganisé le 8 nivôse an III, il prononce une dernière condamnation, celle de Fouquier-Tinville, son ancien accusateur public.

Une estampe du temps symbolise assez bien ce monstrueux instrument de justice ; des monceaux de têtes entourent une guillotine, sur la planche sanglante un homme dont la main tient encore la corde qu'il a tirée et dont la tête tombe : au bas cette inscription :

« Admirez de Sanson l'intelligence extrême.

« Par le couteau fatal il a tout fait périr :

« Dans cet affreux état que va-t-il devenir?

« Il se guillotine lui-même! »

« C'est là l'image du tribunal révolutionnaire et c'est, écrit M. Wallon, « la conclusion de son histoire : ce qu'exprimait la figure, ce que disait « la légende, » le tribunal l'avait accompli.

Les témoignages de cette activité « juridique » remplissent six vol. in-8°. Chaque volume se termine par un résumé chronologique ou journal du tribunal : on trouve à la fin du tome VI une liste très complète de toutes les personnes traduites devant cette juridiction et une bonne table générale alphabétique.   Paul VIOLET.

---

14. — **L'Éducation nouvelle**, Études de Pédagogie comparée, par Edmond Dreyfus-Brissac, rédacteur en chef de la Revue internationale de l'Enseignement : Gr. in-8°, 330 p. Paris, chez Masson.

Ce livre est intéressant : il remue beaucoup d'idées, discute beaucoup de questions, qui toutes se rapportent à l'enseignement. Dans sa préface, M. D. B. nous avertit qu'il ne s'occupe pas de l'éducation morale, indispensable, dit-il, contre les préjugés, le sophisme, les mauvais exemples de tous genres qui assaillent les jeunes gens à leur entrée dans la vie (Préface, VIII). Le terrain sur lequel se place l'auteur est donc nettement indiqué : c'est celui de l'enseignement, ou de la culture de l'esprit.

Ce livre contient cinq parties, où il est successivement traité de l'Enseignement supérieur en France, de l'Enseignement secondaire en France, des Universités allemandes, des Écoles supérieures en Allemagne, de l'Enseignement aux États-Unis. Suit un appendice

où l'on a reproduit divers programmes, des circulaires ministériel-
les, etc...

M. D. B. est le partisan résolu des réformes actuellement mises en
pratique. Dans la première partie de son livre, il ne fait guère que
l'historique de la réorganisation des facultés de l'État, par la création de
Bourses de licence et d'agrégation qui a donné des auditeurs aux professeurs de l'enseignement supérieur. Il n'émet aucune idée qui puisse
prêter à la discussion. Où je voudrais relever quelques-uns des jugements de M. D. B. c'est à propos de l'enseignement secondaire en France.

M. D. B. approuve le programme de M. Ferry. On peut n'être point de
son avis. Le nouveau plan d'études n'est appliqué que depuis un an et
demi, les résultats en sont désastreux. Les notions scientifiques tuent,
chez les enfants des classes inférieures, l'amour pour les lettres. On insiste tellement sur le caractère utilitaire des sciences, qu'en grandissant
les élèves manifestent un dédain de plus en plus profond pour tout ce
qui ne *sert* pas. La langue française est-elle mieux apprise, depuis
qu'elle a le premier rang dans les programmes? Nullement ; si la science
des mots a progressé, la grammaire n'en est pas moins une nomenclature de termes, d'où les idées sont absentes. Un élève de cinquième se
jouera peut-être avec les difficultés savantes de la dérivation, de l'assimilation, de la composition des mots. Il vous dira ceux qui nous
viennent par l'adjonction de telles préfixes, par la suppression
de telles suffixes. — Tout cela est stérile et purement forma-
liste. Comment veut-on en outre, qu'un élève de cinquième
puisse traduire avec fruit, et même avec succès, du français de
Rabelais de Montaigne, de Joinville ou d'Amyot, en français moderne ? La plus grande partie des devoirs français en cinquième ne
roulent que sur cette sorte d'exercice : j'en parle *de visu*. Sera-ce
après un an de latin — puisque la sixième est le début du latin — qu'on
sera assez initié à ces latinismes multipliés, dont sont remplis nos auteurs
du seizième siècle, pour donner à leurs pensées une forme moderne ? Je
crois que la version latine, le thème latin sont bien plus profitables que
ces traductions, à la connaissance sérieuse du français.

Le vice du plan de M. Ferry, c'est qu'il crée des habitudes intellectuelles redoutables pour l'avenir : nos élèves ne savent plus travailler.
On leur a enlevé toute occasion de faire un effort. La lutte avec un
texte qu'il s'agit de saisir, était propre à aiguiser l'esprit. Aujourd'hui
on aplanit les obstacles : la réflexion n'a guère à s'exercer. C'est le
professeur qui a la besogne. L'enfant n'a qu'à écouter et il rêve le
piètre latin que celui de ces thèmes, faits de vive voix en classe! le
détestable français que celui de ces versions, faites à livre ouvert ! Les
nuances de la pensée, les délicatesses de l'experssion, les fines appré-

ciations des sentiments, toutes les observations qui trouvaient leur place avec les devoirs écrits, n'existent plus. On *abat* des pages de Virgile ou de Cicéron, préparées avec une de ces mauvaises traductions de la *Bibliothèque nationale*, à 25 centimes le volume : et c'est tout. Que reste-t-il de ces courses folles à travers les auteurs? Rien pour l'élève, qui a fait mine de suivre et qui a pensé à son plaisir ou à ses jeux. Un professeur agrégé dans un lycée de Paris, me disait dernièrement : « On a voulu tuer l'enseignement libre ; c'est l'Université qu'on a tuée. » C'est très vrai. Le niveau des études a baissé depuis deux ans, d'une manière effrayante. En comparant les devoirs de français donnés dans les classes supérieures il y a sept ou huit ans, avec ceux d'aujourd'hui, on arrive à cette conclusion : le goût, l'intelligence, le succès dans les difficultés vaincues, tout a diminué. M. D. B. serait vite de cet avis, s'il vivait, chaque jour, en contact avec des lycéens. Qu'il me permette de lui signaler encore quelques lacunes. Il croit que la routine est à jamais vaincue dans l'Université! Hélas, non! les longues dictées dont M. Ferry ne veut plus continuent à prospérer. Les enfants de 7ᵉ, de 6ᵉ, de 5ᵉ, sont écrasés par des rédactions de sciences ou d'histoire. J'avoue que souvent ils ne s'en plaignent pas. Au lieu de faire une version, comme jadis, songez donc à ce plaisir de dessiner un rhinocéros, une feuille de tabac, un canard ou un dindon! Ces rédactions (comme souvent je leur en veux!) à toutes les classes, depuis la 7ᵉ jusqu'en philosophie, on les retrouve, aussi absorbantes, aussi peu mesurées. Elles favorisent une facilité déplorable de plume, devant laquelle disparaît le souci de châtier son style et de soigner ses expressions. Et ici, sur ce sujet de la routine, je n'oserais tout dire, pas plus que sur les *mystères* de l'inspection générale, sur l'examen de passage ou sur le baccalauréat!

Le plus grand reproche qu'on puisse formuler contre la réformation de M. Ferry, c'est qu'elle a été faite à rebours. ¿Elle s'est d'abord appliquée à l'élève, tandis qu'elle aurait dû commencer par le maître.

Le proscrit, le bouc émissaire du nouveau plan d'études, c'est le grec, puis le latin. Or, qu'est-ce qui domine dans les concours, pour l'obtention des grades universitaires? C'est le latin et le grec. Pour entrer à l'École normale, quelle est la faculté qui donne infailliblement le succès? C'est le *vers latin* que le candidat n'aura jamais fait dans ses classes, si ce n'est à la conférence préparatoire de sa Rhétorique, comme vétéran, et seulement *trois heures par mois*. A l'agrégation des lettres, quel est le devoir le plus délicat et le plus influent? C'est le *vers latin* et après lui, la *dissertation latine*. L'agrégé de grammaire, dans sa classe de 6ᵉ, de 5ᵉ et de 4ᵉ, devra expliquer les origines des mots, surtout en français, enseigner l'histoire sommaire de la langue française : à quelles épreuves le soumet-on? Au *vers latin*, au *thème grec*, qui est absolument laissé de côté parmi les devoirs scolaires, et au *thème latin*. La contradiction n'est-elle point flagrante? C'eut été d'abord au corps professoral, à son mode de recrutement, aux épreuves qui permettent de juger un maître, qu'il eut fallu apporter la réforme. M. D. B. devrait assister aux examens oraux de l'agrégation, sous toutes ses formes : il verrait combien peu les idées de M. Ferry deviennent applicables, tant qu'on n'aura pas changé les règlements en vigueur pour la licence et l'agrégation.

M. D. B. sent bien que tout n'est point parfait. Dans un excellent chapitre intitulé « *Ce qui reste à faire.* » il demande une réforme pour le provisorat et l'inspection générale. « Le système de contrôle qui pèse « sur l'Université, dit-il (p. 162), opprime le professeur, il ne se sent plus « maître dans sa classe. » Je crois bien : n'a-t-il point à contenter le censeur, le proviseur, le recteur, l'Inspecteur général et le Ministre ? Et je ne parle pas des autres influences qui souvent pèsent sur celles-ci, non moins redoutables, quoique occultes! Le mieux serait peut-être d'imiter ce professeur de Rhétorique d'un Lycée de Paris, qui, à chaque changement de ministère, salue, devant ses élèves, l'avénement du « Ministre éminent » à qui est confié le sort de l'Université; et depuis 10 ans, les *Éminents* ont souvent changé de figure...

Je recommande le livre de M. D. B. à tous ceux qui se préoccupent des questions pédagogiques. S'il est assez dur pour l'enseignement catholique, il veut au moins la liberté pour tous. Çà et là, il se rencontre avec M. Bréal, dans les renseignements qu'il donne sur les Écoles d'Allemagne. C'est du reste à M. Bréal qu'il faut faire remonter, après M. Jules Simon, — mais où sont les neiges d'antan ? — le plan nouveau qui régit l'Université : plan trop radical, trop précipitamment mis en pratique et dont je plains les victimes, je veux dire, ces humanistes, ces rhétoriciens, qui doivent terminer leurs études sous une direction si différente de leurs débuts classiques.

PAUL LALLEMAND.

CHRONIQUE

Dans le *Bulletin critique* du 15 mars dernier, nous avons reproduit un sénatus-consulte voté en l'honneur de M. de Rossi, à l'occasion de sa soixantaine. C'était une manifestation tout à fait improvisée. Quelques amis du grand archéologue ont pensé à perpétuer d'une manière plus durable le souvenir de cet anniversaire. Trois notables romains, le R. P. Bruzza, M. A. Geffroy, directeur de l'École française, et M. W. Henzen, secrétaire de l'Institut germanique, font appel aux souscriptions pour offrir à M. de Rossi une médaille d'or. Elle doit lui être remise à la Saint-Jean, son jour de fête. Le délai est un peu court et je ne répondrais pas que la médaille fût terminée au jour indiqué. Le *Bulletin critique* peut donc ouvrir sa caisse aux souscriptions de ses lecteurs, qui sont tous des amis et des admirateurs de M. de Rossi. Il le peut d'autant mieux que, si la somme réunie dépasse le prix de la médaille, — et elle le dépassera certainement, — l'excédent sera affecté à des travaux d'une grande importance dans les Catacombes. De cette façon, on est sûr de ne pas être en retard. — Les fonds versés à cette intention seront reçus soit par la librairie Thorin, soit par le secrétaire ou les directeurs de la Revue. On peut aussi les expédier à M. Geffroy, directeur de l'Ecole française, palais Farnèse, à Rome.

— M. Gustave Schlumberger vient de faire paraître le tirage à part d'un mémoire intitulé *Sceaux en plomb des chefs Manglavites impériaux à Byzance*. Il serait difficile de trouver un mot moderne qui corresponde au nom des Manglavites. Ils étaient à la fois licteurs, gardes du corps, appariteurs de l'empereur; leur chef semble avoir été un personnage important. Comme nos massiers modernes, ils tiraient leur nom de l'arme qu'ils portaient (μαγχλάβιον) dont la nature n'a pas été bien déterminée. Peu à peu le corps des Manglavites ne se recruta plus que parmi les Vardariotes, dont il finit par prendre le nom. Après avoir exposé ce que les historiens nous apprennent sur cette intéressante corporation, M. Schlumberger donne, avec des dessins et des commentaires, neuf sceaux inédits de chefs des Manglavites ou Protomanglavites. C'est la première fois que des monuments de cette série sont édités.

M. G. Schlumberger vient également de publier une notice sur M. de Saul° cy, suivie d'une liste bibliographique, la plus complète qui ait été faite, des ouvrages du regretté savant. Le même auteur prépare, pour la société nationale des Antiquaires de France, une étude analogue sur M. Adrien de Longpérier.

— M. Babelon, du cabinet des médailles, a publié le tirage à part d'un mémoire sur le *commerce des Arabes dans le nord de l'Europe avant les croisades*. Les trouvailles de monnaies arabes en Russie et dans le nord de l'Europe permettent de suivre pas à pas les commerçants arabes qui avaient, avec le nord de l'Europe, des relations commerciales très étendues. Ces commerçants partaient de Derbend, remontaient le Volga, depuis Astrakan jusqu'à Bolgar, dans le gouvernement de Kasan; ils se dirigeaient ensuite vers le golfe de Finlande, toujours en suivant le cours du Volga, parcouraient tout le littoral de la mer Baltique, les côtes de la Russie et de la Suède, du Danemarck, de l'Allemagne, de la Russie, de la Lithuanie, et remontaient les principaux cours d'eau de ces contrées. Dans les fouilles qui ont permis d'établir cet itinéraire, le monnayage arabe est représenté depuis son origine jusqu'à l'an 1040 de notre ère; c'est pendant la première moitié du XI° siècle que ce commerce disparut. M. Babelon ne se contente pas d'établir un itinéraire et de fixer des dates, il recherche en quoi consista ce commerce et quelle a été son influence sur la civilisation des peuples du nord.

— MM. Morgand et Fatout viennent de consacrer au regretté baron James de Rothschild une notice où l'influence qu'il a exercée sur les bibliophiles et la place éminente qu'il a occupée parmi eux sont parfaitement caractérisées. Là s'est bornée l'ambition des auteurs de cette très intéressante notice. Une biographie du baron James de Rothschild sera placée en tête du catalogue de sa bibliothèque que M. Emile Picot aura bientôt achevé. Un beau portrait gravé par l'un de nos plus habiles artistes est joint à la notice.

— MM. Morgand et Fatout ont également publié le répertoire général de leur librairie (1882). Ce magnifique volume (in-8°, 679 pages) sur papier chiné contient la description de 4375 numéros répartis sous les titres suivants : théologie, jurisprudence, sciences et arts, belles-lettres, géographie et histoire ; il se termine par un index alphabétique des auteurs, ouvrages anonymes, lieux d'impression, livres relatifs à l'histoire des provinces, provenances, etc... Ce livre, comme tous les volumes analogues publiés par les libraires Morgand et Fatout, est un savant répertoire, de la plus grande utilité pour les travailleurs et les bibliophiles, bien plus qu'un catalogue commercial.

— L'année dernière on a découvert dans le cimetière de Domitille, à Rome, une chambre ornée de peintures décoratives de la plus haute antiquité. Son propriétaire s'appelait *Ampliatus* comme le personnage qui est nommé dans les saluts de l'épître aux Romains (XVI, 8). M. de Rossi vient de consacrer à ce monument un mémoire important, avec planches à l'appui, dans le *Bulletin d'archéologie chrétienne*, 1881, fasc. II-III. On trouvera dans ce même fascicule deux études moins étendues, mais non moins intéressantes, sur les tombeaux des papes Zosime, Xystus III et Hilaire, enterrés à Saint-Laurent sur la voie Tiburtine. M. de Rossi croit avoir retrouvé l'épitaphe de Zosime dans une inscription mutilée, qui ne porte aucun nom et dont la provenance précise est inconnue. Il en propose une restitution fort ingénieuse.

— M. Bickell publie, dans la *Zeitschrift für katholische Theologie* du 1ᵉʳ avril dernier, un fragment fort intéressant d'une messe Gallicane pour la nuit de Noël. Ce texte est écrit sur un feuillet de reliure dans un manuscrit de Cambridge ; il est en onciale du VIIIᵉ siècle, première moitié.

— M. B. Krusch publie dans le dernier fascicule (VII, 3) du *Neues Archiv* un second mémoire sur Frédégaire. L'étude des manuscrits à laquelle était consacré le précédent l'avait conduit à cette conclusion qu'ils dérivent tous du *Claromontanus* (Bibl. nat. lat. 10.910 VII-VIIIᵉ siècle). Dans ce nouveau travail il s'occupe de déterminer la date, la patrie, les sources et les différentes rédactions de cette compilation si importante pour notre histoire nationale. Abstraction faite des continuateurs du VIIIᵉ siècle, il distingue trois mains consécutives. Un premier auteur a réuni ensemble le *liber generationis* ou chronique d'Hippolyte, les chroniques de saint Jérôme et d'Idace enfin des annales du royaume bourguignon, jusqu'à l'année 613 ; ces annales ont été continuées par un autre jusqu'en 642 ; ce second auteur a joint à la collection un abrégé des six premiers livres de Grégoire de Tours. Tous deux ont écrit dans le *pagus Ultrajoranus*, à Avenches probablement. Le troisième rédacteur n'a fait qu'ajouter aux annales quelques récits relatifs à l'Austrasie, à l'empire grec et au royaume visigoth. Il ne va pas au delà de l'an 658 ; il a dû écrire en Austrasie, peut-être à Metz. — Dans l'étude des sources je signalerai surtout les pages consacrées au *liber generationis*, et la dissection du prologue de Frédégaire ; M. Krusch montre que la plupart des phrases en sont empruntées à saint Jérôme. M. Krusch répète (p. 463, nᵒ 2) l'assertion fautive de Knust d'après lequel (Arch. VIII, p, 216, 217) le texte grec de la chronique d'Hippolyte se trouverait à l'Escurial. V. là-dessus Graux, *Origines du fonds grec de l'Escurial*, p. 348.

— Dans ce même fascicule du *Neues Archiv*, M. P. Éwald publie deux lettres inédites de saint Grégoire le Grand ; l'une est relative à l'ordination d'un évêque de Rimini, l'autre est un privilège accordé à deux monastères de Bénévent.

— Une chaire d'apologétique chrétienne a été fondée aux *Facultés catholiques* de Lyon. M. l'abbé Dadolle, ancien élève de l'école supérieure de théologie de Paris, en est le titulaire. Le numéro du 12 mai de la *Revue hebdomadaire du diocèse de Lyon* contient un compte rendu de sa première leçon, qui a eu le plus grand succès.

— Le COMTE DE CHAMPAGNY, membre de l'Académie française, est mort le 2 mai. Son œuvre principale est l'*Histoire des Césars* qui embrasse l'espace compris entre Jules César et Dioclétien. M. Mézières, président de l'académie a rendu hommage dans la séance du 4 mai à la dignité de sa vie, et à son active charité. Il avait remplacé M. Berryer à l'académie.

— L'Association pour l'encouragement des études grecques en France a partagé son prix ordinaire entre MM. Maxime Collignon (pour son *Manuel d'archéologie grecque*), et Victor Prou (pour son étude sur *les Automates au deuxième siècle avant l'ère chrétienne*) ; et le prix Zographos entre MM. Jules Martha (pour ses thèses : *Quid significarint sepulcrales nereidum figuræ* et les *Sacerdoces athéniens*), et Paul Girard (pour ses thèses : *De Locris opuntiis* et l'*Asclepieion d'Athènes d'après les récentes découvertes*).

— M. l'abbé O. DELARC, secrétaire du *comité d'histoire et d'archéologie du diocèse de Paris*, a présenté le 15 avril son rapport sur les travaux du comité. Le *Bulletin d'histoire et d'archéologie* du diocèse de Paris, ne paraîtra que le 1ᵉʳ janvier 1883. Plusieurs travaux complètement terminés ont été adressés au comité : L'état du diocèse de Paris en 1789, par M. l'abbé V. Dufour ; — les Charniers de l'Église de Paris ; le Charnier de Saint-Sévérin, par le même ; — le Cimetière mérovingien découvert à Montmartre, par M. Rohault de Fleury ; — Gozlin, par M. l'abbé O. Delarc ; — Étude biographique sur M. de Beauvais, par M. l'abbé Rosne. Les travaux suivants sont déjà commencés : Étude sur saint Ceraune et le cinquième Concile de Paris, par M. l'abbé Vigneron ; — Les curés et les confréries de la paroisse Saint-Eustache de 1223 à 1789, par M. l'abbé König ; — Histoire de Monseigneur de Juigné, archevêque de Paris, par M. de Madaune ; — Histoire de l'Église Saint-Laurent, par M. l'abbé Delaage ; Histoire de saint Leu et de l'Église Saint-Leu, par M. l'abbé Protois ; — Étude sur le cardinal de Retz et les Gondi, par M. l'abbé Bozon ; — Histoire de la Sainte-Tunique d'Argenteuil, par M. Lacombe. Le comité se propose de publier un atlas du diocèse de Paris en 1789 dont l'exécution sera confiée à MM. Longnon et Dufour et un inventaire des Chartes des évêques de Paris. Ce rapport a été publié dans la *Semaine religieuse* de Paris.

— M. le vicomte Ferdinand des Roberts prépare un ouvrage sur les *Campagnes de Charles IV, duc de Lorraine et de Bar*, 1634-1638, qui sera mis en vente chez Champion (15, quai Malaquais, à Paris). Cet écrivain, membre de l'Académie de Metz, vient de publier une notice sur un *Vocabulaire Messin du XVI*e *siècle* (Metz, Thomas, 1881, in-8 de 24 p.), latin-français-allemand, imprimé en 1515 à Metz, par Gaspard Hochffeder et qui se trouve à la Bibliothèque municipale de Nancy, format in-16, de 44 feuillets.

— La nouvelle livraison des publications de la Société paléographique de Londres contient des fac-similés d'inscriptions latino-gréco-phéniciennes du deuxième siècle avant J-C., des fragments du Virgile de Saint-Gall, du quatrième ou cinquième siècle, une série de chartes latines du treizième siècle, des extraits de mss. orientaux du dixième au treizième siècle.

— Le père Fidel-Fita prépare une édition des *Actes inédits de sept Conciles d'Espagne* de 1282 à 1314 ; ils renferment des documents précieux concernant le procès fait aux Templiers dans les royaumes de Castille et de Léon.

— Notre collaborateur, M. VIOLET, vient d'obtenir le prix Gobert.

— Nous avons sous les yeux deux nouvelles revues qui se publient en Alsace, le *Bulletin ecclésiastique de Strasbourg* et la *Revue catholique d'Alsace*. Le Bulletin est sous la direction de M. le chanoine Mury, dont les travaux historiques sont estimés à juste titre, de l'un et de l'autre côté du Rhin. C'est surtout, le nom l'indique, une revue pour le clergé, une sorte de *Semaine religieuse,* mais qui contiendra aussi parfois, le prospectus le promet et le nom du directeur en est le gage, d'intéressantes études historiques ou théologiques que nous ferons connaître à nos lecteurs. — Quant à la *Revue catholique d'Alsace,* sa résurrection a été saluée avec joie, non seulement par le clergé d'Alsace, mais par tous les amis des sciences historiques ; les deux numéros parus jusqu'ici témoignent que la *nouvelle série* sera digne de l'ancienne, dont la collection est si précieuse et si recherchée. A côté de très remarquables études sur des questions sociales (*la Famille ouvrière en Alsace,* par M. Cetty) ou pédagogiques (*Éducation et Instruction,* par M. Delsor, le directeur de la Revue), on y trouvera, entre autres articles, une importante monographie de l'une des plus anciennes et des plus célèbres abbayes d'Alsace, celle de *Marmoutiers,* travail consciencieux fait d'après les sources. — Tous nos vœux et toutes nos félicitations au *Bulletin ecclésiastique* et à la *Revue catholique* de Strasbourg.

— Le samedi 27 mai, a eu lieu, au Trocadéro, l'ouverture du *Musée de moulages du moyen âge,* dit *Musée de la sculpture comparée.* Les salles ouvertes au public renferment de très intéressants moulages de nos sculptures françaises du Moyen âge et de la Renaissance, et quelques autres des monuments italiens et allemands de la Renaissance. Nous félicitons sincèrement les organisateurs de ce Musée de leur activité et de l'intelligence avec laquelle ils ont disposé ces reproductions, mais nous n'hésitons pas à leur exprimer notre mauvaise impression en face des sculptures égyptiennes ou grecques qu'ils ont placées à côté des monuments français. Nous ne saisissons pas très clairement quel est le but pratique de ces comparaisons entre les marbres d'Égine, par exemple, et les statues du portail de Vézelay. Que vient faire la statue de Mausole à côté des anges ou des apôtres de Reims et d'Amiens? Ce sont là des fautes d'orthographe fâcheuses et qu'il est facile, du reste, de corriger au plus tôt. Il y a longtemps qu'on nous promet, au Trocadéro, une galerie de moulages de la sculpture antique, en dehors de celle de l'école des Beaux-Arts, dont l'accès est plus spécialement réservé aux artistes; les plâtres grecs, qui s'accordent mal avec les sculptures romanes, y trouveront leur place naturelle; tout le monde y gagnera. Nous faisons des vœux pour que ce soit le plus tôt possible; ceux qui voudront faire des comparaisons n'auront qu'à passer dans la salle voisine.

ACADÉMIE DES INSCRIPTIONS ET BELLES-LETTRES. — *Séance du 28 avril.* — M. LÉON RENIER donne communication d'une lettre de M. CAGNAT chargé d'une mission épigraphique en Tunisie. M. C. a visité, au sud-est de la régence, un espace de deux kilomètres carrés couvert de dolmens; dans plusieurs il a recueilli des ossements qu'il envoie au ministère; il a relevé un texte, plus exact que les autres, de l'inscription de la mosquée de Kairouan; à Sousse, il a fait photographier une collection de terres cuites; à l'endroit appelé l'*henchir Zaktoun,* encore inexploré, il a trouvé un temple et une inscription contenant le nom, inconnu jusqu'à ce jour, de la ville THACA:

```
DIIS·AVG·SACR...
PRO · SALVTE · IMP · CA....
T · AELI · HADRIANI · ANTONIN...
AVG · PII · LIBERORVM · EIV...
CIVITAS·THAC·S·P·F·SVF·FELICI...
```

D'autres fragments d'inscriptions trouvés au même endroit donnent le nom en entier: *Civitas Thacensium.* Dans une seconde lettre, M. C. raconte qu'il a trouvé au Kef (*Sicca Veneria*) deux inscriptions: l'une mentionnant un flamine perpétuel et l'autre le texte d'une délibération de l'Ordo. M. C. enverra une copie aussi complète que possible de cette dernière inscription en mauvais état. M. RENAN a aussi reçu de M. Cagnat les estampages de six inscriptions néo-puniques. M. HENRI MARTIN lit un mémoire du Dr HAMY sur les dessins et les inscriptions des rochers d'El Hadji Mimoum (près Figuig, dans le Sud-Oranais) découvertes par le capitaine Boucher. Ces dessins représentent des éléphants, des rhinocéros, des girafes, en un mot, une faune disparue du Sahara après une modification du climat; des hommes, des chameaux chargés, des lions, des serpents, un svastika. Ces représentations, que la loi de Mahomet aurait interdites, sont antérieures à l'islamisme. Les inscriptions appartiennent en partie à une écriture dérivée du lybique, qui paraît avoir été en usage à l'époque de notre haut moyen âge, en partie à une langue relativement moderne. M. ALEXANDRE BERTRAND a constaté que les petites lames rouges et transparentes incrustées dans les bijoux mérovingiens sont du grenat. M. CH. ROBERT voit, sur un médaillon contorniate de sa collection, mal publié jusqu'à ce jour, non pas, comme l'a cru Cavédoni, un orgue, mais l'opération par laquelle on procédait au tirage au sort entre les factions, d'après un procédé décrit par Constantin Porphyrogénète et également représenté sur un bas-relief découvert à Constantinople. M. HALÉVY lit un mémoire où il affirme que la prétendue langue sumérienne n'est que de l'assyrien écrit avec des caractères de convention, et que le roi appelé Gudea par M. Oppert avait nom Nabu. M. OPPERT reproche à son adversaire d'affirmer toujours les mêmes théories sans tenir compte des réfutations qu'on en a faites. — *Séance du 5 mai.* — Par décret du ministre de l'instruction publique, l'école des lettres d'Alger sera mise sous la direction de l'Académie, qui est invitée à préparer un programme de travaux ayant trait aux antiquités romaines, berbères et arabes de l'Afrique. Le maire de Boulogne-sur-Mer prie l'Académie de se faire représenter à l'inauguration de la statue de Mariette. M. GEFFROY envoie copie d'une inscription trouvée à Rome, sur le Forum: *Senatus populusque Romanus pecunia publica faciendum curavit.* M. DELOCHE revient, pour la maintenir, sur une de ses assertions contestées par M. Ch. Robert, à savoir que, vers 583, Gondovald voulut conquérir la Gaule sous le patronage de la cour byzantine. A cette occasion fut frappée la monnaie au nom de Maurice Tibère, monnaie où M. Ch. Robert a tort de ne voir qu'une imitation mérovingienne des types impériaux. M. CH. ROBERT, qui n'est pas du tout convaincu, répondra. M. WADDINGTON a étudié l'estampage de la partie de l'inscription de Palmyre mise à jour par le prince Lazareff. Cette inscription, gravée sur une pierre haute de 6 mètres et large de 2 mètres, donne le texte grec et palmyrénien d'un décret du sénat de Palmyre, de l'an 137.

C'est un tarif de transit, τελωνικὸς νόμος, imposé aux nombreux commerçants qui passaient par Palmyre. Il y est question d'un droit à payer pour faire passer les chameaux, pour les faire boire à une source..., etc...; il y est fait mention de mesures prises par Germanicus et Corbulon. M. RÉGNIER annonce que M. Aymonier a envoyé à l'Académie les copies des 52 inscriptions relevées par lui dans ses voyages antérieurs; presque toutes sont en sanscrit. M. GASTON PARIS rend hommage à la mémoire de M. Quicherat. M. FRANÇOIS LENORMANT présente à l'Académie des vases trouvés à San-Cosimo (terre d'Otrante); ils ont un grand intérêt archéologique et se rattachent au type le plus ancien de la poterie grecque peinte.   H. THÉDENAT.

PUBLICATIONS DE LA QUINZAINE. — F. RAVAISSON. Archives de la Bastille, documents inédits, t. XIII. Règnes de Louis XIV et de Louis XV (1711 à 1725), in-8°. Paris, Durand et Pedone-Lauriel; 10 fr. — E. CHAUVET. Logique de Galien, in-8°. Ibid., 2 fr. — HENRI WELSCHINGER. La Censure sous le premier Empire, in-8°. Paris, Charavay; 7 fr. 50. — F. CANONGE. Histoire militaire contemporaine, 1854-1871, in-18. Bibliothèque Charpentier; 3 fr. 50. — EVARISTE BAROUX. Abrégé chronologique de l'histoire de France, suivi de l'abrégé chronologique des guerres entre la France et l'Angleterre, in-18. Paris, Plon; 2 fr. 50. — GEORGES EBERS. Ouarda, roman de l'antique Egypte, traduit de l'allemand par C. d'Hermigny, 2 vol. in-18. Paris, Firmin Didot; 6 fr. — GUILLAUME GUIZOT. Essais d'histoire et de littérature, traduits de lord Macaulay (Samuel Johnson, Addison, Mme d'Arblay, de l'histoire, Robert Mongomery), in-8°. Paris, Calmann-Lévy; 6 fr. — A. BABEAU. Grosley magistrat, in-8°. Troyes, Dufour-Bouquet. — E. GELLION-DANGLAR. Les Lettres françaises depuis leur origine, un vol. in-18. Paris, Degorce-Cadot; 3 fr. 50. — BENEDICTI DE SPINOZA opera quotquot reperta sunt recognoverunt J. Van Vloten et J. P. N. Land, tome I. Paris, E. Thorin; 22 fr. — ZAHN. Th., Cyprian v. Antiochien u. die deutsche Faustsage. Erlangen, Deichert; 3M. — THEODOSIUS, de situ terrae sanctae, im ächten, Text, u. der Breviarius de Hierosolyma, vervollständigt hrsg. v. J. Gildemeister. Bonn, Marcus; 1M60. — KLEINERMANS, J., der heil. Petrus Damiani, Mönch, Bischof, Cardinal, Kirchenlehrer. In seinem Leben u. Wirken nach den Quellen dargestellt. Steyl. Missionsdruckerei; 2M25. — BÜCHNER, L., die Macht der Vererbung u. ihr Einfluss auf den moralischen u. geistigen Fortschritt der Menschheit. Leipzig, E. Günther; 2M. — MÜLLER, J., Quellenschriften u. Geschichte d. deutschsprachlichen Unterrichtes bis zur Mittel d. 16. Zahrh. Gotha, Thienemann. 9M. — OSTERMANN, W., u. L. WEGENER., Lehrbuch der Pädagogik. 1. Bd. Oldenburg, Schulze; 2M40. — IHNE (W.). The History of Rome. English edition. Vols. IV and V. 8vo. pp. 1009; 32 sch. — Complete in 5 vols. 8vo. cloth; 77 sch. Londres, Longmans. — POETAE lyrici graeci. Rec. Th. Bergk. Ed. IV. vol. II., poetas elegiacas et jambographos continens. Leipzig, Teubner. 10M. — ROEDER, W., üb. C. G. Cobet's Emendationen der attischen Redner, insbesondere d. Isaios. Berlin (Weber); 1M50. — HAHN, H., Leitfaden der alten Geographie. Leipzig, Teubner; 1M60. — KRAMER, C. E., historisches Lesebuch üb. das deutsche Mittelalter. Leipzig, Teubner; 4M. — HERON DE VILLEFOSSE et H. THÉDENAT. Cachets d'oculistes romains, tome I, in-8°, fig., Paris, Champion, 10 fr.

REVUE DES REVUES

ARTICLES DE FOND.

CLIFFORD. *L'interprétation du ch. Ier de la Genèse* (Annales de philos. chrét., avril).

FORBES. *La vie vaut-elle la peine de vivre ?* (Annales de philos. chrét., avril).

Ch. LÉVÊQUE. *L'esthétique musicale en France.* (M. L. prouve que le type premier des sons musicaux, c'est la voix même de l'homme dont le chant n'est qu'un agrandissement, une idéalisation; dans un second article, il montre que les instruments vraiment musicaux ont une *voix* qui se conçoit et s'apprécie par son rapport de ressemblance expressive avec la voix humaine (Rev. philos., janvier et mars 1882).

M. VERNES. *Les étapes de l'idée religieuse dans l'humanité*, d'après un nouveau livre de Hartmann (L'auteur montre que l'argumentation de Hartmann n'a pas de valeur scientifique, mais admet comme lui que le monisme « répond à l'idée religieuse telle que les hommes éclairés du XIX° siècle la peuvent concevoir ». Rev. philos. mars 1882).

S. L. LEE. *Les Juifs en Angleterre avant* 1643 (Academy, 18 mars).

F. LENORMANT. *Notes archéologiques sur la terre d'Otrante* (Academy, 18 et 25 mars 8 et 15 avril).

KAISSR. *Die Murbacher Hymnem* (Theol. Quartalschrift, fasc. 2).

HIMPEL. *Der abstracte Einheitsbegriff Gottes und der Heiligencult in Islam* (Theol. Quartalschrift, fasc. 2).

LADENBAUER. *Wie wurde König Johann von England Vasall des römischen Stuhles ?* (Zeitsch. f. kath. Theologie, 1er avril).

BODEWIG. *Der allgemeine Wesensbegriff der sieben Gaben des hl. Geistes* (Zeitsch. f. kath. Theol., 1er avril).

GRANDERATH. *Die Nothwendigkeit der Offenbarung* (Zeitsch. f. kath. Theol., 1er avril).

BICKELL. *Ein alphabetisches Lied Jesus Sirach's* (Zeitsch. f. kath. Theol., 1er avril).

AMÉLINEAU. *Une nouvelle interprétation du premier chapitre de la Genèse* (Lettres chrét., mars-avril : examen de l'hypothèse Clifford au point de vue de l'égyptologie).

DE ROSSI. *La chambre d'Ampliatus* (Bulletin d'archéol. chrét., 1881, fasc. II-III).

— *Peigne orné de symboles chrétiens, trouvé à Chiusi* (ibid.).

— *Fouilles exécutées à Saint-Laurent* (ibid.).

— *L'épitaphe métrique du pape Zosime* (ibid.).

QUICHERAT. *Documents nouveaux sur Jeanne d'Arc* (Revue historique, mai-juin).

COMPTE RENDUS

CHAMARD. *Les reliques de saint Benoît* (T. de L., Revue des quest. hist., 1er avril).

PERROUD. *Les origines du premier duché d'Aquitaine* (L. de N., Revue des quest. hist., 1er avril).

KERMAINGANT. *Cartulaire de saint Michel du Tréport* (T. de L., Revue des quest. hist., 1er avril).

CHEVALIER. *Les abbayes laïques et les présents de la ville de Romans sous les consuls* (T. de L., Revue des quest. hist., 1er avril : plein de choses).

LAGARDE. *Ankündigung einer neuen Ausgabe der griechischen Uebersetzung des alten Testaments* (Hollenberg, Theol. Lit.- z. 8 avril).

DELITZSCH. *Wo lag das Paradies ?* (Philippi, Theol. Lit. z. 8 avril).

DILLMANN. *Ueber Baal mit dem weiblichen Artikel* (Kittel, Theol. Lit.-z. 8 avril).

WESTCOTT et HORT. *The new testament in the original greek* (Sabatier, Revue critique, 10 avril).

NILLES. *Kalendarium manuale utriusque ecclesiae* (Thalhofer, Literarische Rundschau, 1er avril).

OROSII *Historiae adversus paganos ed. Zangemeister* (Funk, Lit. Rundsch., 1er avril).

ROLLER. *Les Catacombes de Rome* (Kraus, Lit. Rundsch., 1er avril).

Le Gérant : E THORIN

BULLETIN CRITIQUE

DE LITTÉRATURE, D'HISTOIRE ET DE THÉOLOGIE

15. — **Corpus inscriptionum semiticarum ab Academia Inscriptionum et Litterarum humaniorum conditum atque digestum,** *Pars prima inscriptiones phœnicias continens,* tomus I, fasciculus primus, Paris, 1881, petit in-fol. de XVI-116 pages, avec un atlas de 14 planches.

C'est en 1867 que l'Académie des Inscriptions et Belles-Lettres décida la formation et la publication d'un *Corpus inscriptionum semiticarum,* dont elle confia le soin à une commission composée de MM. de Saulcy, Mohl, de Longpérier, Renan, de Slane et Waddington. Il a fallu quatorze ans pour les travaux préparatoires d'une œuvre de cette importance, et personne ne trouvera là sujet de s'étonner. Dans cet intervalle, quatre des premiers commissaires sont morts, deux nouveaux sont venus prendre leur place; ce sont aujourd'hui MM. Renan, Waddington, de Vogüé et Derenbourg qui poursuivent la tâche et commencent à la mettre au jour. La partie des inscriptions phéniciennes et hébraïques est spécialement aux mains de M. Renan; celle des inscriptions araméennes aux mains de M. de Vogüé; M. Derenbourg prépare le recueil des inscriptions arabes et sabéennes ; enfin à M. Waddington appartient le soin de la partie numismatique qui doit nécessairement faire suite à la collection des documents épigraphiques et en constitue un appendice indispensable, prévu dès l'établissement même du plan de l'ouvrage.

La partie des inscriptions phéniciennes est jusqu'ici la plus avancée. C'est celle dont le premier fascicule vient de paraître et ouvre la publication de l'ouvrage. Elle formera à elle seule deux gros volumes, c'est-à-dire qu'elle atteindra les proportions dans lesquelles, en 1867, d'après le nombre des monuments alors connus, on croyait que tiendrait le recueil complet des inscriptions antiques de tous les idiomes sémitiques. On peut juger par là de la rapidité avec laquelle s'est accrue en quatorze ans la masse des matériaux à mettre en œuvre, grâce à l'impulsion donnée aux recherches et aux études par l'entreprise de l'Académie.

Le *Corpus inscriptionum semiticarum*, lorsqu'il sera complet, formera l'un des plus magnifiques monuments élevés à l'érudition. Ce sera l'un des titres d'honneur de la science française, et notre pays pourra l'opposer avec une légitime fierté aux œuvres les plus considérables dont s'enorgueillit l'Allemagne. Dès que le premier fascicule a été entre les mains des hommes compétents, d'un bout à l'autre de l'Europe, l'hommage qu'ils lui ont rendu a été unanime et sans réserves. Ils ont salué son apparition comme un véritable événement.

La part personnelle de M. Renan dans ce fascicule est des plus considérables. Non seulement il l'a rédigé, et c'est à lui qu'on doit le plaisir de lire cette excellente latinité, à laquelle on n'est plus habitué de nos jours et sous laquelle on sent le maître écrivain dont le talent de style emporte l'admiration de ceux-là même qui refusent de partager la plupart de ses idées. Mais l'établissement définitif de la lecture et de l'interprétation des textes est bien chose sienne. Il s'y montre un philologue de premier ordre, et, au point de vue de la science pure, ce travail est incontestablement son chef-d'œuvre, celui qui le classe le plus haut. Ajoutons qu'il a trouvé une collaboration vraiment précieuse chez le jeune auxiliaire que l'Académie lui avait donné, M. Philippe Berger. Pour être modeste et effacé, le rôle de celui-ci n'en a pas moins été considérable, et il a su y déployer de rares qualités de sagacité, avec un don tout spécial de tact épigraphique et paléographique. Les collègues de M. Renan dans la Commission, surtout M. Derenbourg, ont d'ailleurs, avec quelques autres savants, tels que M. Joseph Halévy et M. Clermont-Ganneau, fourni leur contingent de conjectures ingénieuses, et souvent fécondes, à la tâche de l'interprétation. Depuis plusieurs années, M. Renan a pris l'habitude de consacrer chaque semaine une des leçons de son cours du Collège de France à l'étude des inscriptions qui doivent trouver place dans le *Corpus*, de provoquer à leur sujet la discussion de la part de ses auditeurs; les conférences ainsi organisées ont été fécondes en résultats, les discussions y ont porté la lumière sur plus d'un point resté jusqu'alors obscur.

J'ai souvent rencontré chez de très bons esprits un certain étonnement de la lenteur des progrès de l'interprétation des textes épigraphiques phéniciens par comparaison avec les pas de géant qu'a fait en peu d'années celle des documents hiéroglyphiques et cunéiformes, de

l'incertitude qui plane encore sur la lecture et la traduction d'une partie
considérable de toute inscription phénicienne un peu développée, à
côté du degré de précision bien plus grande auquel prétendent
arriver dès à présent les égyptologues et les assyriologues. Il y a là
quelque chose qui doit, en effet, paraître singulier au premier abord,
et pour en comprendre la cause il faut s'être rendu compte des difficultés exceptionnelles qui résultent du mode d'orthographe propre aux Phéniciens, difficultés qui n'existent pas en assyrien et que la sience n'a
pas rencontrées devant elle dans les textes cunéiformes, une fois
qu'elle a eu résolu le problème du déchiffrement matériel des signes
de l'écriture.

Le syllabisme de l'écriture cunéiforme exprime constamment les
voyelles dont le changement à l'intérieur des mots constitue tout le
système de flexions de la grammaire des idiomes sémitiques. Les
Phéniciens, au contraire, écrivant avec l'aphabet de 22 lettres dont ils
ont doté l'humanité, poussent jusqu'à sa plus extrême limite le principe
de n'exprimer par l'écriture que la charpente invariable des consonnes
du mot, en laissant à l'intelligence du lecteur le soin de suppléer la
vocalisation non représentée. Leur orthographe est absolument défec-
tive. Elle n'admet en aucun cas l'addition de ces quiescentes ou
matres lectionis, qui viennent dans une certaine mesure aider la lecture
et lui donner plus de certitude. L'emploi de ces quiescentes s'est avec
le temps largement développé dans l'orthographe de toutes les langues
sémitiques. En hébreu, soit chez les Israélites, soit chez les peuples
voisins de même sang et de même race, comme les Moabites et les
Ammonites, on en a admis quelques-unes dès une époque très ancienne ;
nous en avons la preuve par l'inscription de Siloam et celle de Méscha,
roi de Moab. Le phénicien, au contraire, les exclut absolument. Ajoutons à l'énorme proportion d'obscurité et d'incertitude qui résulte
nécessairement de ce fait, que dans les inscriptions phéniciennes les
mots ne sont jamais distingués et que c'est le lecteur qui doit en faire
la coupure. Ceci donné, il est facile d'apprécier combien la fantaisie
peut facilement et librement se donner carrière avec les inscriptions
phéniciennes, si elle n'est pas tenue en bride par les rigueurs d'une
méthode sévère et inflexible. Les premiers interprètes de cette épigraphie se sont livrés à des divagations qui font actuellement sourire.
Mais même encore aujourd'hui, bien que l'étude en soit désormais
constituée sur des bases solides et réellement scientifiques, il faut
se défier des mirages trop faciles, par lesquels les plus savants et
les plus sages se laissent quelquefois égarer. On n'avance que pas à pas
dans l'interprétation, qui réclame à la fois les connaissances grammaticales les plus sûres, beaucoup de tact et de prudence, une expérience

pratique acquise par une longue étude et, chose peut-être la plus rare de toutes, un sentiment exact des conditions réelles du style épigraphique. Car il est telle lecture, infiniment séduisante et bien déduite au point de vue purement linguistique, que le savant doué de ce sentiment n'hésite pas à écarter dès le premier abord par la raison qu'elle donne une phrase n'appartenant chez aucun peuple au style lapidaire, et ne pouvant se trouver dans une inscription. Le meilleur et le plus sûr moyen d'arriver à la certitude est la comparaison des passages similaires ou simplement analogues de plusieurs inscriptions. D'ailleurs, dans les conditions actuelles de cette étude, il est pour ainsi dire sans exemple qu'un savant ait pu parvenir par ses seuls efforts, et du premier coup, à l'interprétation complète et définitive d'une inscription phénicienne de quelque développement, qui présente un certain nombre de phrases nouvelles. Il est indispensable que plusieurs travailleurs reprennent successivement le travail, chacun améliorant par de nouvelles études celles de ses prédécesseurs et éclaircissant un point resté d'abord obscur.

On voit par là combien la formation d'un *Corpus* général et systématique devra contribuer puissamment aux progrès de la science, en multipliant les éléments de comparaison, en les groupant et en les rapprochant. On voit aussi comment ce que les rédacteurs du recueil avaient à chercher n'était pas la petite satisfaction de donner de l'inédit; combien, au contraire, ils ont été bien inspirés en s'étudiant à faire connaître au public les monuments nouveaux qui leur arrivaient, et en provoquant la discussion à leur sujet, avant de les comprendre dans l'ouvrage. Le rôle que M. Renan a voulu prendre avec une judicieuse sagesse, dont on doit le féliciter, en formant et en commentant la collection des inscriptions phéniciennes, est celui d'un juge en dernier ressort, qui vient résumer les débats soulevés sur chacune de ces inscriptions et autant que possible les clore par le mot définitif. Et dans le fascicule déjà paru on peut remarquer que ce sont précisément les textes qui ne sont parvenus à la connaissance de la commission qu'un peu tard, pendant le cours de l'impression, qui n'ont donc pas pu donner lieu dans la science à des discussions prolongées, passer par les mains d'un grand nombre de travailleurs, comme les curieuses inscriptions peintes de Citium, que ce sont précisément ces textes dont l'élucidation a été menée le moins loin, pour lesquels il reste encore le plus à faire afin d'en amener la lecture et l'interprétation au même degré de sûreté et d'avancement que la lecture et l'interprétation des textes plus anciennement connus.

Pour ceux-ci même, du reste, quelle que soit la justesse du coup d'œil avec laquelle M. Renan a su choisir entre les interprétations proposées, de telle façon qu'en général il a adopté la plus probable et la meilleure, toutes les difficultés sont loin d'être définitivement résolues. Dans la grande stèle de Byblos, par exemple, et dans l'inscription du sarcophage d'Eschmounazar il reste un certain nombre de passages qui seront encore longtemps la *crux interpretum* et au sujet desquels la publication du *Corpus* deviendra le point de départ de nouvelles études, de nouveaux débats, dont le résultat sera peut-être de faire adopter des leçons différentes de celles auxquelles s'est arrêté le savant rédacteur.

Il est bien peu de sémitistes qui n'auront, sur tel ou tel point de détail des inscriptions comprises dans le premier fascicule, à produire quelques conjectures personnelles, en appelant sur elles le jugement de la science. Pour ma part, il me serait facile d'en énoncer plusieurs ; mais il me semble que ce n'est est pas ici le lieu. Malgré ces incertitudes, qui ne pouvaient pas encore être toutes levées, la publication de M. Renan, je n'hésite pas à le proclamer, marque un pas décisif fait en avant dans l'étude de l'épigraphie phénicienne ; elle y fera époque, et je ne connais pas de livre où l'on puisse mieux apprécier l'étendue des progrès réalisés dans cette étude depuis le temps de Gesenius, mesurer exactement ce qu'elle a gagné en solidité, en précision, en justesse et en certitude de méthode. A ce point de vue, la publication du *Corpus* vient bien à maturité ; la science est réellement parvenue au point qu'il fallait pour que le monument élevé par l'Académie des Inscriptions fût durable et digne du premier corps savant de l'Europe.

L'atlas figuré qui accompagne le *Corpus inscriptionum semiticarum* est digne du texte et rendra les plus grands services, en permettant à tous l'examen de ce qui reste encore, dans ces monuments, de problèmes de paléographie et de lecture matérielle. Les reproductions, obtenues par les procédés de l'héliogravure, sont parfaites de tout point et présentent un degré d'exactitude qu'aucune copie ne pouvait donner, quelle que fut l'habileté de la main qui l'exécutât. Ce sont vraiment les originaux que l'on a sous les yeux. Il faut louer aussi l'exécution typographique du texte, qui fait grand honneur à notre Imprimerie Nationale. Les nouveaux types phéniciens, qu'elle a fait graver pour cet ouvrage, sont extrêmement remarquables et l'emportent de beaucoup sur tous les essais du même genre antérieurement tentés.

Je ne saurais ici discuter minutieusement tous les petits détails qui me paraissent encore laisser prise à la critique dans la lecture et l'interprétation des inscriptions ou dans leur commentaire. Il faudrait pour cela des développements trop étendus. Cependant, pour que dans ce bref compte rendu, à côté de l'éloge, qui est et doit être éclatant, il y ait un peu de critique, j'indiquerai en finissant un point de vue sous lequel il me semble y avoir quelques lacunes dans le travail de la commission et de M. Renan, et cela d'autant plus qu'il sera facile, dans la suite du travail, de mettre à contribution un ordre de renseignements auquel il me semble que l'on n'a point eu assez recours. A mon avis, en effet, il n'a pas été tiré tout le parti que l'on pouvait des documents cunéiformes, soit comme éclaircissant certains points de la philologie comparée des idiomes sémitiques, soit surtout comme fournissant des éléments précieux au commentaire archéologique des inscriptions.

Ainsi, dans le premier ordre d'idées, je ne crois pas possible devant les faits qui ressortent des textes assyriens, de maintenir pour le titre מלץ הכרסים des inscriptions phéniciennes de Cypre, l'explication d' « interprète, internonce des deux trônes », en assimilant le second mot à l'araméen כרסא. Le nom de « trône » n'est pas, en effet, d'origine sémitique ; c'est un terme d'emprunt qui a ses racines dans la primitive civilisation babylonienne et dans l'idiome antésémitique de la Chaldée. Il provient du suméro-accadien *guza*, passé en assyrien-sémitique sous la forme *kussu*, que reproduit exactement l'hébreu כסא. Si l'araméen en fait כרסא, c'est par une particularité linguistique qui lui est propre, la faculté de substituer au doublement de la seconde radicale l'insertion d'un ר avant cette consonne. Quant à l'arabe كرسي, c'est de l'araméen qu'il est sorti. Mais si le mot a été adopté aussi en phénicien, il n'a pas pu avoir plus que l'hébreu le ר introduit par l'araméen. Les trônes y seraient nécessairement כסאם ou כסם, non כרסם.

Dans le second ordre d'idées, le rôle des גלבם פעלם על מלאכת, *tonsores operantes pro ministerio*, enregistrés parmi les ministres du temple dans les inscriptions peintes de Citium, est expliqué de la façon la plus satisfaisante par les textes cunéiformes qui établissent positivement qu'on rasait la barbe et les cheveux aux esclaves et qu'on faisait de même aux hiérodules en signe de consécration, ce que confirment les représentations des cylindres babyloniens. Le nom de la déesse appelée אם האזרת dans l'inscription de Cypre nº 13 aurait été définitivement éclairci si on avait rappelé que dans les documents assyriens Ischtar, la correspondante de la 'Aschtharth phénicienne, envisagée comme déesse stellaire, est souvent appelée « dame des *Mazarti* » qui sont les מזרות du livre de Job.

Quelquefois aussi les commentaires laissent un peu à désirer en ce qui touche à l'archéologie monumentale. A propos des indications architectoniques encore fort obscures qui se lisent sur la stèle de Byblos, il n'y a, en bonne critique, aucune lumière à demander au monnaies frappées dans cette même ville sous l'empereur Macrin, lesquelles représentent un temple purement romain, bâti seulement dans le iiiᵉ siècle de notre ère. Au sujet de la traduction phénicienne de l'Apollon Amycléen des Grecs en רשף מכל, il eût été bon de dire que ce dieu ne ressemblait en aucune façon à un Apollon ordinaire, mais que le type tout particulier de sa représentation et ses attributs, tels que nous les connaissons par la description de Pausanias et par les monnaies, offrent une frappante ressemblance avec la représentation et les attributs du dieu kénânéen Reschep sur les monuments égyptiens.

Les lacunes que j'indique ainsi sont bien peu de chose dans un travail de cette importance et de cette valeur. Ne trouver à en signaler que de pareilles est certainement un des plus grands éloges qu'on puisse faire du livre.

Le *Corpus inscriptionum semiticarum*, si brillamment inauguré, sera, pour tous ceux qui s'occupent d'archéologie, d'études orientales et de critique biblique, un de ces ouvrages fondamentaux qu'il faut consulter sans cesse et avoir constamment sous les yeux en travaillant. C'est une mine d'informations du plus haut prix. L'étude des antiquités et des religions des peuples sémitiques en sera renouvelée de fond en comble. On peut voir, du reste, par le mémoire de M. Dillmann sur le calendrier primitif des Hébreux, publié dans la dernière livraison des Bulletins de l'Académie de Berlin, tout ce qu'on peut tirer du seul fascicule publié, à propos d'une question de ce genre.

Le premier fascicule du recueil des inscriptions phéniciennes comprend les inscriptions de la Phénicie propre et de Cypre, au nombre de 96. Le second fascicule, en cours d'impression, embrassera celle de l'Égypte, de la Grèce, de la Sicile, de Malte et de la Sardaigne. Il paraîtra dans le courant de cet été.

François LENORMANT.

---

16. — **Della leggenda exact. ad artic.** nelle iscrizioni ponderarie, memoria di G. Gatti, con appendice di Gio-Battista de Rossi, Roma, 1881 (avec une planche).

17. — **Étude sur les médaillons contorniates**, par P. Charles Robert, Bruxelles, 1882, (avec cinq planches).

18. — **Notice sur un diplôme militaire de Trajan**, trouvé aux environs de Liège, par Ad. de Ceuleneer, Liège, Berlin, 1881 (avec une planche).

19. — **Bulletin de correspondance africaine**, École supérieure des lettres d'Alger, antiquités libyques, puniques, grecques, et romaines, fascicule 1, Alger, 1882 (avec une planche).

Nous avons reçu le tirage à part d'un mémoire de M. G. Gatti, sur la formule **EXACT·AD·ARTIC** (estratto dagli *Annali dell' Inst. di corrisp. archeologica,* anno 1881). On sait que les poids romains, outre l'indication de leur valeur pondérale, portaient des inscriptions attestant leur légalité. Celles-ci se divisent en deux classes. Les unes mentionnent l'endroit où était conservé le poids type, le poids étalon, servant de règle et de modèle légal. Ainsi on connaît des mesures et des poids *exacta ad Castoris,* c'est-à-dire vérifiés sur un modèle conservé dans le temple de Castor, *exacta in Capitolio, exacta ad Augusti templum...* etc.. D'autres inscriptions donnent l'indication du magistrat qui a reconnu les poids ou mesures comme étant de bonne et légale valeur. Les magistrats auxquels incombait ce soin étaient les édiles, et, plus tard, au moins comme autorité d'un grade supérieur, le praefectus Urbi. Mais, parmi ces derniers poids, il en est toute une série qui porte la mention *exact. ad artic.* Quel est le sens précis de cette formule ? On l'a cherché souvent sans arriver à un résultat heureux ; il suffit, pour s'en convaincre, de lire la page où M. G. Gatti expose les opinions émises avant l'apparition de son travail. L'auteur du nouveau mémoire a eu la bonne fortune de devenir possesseur d'un poids qui porte l'inscription sous une forme un peu plus complète :

EXACT

AD XAR

TICVLEIAN

X (pondo). Exact(um) ad Articuleian(um).

M. G. Gatti établit d'une manière certaine que le *pondus Articuleianum* fut, en l'année 47, époque des édits censoriaux de Claude, et peut-être pendant l'espace intermédiaire entre la censure de Claude et celle de Vespasien, le type légal des poids, à Rome ainsi que dans les municipes et colonies. Un Articuleius, peut-être le père ou l'aïeul de Q. Articuleius Paetus, consul de l'an 101, dut exercer à Rome, en l'an 47, une magistrature importante, et être chargé de la réorganisation de l'administration des poids et mesures et du renouvellement des étalons officiels, sur lesquels fut gravée, par suite, l'inscription *exact. ad. Artic.* C'est évidemment en qualité d'édile qu'il fut chargé de cette mission ; ces monuments nous donnent donc aussi le nom d'un des édiles en charge, en l'an 47. Cependant quatre des poids de la série, portent, après les mots **AD ARTIC**, la formule habituelle **CVRA** ou **IVSSV AEDIL**. Il est à supposer, d'après ce fait, qu'on adjoignit, à Articuleius une commission dont l'existence coïncida avec les édits de Claude.

C'est à l'aide de déductions pleines de sagacité et de logique que M. G. Gatti est arrivé au résultat que nous venons d'exposer ; pendant ce temps, M. de Rossi trouvait, sur un monument, la confirmation matérielle des conclusions de l'auteur. Le savant épigraphiste est parvenu à lire entièrement l'inscription d'un poids d'Herculanum, conservé au musée de Naples, dont on n'avait pas pu, jusqu'à ce jour, déchiffrer la troisième ligne :

TI·CLAVDIO·CAESAR·AV*gu*S· $\overline{\text{IIII}}$
L·*vi*TELLIO·$\overline{\text{III}}$·COS·PONDER·EXACT
L·ART*i*CVLEIO·CN·TR·AEDIL

Ti(berio) Claudio Caesar(e) Au[gu]s(to) quartum, L. [Vi]tellio tertium co(n)s(ulibus), ponder(a) exact(a), L(ucio) Art[i]culeio, G(naeo) Tr(emellio?) aedil(ibus.)

Les consuls mentionnés sont, comme on le voit, ceux de l'an 47; M. G. Gatti avait donc rencontré juste en faisant d'Articuleius un des édiles de cette même année.

Ce mémoire et l'appendice sont d'un grand intérêt; ils donnent la solution définitive et longtemps cherchée d'un problème sur lequel s'était exercée, sans succès, la sagacité des épigraphistes; il éclaircit un point jusque-là fort obscur d'une étude qui est encore à faire, celle des poids romains.

— M. Ch. Robert, possesseur d'une belle collection de médaillons contorniates qui a figuré à l'exposition rétrospective du Trocadero, et dont il a publié un excellent catalogue (1), s'est, à plusieurs reprises, occupé de ces curieux monuments (2). Il vient, tout récemment, d'en faire l'objet d'une étude d'ensemble. On sait que les contorniates sont des médaillons en bronze, d'un diamètre supérieur à celui des monnaies romaines du Haut-Empire, dites grands-bronzes, dont ils se distinguent surtout par des bords relevés ou par un sillon circulaire appelé en italien *contorno*, d'où le nom *contorniates*. Les types représentent soit des sujets mythologiques, héroïques ou historiques, empruntés tous au théâtre, M. Ch. Robert l'a démontré (p. 6 et sv.), soit des sujets relatifs aux jeux et concours publics. Après une courte notice sur les travaux antérieurs, M. Ch. Robert donne, sur la forme et la nature des contorniates, les renseignements utiles à connaître, puis il en étudie les types, les accessoires figurés dans le champ, les légendes, la destination. Il termine par un essai de classement et une étude particulière de quelques types. Ne pouvant rendre compte ici de toutes les parties de ce travail, nous insisterons sur quelques-unes des opinions particulières à

(1) *Annuaire de la Société française de numismatique et d'archéologie*, 2ᵉ série, t. I, 3ᵉ partie (1879),

(2) Cf. *Annuaire de la Soc. fr. de num.*, loc. cit., 6ᵉ partie (1881); *Comptes rendus de l'Académie des Inscriptions et Belles-Lettres*, séance du 3 février 1882 (cf. *Bulletin critique*, t. II, p. 420).

M. Ch. Robert. On sait que, sur les monnaies impériales, la tête de l'empereur constitue le type permanent, tandis que les sujets figurés sur le revers changent avec les différentes émissions ; sur les contorniates, au contraire, la tête est le type variable, changeant, tandis que le sujet représenté sur la face opposée est permanent. C'est donc avec vraisemblance que M. Ch. Robert, intervertissant l'ordre des termes usités, appelle *droit* la face du médaillon qui porte le sujet scénique, et *revers* celle qui porte la tête.

Les contorniates n'étaient pas des récompenses décernées aux vainqueurs des jeux, mais plutôt des certificats, des espèces de diplômes attestant que la récompense avait été obtenue. Les types accessoires figurés dans le champ représentent le prix décerné : casques, armes, coupes..., etc. Mais alors quelle signification donner aux sigles suivants qui se rencontrent si souvent sur les contorniates :

Bien des interprétations ont été proposées : P(alma) E(merita), P(raemia) E(merita), P(alma) F(eliciter), P(alma) E(lea), E P(oredia), mot désignant, suivant Pline, le cocher vainqueur. M. Ch. Robert propose une ingénieuse hypothèse : Les récompenses pécuniaires obtenues dans les jeux et mentionnées sur les inscriptions, montent toujours à 10, 20, 30 ou 40 mille sesterces. La lettre P signifiant Praemia sur les contorniates, on aurait indiqué la valeur de la récompense en y ajoutant une barre horizontale par chaque 10 mille sesterces. M. Ch. Robert propose ensuite de classer les contorniates suivant la nature des jeux, des représentations ou des concours auxquels ils ont trait. La dernière partie du mémoire se compose d'études sur des types de médaillons inédits ou mal compris. Nous signalerons comme particulièrement nouvelle et intéressante, l'interprétation d'un type où M. Ch. Robert voit une représentation du tirage au sort par lequel chacune des factions prenait rang pour la course (p. 52, sv.). Un bas relief trouvé à Constantinople et un texte de Constantin Porphyrogénète fournissent à M. Ch. Robert la démonstration de son ingénieuse explication.

Ce mémoire, comme tout ce qui sort de la plume du savant auteur, est écrit avec une grande clarté et une grande précision. Après l'avoir lu, on est parfaitement au courant de tout ce qui a été dit au sujet des contorniates, et on a récolté sur sa route bon nombre d'idées nouvelles et ingénieuses.

— M. Ad. de Ceuleneer, auteur d'une histoire de Septime Sévère dont nous rendrons bientôt compte, a publié un diplôme militaire trouvé récemment entre Chokier et Flémalle, aux environs de Liège. Quand les soldats, appartenant aux corps non composés de citoyens romains, avaient reçu leur congé, on leur remettait, gravé sur un livret composé de deux plaques de bronze, un extrait d'une loi en vertu de laquelle ils recevaient, ainsi que leur femme et leurs enfants, le droit de cité romaine, ou étaient autorisés, s'ils n'étaient pas mariés, à contracter, pour un premier mariage seulement, le connubium avec une femme barbare. On donne le nom de diplôme militaire à ce livret. Le dernier numéro paru de l'*Ephemeris epigraphica* porte à 74 le nombre de ces monuments.

Il y a un peu de tout dans le mémoire de M. de Ceuleneer: des dissertations sur les antiquités romaines trouvées aux environs de Liège, sur les puissances tribuniciennes de Trajan, sur les corps auxiliaires mentionnés dans le diplôme, sur les diplômes militaires en général, un tableau des corps auxiliaires recrutés parmi les Belges et les peuplades limitrophes. Il eut suffi de donner du monument une bonne reproduction, d'en bien établir le texte, puis la lecture, en la confirmant par des notes claires et précises, de le dater, de le classer enfin parmi les monuments analogues; M. de Ceuleneer a bien fait tout cela, mais le travail principal se perd au milieu d'une végétation trop luxuriante (1).

Dans la lecture proposée par M. de Ceuleneer, il est une hypothèse que nous ne pouvons admettre. Les lignes 10, 11 et 12 de la partie intérieure sont ainsi conçues et restituées par l'auteur du mémoire :

IN·BRITANNIA·SVB·T·AV*idio item*
DIMISSIS·HONESTA·M*issione a divo nerva*
NEPOTE... etc...

M. de Ceuleneer ayant complété la deuxième ligne par les mots *a divo Nerva* se refuse, avec raison, à rapporter le mot *nepote* qui commence la troisième ligne au nom de l'empereur, mais il a tort d'en faire le cognomen du légat T. Avidius mentionné dans la première ligne ; dans ce cas, cette première ligne devrait être ainsi conçue :

in Britannia sub T. Av[*idio Nepote*]..

Embarrassé par l'endroit où est rejeté le prétendu cognomen (on le serait à moins), l'auteur s'en tire aux dépens du graveur : « Le graveur « se serait aperçu, à un certain moment, qu'il avait omis le cognomen « du gouverneur de la province, et, au lieu de recommencer tout son

_____

(1) M. de Ceuleneer a publié le même monument avec des commentaires beaucoup plus sobres, dans le *Bulletin épigraphique de la Gaule*, n° 5, p. 201 et suiv.

« travail, il se sera contenté de l'inscrire à l'endroit où il était arrivé au
« moment où il s'était rendu compte de l'omission qu'il avait faite. »

Il faut, en épigraphie, user avec beaucoup de modération du procédé
qui consiste à expliquer une difficulté par une erreur du lapicide ou de
graveur. Sauf quelques cas où la faute est certaine, il y a beaucoup du
chances pour que l'erreur soit du côté de l'épigraphiste, et c'est ici le
cas. M. Mommsen (*Eph. epigr.*, t. iv, p. 502) propose une hypothèse plus
satisfaisante ; il terminerait la seconde ligne par le praenomen et le
gentilicium inconnus d'un personnage dont Nepos serait le cognomen.
Ces noms devaient être ceux du légat qui avait donné aux soldats dont
il s'agit l'*honesta missio* ou congé ; pendant le temps qui s'écoula entre
l'obtention du congé et la délivrance du diplôme, il fut remplacé par
T. Avidius, de là ce fait inusité de deux noms de légats sur le même
diplôme, parce que, par suite du changement, le congé et le diplôme
auraient été délivrés sous des légats différents. Ajoutons que
M. Mommsen restitue à T. Avidius le cognomen Quietus, et donne à
l'appui des preuves convaincantes.

Ce point écarté, la lecture proposée par M. de Ceuleneer est très
bonne, la reproduction phototypique du monument excellente et les
commentaires, s'ils font parfois hors d'œuvre, n'en sont pas moins intéressants, instructifs et d'un travailleur consciencieux, au courant des
choses dont il parle.

— Le premier fascicule du *Bulletin de correspondance africaine*,
publié par l'École supérieure des lettres d'Alger, vient de paraître. Il
contient quatre mémoires : *Inscriptions inédites d'Auzia et détermination de Rapidi et de Labdia*, par M. E. MASQUERAY ; *Antiquités
romaines au palais archiépiscopal d'Alger*, par M. R. DE LA BLANCHÈRE ;
Inscriptions inédites de Cherchell, par M. E. CAT ; *La stèle libyque de
Souama* (planche), par M. E. MASQUERAY.

L'utilité de ce recueil n'est pas à démontrer. L'Afrique est une mine
inépuisable d'antiquités et elle en recèle bien plus encore qu'elle n'en a
livré. La nécessité de publier immédiatement les monuments découverts
s'impose, car trop souvent ils sont détruits. « L'indignation seule, écrit
« M. Masqueray (p. 6), nous aurait poussés à recueillir les épaves d'un
« naufrage dans lequel des villes entières disparaissent. On a fait de la
« chaux avec les statues de Caesarea ; Naraggara, Thagora, Auzia sont
« englouties dans des casernes ; j'ai vu scier les marbres du temple d'Es-
« culape à Lambèse ; les collections locales sont au pillage. » Ajoutez
à cela les actes de vandalisme signalés par Wilmanns (1), et ce fait que,

_____

(1) *Die Roemische Lagerstadt Afrikas*, p. 4, note 4.

sur les 4000 inscriptions copiées en Afrique par M. Léon Renier, 2000 à peine subsistent encore (1).

Dans la préface, M. Masqueray énumère les hommes qui ont bien mérité de l'épigraphie et de l'archéologie africaines; pourquoi n'avons nous pas rencontré sur cette liste les noms de M. Héron de Villefosse, dont les titres ne sont plus à exposer, de M. Cagnat, dont, tout récemment encore, les belles découvertes étaient signalées à l'Institut, du P. Delattre dont les fouilles à Carthage ont été si heureuses. Qu'il nous suffise de signaler, en passant, ces oublis, à coup sûr involontaires, plus regrettables d'ailleurs pour celui qui les a commis que pour ceux qui en ont été l'objet.

Tout premier numéro d'une revue nouvelle est, nécessairement, dans une certaine mesure, un numéro d'essai; il ne faut donc pas être surpris si la critique y peut signaler quelques imperfections. Dans l'inscription n° 16, par exemple, j'ai peine à accepter la lecture *missionem accepit pro meritis*; peut être vaudrait-il mieux croire à une redite du texte dont le latin est d'ailleurs fort barbare; on aurait pu, dans le commentaire, tirer meilleur parti des inscriptions 19 et 20 où se rencontre le nom du roi Juba; l'inscription portant le n° 22 commence ainsi :

D · M
C . I V L · D E C E M
B I R V I X A N . . etc.

Il ne faut pas transcrire le troisième mot : *decemvir ;* C. Julius n'était pas *decemvir*, ou, s'il l'était, il ne le dit pas; il portait tout simplement le cognomen très connu *December* écrit *Decembir*, et ses trois noms étaien *G(aius) Julius December*. Nous bornerons là nos observations, en émettant toutefois le vœu que les rédacteurs du *Bulletin de correspondance africaine* donnent la lecture des inscriptions qu'ils publient; c'est, nous semble-t-il, une introduction essentielle au commentaire.

Somme toute, la fondation de ce nouveau recueil est vraiment un événement heureux; ce premier numéro comprend de nombreux textes épigraphiques, dont plusieurs sont inédits et intéressants. Il y a tout lieu de l'espérer, le Bulletin d'Alger, deviendra peu à peu l'égal de ses

(1) L. **Renier**, *Revue des Sociétés savantes*, 1878, janvier-février, p. 13. — On nous a cité un archéologue français, missionnaire de l'Etat, dont nous ne voulons pas imprimer le nom, qui s'est servi de la poudre pour opérer des fouilles rapides et d'ailleurs peu fructueuses dans le fort byzantin de Mdaourouch; il a employé le même procédé à Timgad.

frères de Rome et d'Athènes que, en sa qualité de nouveau-né, il suit encore *haud passibus aequis* (1).

H. Thédenat.

VARIÉTÉ

NOTE

SUR LE LIEU ET LA DATE DE NAISSANCE DE J.-B. COTELIER

On lit dans les *Mémoires pour la vie MM. Samuel Sorbiere et Jean-Baptiste Cotelier* adressés sous forme de lettre *par M. Graverel, avocat de Nimes, à Messire Louis de Rechigne voisin de Guron, évêque de Comenge* (en tête du *Sorberiana,* Toulouse, 1694) : « Cotelier étant né dans cette ville de Nîmes durant la peste de l'année 1629 son père et sa mère furent obligés de se retirer à une maison de campagne, qui est près de la petite ville de Saint-Giles. Sa nourrice étant morte du mal contagieux et ne s'en trouvant aucune qui voulût l'allaiter, on fut réduit à la nécessité de lui donner une chèvre pour nourrice. Le mal s'étant ensuite un peu relâché, on lui présenta une femme pour continuer de l'allaiter le temps qui était nécessaire, mais il la rejeta et ne voulut point goûter du lait de femme; de sorte que la chèvre continua à le nourrir. De là vient sans doute qu'il a toujours été fort mélancolique et fort valétudinaire. » Le *Moréri* de 1759 fit naître Cotelier un an plus tôt : et Jean-Baptiste Cotelier, bachelier en théologie de la maison et Société de Sorbonne, et professeur royal dans la langue grecque, né à Nîmes dans le Languedoc l'an 1628, était fils d'un ministre de ce pays, qui s'étant converti à la foi catholique, destina son fils à servir l'Église. » Chaudon (*Nouveau dictionnaire historique,* édition de 1789) a mieux aimé suivre les indications de Graverel que celles des rédacteurs du *Grand dictionnaire historique.* Vincent Saint-Laurent

---

(1) Nous apprenons que, par décision du ministre de l'instruction publique, l'École supérieure d'Alger va être, pour ses travaux de recherches, placée sous la direction de l'Institut. L'Académie des Inscriptions et Belles-Lettres doit rédiger un programme destiné à provoquer les travaux et les publications des membres de l'école sur les antiquités romaines, berbères ou locales de notre colonie. Le ministre vient de prendre une mesure utile pour la science; il devrait la compléter en créant, au Musée du Louvre, une salle spéciale pour les antiquités africaines.

(*Biographie universelle*) ne donne raison pour l'année de la naissance de l'éditeur des *Patres œvi apostolici* ni à Graverel, ni a Moréri, et son article débute ainsi : « Cotelier (Jean-Baptiste), d'une ancienne famille noble de Nîmes, naquit dans cette ville en 1627. L'auteur de l'*Histoire littéraire de Nîmes*, M. Michel Nicolas, chargé de la rédaction de l'article Cotelier dans la *Nouvelle Biographie générale*, déclare comme Graverel que cet *érudit*, ce *philosophe*, ce *théologien* naquit à Nîmes en 1629. Les rédacteurs de nos divers dictionnaires biographiques ont adopté la date de 1627 (Bouillet, Dezobry et Bachelet, Ludovic Lalanne, etc.). Des trois dates proposées, c'est cette dernière qui est la bonne, et qui, du reste, comme on le voit, avait obtenu la majorité des suffrages. Jean-Baptiste Cotelier naquit le 2 décembre 1627, comme nous l'apprend une notice généalogique écrite et signée de la main de son père en titre du second volume des manuscrits Cotelier conservés dans la bibliothèque d'Inguimbert, à Carpentras, sous le n° 616. Tous les biographes que je viens de citer, et beaucoup d'autres encore, parmi lesquelles je nommerai l'abbé Goujet (*Mémoire historique et littéraire du collège royal de France*, tome I, 1758, p. 581), s'accordent à donner la ville de Nîmes pour berceau à celui qui fut le collaborateur du grand du Cange dans la rédaction du Catalogue des manuscrits grecs de la Bibliothèque du roi. Tous ces biographes se trompent : J.-B. Cotelier vit le jour à Beaucaire, selon le témoignage formel de son père. Voici ce témoignage : « Le jeudi 2 décembre de l'an 1627, à Beaucaire, chez M. Noë Le Masson, est né à 7 heures du matin, mon second fils, qui se nomme Jean de Cotelier. Dieu aidant, j'ai fait pour parrain M. Jean Boisse, mon beau-frère, et pour marraine, ma sœur Marie de Cotelier, mariée à Toulon-Fuit à Beaucaire, ce 2 décembre 1627. — Jean de Cotelier, mon second fils, a été baptisé en l'église collégiale de Beaucaire, le dimanche suivant 5 décembre, etc. »

Les renseignements que l'on vient de lire, ainsi que divers renseignements sur les 42 volumes d'extraits et de notes de J.-B. Cotelier que possède la Bibliothèque d'Inguimbert et qui n'ont été signalés par aucun biographe, ces renseignements, dis-je, ont été consignés, par M. Lambert, dans le *Catalogue descriptif et raisonné des manuscrits de la Bibliothèque de Carpentras* (tome I, 1862, p. 412-420). Comme peu de personnes connaissent l'excellent ouvrage de l'ancien conservateur de la bibliothèque fondée par le savant et saint évêque Malachie d'Inguimbert, j'ai pensé que la publicité du *Bulletin Critique* empêcherait désormais ceux qui s'occuperait de J. B. Cotelier de le faire naître à Nîmes et d'hésiter entre les trois années 1627, 1628, et 1629.

Ph. Tamizey de Larroque.

CHRONIQUE

Dans le recueil des *Inscriptiones graccae antiquissimae* publié sous les auspices de l'Académie de Berlin par M. Hermann Rœhl, M. Fr. Lenormant est injustement attaqué à propos des 202 lames de plomb trouvées à Styra en Eubée et publiées par lui en 1867 dans le *Reinisches Museum*. L'authenticité de ces monuments est contestée d'une manière outrageante pour notre savant collaborateur. Ajoutons que cette attaque est purement gratuite. Les lames de plomb en question sont en effet conservées au Musée du Louvre, où chacun peut étudier leurs inscriptions. M. Lenormant, dans deux lettres adressées au président de l'Académie de Berlin, et reproduites dans le *Parlement* des 14 et 20 mai, proteste énergiquement contre l'accusation dont il est l'objet, et invite le public savant à vérifier l'authenticité des pièces contestées.

— M. Longnon doit publier, pour la *Société de l'histoire de Paris*, le *Polyptyque d'Irminon*, avec un commentaire. La *Société Bibliographique* va rééditer les *Prolégomènes de Guérard*.

— M. l'abbé Cazauran, archiviste du grand séminaire d'Auch, vient de publier les fac-similés de plusieurs inscriptions funéraires. L'abbé Gaubin a publié également une monographie de *la Devèze*. (Auch, Foix, 327 p. in-8°). Ce livre est la reproduction d'une série d'articles parus dans la *Revue de Gascogne*.

— M. l'abbé Jauffret a publié à Marseille (Imp. Marseillaise, 271 p. in-8°), une brochure sur la *Lutte doctrinale entre Mgr de Belzunce et le Jansénisme*.

— M. J. Havet a adressé une lettre à la *Revue historique*, au sujet des *Vindiciae Loyolidum* publiées dans cette revue. Ses conclusions sont que cette pièce « est l'œuvre d'un janséniste qui, se plaçant au point de vue que « son parti attribuait aux Jésuites, s'est amusé à faire une apologie bur- « lesque de leur ordre en la mettant par plaisanterie dans la bouche de l'un « d'entre eux. » On voit qu'il est d'accord avec le *Bulletin critique* sur ce point (Voir tome II, p. 461).

— La *Société des Études historiques* a mis au concours le sujet suivant : Histoire de la critique littéraire en France depuis le commencement du xixᵉ siècle, jusqu'en 1870.

— La leçon que notre collaborateur M. F. Lenormant a consacré à M de Longpérier, dans son cours d'archéologie de la Bibliothèque nationale, a paru en brochure, avec le portrait de M. de Longpérier.

— Le Dʳ Strassmaier va publier à Leipzig une liste alphabétique des mots Accadiens et Assyriens contenus dans le second volume des *Inscriptions cunéiformes de l'Asie occidentale*. Les formes archaïques et babyloniennes des caractères cunéiformes seront reproduites. Le Dʳ Beyold publie également à Leipzig une édition et une traduction revue des textes babyloniens des Inscriptions perses.

— Société d'archéologie biblique de Londres. Séance du 2 mai : Communications de M. Löwy sur le verre chez les Hébreux, de M. Bertin sur une collection de tablettes assyriennes du *British museum* contenant des préceptes moraux.

— Les syndics de l'imprimerie de l'Université de Cambridge vont publier la traduction d'un ouvrage très important pour l'archéologie : *le Catalogue des marbres antiques de la Grande-Bretagne*, par le professeur Michaelis, de Strasbourg. Ce catalogue ne contient pas les marbres du *British Museum*. Il sera précédé d'une introduction de 200 p., illustré, et suivi de tables très développées.

— Le Dʳ Julius Jolly professeur de sanscrit à Würtsbourg, fera l'automne prochain un voyage à Calcutta pour continuer ses recherches sur la littérature légale dans l'Inde.

— Une chaire de philologie romane a été fondée à Fribourg-en-Brisgau. Le Dʳ Neumann professeur à Heidelberg et directeur du *Literaturblatt für germanische und romanische philologie*, en a été nommé titulaire.

— Le numéro de février-mai du *Monatsschrift für Geschichte und Wissenschaft. des Indenthums* contient des articles sur la conclusion du livre d'Esther, sur le cantique de Deborah et sur l'Agada des Tannaïtes.

— Le professeur LAMBROS d'Athènes vient de publier un volume contenant des fragments inédits empruntés à diverses bibliothèques. Un fragment d'un manuscrit de Cambridge contient une lettre de Basile Pediates, métropolitain de Corcyre vers 1200.

— On vient de découvrir des restes de constructions romaines à l'abbaye de Westminster.

— M. P. SCHEFFER-BOICHORST va publier chez Trübner à Strasbourg un livre intitulé *Dante en exil*.

— M. Victor Guérin se propose de faire bientôt une expédition scientifique dans l'Arabie Pétrée et la Basse-Égypte.

— Une revue consacrée entièrement à l'assyriologie paraîtra prochainement à Paris, sous la direction de M. J. Oppert.

— On vient de découvrir à Rome un fragment d'un bouclier d'Achille portant à la fois des sculptures et une partie du texte d'Homère.

— M. Dennis a fouillé trois *tumuli* à Sardes sans grand résultat. Les objets trouvés montrent l'influence de l'Assyrie sur l'art lydien. Il espère pouvoir faire bientôt des fouilles dans le temple de Cybèle.

— Le volume de la *Numismatic Chronicle* pour 1881 vient d'être terminé Il commence la troisième série de cette publication. Il contient des articles sur des monnaies grecques, indiennes et anglaises. Les tables des deux premières séries, qui comprennent chacune vingt volumes, ont été publiées.

— Une de nos lectrices nous demande si c'est dans les documents fournis par le P. Ingold à M. Chantelauze (*Bull. crit.*, III, p. 27) que celui-ci a trouvé que Bossuet avait reçu la prêtrise des mains de saint Vincent de Paul (voir le *Correspondant* du 10 décembre 1881, p. 842). Il n'en est rien heureusement; mais cette distraction curieuse était bonne à signaler.

— Quelques jours après la mort de Charles Graux, dans une nombreuse réunion tenue à la Bibliothèque de l'Université par ses amis et ses collègues, il a été décidé que des *Mélanges d'érudition classique* seraient publiés et dédiés à sa mémoire. Un comité de cinq membres a été chargé de demander la collaboration des érudits français et étrangers qui avaient connu Graux, et de pourvoir à la publication du volume dont ils auraient réuni les matériaux. Soixante-quatorze collaborateurs ont répondu à son appel. Ce sont: MM. Eug. Benoist, Bergaigne, Ph. Berger, l'abbé Beurlier, Blass (à Kiel), Boissier, Max Bonnet, Bouché-Leclercq, Bruns (à Gœttingue), Cavallin (à Lund), Chatelain, Clermont-Ganneau, Cobet (à Leyde), Coelho (à Lisbonne), Comparetti (à Florence), H. Cordier, A. Croiset, H. Gros, R. Dareste, Léop. Delisle, H. Derenbourg, Ern. Desjardins, l'abbé Duchesne, Dujardin (pour les héliogravures), É. Egger, R. Forster (à Kiel), le Dr Eug. Fournier, Gardthausen (à Leipzig), Gertz (à Copenhague), Ch. Henry, Héron de Villefosse, van Herwerden (à Utrecht); de Hinojosa (à Madrid), Humphreys (à Nashville), Alfr. Jacob, C. Jullian, Lallier, Lambros (à Athènes), Lavisse, Löwe (à Gœttingue), Mass (à Londres), Madvig (à Copenhague), Alb. Martin, Mistchenko (à Kiev), Mowat, K. K. Müller (à Wurzbourg), Nicole (à Genève), P. de Nolhac, Omont, Gomperz (à Vienne), Jos. Halévy, Haupt (à Wurzbourg) L. Havet, Heiberg (à Copenhague), Rayet, S. Reinach, Th. Reinach, Riemann, P. Ch. Robert, U. Robert, Robiou, de Rochas, Ch. Ém. Ruelle, E. de Saussure, Schenkl (à Vienne) Schöne (de Dresde), Schwartz (à Rome), Susesmihl (à Greifswald), l'abbé Thédenat, Tewrewk de Ponor (à Budapest), Em. Thomas (à Gand), Vitelli à Florence), Weil. Le volume aura sept cents pages grand in-8°; il sera précédé d'une biographie de Charles Graux. Le prix du volume sera de vingt francs pour les souscripteurs; après la clôture de la souscription, le prix sera augmenté. — Adresser la correspondance à M. L. Havet, 16, place Vendôme, Paris.

— M. Müntz a publié un tirage à part de deux articles de la *Gazette des Beaux-arts*, sur la rivalité de Raphaël et de Michel-Ange à Rome. Il y a joint un portrait de Michel Ange dans sa vieillesse, trouvé à la bibliothèque de l'Escurial par Ch. Graux.

— L'édition des trois premiers livres d'Hérodote du professeur SAYCE est sous presse. Le commentaire du texte sera fait d'après les découvertes modernes sur l'Égypte, l'Assyrie etc. Ce volume doit faire partie de la bibliothèque classique de MAXMILLAN à Londres.

— M. CASTAN a reconnu dans un manuscrit de la bibliothèque de Besançon, un des livres de la bibliothèque de Charles V. C'est une collection de traités moraux ornée de 48 miniatures. La dernière page porte un *ex libris* long de sept lignes avec la signature du roi. La photographie seule en a permis le déchiffrement.

— Le tome IV des ANNALES DU MUSÉE GUIMET contient les articles suivants : *E. Lefébure*. Le puits de Deïr-el-Bahari : noticée sur les récentes découvertes faites en Égypte. *F. Chabas*. Notice sur une table à libations. — *A. Colson*. Hercule Phallophore. — *P. Regnaud*, Le Pautcha-Fautra ou le grand recueil des fables de l'Inde, considéré au point de vue de son origine, de sa rédaction, de son expansion, etc. — *Edkins*. La Religion en Chine. Exposé des trois religions des Chinois.

— M. Schlumberger vient de publier chez l'éditeur Leroux un *supplément* à sa *Numismatique de l'Orient latin*, ouvrage couronné par l'Institut en 1878. Outre de nombreuses additions et corrections et la description de beaucoup de pièces nouvelles des différentes dynasties franques établies dans le Levant à la suite des croisades, outre une carte des ateliers monétaires de l'Orient latin, ce *supplément* contient une très importante *table* des noms d'hommes et de lieux contenus dans l'ensemble de l'ouvrage. Cette table, réclamée depuis longtemps, était nécessaire pour que ce vaste ouvrage. où se trouve résumée l'histoire de tous les établissements latins en Orient durant quatre siècles et plus, pût être utilisé par les historiens et les numismatistes auxquels il est également indispensable.

— M. J. B. de Rossi, ayant obtenu le prêt du précieux manuscrit de la *Bibliotheca Marciana* de Venise, section latine X, n° 195, en a profité pour l'examiner avec soin. Il a reconnu que l'auteur de la première partie du manuscrit n'est pas, comme on l'a cru, Pietro Sabino : les 93 premières feuilles ont été écrites par un anonyme, ami de Pomponio Leto. Les pages 23-31 contiennent une notice intitulée : *Excerpta a Pomponio dum inter ambulandum cuidam domino ultramontano reliquias ac ruinas Urbis ostenderet*. Pomponio Leto était le chef de ce groupe d'antiquaires qui, au commencement du XV° siècle, à l'époque de la renaissance des lettres classiques, réunirent et soumirent à leur critique les traditions concernant les monuments de Rome antique. La promenade archéologique dirigée par Pomponio Leto commence à l'amphithéâtre de Flavien ; on visite ensuite les lieux adjacents, à droite et à gauche, et le Forum, le Panthéon, le champ de Mars, le Quirinal, l'Esquilin, le Viminal, le Cœlius, l'Aventin, le Palatin, le Capitole. Le texte publié par M. de Rossi, d'après le manuscrit de Venise, peut être considéré comme nouveau, tant il avait été défiguré dans les éditions de Mazochi (1510, 1515, 1523).
— Les feuilles 34-43 du manuscrit contiennent une de ces recensions de la *Notitia regionum Urbis Romae* qui furent interpolées au XV° siècle. Les notes marginales la qualifient : *testo Pomponiano* ; c'est un texte, sinon parfait, au moins intelligible et exempt des grossières erreurs qui déshonorent les éditions du XVI° siècle. M. J. B. de Rossi rend donc, en le publiant, un grand service à l'étude de la topographie romaine. Cet important travail a paru dans les *Studi e documenti di storia e diritto*, 3° année, 1882, fascicule 1-2, pages 49-87.

SOCIÉTÉ NATIONALE DES ANTIQUAIRES DE FRANCE. — *Séance du 17 mai. Présidence de M. Georges Perrot.* — M. SCHLUMBERGER présente l'estampage du second sceau connu des abbés du Mont-Thabor : celui de l'abbé Jean, mentionné dans les documents en 1181 et 1183. Au droit est figuré Jean, assis sur son siège abbatial, la croix dans une main, les Évangiles dans l'autre. Au revers est représentée la transfiguration. M. D'ARBOIS DE JUBAINVILLE explique l'étymologie du mot Γαλάτης, employé par les Grecs depuis l'invasion de 279 avant J.-C. pour désigner les Gaulois. Ce mot est la transcription de l'adjectif celtique *Galatios*, qui vient du substantif *Gala* : courage (vieil irlandais

Gal, adjectif *Galde*); Γαλάτης veut donc dire *courageux*. Ce nom est formé comme Γαισάτης qui désigne en grec une espèce de soldats gaulois, et qui vient par l'intermédiaire de l'adjectif celtique *Gaisatios* (vieil irlandais *Gaide*), du nom d'une sorte de javelot, le *gaesum* des écrivains latins. M. PROST fait part de la découverte d'antiquités romaines, notamment d'une statue de Victoire et de deux bas-reliefs, au Sablon, près de Metz, localité où avait été trouvé précédemment un cippe dédié à la déesse Mogontia. M. GIRAUD, correspondant, présente la photographie d'une plaquette en bronze du Musée de Lyon, sur laquelle se trouve la réplique d'un sceau gravé en 1539 ou 1540 par Benvenuto Cellini, pour son protecteur à la cour de France, le célèbre cardinal de Ferrare, Hippolyte d'Este, archevêque de Lyon et de Milan. M. SACAZE, correspondant, communique plusieurs inscriptions latines des Pyrénées, entre autres des dédicaces aux dieux Mithra, Abellion et Baigorisus ou Baigorixus; ce dernier vient nom d'un radical basque qui signifie *rouge*, et se retrouve dans le nom du pays de Bigorre.

ACADÉMIE DES INSCRIPTIONS ET BELLES-LETTRES. — *Séance du 12 mai 1882.* — M. GIRARD, président, annonce à l'Académie la mort de M. GUESSARD. Il rappelle, dans une courte allocution, les services rendus par M. Guessard, qui avait spécialement étudié la langue et la littérature françaises et provençales au moyen âge. M. Guérin demande à l'Académie d'appuyer une demande de mission archéologique dans le Liban, l'Arabie Pétrée, la Basse-Egypte, qu'il a adressée au ministre de l'instruction publique. L'Académie nomme une commission qui sera chargée de diriger les travaux de la section orientale de l'école supérieure des lettres d'Alger. MM. GIRARD, WALLON et ERN. DESJARDINS représenteront l'Académie à l'inauguration de la statue d'Auguste Mariette à Boulogne-sur-Mer. M. SIMÉON LUCE lit un mémoire intitulé : *Les menus du prieur de Saint-Martin-des-Champs en* 1438 *et* 1439. Le moine Louis de Colon, hôtelier chargé d'approvisionner le prieuré, ayant été destitué par le prieur Jacques Séguin, en avait appelé au Parlement. Le prieuré étant sans hôtelier pendant le procès, qui fut long, Jacques Séguin fit, de ses propres deniers, la dépense de sa table, dont son trésorier tenait un compte détaillé que l'on a retrouvé. L'ordinaire était frugal et peu en rapport avec la haute situation et les revenus considérables du prieur de Saint-Martin-des-Champs. Ce fait s'explique par la disette et la guerre qui, à cette époque, désolaient la France. Ce livre de compte est intéressant; le prix de chaque denrée est mentionné; les convives sont indiqués; on voit, par exemple, que Jacques Séguin recevait à sa table des moines, des gens de loi, des médecins, des fonctionnaires d'un rang très humble, son boucher, etc... M. FR. LENORMANT communique une lettre de M. Piot contenant des observations sur les tombeaux de Seti I et de plusieurs autres rois, et sur la direction à donner aux fouilles. Il fait ensuite circuler des photographies exécutées en Calabre par M. Schaefer; elles représentent le temple d'Héra Lacinia, près Crotone, et la basilique chrétienne de Proccelletta del Vescovo di Squillace, dont on n'avait pas encore de photographies. M. DE WITTE commence la lecture d'un mémoire sur la *Conquête de la Gaule méridionale par les Romains*. — *Séance du 19 mai* 1882. — M. DE WITTE continue la lecture de son mémoire sur la *Conquête de la Gaule méridionale par les Romains*. L'arc d'Orange fut élevé en l'année 121 av. J.-C., en l'honneur des victoires remportées, cette même année, par Cn. Domitius Ahenobardus et Q. Fabius Maximus. En l'an 21 de notre ère, sous Tibère, on le consacra de nouveau à l'occasion de la défaite des Trévires et des Eduens commandés par Florus et Sacrovir; à cette époque on l'orna de nouveaux bas-reliefs. Un denier de la République représente un personnage nu, tenant un bouclier, une lance et une trompette gauloise (carnyx), debout dans un bige au galop. Suivant M. DE WITTE, ce personnage n'est pas le dieu Mars, comme on l'a cru à tort, mais Bituitus, roi des Arvernes, qui fut pris par les Romains en 121 et figura avec son char d'argent au triomphe de Fabius. M. DELAUNAY lit, au nom de M. H. TARRY, un rapport sur ses fouilles dans la vallée de l'Oued-Mya. M. Tarry a mis au jour des restes considérables de monuments berbères datant de l'époque de la seconde invasion arabe en Afrique : une mosquée, un palais, des maisons dont le luxe atteste une civilisation florissante. Il désire qu'une mission du gouvernement lui permette de continuer ses fouilles. Le prix Delalande-Guérineau est accordé à M. HAVET, pour son livre intitulé : *De Saturnio Latinorum versu.* M. LENORMANT présente, de la part de M. Julius Lœytved, consul du Danemark à Beyrouth, l'estampage d'une nouvelle inscription de Nabuchodonosor, où ce roi célèbre sa piété et les sacrifices qu'il a institués en l'honneur des dieux. L'inscription se trouve dans les rochers de Nahr-el-Kelb.　　　　H. THÉDENAT.

PUBLICATIONS DE LA QUINZAINE. — J. BERGEL. *Mythologie der alten Hebräer.* Leipzig, Friedrich; 2 M. — BIELING. *Zu den Sagen von Gog und Magog.* Berlin, Weidmann; 1 M. — A. FOUQUIER. *Chants populaires espagnols :* quatrains et seguidilles. Paris, librairie des bibliophiles ; 5 fr. — BERGER. *Ueber die Heerstrassen der römischen Reiches.* Berlin, Weidmann; 1 M. — F. FROEHLICH. *Die Gardetruppen der römischen republik.* Aaraü, Sauerländer; 1 M. 60 pf. — G. LEJEUNE DIRICHLET. *De Equitibus atticis.* Königsberg; 1 M. — A. EBRARD. *Bonifatius, der Zerstörer d. Columbanischen Kerchentums auf dem Festlande.* Gütersloh, Bertelsmann; 4 M. — LÉON PALUSTRE. *La Renaissance en France* (Ile-de-France, Seine), 7e livr. Paris, A. Quantin; 25 fr. — L'ABBÉ HOUSSAYE ET MGR GAY. *La Révérende mère Thérèse de Jésus* (Xaverine de Maistre), in-12. Paris, Oudin; 3 fr. — J. CLASTRON. *Vie de Mgr Plantier, évêque de Nismes.* 2 vol. in-8°. Ibid.; 15 fr. — VICTOR HUGO. *Torquemada.* In-8°. Paris, Calmann-Lévy; 6 fr. — EDMOND SCHERER. *Etudes sur la littérature contemporaine;* in-18, ibid.; 3 fr. 50. — ALLIES. T. W. *Church and state as seen in the formation of Christendom.* Londres, Burns et Oates ; 15 fr. — KALTNER. *Konrad von Marburg und die Inquisition in Deutschland.* Prag, Tempsky; 5 fr. — J. TIRINI. *In universam S. Scripturam commentarius,* t. I. Turin, Marietti.

REVUE DES REVUES

ARTICLES DE FOND.

FRITZ HOMMEL. *Sumérien et Accadien* (Academy, 20 mai).

O. RUGGIERI. *Sugli uffici degli agrimensori e degli architetti specialmente rapporto alle servitù prediali,* parte prima (Mémoire lu à l'Académie di conferenze storico-giuridiche, séance du 16 décembre 1881. — Studi e documenti di storia e diritto, 3e année, 1882, fascic. 1 et 2).

I. ALIBRANDI. *Sopra alcuni frammenti greci di annotazioni fatte da un antico giureconsulto ai libri di Ulpiano ad Sabinum.* (Cette étude concerne les fragments publiés d'après un mss. du Sinaï par R. Dareste, dans le *Bulletin de correspondance hellénique* (juin 1880), p. 419-460, et, plus tard, dans la *Revue générale de droit français et étranger* (n° de nov.-déc.), puis par le Dr Zacchariae, dans le *Bulletin mensuel de l'Académie des sciences de Berlin* (juin 1881). A. précise davantage la date des fragments, écrits, selon lui, entre les années 469 et 528, critique les opinions des deux éditeurs précédents et commente le texte (Stud. e docum. di stor. e dir., 1882, 1-2).

G. B. DE ROSSI. *Note di topographia romana raccolte dalla bocca di Pomponio Leto e testo Pomponiano della notitia regionum Urbis Romae.* (Très important pour l'étude topographique de l'ancienne Rome. — Voir la chronique. — Stud. e docum. di stor. e dir., 1882, 1-2.)

G. TOMASSETTI. *Due manifesti del secolo XVI.* (Le premier de ces documents, utile pour l'histoire économique de Rome, est un tarif du prix des vivres imposé aux aubergistes de la campagne des Etats pontificaux en l'année 1529. — Stud. e docum. di stor. e dir., 1882, 1-2).

Statuti della città di Roma (continuazione). (Feuilles 7-10 du texte. — Stud. e docum. di stor. e dir., 1882, 1-2).

COMPTE RENDUS

IMMANUEL KANT'S CRITIQUE OF PURE REASON. *Translated into english by Max Müller* (W. Wallace, Academy, 8 avril).

CONTI. *Histoire de la philosophie* (Literarische Rundschau, 15 mars).

G. DU FRESNE DE BEAUCOURT. *Histoire de Charles VII,* tome I. (M. Creighton. Academy, 8 avril).

Le Gérant : E THORIN

N° 5   15 Juillet   1882

BULLETIN CRITIQUE

DE LITTÉRATURE, D'HISTOIRE ET DE THÉOLOGIE

20. — **Histoire du christianisme** depuis son origine jusqu'à nos jours, par Étienne CHASTEL, professeur de théologie historique à l'Université de Genève. Paris, Fischbacher, 1881 ; in 8°, t. I et II, 464 et 632 pages.

Ce livre est « le produit de longues années d'études et d'enseignement public » ; il s'adresse surtout aux pasteurs de la religion réformée dont un bon nombre sans doute ont été les élèves de M. Chastel : une centaine d'entre eux ont donné leurs noms à la souscription grâce à laquelle l'ouvrage a vu le jour. Je désire qu'il leur soit utile, mais il me semble qu'il ne leur serait pas impossible de trouver mieux et je crains même un peu que la souscription ne témoigne plutôt d'un souvenir affectueux gardé à un ancien maître que d'une estime particulière pour son enseignement. Le premier de ces deux sentiments se conçoit très bien. Il ne faut pas pousser très loin la lecture de M. Chastel pour sentir à quelle excellente espèce d'homme on a affaire. Une phrase terne, mais correcte, sauf quelques notes helvétiques ; un ton calme, doux, poli ; une érudition indirecte, empruntée aux ouvrages les plus estimés ; une certaine défiance de soi-même qui fait que lesdits ouvrages, après avoir fourni le détail des événements, sont mis encore à contribution pour les jugements de l'auteur ; une grande circonspection dans les cas difficiles où le commun des mortels ne parvient pas à être à la fois chair et poisson ; bref, tout décèle un de ces braves gens, préoccupés avant tout de ne faire de mal à personne, qui, lorsqu'ils écrivent, ont l'attention de ne pas mettre d'idées dans leurs livres de peur de contrarier celles du lecteur. Ce bon esprit littéraire est représenté en France. M. Chastel nous en donne un spécimen suisse et protestant.

Quand je dis protestant, il est bon de préciser, cet adjectif étant susceptible de sens divers. M. Chastel croit en Dieu et à la Providence ; mais je crains qu'il n'aille pas beaucoup au delà : il glisse bien légèrement sur la résurrection du Christ et sur la conversion miraculeuse de saint Paul. Cela peut être adroit comme exercice de théologie réformée, car on sait que tous les pasteurs n'acceptent pas ces faits fondamentaux et il est bon de contenter tout le monde ; en tout cas, cela me paraît médiocrement sérieux. Supposez que les apôtres n'aient pas cru à la résurrection et que saint Paul n'ait pas été convaincu qu'il avait vu le Christ sur le chemin de Damas, il n'y aurait pas eu de christianisme. Dès lors, ou ces faits doivent être enregistrés comme vrais, ou si on se refuse à les admettre, il faut tracer la genèse de la croyance qu'y ont attachée les apôtres, de cette croyance qui est la cause de tout le mouvement chrétien et le point initial de l'histoire du christianisme.

Ces deux premiers volumes comprennent l'un la période des origines, jusqu'à Constantin, l'autre les temps écoulés de Constantin à l'hégire de Mahomet. Chacune de ces parties de l'histoire est subdivisée, suivant les procédés du pragmatisme allemand, en un certain nombre de chapitres correspondant aux diverses formes du développement ecclésiastique : 1° propagation du christianisme et rapports avec le monde extérieur, populations, lettres, pouvoirs publics ; 2° gouvernement hiérarchique de l'Église ; 3° culte ; 4° mœurs et discipline ; 5° littérature ecclésiastique ; 6° dogmes, hérésies, conciles, théologie. Ce bel ordre est préconisé par tant de gens respectables que je suis peu à l'aise pour en dire tout le mal que j'en pense. Que celui qui aura lu sans ennui les livres ainsi disposés me jette la première pierre ! Il me font l'effet d'un paysage à bandes parallèles où l'on mettrait tous les arbres d'un côté, puis successivement toutes les vaches, toutes les cascades, tous les personnages, et ainsi de suite.

Abstraction faite de leurs charmes, les manuels allemands ainsi classifiés se recommandent toujours par des renvois aux sources principales et aux ouvrages les plus autorisés. Quelques-uns d'entre eux renvoient même à tant de textes et de livres qu'un lecteur peu charitable est tenté de croire que l'auteur n'y est pas toujours allé voir lui-même. On n'élèvera pas ce soupçon contre M. Chastel : ses notes sont rares, et quand il cite un texte original il l'emprunte presque toujours à un ouvrage de seconde main. Encore cet ouvrage de seconde main est-il d'un âge où l'on n'avait pas au même degré qu'à présent le scrupule de l'exactitude. A chaque instant on relève de ces petits détails manqués qui décèlent des recherches trop sommaires, ou des emprunts trop peu vérifiés. Ainsi la géographie se sent lésée quand on transporte en Nubie une localité phrygienne (I, p. 192), en Espagne la ville italienne d'Eugubium (II, p. 207), en Mauritanie celle de Curubis située au S.-E. de Carthage (I, p. 70), ou quand on confond Césarée de Cappadoce avec la Néo-Césarée de saint Grégoire le Thaumaturge (II, p. 142). L'historien proteste contre la transformation en montanistes des prêtres romains Florinus et Blastus (I, p. 197); il se demande où l'on a vu que Sirice ait pris officiellement le titre de pape (I, p. 115); ce que peut bien être un concile de Pavie célébré sous Julien (II, p. 507); comment on peut dire que saint Léon ait rabaissé le concile de Chalcédoine (II, p. 156), ou que le canon de Victorius était suivi en Bretagne (II, p. 211) alors qu'il a été si malmené par saint Colomban. Le critique regrette que l'on cite quelquefois Eusèbe à la place du document plus ancien qu'il transcrit lui-même (I, p. 69), que l'on prenne dans ce même auteur un ouvrage anonyme pour un livre d'Apollinaire d'Hiérapolis (I, p. 232), que l'on parle de fragments d'Ariston de Pella (I, p. 222), ou du bréviaire de saint Grégoire le Grand (II, p. 189), ou d'une traduction latine des conciles africains (II, p. 165); en quelle langue M. Chastel croit-il qu'ils ont été rédigés? Pourquoi aussi continue-t-il à placer le concile de Sardique en 347? Depuis bien longtemps, surtout depuis la découverte des lettres festales de saint Athanase par le cardinal Mai (et non pas Maio, I, p. 40), on sait que cette assemblée s'est tenue en 343. La différence n'est que de quatre ans: cela est vrai; mais supposez que je mette la bataille de Sadowa en 1870...

En général les chapitres afférents à la littérature chrétienne, aux hérésies et aux dogmes sont à peu près au courant des bons ouvrages protestants d'il y a une vingtaine d'années. La date est un peu vieille et l'on s'en aperçoit à certains endroits, par exemple quand il est question des lettres de saint Ignace ou des *Philosophumena*. On peut aussi regretter que la biographie des personnages rappelle trop souvent l'ordonnance du dictionnaire Vapereau. M. Chastel tient absolument à dater la naissance de tout le monde: il aurait pu économiser ces chiffres presque toujours inexacts, et en tout cas inutiles. Sauf ces observations et les réserves naturelles au point de vue doctrinal, il n'y a pas grand'chose à dire sur les chapitres en question. Mais c'est quand il s'agit de la hiérarchie, de la discipline et du culte que les inexactitudes s'accumulent. La méthode des compartiments conduit l'auteur à considérer sans cesse l'Église comme un tout homogène dans les plus petits détails. Un évêque, un concile particulier ont-ils sanctionné un usage local? Leur décret est transformé en loi œcuménique. Cette exégèse est propre à engendrer la confusion. Du reste, sur ce chapitre des conciles, la critique de M. Chastel est singulièrement en retard. Je le vois citer comme III° concile de Carthage (II, p. 144) les *Statuta ecclesiae antiqua*, document anonyme et aussi peu africain que possible; la mention des métropolitains, inconnus en Afrique, aurait dû empêcher cette erreur.

De même c'est à un document apocryphe qu'il emprunte, sans s'en douter, la statistique du clergé romain sous Sixte III (II, p. 139). S'il avait pris la peine de recourir aux sources, il n'aurait pas parlé des démêlés entre les *patriarches* de Rome et de Constantinople antérieurement à l'année 379 (II, p. 147); il n'aurait pas confondu le pape avec les primats des provinces africaines (II, p. 149), et se serait épargné bien d'autres inexactitudes dont le relevé finirait par être fatigant.

Une faute amusante, page 445 : « Un nommé Canthelius, qui se disait « descendant d'Asinius Pollion s'emporta... contre saint Jérôme ». Le texte de saint Jérôme ici visé est conçu en ces termes : *quidam canterius de antiquissimo genere Corneliorum sive, ut ipse jactat, de stirpe Asinii Pollionis.* En français, sauf le respect du lecteur : « Une « vieille rosse de l'antique race etc. » M. Chastel a transformé en nom propre d'homme l'expression plus que familière *canterius.* L'orthographe qu'il lui donne témoigne qu'il n'a pas vérifié le passage ou qu'il a trouvé le sens ordinaire si extraordinaire qu'il a hésité à le reconnaître. Le scrupule serait louable ; mais saint Jérôme emploie souvent des expressions énergiques.

En somme ouvrage de valeur... moyenne, dont la principale utilité sera de perpétuer pour les élèves de M. Chastel le souvenir des leçons d'un maître vénéré. Il n'est point agressif contre les catholiques et j'aurais presque regret de l'avoir un peu épluché, si ce n'était une nécessité de mon ingrat métier. Malgré tout il est encore, au point de vue scientifique, notablement au-dessus de certains livres analogues qui circulent chez nous, surtout depuis que l'abbé Darras leur a inoculé le virus de l'apocryphomanie.   L. DUCHESNE.

---

21. — **Ahrens : Encyclopédie juridique**, ou Exposition organique du droit privé, public et international sur les bases de l'éthique : traduit par A. Chauffard. Paris, Ernest Thorin, 2 vol. in-8°, 1880.

Les principales écoles philosophiques ont exercé tour à tour une influence prépondérante sur la conception abstraite du Droit. Pour ne parler que de l'Allemagne, Leibniz, Kant, Fichte, Hégel ont successivement émis ou inspiré sur ce point des doctrines diverses. C'est à Krause que se rattache Ahrens. Disciple du savant professeur de Goettingue, dont il a même exposé en partie le système (1), Ahrens s'éprit de ses essais de conciliation éclectique et entreprit d'appliquer en détail sa méthode à la philosophie du droit : de là, entre autres livres, le *Cours de droit naturel* (2) et l'*Encyclopédie juridique.* Ce dernier

(1) *Cours de psychologie*, 2 vol. Paris, 1837-38.
(2) *Cours de droit naturel ou Philosophie du droit.* Paris, 1838, 6ᵉ édition, refondue, 2 vol., Vienne, 1870.

ouvrage, qui date de 1855, n'offre guère aujourd'hui qu'un intérêt purement historique; mais, à ce titre, il a une réelle valeur et on peut l'étudier avec profit. Je n'ai pas à discuter ici les théories qu'il contient et les graves problèmes qu'il soulève : ce serait la matière d'un nouveau volume. Qu'on me permette seulement un bref résumé.

L'*Encyclopédie* est divisée en quatre livres. Le premier a pour objet les notions fondamentales de la philosophie du Droit. Prenant pour point de départ l'analyse psychologique soumise à la contre-épreuve de l'expérience historique, Ahrens établit que le Droit, parallèle à la morale sans se confondre avec elle, est dans sa sphère propre l'un des moyens de réaliser le bien ici-bas, ou, comme il le dit ailleurs, la direction vers un but moral de toutes les activités humaines se développant et se complétant par une réciproque assistance. Principe harmonique de vie institué par Dieu et supérieur aux fantaisies de l'homme, règle constante de perfectionnement, comme l'avait déjà défini Leibnitz, le Droit suppose deux éléments constitutifs : l'élément objectif, c'est-à-dire les différents *rapports* de la vie réelle, mœurs, époques, circonstances, nationalités, etc...; et l'élément subjectif, c'est-à-dire le libre arbitre, limité dans son exercice par les exigences de l'ordre social. Le concours de ces deux éléments distincts, mais inséparables, donne naissance au droit positif par deux modes générateurs : la coutume et la loi. La coutume, née spontanément et jour par jour des rapports des hommes entre eux, et accréditée par une longue suite d'imitations concordantes, crée les premières formes juridiques, aussi bien dans le Droit public et international que dans le droit purement privé. La loi, fixe dès l'origine, établie et promulguée par un pouvoir légitimement constitué, précise et développe les règles coutumières ou les remplace par des décisions plus conformes aux vrais principes. Du reste, quel que soit le mode immédiat de formation, le droit doit toujours être maintenu dans sa voie rationnelle, et désavouer également les usages irréfléchis qui contredisaient directement à la vérité philosophique, et les théories spéculatives et absolues qui ne tiendraient pas suffisamment compte des faits, des lieux et des temps. Le droit établi a besoin d'être coordonné, développé, appliqué : c'est là le rôle de l'État. L'État est « l'organisme du droit dans la société humaine, » chargé de réaliser pratiquement le droit, d'appuyer de son pouvoir les conventions juridiques, de prévenir les infractions et de réparer les dommages. C'est sous son autorité, tutélaire et non despotique, que s'exerce et se développe chaque *espèce* de droit, correspondant à chaque ordre de besoins moraux et matériels : droit de religion ou de conscience, droit de moralité ou criminel, droit de commerce, droit d'industrie, etc.; chacune de ces divisons du droit, se rattachant tour à tour, selon le point de vue envisagé, soit au droit privé, soit au droit public.

Je glisse sur le deuxième livre qui aborde l'examen théorique et critique du droit privé et entre dans la partie *technique* du sujet. Après quelques considérations générales sur la définition et la division du droit privé, sur la vraie méthode juridique et les éléments qui la composent, l'auteur étudie le sujet et l'objet du droit, la formation des rapports juridiques, la naissance, l'extinction et la garantie des droits. Dans une deuxième partie, il s'occupe du droit personnel, du droit réel, et en particulier du droit de propriété. Une troisième partie est consacrée aux obligations (objet, validité, accomplissement, transmission, extinction) et spécialement aux contrats et au délit : elle se termine par un rapide examen des droits de société, de famille et de corporation.

Dans le troisième livre, Ahrens traite du droit public. Pour lui, l'État n'est pas une délégation directe de l'accord des volontés particulières : c'est un organisme, comme les autres organismes sociaux (famille, commune, etc...), qui a sa raison intrinsèque d'existence et reste indépendant des caprices du nombre. Pour être stable, il faut qu'il ne se trouve pas en désaccord avec les mœurs, la religion, les traditions, les aspirations nationales ; pour répondre à son but, il ne doit pas méconnaître sa mission morale, qui est avant tout la réalisation du droit par la justice préventive, exécutrice et réparatrice ; pour ne pas déborder ses limites rationnelles, il doit se garder de comprimer ou d'absorber les autres organismes (religion, enseignement, art, etc...) qui, malgré des points de contact et une coordination nécessaires, ont une existence propre et une libre individualité ; enfin pour être vraiment un organisme social et en présenter toute l'utilité, il faut qu'il s'appuie sur des centres d'activité subordonnés (famille, commune, district, province) et qu'il fasse appel, à tous les degrés, au système de la représentation qui délègue à quelques-uns la mission d'exprimer et de défendre les intérêts de tous. Cette théorie de l'État, déjà émise dans le *Cours de droit naturel* et développée dans la *Doctrine organique de l'État*, (1) est complétée par un exposé succinct du droit international, de ses fondements et de son développement historique.

Le quatrième livre, qui forme à lui seul le second volume, est consacré à l'histoire philosophique et éthique du droit. L'auteur y examine d'abord les principes généraux qui président au développement progressif du droit, et les phases normales qu'il parcourt. — Dans une deuxième section, il esquisse à grands traits l'histoire du droit chez les princi-

(1) *Doctrine organique de l'État*, Vienne, 1850.

paux peuples civilisés (indien, zend, chinois, égyptien, hébreu, musulman); se contente à peu près de résumer les travaux de Waschmuth et
d'Hermann sur le droit grec, et arrive au droit romain. Modifiant la
division adoptée par Gibbon, il partage son histoire en quatre époques :
1º de la fondation de Rome à la loi des xii Tables; 2º de la loi des
xii Tables à Auguste; 3º d'Auguste à Constantin; 4º de Constantin à
Justinien. Chacune de ces périodes est l'objet d'études rapides, quelquefois superficielles, auxquelles s'ajoute un dernier aperçu sur les
destinées postérieures du droit romain, sur sa valeur philosophique et
son influence au sein des législations modernes. — La troisième section,
plus attrayante pour les Allemands que pour nous, traite en détail du
droit germanique, de ses origines, de son caractère et de sa formation
historique.

Cette analyse sommaire correspond à l'ouvrage français : le traducteur
a cru devoir modifier l'économie du texte allemand et rejeter dans le
second volume toute la partie historique. Le souci d'un équilibre factice
ne me paraît pas justifier suffisamment cette interversion. La traduction,
que j'aime à croire exacte (1), est en général d'une lecture facile.
M. Chauffard l'a fait précéder d'un parallèle philosophique et critique
entre les conclusions rationalistes d'Ahrens et la doctrine catholique :
cette dissertation, qui renferme des vues élevées, gagnerait peut-être à
être condensée en moins de pages. Ces réserves faites, remercions
M. Chauffard d'avoir mis à la portée de tous un ouvrage intéressant,
qui ne sera sans doute jamais très répandu, mais qui peut être utile
ment consulté par les philosophes et les juristes.   G. P.

---

22. — **Les Céramiques de la Grèce propre.** — Vases peints et
terres cuites, par Albert Dumont et Jules Chaplain. Première partie
(Vases peints). Fascicule I., in-4, 80 pages et 10 planches. Paris.
F. Didot, 1881.

En lisant le premier fascicule de l'ouvrage de M. Dumont sur *les Céramiques de la Grèce propre*, on éprouve un double plaisir. On lit
un ouvrage bien fait sur une partie intéressante de l'archéologie, et
on assiste, pour ainsi dire, au travail par lequel les archéologues arrivent

---

(1) Je regrette de n'avoir pas le texte allemand sous la main pour vérifier
quelques passages. Ainsi, par exemple, j'ai quelque peine à croire qu'Ahrens
ait pu écrire une phrase comme celle que je lis à la page 148 (t. II), à propos
de la *manus matrimonii causa* : « Ce mode de l'*Usus* consiste en ce que la
femme, faute d'avoir quitté le mari pendant un *trinoctium*, est tenue de
demeurer chez lui une année entière. » Au point de vue juridique, c'est
incompréhensible.

à reconstituer un point d'histoire à l'aide des monuments. Le champ d'études est suffisamment circonscrit pour que le lecteur puisse embrasser d'un seul coup d'œil l'ensemble des recherches de l'auteur. Il peut donc à la fois et connaître les résultats obtenus par M. Dumont, et trouver dans ce livre un excellent modèle de la méthode à suivre dans ces sortes de travaux.

Cette méthode est déjà indiquée par M. Dumont, dans son mémoire sur les *inscriptions céramiques de Grèce* (1). « Le plus souvent, pour expliquer les monuments, nous n'avons que les objets mêmes dont il faut trouver le sens... Que l'on classe et que l'on compare les monuments du même genre, ils s'éclairent et s'expliquent les uns les autres... Les services que l'archéologie peut rendre à l'étude de l'antiquité deviennent ainsi considérables ; ils seraient presque nuls sans la *méthode des séries comparées.* » — Nous retrouvons la même méthode dans le présent ouvrage : « Ces cinq chapitres, nous dit l'auteur, sont d'archéologie pure, sans intervention d'aucun élément étranger. Nous ne voulons nous occuper que des monuments eux-mêmes, savoir seulement ce qu'ils peuvent nous apprendre. Étudiés de la sorte, ils suffisent à montrer que les cinq collections ont une rare valeur pour l'histoire générale des plus vieilles époques du monde classique. Ils nous amènent à des conclusions limitées, mais précises, qui sont un véritable accroissement de nos connaissances. Arrivés à ce point, nous demanderons aux poètes et aux prosateurs si les monuments sont d'accord avec les traditions, si les écrivains de la Grèce nous permettent de confirmer ou de compléter ce que nous avons cru pouvoir démontrer par les seules études archéologiques (2). » Nous insistons sur ce point, parce que pour nous l'intérêt du livre est là surtout. Le but que l'auteur se propose est « moins d'exposer une opinion que de montrer comment elle s'est formée, et par suite de faire passer le lecteur par les rapprochements qui donnent à ses conclusions une complète rigueur scientifique (3) ». On comprendra aisément que dans les limites d'un compte rendu bibliographique, nous ne puissions faire de même, et que nous nous contentions d'indiquer au lecteur les conclusions, le renvoyant pour le reste au livre lui-même.

Les types céramiques étudiés dans les premiers fascicules sont au nombre de cinq, que l'auteur classe de la manière suivante d'après l'ordre chronologique : 1° Hissarlick ; 2° Santorin ; 3° Ialysos ; 4° Mycènes ; 5° Spata.

Le Dr Schliemann classe les objets qu'il a trouvés à Hissarlick en cinq

(1) Archives des missions scientifiques, 2ᵉ série, t. VI, p. 57 et 58.
(2) *Les Céramiques de la Grèce propre*, p. 2.
(3) *Ibid.*

strata différents, représentant cinq civilisations, dans le second desquels, à partir du sol, il reconnaît les traces de la civilisation homérique. On sait la part considérable qu'a eue l'imagination dans le classement des objets et dans la détermination des périodes ; aussi M. Dumont a-t-il raison de ne pas tenir compte de la chronologie des *strata*. Il examine les objets tels qu'ils sont, et fait les observations suivantes : l'emploi de la brique crue, de la pierre et du métal pour les armes, le mode de fabrication des vases démontrent un état de civilisation peu avancé, très différent de celui de Santorin et encore inférieur. Certaines formes sont imitées de la figure humaine (p. 11, fig. 13, 14, 16), ou des parties du corps. Les principes généraux de la décoration sont des traits et des lignes, mais avec une tendance à imiter la forme humaine. On ne trouve aucune trace d'influence orientale (assyrienne, phénicienne ou égyptienne), et cependant ces produits variés supposent un commerce assez étendu. Déjà des objets du genre de ceux d'Hissarlick ont été trouvés dans l'Orient grec ; l'attention des archéologues étant portée sur ce point, les comparaisons ne sauraient manquer de se multiplier. Enfin, sans fixer une date, ce que la vraie méthode ne permet pas, il est cependant vraisemblable que la civilisation dont ces objets sont les restes remonte à une époque antérieure aux excursions phéniciennes et aux conquêtes des Assyriens.

La collection de Santorin est moins connue que celle d'Hissarlick. Elle est aujourd'hui en grande partie à l'École française d'Athènes. M. Dumont donne le catalogue en 82 numéros de cette collection restée inédite jusqu'ici. Les vases sont antérieurs à la catastrophe qui engloutit en partie l'île de Santorin. La forme des habitations, la place des ouvertures, l'examen des vases au microscope le démontrent amplement. Il faut donc placer la civilisation contemporaine des vases avant le xvi° siècle. A cette époque, se place l'établissement de la colonie de Membliare, postérieure au cataclysme (1). La population qui habitait l'île avant le cataclysme était agricole et commerçante. Les vases qu'elle employait étaient fabriqués au tour, au moule, et quelquefois à la main. Les ornements, tracés au pinceau, représentent des volutes, des flots, des végétaux, des figures d'animaux. L'art est déjà plus avancé qu'à Hissarlick, quoiqu'il y ait de nombreux points de ressemblance. La nature de la pâte montre qu'on est en présence d'une industrie locale ; d'autre part les analogies que présentent certains vases avec des poteries appartenant à d'autres pays grecs prouvent que l'île subissait des influences dont on retrouve les traces dans tous les pays méditerranéens.

Le Musée britannique possède un certain nombre de vases découverts

---

(1) Hérodote, IV, 147-148.

récemment à Ialysos. M. Dumont en donne le catalogue accompagné de dessins, et les place entre ceux de Santorin et ceux de Mycènes. Les décorations marines sont d'un art plus avancé. On est amené ainsi au type plus important de Mycènes. La méthode avec laquelle M. Dumont étudie ces vases établit clairement leurs relations avec les vases d'époque précédente. Un classement régulier des formes les rapprochent de celles de Santorin et d'Ialysos ; elles en sont le développement. Les ornements sont encore des lignes géométriques, des végétaux ou des animaux. Mais si les éléments sont les mêmes, avec combien plus d'habileté ils sont mis en œuvre ! nous sommes ici en présence d'une civilisation beaucoup plus développée. Les germes se sont épanouis, certains détails d'origine indigène sont traités avec une perfection qui suppose déjà un long passé de travail, une grande richesse et une grande puissance, en même temps que l'imitation de formes et la présence d'objets asiatiques prouvent l'existence de relations commerciales avec l'Orient.

Dans le dernier des types étudiés par M. Dumont, celui de Spata, l'influence orientale devient plus marquée. La fleur de lotus, la rosace, le sphinx, la lutte du lion et du taureau, voilà de nouveaux motifs de décoration d'origine purement asiatique. Nous arrivons par là aux vases de l'époque historique qui, dans les temps les plus reculés, reproduisent encore ces sujets.

Les études faites dans les chapitres que nous venons d'analyser sont la base sur laquelle s'édifient les conclusions contenues dans le chapitre vi. Toute une période sort de la légende pour entrer dans l'histoire. Grâce à la concordance des faits archéologiques, des documents orientaux et des traditions helléniques, nous connaissons désormais l'existence, dans le bassin de la Méditerranée, d'une population industrieuse, commerçante et civilisée. Avant le xvie siècle, Hissarlick. Pour Santorin, l'éruption, la colonisation de Membliare et de Théras, connue par l'histoire, nous donnent la date minimum du xvie siècle. La présence d'un scarabée du temps d'Aménophis III met au delà du xvie siècle la date d'Ialysos. La décoration des vases de Mycènes est antérieure à celle des vases ninivites du xe siècle. Les vases de Spata rappellent le style de ces mêmes vases assyriens. On arrive ainsi aux dates approximatives suivantes :

Avant le xvie siècle,	Hissarlick.
xvie siècle,	Santorin.
xive siècle,	Ialysos.
xiiie et xiie siècle,	Mycènes.
xie siècle,	Spata.

Les légendes grecques confirment ces données, et nous avons ainsi la certitude historique de l'existence d'une grande puissance maritime gréco-asiatique à cette époque reculée. C'est l'époque qui précède le retour des Héraclides, l'époque de l'influence phénicienne.

Sans doute des découvertes nouvelles pourront établir de nouvelles divisions dans les séries, mais il nous paraît difficile qu'elles détruisent les grandes lignes tracées par M. Dumont. Nous avons maintenant un cadre qui permettra de classer certains vases qu'on avait négligés jusqu'ici. Ajoutons que les planches, dont les dessins sont dus à M. Chaplain, sont d'une rare exactitude et d'un goût parfait.

E. BEURLIER.

23. **L'homme et son berceau**, par Lucien Biart. Illustrations de F. Lix, Scott. A. Jobin. Paris, Hennuyer, 1 vol. gr. in-8°, 384 pages.

M. Lucien Biart explique très clairement, dans sa courte préface, le but qu'il s'est proposé en écrivant ce beau et intéressant volume.

« On parle beaucoup, dit-il, de l'instruction des femmes et néanmoins on écrit peu d'ouvrages qui leur soient spécialement destinés. Il est certain que faute de livres à leur portée, la plupart des femmes ignorent les grands mystères de la formation de notre globe, ceux de l'apparition des premiers êtres animés sur sa surface, les tâtonnements de l'homme primitif s'essayant à parler, à bâtir, à écrire, à combattre et à dompter les forces brutales dont il commence par être le jouet... Que les dames consentent à me lire, et elles se convaincront vite que, si variées que soient les questions que je vais traiter, toutes se rattachent au même sujet : L'homme et son berceau. Ainsi, après avoir étudié l'Océan, considéré, comme « le père de la terre », nous verrons celle-ci se condenser, son atmosphère devenir respirable, et des êtres vivants se montrer à sa surface, véritables précurseurs de l'homme. L'homme une fois apparu nous le suivrons dans sa marche progressive vers la civilisation... *Nous le verrons se séparer rapidement de la brute, perfectionner ses organes*, et devenir enfin, les siècles aidant, cet ouvrier habile, ce savant sagace, cet artiste de génie, qui font incontestablement de lui l'œuvre maîtresse de Dieu ».

La lecture des quelques mots que nous avons soulignés nous avait, il faut bien l'avouer, causé quelque appréhension : M. Biart serait-il un transformiste ? croirait-t-il que « l'homme avant de s'être séparé de la brute » était confondu spécifiquement avec elle ? Le nom de Dieu qui suit de si près ces lignes équivoques et surtout la lecture du livre nous ont rassuré. M. Biart, tout en consacrant son travail à vulgariser les résultats les plus importants de la science contemporaine, a su se tenir en garde contre les assertions préconçues, j'allais dire contre les hallucinations que tant de savants, égarés par l'esprit d'impiété, prennent volontiers aujourd'hui pour des réalités, et même des réalités démontrées par l'observation. M. Biart n'en est pas là. Il croit nettement à la création de l'homme par Dieu (p. 90), il distingue en l'homme le corps et l'âme, et la ressemblance anatomique de l'homme et du singe ne l'empêche pas de signaler « l'abîme incommensurable » qui les sépare. Il reconnaît que « le crétin, si abject qu'il soit, accomplit encore un plus grand nombre d'actes intelligents que le mieux doué des gorilles... (p. 93 et 173).

Après cela, que M. Biart présente comme incontestée la succession régulière et universelle des âges de la pierre, du bronze et du fer, qu'il exagère peut-être la sauvagerie des premiers hommes, et leur antiquité, nous ne lui chercherons point querelle sur ces points qui donneront encore lieu si longtemps à tant de controverses; nous aimons mieux le louer, après avoir reconnu la création de l'homme, la distinction de l'âme et du corps, de s'être prononcé sur l'origine divine du langage. Quand un savant vulgarisateur ne laisse planer aucun doute sur sa pensée relativement à ces points importants, on peut dire qu'il a fait une œuvre utile, en mettant la classe de lecteurs pour laquelle il écrit en garde contre les prétendus axiomes du matérialisme, transformiste ou non, qui, dans une foule d'écrits trop répandus aujourd'hui, s'intitule orgueilleusement « la science ».

Ce qui ajoute à la valeur du livre de M. Biart, c'est la clarté et l'intérêt soutenu avec lesquels il traite bon nombre de questions d'actualités scientifiques et d'histoire naturelle. On lit avec infiniment de plaisir les chapitres sur l'électricité et le microscope, les ponts et chaussées, les eaux et forêts. Mais rien n'est d'une lecture plus attrayante que le dernier chapitre de son livre sur un des animaux dont l'intelligence se rapproche le plus de celle de l'homme : ce n'est ni un quadrupède, ni un singe, ni un lion, ni un aigle, c'est tout simplement la fourmi.

L. LESCŒUR.

---

24. — **Les Femmes et le progrès de la pensée,** par Claude-Charles CHARAUX, professeur de philosophie à la Faculté des Lettres de Grenoble. Brochure in-12 de 40 pages. Pedone-Lauriel, 1882.

Que peuvent les femmes en faveur de la pensée philosophique ? Qu'ont-elles fait pour son progrès ? Leur doit-on quelqu'une de ces intuitions originales et puissantes qui ont ouvert à l'esprit des horizons nouveaux ? La pensée, répond M. Ch. compte peu de *maîtres*, et si l'on donne à ce titre son sens plein, une seule femme, sainte Térèse, au premier rang parmi les vrais mystiques, pourrait y prétendre. Mais « si la pensée compte peu de maîtres, elle réclame, pour naître et se développer, des légions d'ouvriers ». Ceux-ci recueillent, préparent ses éléments, d'autres en polissent, en perfectionnent l'expression, d'autres enfin « cultivent l'âme humaine et la rendent capable, ou de produire par elle-même des pensées, ou de comprendre la pensée d'autrui. Les femmes ne sont pas, il s'en faut bien, exclues des deux premières divisions ; elles sont, depuis l'ère chrétienne, au premier rang dans la troisième. » Les femmes ont peu ajouté à la psychologie classique ; ce tableau synoptique sans vie, formé d'abstractions et de conventions, ne les intéresse guère ; en revanche, elles ont fourni en abondance sur l'âme vivante, sur ses manifestations les plus diverses des observations d'une rare sagacité, des pensées d'une justesse absolue. Elles excellent, d'autre part, à les peindre (l'auteur cite comme exemple Mme de Sévigné et Mme Swetchine) : « elles décrivent avec une rare perfection ; aussi prompte est leur impression, aussi vif est le trait qui l'exprime. » Il est hors de doute qu'elles ont largement contribué à perfectionner notre littérature, à introduire dans notre langage cette souplesse, cette grâce, cette convenance, qui en font un si merveilleux auxiliaire de la pensée. Mais c'est avant tout par la première culture de l'âme, par une action profonde, ineffaçable sur les sentiments, les inclinations de l'enfant, que la femme peut exercer une immense influence sur la pensée. M. Ch. le remarque ailleurs : « tous les chrétiens n'ont pas une mère comme sainte Monique, ni une sœur comme celle de saint Basile ; et toutefois, depuis l'ère chrétienne que de philosophes, de poètes, d'orateurs chez qui la pensée, l'éloquence, la science du cœur humain, dévoilent le contact d'un cœur plus pur, d'une pensée plus délicate, une culture enfin que les hommes ne donnent ni si douce ni si profonde (1). » La cause est clairement indiquée dans cette parole de Platon que M. Ch. semble avoir mission de rappeler aux philosophes modernes : c'est avec l'âme tout entière, avec le cœur non moins qu'avec la raison, qu'il faut aller au vrai ; or n'est-ce pas l'ambition, la gloire de la femme chrétienne d'*élever* les cœurs, de leur imprimer les plus nobles élans ?   MARCEL HÉBERT.

(1) *De la Pensée,* par Ch. Charaux, p. 389. 1 vol. in-12, Pedone.

CHRONIQUE

Dans la séance du 2 mai l'Académie française a attribué les prix suivants : Prix Montyon. 1° Cinq prix de 2,500 francs ont été accordés : à M. Ollé-Laprune, maître de conférence à l'École normale supérieure, pour son ouvrage sur la *Certitude morale*; à M. Albert Duruy, pour son livre sur l'*Instruction publique en France avant la Révolution*; à M. Raoul Frary, auteur du *Péril national*; à M. Michel Masson, pour son étude sur *Madame de Grignan*; enfin à M. Anatole France, pour le *Crime de M. Bonnard, de l'Institut*. 2° deux prix de 2,000 fr. ont été donnés l'un à M. Victor Guérin, pour son ouvrage sur la *Terre Sainte*; l'autre à M. Lafontaine, l'ancien pensionnaire de la Comédie-Française, auteur des *Petites Misères*. 3° un prix de 1,500 fr. a été décerné à M. Dorchain, pour son volume de vers intitulé : *La Jeunesse pensive*. — Le prix Vitet, de 6,000 fr. a été à M. Gustave Nadaud, le chansonnier, qui a publié dernièrement ses œuvres illustrées; — le prix Latour-Landry de 1,200 fr. à M. Léon Cladel; — le prix Lambert, de 1,600 fr. à M. Pouvillon. — L'Académie a choisie pour sujet le prix d'éloquence à décerner en 1884 : *Agrippa d'Aubigné*.

— La Société de l'Histoire de France a tenu une assemblée générale le mardi 2 mai, sous la présidence de M. le Marquis de Beaucourt, président de la Société. La séance a été ouverte par un éloge des membres de la Société, morts depuis un an : MM. Quicherat, Floquet, Guade, Duvergier de Hauranne, Dufaure, etc. M. Jules Desnoyers secrétaire de la Société a présenté ensuite un rapport sur les travaux publiés ou en cours d'exécution. Puis M. Paul Meyer a fait une communication sur l'*Histoire de Guillaume le Maréchal, comte de Pembroke*, poème français inédit du commencement du treizième siècle.

— M. Ern. B. annonce dans le *Polibyblion* (Juin), que M. l'abbé Paul Guillaume a découvert aux archives du village de Puy-Saint-André, près de Briançon, le texte du *Mystère de Saint-Eustache*, qui comprend. 2,935 vers et est presque complet. M. l'abbé Guillaume en prépare l'édition. Il a également découvert un autre mystère en langue provençale dans la commune de Névoche, près Briançon. C'est l'*Histoire de Saint-Anthoni de Vienne*, qui se compose de 3,965 vers, et que la *Société d'Études des Hautes-Alpes* va prochainement publier. — D'après le même auteur, la *Société d'études des Hautes-Alpes* qui s'est constituée dans le courant de l'année dernière, et qui a pour but « de vulgariser tout ce que l'on sait sur les Hautes-Alpes, au point de vue historique, scientifique, artistique et littéraire, » publie un *Bulletin périodique* dont ont paru les deux premiers fascicules (Janvier à Juin 1882). Ils contiennent une étude épigraphique de M. Florian Vallentin, des études historiques de M. l'abbé P. Guillaume et de M. A. de Rochas. Nous souhaitons la bienvenue à cette nouvelle revue.

— M. Antoine Vernière, de Brioude, vient de publier une plaquette (*Note sur le premier livre connu imprimé à Clermont en* 1523. Brioude, 1882, in-8° de XVIII p. Non mise dans le commerce) relative aux origines de l'imprimerie à Clermont-Ferrand. Les statuts synodaux de Guillaume Duprat, imprimés à Clermont par Nicolas Petit, en 1534, sont distancés de onze ans par les *Ordonnances royales* dont il est possesseur et qui furent imprimés en 1523 par Jacques Mareschal qui sortait de Lyon. M. Vernière décrit son précieux volume et donne tous les renseignements qu'il a pu recueillir sur l'imprimeur qui obtint, en 1522, un privilège pour imprimer et vendre « les livres tant de brevieres, messels, que petites heures aux usaiges de Clermont et Sainct-Flour en Auvergne. »

— Un rapport du comte de Kimberley sur les antiquités de Malte a attiré l'attention des savants sur les monuments et inscriptions des Phéniciens, des Grecs, des Carthaginois, et enfin des premiers chrétiens, dont cette île abonde. Ce rapport a été imprimé et est accompagné de nombreuses photographies.

— Les Archives de Moscou du ministère des affaires étrangères publient la seconde livraison de leur recueil. On y trouve la correspondance du prince

Galitsyne, ambassadeur à Paris de 1762 à 1768, et quelques lettres inédites de Voltaire.

— Le second volume de l'*Essai sur l'histoire moderne,* par M. le baron Ch. de Blanckart-Surlet, vient de paraître. Il a trait aux événements importants de la période qui s'étend de la guerre d'Espagne à la bataille de Waterloo.

— La maison Hector Manceaux, de Mons, annonce la publication en 3 volumes grand in-8° d'une *Histoire des concours généraux de l'enseignement primaire, moyen et supérieur en Belgique* (1850-1881), par M. Ernest Discailles, professeur à l'Université de Gand. Cette publication comprendra l'historique de l'institution des concours, les questions posées aux concurrents, les tableaux donnant les résultats les plus complets des concours et la reproduction d'un grand nombre de compositions couronnées.

— Le Dr Rott, secrétaire de l'ambassade suisse à Paris, a préparé un catalogue des dépêches et rapports des envoyés suisses en France, adressés à leur gouvernement. Il a consulté les documents qui se trouvent à Paris dans les archives et les bibliothèques. Son travail se borne en ce moment à la période écoulée entre 1444 et 1610, et renferme l'indication de plus de 5,000 dépêches et 500 rapports.

SOUTENANCE DE THÈSES. — Le vendredi 23 juin, M. Emile Krantz, ancien élève de l'École Normale, agrégé de philosophie, maître de conférences à la faculté des lettres de Nancy, a soutenu devant la faculté des lettres d e Paris les deux thèses suivantes : *De amicitia apud Aristotelem. — Essai sur l'Esthétique de Descartes étudiée dans les rapports de la doctrine cartésienne avec la littérature française au XVIIe siècle.*

Une thèse sur l'amitié pourrait être facilement infinie : fort heureusement le candidat n'a point succombé à la tentation de rapprocher d'Aristote tous les anciens et tous les modernes qui ont disserté sur l'amitié : il s'est contenté de nous parler d'Aristote. Aussi bien, suivant M. Waddington, toutes les belles choses qu'on a jamais pu écrire ou penser sur l'amitié ont été dites par Aristote. Aristote parle de l'amitié dans trois ouvrages : la *Grande Morale,* l'*Éthique à Eudème,* et la *Morale à Nicomaque.* Ce sont là trois rédactions progressives et comme trois éditions de plus en plus parfaites de la pensée d'Aristote. Il est vrai que le candidat n'est pas du tout partisan, pour son propre compte, de cet ordre de composition, admis et soutenu par M. Waddington avec une bonhomie charmante. Mais le professeur s'accorde avec le candidat sur ce point, qu'il ne s'agit nullement ici de détails d'érudition, de chiffres et de virgules : ni les chiffres ni les virgules en effet ne sont choses compatibles avec l'amitié qui est le sujet de la thèse ; avec Aristote, qui ne s'en soucie guère à l'heure présente ; avec M. Waddington, philosophe d'humeur très conciliante, de formes très douces et très rondes ; enfin, avec le candidat, qui n'a pas la prétention d'être un érudit, ni même un philosophe, mais qui est un homme d'esprit sans prétention.

Le jury, plus nombreux qu'à l'ordinaire, s'accorde à trouver la thèse française intéressante, curieuse et originale ; elle prête d'autant plus à la discussion, que la justesse et la mesure y font un peu défaut. Spirituel et paradoxal, dit M. Janet, tel est le double caractère de votre travail. Le sujet, c'est l'esthétique de Descartes : seulement l'esthétique de Descartes n'existe pas. Nous n'avons de Descartes, sur la question du beau, qu'un seul texte très court : ce texte unique vous a échappé, et il se trouve précisément qu'il est contre vous. Il dit juste le contraire de ce que vous avez dit. Vous prêtez à Descartes une théorie tout idéaliste et objective du beau : ce texte indique une théorie tout empirique et subjective, analogue à celle de Kant. Descartes admet non pas le beau immuable, mais le beau qui varie suivant les goûts, suivant les individus, suivant les temps. M. Janet exprime le regret que le candidat n'ait pas cité l'*Histoire de la littérature française* de M. Nisard : une des idées les plus neuves que présente cette histoire est en effet celle de l'influence littéraire de Descartes sur tous les grands écrivains du XVIIe siècle. Sainte Beuve a reproché à M. Nisard d'exagérer l'importance de Descartes dans notre littérature, et sans doute il a eu raison ; mais il n'en est pas moins vrai que cette esthétique cartésienne dont le candidat cherche encore la formule dans sa thèse, elle est là toute faite dans l'ouvrage de M. Nisard

Le candidat croit à une influence désastreuse de l'esthétique cartésienne sur l'esprit classique au XVIIᵉ siècle. L'esprit classique, en général, est pour M. Krantz un esprit d'analyse, qui prend seulement le meilleur des choses, qui dégage l'élément immuable et rationnel, l'homme abstrait, et qui élimine tout le reste. Au contraire, l'esprit romantique est un esprit de synthèse, qui prétend combiner le plus grand nombre possible d'éléments du beau ; qui cherche à réunir le concret et l'abstrait, le réel et le conçu, l'historique et l'imaginé ; qui veut faire entrer dans son œuvre l'observation psychologique exacte, précise, rigoureuse, le costume dans sa plus minutieuse fidélité historique, et avec cela, une liberté complète pour l'action et le jeu dramatique, entièrement livrés aux caprices de l'imagination du poète. A coup sûr cette théorie n'est pas du tout mauvaise, et M. Krantz, au cours de la discussion l'expose avec aisance et avec verve. Il est d'ailleurs beaucoup moins absolu à la soutenance que dans son livre, et il reconnaît de bonne grâce cette malheureuse nécessité de distinguer souvent chez les romantiques entre les programmes et les œuvres, entre les prétentions et les résultats. En philosophie, lui fait observer M. Janet, l'esthétique du romantisme est-elle autre chose que l'esthétique du panthéisme, avec son idée flottante et nuageuse d'une nature infinie qui absorbe ou remplace tout ? En littérature, est-ce autre chose qu'un réveil et comme une réaction de l'imagination contre la sécheresse de la raison ? Mais cette sécheresse n'est le fait que des derniers et des faux classiques ; cette formule décharnée de l'esprit classique, tel que vous l'entendez, elle peut convenir à Boileau à la rigueur ; elle s'applique difficilement à Racine, et pas le moins du monde à Corneille, à Molière, à la Fontaine, à Pascal, à madame de Sévigné, à Fénélon, à Saint-Simon, qui pour vous deviennent tous des romantiques sans le savoir. Le fait est qu'il n'ont rien de commun avec l'esthétique cartésienne de M. Krantz. De même, le candidat confond trop volontiers le romantisme avec le réalisme. Le réalisme, devenu aujourd'hui ce je ne sais quoi qui n'a plus de nom dans aucune langue, commence seulement avec Balzac ; mais le romantisme, poursuit M. Janet, n'est pas du tout le réalisme, et si aujourd'hui encore Victor Hugo, fût-il d'ailleurs absurde, fût-il insensé, demeure pourtant un grand poète, c'est qu'il est toujours un grand idéaliste. — Le candidat exagère à la fois les défauts de l'esprit classique et les torts de Descartes. A l'entendre, s'il y a des confidents au théâtre, c'est la faute de Descartes : mais pas du tout, monsieur, réplique M. Janet ; c'est tout simplement que les poètes en avaient besoin. Si le laid, le grotesque, et les personnages de rang inférieur sont exclus de la tragédie, c'est la faute de Descartes : mais non encore. Cette épuration de la tragédie n'est point une théorie ; elle s'explique par les mœurs, elle tient à la société de plus en plus aristocratique de ce temps là, et nullement à l'esthétique. Si la comédie et la tragédie sont des genres séparés, ce n'est pas davantage la faute de Descartes : ce sont les Grecs qui ont créé cette distinction, ou plutôt c'est la nature elle-même, par ce fait bien simple que quand on pleure on ne rit pas, et réciproquement. *Hamlet* est peut-être le seul chef-d'œuvre où vous trouviez ce mélange sans qu'il choque la nature, et sans qu'il brise l'unité du drame ; parce que, dans *Hamlet*, c'est le mélange de la folie et de la passion. Dans *Ruy-Blas*, au contraire, vous avez des compartiments séparés, les uns où l'on rit, les autres où l'on pleure ; mais l'unité a disparu. Faites-moi donc alors, au lieu d'un drame unique, deux pièces distinctes : une comédie et une tragédie.

M. Caro a beaucoup aimé la thèse française de M. Krantz : c'est jeune, dit-il, c'est ardent, les développements sont brillants, les qualités d'écrivain sont remarquables. Aussi M. Caro est-il douloureusement supris de rencontrer çà et là des phrases d'un style lâche, et digne tout au plus d'un affreux philosophe, bien que M. Krantz ne soit ni affreux, ni philosophe. Il présente à M. Caro la physionomie d'un personnage « synthétique », et réunissant les aptitudes les plus diverses : c'est tout ensemble un critique, un artiste, un homme d'esprit, un élégant littérateur qui par aventure disserte sur la philosophie, un psychologue expérimenté qui écrit amoureusement sur le théâtre. Mais est-il bien nécessaire, comme le prétend M. Krantz, d'aller étudier au théâtre tous les mouvements littéraires d'une époque ? C'est ce que M. Caro ne saurait admettre. Au reste, il est heureux de constater que le candidat est de bonne composition, qu'il sait nuancer et adoucir sa parole beaucoup mieux qu'il n'a su tempérer ses jugements écrits et mesurer son style. M. Caro en conclut agréablement que pour rédiger sa thèse, le candidat s'était fait rigide de parti pris, et qu'il avait exagéré pour la circonstance l'esprit dogmatique qui n'est pas très fort en lui. M. Caro revient ensuite, avec ses larges synthèses, sur l'éternelle question de l'esprit classique au XVII⁰ siècle. Après le trouble intellectuel et les agitations sociales du XVI⁰ siècle, un besoin d'ordre et de raison se fait sentir : nous avons alors le *Discours de la Méthode* et l'*Art poétique* : c'est notre XVII⁰ siècle littéraire avec ses grandeurs et aussi ses lacunes. Au XVIII⁰ siècle, l'esprit individuel reparaît ; nous voyons poindre le romantisme, puis le réalisme. Mais à travers tous ces changements, que devient le goût, comment le définir ou en fixer les lois ? M. Caro blâme l'étrange définition donnée par M. Krantz : « le goût, c'est l'esprit de choix, et la mise en système du sentiment. » Le candidat affirme la mobilité incessante du goût ; il irait volontiers jusqu'à dire qu'il ne connaît qu'une loi immuable dans l'histoire du goût : c'est la loi de son changement. Ici, M. Caro se plaît à distinguer les formes momentanées du goût, et le goût supérieur aux formes qui passent, le goût qui ne change pas. Il y a des classiques qui passent, les classiques selon Boileau, ou pour mieux dire, les faux classiques ; mais il y a aussi les vrais classiques, et ceux-là sont impérissables : Homère, et Shakspeare. Qu'importent les pavillons, les drapeaux, les étiquettes et les systèmes ? Nos romantiques seront punis par où ils ont péché : leur juste châtiment c'est qu'à leur tour ils deviendront des classiques. Quant à la mobilité du goût, ne tient-elle pas à la variété infinie des formes du beau, et à l'impuissance de l'esprit humain, qui ne saurait à la fois les saisir et les embrasser toutes? Pour une meilleure étude des « révolutions du goût », M. Caro renvoie le candidat aux pages fines et profondes, délicates et exquises de M. Doudan.

Dans les classiques du XVII⁰ siècle, le candidat n'a vu partout que l'homme abstrait. Mais dans Racine, par exemple, prenez donc *Bérénice*, répond M. Caro : n'y a-t-il pas là autre chose que l'homme abstrait ? Si vous disiez au moins « l'homme intérieur » : le décor et le costume font défaut, je le veux bien, mais vous avez là, Monsieur, l'homme intérieur complet : c'est tout ce qui m'intéresse. Et dans *Britannicus*, y a-t-il donc moins d'observation historique et de vérité concrète que dans *Ruy-Blas* ? Et dans la Bruyère, est-ce que vous ne pouvez pas mettre au bas de chaque portrait sa date, son âge, sa figure et son nom? Un passage de la thèse de M. Krantz a plu infiniment à M. Caro : c'est celui où il fait observer que si Boileau a l'amour de la clarté comme Descartes a la passion de l'évidence, Pascal est le seul écrivain du XVII⁰ siècle qui ait la sensation de l'obscur, qui comprenne la beauté de l'inintelligible, qui sache goûter enfin le charme du mystère et frissonner en face de l'inconnu. Quant au sentiment de la nature, M. Caro avoue, comme M. Krantz, qu'il paraît trop peu au dix-septième siècle : l'homme a chassé le paysage, depuis, le paysage souvent a chassé l'homme ; ce que nous aimons aujourd'hui, c'est l'homme dans un paysage. Mais votre thèse, ajoute M. Caro, développe une théorie qui m'inquiète : si d'un coté vous faites de l'art poétique de Boileau le pendant obligé de l'esthétique de Descartes, et si d'un autre coté Boileau n'a fait qu'imiter ou traduire Horace, nous voici donc amenés à conclure qu'Horace est l'interprète le plus fidèle de l'esthétique cartésienne ? C'est pour le moins une théorie originale. Il est vrai, Monsieur, que votre père spirituel est, si je ne me trompe, Saint-Evremond : un esprit charmant, qui connaît assez la philosophie pour n'y pas tenir beaucoup.　　B. D.

SOCIÉTÉ NATIONALE DES ANTIQUAIRES DE FRANCE. — *Séance du 7 juin* 1882. — Présidence de M. Georges Perrot. — M. Anatole de Barthélemy est élu membre honoraire, et la vacance d'une place de membre résidant est déclarée. M. Demay présente, au nom de M. Janvier, la photographie d'une stèle gallo-romaine trouvée à Amiens et conservée au Musée de cette ville. Sur la face principale sont représentés en haut relief trois personnages debout, deux hommes et une femme, les hommes portent une tunique de dessus, munie de manches et d'un capuchon, une tunique de dessous (*subucula*) et des braies, la femme à également deux tuniques, mais celles-ci descendent jusqu'aux pieds et celle de dessus a des manches plus larges et point de capuchon, un voile est drapé autour de la tête et des épaules. M. Janvier voit dans cette scène une réunion de famille. M. Guillaume demande à la Société de s'intéresser à la conservation d'une des anciennes portes de Valenciennes, que le génie militaire, aurait paraît-il l'intention de détruire ; la Société décide qu'une démarche sera faite auprès du ministre de la guerre.

M. Prost lit, au nom de M. Jacob, une note sur la pierre tombale de Jehan Chintrel, prévost de la Marche, découverte à Outrémécourt par M. Voulot et transportée au Musée d'Epinal.

ACADÉMIE DES INSCRIPTIONS ET BELLES-LETTRES. — *Séance du 26 mai.* — Le secrétaire annonce la mort de M. CHABAS, membre correspondant. M. le président annonce que le prix Brunet, dont le sujet était la *Bibliographie aristotélique*, est décerné à M. SCHWAB, de la bibliothèque nationale. M. HAURÉAU présente à l'Académie les travaux d'une commission archéologique établie au Hef par le Général d'Aubigny, président le colonel de Puymorin. Dans cet envoi se trouvent les copies de nombreuses inscriptions funéraires. M. H. WEIL lit un mémoire sur une feuille de parchemin portant une partie du texte de la seconde parabase des *Oiseaux* d'Aristophane et trouvée à Médinet-el-Farès (Arsinoé), dans le Fayoum. Ce manuscrit, avec d'autres trouvés au même lieu, doit provenir de la bibliothèque d'un couvent aujourd'hui détruit. Tous les manuscrits de cette provenance sont, au plus tard, du VIᵉ siècle de notre ère, il en est de même pour celui-ci. Le plus ancien manuscrit connu d'Aristophane était du XIᵉ siècle. Cette feuille est soigneusement écrite, avec accents et apostrophes, les vers sont séparés et alignés suivant leur mètre. On voit par ce manuscrit que certaines fautes traditionnelles étaient déjà dans le texte au VIᵉ siècle ; on y trouve des leçons excellentes qu'on n'avait pas soupçonnées, et des notes marginales d'une écriture difficile à déchiffrer. M. CH. ROBERT commence la lecture d'un mémoire intitulé: *Gondovald et les monnaies au nom de Maurice Tibère* M. Bonamy a attribué au prétendu fils de Clotaire I, Gondovald, qui envahit la Provence en 583, des monnaies au nom et à l'effigie de Maurice Tibère, frappées à Marseille et à Arles. Suivant une opinion de Bonamy, adoptée ensuite par MM. Ch. Lenormant, de Saulcy, Ch. Robert lui-même et Deloche, dans un récent mémoire sur la prononciation du C latin, Gondovald aurait concerté cette expédition avec l'empereur Byzantin dont il avait été l'hôte. Gondovald devait remettre la Gaule sous l'autorité impériale, et c'est pour cette raison que, maître de la Provence, il aurait frappé monnaie au nom de Maurice. M. Ch. Robert renonce aujour-d'hui à cette opinion pour plusieurs raisons : 1° Gondovald ne s'est pas concerté avec l'empereur byzantin ; 2° Gondovald n'a pas été maître de la Provence ; 3° les monnaies au type de Maurice Tibère sont une de ces imitations de monnaies romaines dont les princes mérovingiens et les empereurs de l'orient et de l'occident ont donné de si nombreux exemples. Si Gondovald s'était entendu avec l'empereur byzantin, Grégoire de Tours l'aurait dit, or il n'en parle pas. On n'a, pour toute preuve, rien autre chose qu'une parole passionnée et peu réfléchie de Gontran Boson, reprochant à Théodore, évêque de Marseille, d'avoir favorablement accueilli Gondovald, un homme qui voulait replacer la Gaule sous l'autorité impériale. M. DELOCHE répond que les paroles de Gontran Boson sont l'expression de l'opinion publique à cette époque. En outre, comment Gondovald, qui était parti sans ressources pour Constantinople, en serait-il revenu avec des trésors et des vaisseaux s'il n'avait été assisté par l'empereur ? M. LÉON RENIER communique, de la part de M. P. Fière, cinq inscriptions recueillies à Aumale (Auzia), en Algérie ; quatre de ces inscriptions mentionnent des Dii caelestes Augusti, elles sont du IIIᵉ siècle après J.-C. M. ED. LE BLANT communique quelques inscriptions relevées par le P. Delattre, entre *Tuburbo Minus* et *Cluacaria* et prouvant que l'endroit où elles ont été trouvées se nommait, à l'époque romaine, *Thibiuca.*—*Séance du 2 juin.* — Sur la proposition de M. EGGER, l'Académie décide qu'elle entendra en seconde lecture la notice de M. WEIL sur le fragment manuscrit des *Oiseaux* pour l'insérer dans le recueil des *Mémoires*. Le ministre de l'instruction publique informe l'Académie que la demande d'une mission pour M. Guérin est renvoyée à la commission des voyages et missions. M. GEFFROY informe l'Académie qu'on a trouvé, à Rome, un important fragment d'un disque en marbre sculpté, représentant le bouclier d'Achille d'après la description d'Homère ; outre les sculptures, on voit sur ce bouclier 75 vers d'Homère qui offrent des leçons différentes de celles qu'on admet généralement. Cette œuvre est signée *Theodoros*, ce nom rappelle un texte de Pline : « Theodorus bellum Iliacum (pinxit) pluribus tabulis, quod est Romæ, in Philippi porticibus

(*H. N.*, 35, 40, 19). » On avait déjà émis l'opinion que ce Theodorus était un sculpteur et non un peintre. Le P. Garucci se propose de publier une étude sur ce monument. Le D' HAMY transmet, de la part de M. TARRY, la traduction d'un manuscrit arabe, qu'il a vu à Ouargla, contenant l'histoire des villes ferbères de la vallée de l'Oued-Mya (Cf. *Bulletin critique*, n° du 15 juin, compte rendu de la séance du 19 mai). Après que l'Académie s'est formée en comité secret, le président annonce que le prix ordinaire, sur cette question : « faire connaître les versions de la Bible en langue d'Oïl, totales ou partielles, antérieures à la mort de Charlemagne » est décerné au mémoire n°3, de M. SAMUEL BERGER, secrétaire de la faculté de théologie protestante de Paris. Une récompense de 1.000 francs est accordée au mémoire n° 2. M. CH. ROBERT continue la lecture de son mémoire sur *Gondovald et les monnaies frappées en Gaule au nom de Maurice Tibère*. Gondovald n'a jamais été maître de la Provence ni de la région du Rhône où ont été frappées les monnaies de Maurice Tibère. Grégoire de Tours, qui raconte en détail la conquête de l'Aquitaine par ce prince, aurait raconté de même la conquête de la Provence si elle avait eu lieu. Les évêques cités au concile de Mâcon pour avoir été partisans de Gondovald appartenaient tous à l'Aquitaine et non à la Provence. On ne peut donc pas admettre que Gondovald ait été maître de la Provence, et y ait frappé monnaie.   H. THÉDENAT.

PUBLICATIONS DE LA QUINZAINE. — MAUSSENET. *Le Faust de Goëthe*, traduction littérale, traduction française, notes indiquant le rapport qui existe entre l'allemand et l'anglais. In-8°, Paris, Truchy ; 6 fr. — JULES BAISSAC. *Le Diable. Histoire de la diablerie chrétienne, la personne du diable, le personnel du diable.* In-8°, Paris, Dreyfous ; 7 fr. 50.—LESAGE, *Voyages d'Arthur Young en France pendant les années 1787, 1788, 1789. 2 vol.* in-18°. Paris, Guillaumin, 15 fr. —*Paris ancien, Paris moderne, ses principaux monuments, palais, églises, théâtres, écoles, etc.*, un vol. grand in-8°. Paris, Ducher ; 25 fr. le fascicule. — *Sonnets des vieux maîtres français 1520-1670*, in-16°. Paris, Plon ; 4 fr. — BERNARD D'HARCOURT. *Les quatre ministères de M. Drouyn de Lhuys*, in-8°, *ibid.*; 6 fr. — MOIGNO. *Les splendeurs de la foi*, tome V., in-8°, Paris, Blériot ; 8 fr.—L. DELAVAUD. *L'Australie*, in-18°. Paris, Société bibliographique ; 1 fr.—MARIUS FONTAINE. *Histoire universelle*, tome III. Les Égyptes, in-8°, Paris, Lemerre ; 8 fr. — E. LEDRAIN. *Histoire d'Israël*, tome II, in-16°, *ibid.* 2 fr. 50. — MARIUS VACHON. *L'ancien autel de Ville, 1533-1871*, in-8°, Paris, Quantin, 60 fr. — MAURICE WAHL. *L'Algérie*, in-8°, Paris, Germer-Baillère ; 5 fr. — LEONCE PERSON. *Histoire du véritable saint-Genest de Rotrou.* Paris, Cerf ; 3 fr. — THÉOPHILE GAUTHIER. *Guide de l'amateur, au musée du Louvre*, un vol. in-18°, Paris, Charpentier ; 3 fr. 50.—PENTATEUCHUS SAMARITANUS, ed. H. Petermann. Fasc II, Exodus ; Berlin, Moeser ; 15 M.—E. LAAS. *Idealismus und positivisnus*, 2° partie. — *Idealistische und positivistische Ethik* Berlin, Weidmann ; 9 M. — VOGEL. *Die Paedagogik Joh. Pestalozzi's in wortgetrenen auszügen aus seinen Werke.* Bernb. Bacmeister ; 1 M. 80. — WERNICKE. *Die philosophie als descriptive Wisenschaft.* Brunswick, Goerlitz ; 1. M. — HERBERT SPENCER. *Political institutions.* Londres, William and Norgate ; 15. sch.— BASTIAN. *Der Buddhismus in sein Psychologie.* Berlin, Dummler ; 7 M. 50. — GOSTWICK. *German culture and Christianity their controversy in the time 1770-1880.* Londres, Norgate ; 15 sch. — MEYER. *Die römischen Katacomben.* Berlin, Habel ; 1. M. 20.

REVUE DES REVUES

COMPTE RENDUS

DE FOVILLE. *Les jours de la semaine* (Schanz, Liter. Rundschau, 15 mars).

OVERBECK. *Geschichte der griechischen Plastik* (A. Murray. Academy, 18 mars).

BUTCHER. *Démosthènes* (R. Jebb.. excellent livre, rapprochements avec l'histoire moderne. Academy, 25 mars).

SCHMIDT. *Jus primae noctis* (W. Axon. Academy, 25 mars).

REBER. *Die ruinen Roms* (C. Boase. Academy, 25 mars).

POLLOCK. *Spinoza, his life and philosophy* (Lagneau : Rev. philos., mars 1882).

TH. JACOB. *Inductive Erkenntniss.* (Debon : Rev. phil., mars 1882).

A. ASTURARO. *Santa Caterina de Siena :* Osservazioni psicopatologische (D' E. G., Rev. phil., mars 1882).

REV. S. KETTLEWELL. *Thomas a Kempis and the Bothers of the common life* (Simcox.Academy, 29 avril).

SATHAS. *Documents inédits relatifs à l'histoire de la Grèce au moyen âge,* 1ʳᵉ série, documents tirés des archives de Venise (1400-1500), vol. I et II (Boase, Academy, 29 avril).

HICKS. *A manual of Greek inscriptions* (Wolfe Capes, Academy, 29 avril).

FUNK. *Opera PP. apostolicorum,* t. II (Wirthmüller, Literarische Rundschau), 1ᵉʳ mai).

QUARESMIUS. *Terrae Sanctae elucidatio,* nouvelle édition de Venise (Schegg, Liter. Rundschau, 1ᵉʳ mai).

TRUMPP. *Die Religion der Sikhs* (Baudissin, Theol. Literaturzeitung, 20 mai : intéressant, rédigé pour le grand public).

THOMA. *Die Genesis des Johannes-Evangeliums* (R. Weiss, Theol. Literaturzeitung, 20 mai : insensé).

NIRSCHL. *Lehrbuch der Patrologie und Patristik* (A. Harnack, Theol. Literat., 20 mai : ne vaut pas même Alzog).

A. HARNACK. *Die Ueberlieferung der griechischen Apologeten* (A. Harnack, Theol. Literaturz., 20 mai : ce compte rendu, fait par l'auteur lui-même, est exempt de malveillance ; il contient quelques additions et rectifications).

WENCK. *Clemens V und Heinrich VII* (K. Müller, Theol. Literat., 20 mai : important, peu favorable à Clément V).

HORST. *Leviticus XVII-XXVI und Hezekiel* (Baudissin, Theol. Literat., 6 mai : attribue Lev. 17-26 au prophète Ezéchiel).

MATTHES. *Die Edessenische Abgar-Sage* (Lipsius, Theol. Literat., 6 mai).

HILD. *Étude sur les démons dans la littérature et la religion des Grecs* (Decharme, Revue critique, 15 mai : médiocre).

REINACH. *Manuel de philologie classique* (Willems, *Lettres chrét.*, mars-avril).

GASQUET. *De l'autorité impériale en matière religieuse à Byzance* (P. Guiraud, Revue historique, mai-juin).

FREEMANN. *The reign of William Rufus and the accession of Henry the First* (F. York-Powell. Academy, 27 mai).

DAVIDSON. *Rosmini aud his system* (Simcox. Academy, 3 juin).

MONTAGU BURROWS. *Wyclifs place in History* (Isbister. Academy, 6 mai).

ROBERSTON SMITH. *The prophets of Israel and their place in history to the close of the Eighth century* (Cheyne. Academy, 13 mai).

ERRATA. — M. T. de L. n'ayant pu corriger l'épreuve du 1ᵉʳ juillet, on est prié de rétablir ainsi quelques mots mal imprimés : *Graverol,* et non *Graverel; fait* naître, et non *fit;* « et non *et* devant la citation de Moreri ; *lesquels* (appliqué à biographes), et non *lesquelles; fait,* et non *fuit; s'occuperaient,* et non *s'occuperait.*

De même, dans le numéro du 15 juin, article de *M. Paul Viollet,* p. 51, ligne 3, *au lieu de :* à tuer sans intelligence et, *lire :* homicide ; et ligne 4, *au lieu de :* homicide, *lire :* à tuer sans intelligence et.

Le Gérant : E THORIN

BULLETIN CRITIQUE

DE LITTÉRATURE, D'HISTOIRE ET DE THÉOLOGIE

25. — **Histoire nationale des Gaulois sous Vercingétorix,** par Ernest BOSC et L. BONNEMÈRE, illustrée de 160 gravures intercalées dans le texte. 1 vol. in-8°, XVI-466 pages, Paris, Didot, 1882.

Si les auteurs du livre étrange intitulé *Histoire nationale des Gaulois* avaient voulu composer un roman historique, on pourrait dire qu'il n'est pas amusant, et passer à l'ordre du jour ; mais ils ont eu la volonté d'être historiens ; force nous a donc été de lire sérieusement leur œuvre. Le but du livre est expliqué dans la préface : Dans l'université, aussi bien que dans l'enseignement libre, on a exalté César. Pourquoi ? — Parce que, la France vivant sous le joug des tyrans, « il fallait bien « faire aimer à la jeunesse française César, cet odieux despote, afin « d'habituer les esprits à la servitude. » Nous jouissons aujourd'hui d'une société démocratique, les temps ont changé, l'heure de la revanche a sonné (p. VI), MM. E. Bosc et L. Bonnemère vont exécuter César ; c'est ce qu'ils appellent « former le cœur de nos enfants et leur insuffler un « ardent patriotisme (p. VIII). » Laissant de côté les considérations accessoires, qui n'ont rien à faire ici, nous ne pouvons que louer les auteurs de leur intention. Éveiller, réchauffer le patriotisme, ce doit être, en effet, une des principales préoccupations de l'historien national. Mais, quelque légitime que soit cette intention, elle n'autorise pas à dénaturer l'histoire ; la vérité historique bien connue, bien comprise, doit être la base et le fond même du patriotisme.

La première partie du volume est intitulée : *La patrie gauloise.* Existait-il une patrie gauloise ? — Je ne le crois pas. On ne peut pas donner le nom de patrie à une agglomération de quatre-vingts peuples environ, qui n'avaient de commun ni l'origine, ni la langue, ni les institutions, ni même les intérêts. Déchirés à l'intérieur par des dissensions politiques, ils se livraient entre eux à des luttes continuelles, à des rivalités **sans** fin. Les uns imploraient le secours des Romains, les autres celui des Germains ; on les voit délibérer s'il vaut mieux accepter le joug des Romains ou celui d'un des peuples de la Gaule (1). Des partis populaires violents sont habilement exploités par des hommes riches, **pourvus** d'une nombreuse clientèle, désireux d'obtenir le pouvoir suprême, **et** ennemis des Romains, surtout parce que la conquête fait échec à leurs projets ambitieux ; ce fut le principal obstacle que rencontra César. L'idée d'une patrie unique n'avait pas germé chez ces peuples. Aucun lien politique n'existait d'ailleurs pour la favoriser. Cette réunion de toutes les Gaules, dont parle César, fut un fait purement accidentel et non une institution politique ; l'unité religieuse existait probablement davantage, mais, dans aucune circonstance, elle ne suffit à établir l'unité politique.

Chaque peuple n'avait d'autre patrie que son petit territoire, d'autre souci que son indépendance individuelle. Quand ils virent cette indépendance menacée par le désastre commun, quand ils comprirent qu'un effort unanime pouvait seul la sauver, en un mot, quand l'intérêt de chacun d'eux exigea l'union, l'union se fit à la voix de Vercingétorix ; mais ce fut une ligue, et non une patrie. César vaincu, il n'y aurait sans doute pas eu de patrie gauloise, pas plus qu'il n'y eut de patrie grecque après la défaite des Perses. Et encore l'effort est loin d'être unanime : des peuples refusent de répondre à l'appel ; Vercingétorix est obligé d'exiger des otages ; il effraie les timides et les hésitants par des mutilations, des tortures, des supplices cruels ; il règne par la terreur. Sont-ce là les citoyens d'une même patrie, unis dans un même élan contre l'envahisseur ?

L'union cesse subitement après l'échec définitif de celui qui l'avait faite. Un an à peine après la fin de cette guerre, qui n'avait duré que sept années, après cette conquête, la plus prompte et la plus facile de toutes les conquêtes faites par les Romains (2), la guerre civile contraint César à retourner en Italie ; il emmène ses légions ; la Gaule est à peu près dégarnie de troupes romaines et elle ne se soulève pas (3) ! MM. Bosc et Bonnemère se livrent donc à un véritable enfantillage quand ils comparent la Gaule vaincue à la malheureuse et patriotique Alsace (p. xi), quand, à tout moment, il font les rapprochements les

---

(1) Caesar, B. G., I, 17.

(2) Tacite, *An.*, XI, 24 : Si cuncta bella recenseas, nullum breviore spatio confectum quam adversus Gallos. — Cf. Dio Cass. XLIV, 42.

(3) Sur la patrie gauloise, cf. Fustel de Coulanges, *Histoire et institutions politiques de l'ancienne France*, t. I, livre I. — Ernest Desjardins, *Géographie historique et administrative* de la Gaule, t. II, ch. I.

plus étonnants entre la conquête de la Gaule et la déplorable guerre de 1870, entre les soldats romains et les soldats allemands (cf. notamment p. xvi); je crois vraiment que, si on les poussait un peu, ils accuseraient les légionnaires de César d'avoir emporté les pendules des Arvernes.

La partie de l'ouvrage intitulée la patrie gauloise comprend une étude de la religion, des mœurs et usages, de la littérature et de l'archéologie des Gaulois. Que savons-nous des Gaulois?—Bien peu de chose; on se croyait plus savant sur ce point, il y a quelque cinquante ans; aujourd'hui nous connaissons notre ignorance; on est à peine entré, depuis quelques années, dans la voie qui doit nous conduire à une étude vraie et méthodique des peuples celtiques. Zeuss, le premier, en Allemagne (1), et après lui, dans notre pays, MM. Gaidoz et d'Arbois de Jubainville, ont donné aux études celtiques un caractère vraiment scientifique. Tout cela est non avenu pour MM. Bosc et Bonnemère. Ce qu'ils ont pu ramasser de vieilles légendes sur les Gaulois, sur les druides et leur doctrine, ils l'ont pieusement recueilli, revu, refondu, et surtout enrichi considérablement. Nous apprenons avec stupeur qu'il y a toujours eu des druides, au moyen âge comme dans l'antiquité, qu'il en existe encore au xixᵉ siècle, en l'an de grâce 1881, que M. Bosc les a vus, que nous les verrons aussi, si nous voulons aller dans le département de Saône-et-Loire (p. 7 et suiv.). Prendre le chemin de fer pour aller voir des druides, quelle pure et douce jouissance archéologique !

Les usages conservés dans nos campagnes, certaines fêtes du christianisme, Noël, la Toussaint, par exemple, les œufs de Pâques, les pardons de Bretagne, tout cela provient des Gaulois, ou offre avec leurs coutumes et leur religion, de frappantes similitudes; les fiançailles dans la maison d'un chef, les cérémonies du mariage et des funérailles, l'exécution d'un criminel, étendu sur un dolmen et poignardé par une druidesse, au milieu d'un décor d'opéra comique (fig. 17), la législation, tout cela nous est expliqué en détail. Les monuments mégalithiques, dolmens, menhirs, cromlechs, etc.., sont encore, pour nos auteurs, des monuments celtiques.

Nous avons aussi une littérature gauloise. Les chants, recueillis par M. de la Villemarqué, sous le titre de Barzaz-Breiz, sont Gaulois; les guerriers de Vercingétorix les chantaient en marchant au combat ! Or, on sait que ces hymnes, de composition non pas antique mais moderne, souvent même contemporaine, sont une œuvre littéraire recommandable par bien des côtés, mais rien de plus; mais MM. Bosc et Bonnemère adoptent comme gaulois tout ce qui est breton, langue, coutumes

(1) Zeuss, *Grammatica Celtica*, édition Ebel, 1872.

anciennes, costume même et broderies des vêtements. Au vᵉ et viᵉ siècle de notre ère, des émigrants venus de l'île Bretagne, apportèrent dans notre Bretagne, sur laquelle avaient passé plusieurs siècles de domination romaine et les invasions, la langue bretonne. Le breton qu'on parle aujourd'hui n'est plus le breton de ces émigrants, et leur breton n'était déjà plus le gaulois. C'est en Irlande, là où les Romains ne se sont pas établis, qu'il faut chercher les traces des anciens usages ; c'est aux écrits en vieil irlandais du viiiᵉ et du ixᵉ siècle, que les celtisants modernes, avec les méthodes rigoureuses de la science philologique, s'efforcent d'arracher ce qu'on peut retrouver des formes de la langue celtique (1). Quelques essais de restitutions grammaticales encore à leur début, des textes lapidaires inexpliqués, des listes de noms recueillis sur des fragments céramiques, sur des ex-voto ou sur des monnaies, quelques noms géographiques qui ont résisté au temps, un petit nombre de mots conservés par les auteurs anciens, voilà tout ce que nous savons de la langue des Gaulois. Les auteurs de l'*Histoire nationale* ne semblent pas s'en douter. Ces arides études philologiques leur sont complètement inconnues : on en a pour preuve le chapitre pompeusement intitulé : *Littérature et poésie celtiques !*

Pour l'archéologie nous sommes mieux partagés. Le temps, qui modifie et renouvelle les langues et les usages, respecte souvent les objets matériels. Des fouilles nombreuses et importantes ont mis au jour bien des monuments de l'époque gauloise. Nous regrettons que MM. Bosc et Bonnemère aient laissé échapper l'occasion d'exposer, dans un chapitre instructif et intéressant, les résultats de ces découvertes. Ils se sont contentés de réunir et de dessiner, pêle-mêle et sans critique, une petite collection où les objets dits préhistoriques, gaulois, grecs, galloromains, mérovingiens, se coudoient dans une touchante et peu scientifique fraternité.

La deuxième partie, intitulée *Guerre des Gaules*, contient un récit détaillé de la lutte soutenue par Vercingétorix contre César. Le but des auteurs est d'établir un parallèle entre César et Vercingétorix. César, d'ailleurs peu recommandable par bien des côtés, n'est pas flatté : C'est un odieux despote (p. viii), une âme basse dans un corps vil (p. 205), il n'agit que par intérêt (p. 188, 196, 195), il est impie (p. 193, 194, 325), athée (455), hypocrite (p. 262, 269), d'une profonde *perversion* (188), immoral au premier chef, méritant, avec toute la société romaine, le feu qui brûla Sodome et Gomorrhe (192), voleur (193, 194), fou de luxe (194), agissant méchamment sans nécessité (233), ayant la soif d'emballer les

---

(1) Cf. d'Arbois de Jubainville, *Études grammaticales sur les langues celtiques*, chapitre I.

objets conquis (233), achetant les fonctionnaires (194), croyant à son étoile (194), mais pas à l'immortalité (195), disant comme plus tard Louis XV « après moi le déluge » (195), ayant la prétention d'être infaillible (344) parce qu'il se croyait de race divine (319), ayant voulu être souverain pontife pour avoir entre ses mains le pont du Tibre « dont l'anéantissement ou la conservation pouvait lui être utile à un moment donné » (193)! ayant voulu être de tous les colléges de prêtres « pour dominer les consciences » (193), soignant ses mises en scène (255), horriblement cruel (426), d'une basse férocité qui éclate dans toute sa hideur (210), menteur (254, 117, 176, 264, 270... etc., c'était, à n'en pas douter, son défaut dominant), haineux, vindicatif (442), d'une extrême susceptibilité (260). « Ce qui reste à l'actif de César, c'est un « talent d'orateur incontestable, un génie littéraire de premier ordre. « *Nous faisons nos réserves quant à son génie militaire* (p. 196). » Enfin, pour conclure : « Le dictateur romain ne fut pas seulement le « fléau de son époque, il fut celui de tous les temps. Les rois, les empe- « reurs de tous les pays, l'ont sans cesse pris pour modèle. Aujourd'hui « encore que voyons-nous en Allemagne, en Autriche, en Russie ? Des « souverains dont le titre officiel dérive du nom même de Caesar, « *Kaïser* et *Tzar* (p. 198)! » Que César est coupable !

Pour ce qui concerne Vercingétorix, les auteurs ont, sans aucun doute, retrouvé des notes intimes dans lesquelles, le héros lui-même a exposé ses sentiments ; on ne peut s'expliquer autrement cette abondance de renseignements nouveaux pour l'histoire.

« La mère de Vercingétorix était une de ces vaillantes femmes qui « suivaient leurs maris et leurs fils dans toutes les expéditions ; aussi, « quand l'enfant vint au monde, elle appuya, suivant la coutume, sur « ses lèvres, la lame froide et unie du glaive de Keltil (p. 184). » Il dut connaître le latin et peut-être le grec (p. 184); il reçut une éducation laïque : « Keltil (son père) devait savoir parfaitement ce que valaient « les druides..., il est donc plus que probable qu'il ne leur confia pas « l'éducation de son fils. Vercingétorix dut être instruit par un barde « (p. 184). » Il était fort pieux, il avait foi dans le maître de l'univers avec lequel il conférait seul à seul « sous la voûte épaisse des bois ou « par l'intermédiaire des âmes des guerriers morts pour la patrie. » Il n'y a là rien qui doive nous surprendre : « Jeanne d'Arc écoutait « bien ses voix, nous pouvons donc bien admettre que Vercingétorix « avait, lui aussi, des visions (p. 185). » « Il eut, sans contredit, cédé le « commandement suprême à un plus digne que lui, s'il se fût rencontré « (p. 195)! » Il supporta avec une constance admirable un martyre de six années que César n'eut jamais pu endurer (p. 195).

Vercingétorix « contient ceux qui hésitent par la rigueur des châti-

« ments, une faute grave est punie par le feu ou la torture ; pour d'autres
« plus légères il fait couper les oreilles et crever les yeux, et renvoie
« alors les coupables, afin que la grandeur du supplice avertisse et effraye
« les autres (César, *De bello Gallico*, VII, 4). » C'est ce que les auteurs
appellent « profiter habilement de l'enthousiasme des premiers jours
« pour faire régner dans son camp une sévère discipline (p. 215). » A
Avaricum il veut abandonner sans défense la multitude des femmes et
des enfants qui s'étaient réfugiés dans la place, mais cela s'explique :
Vercingétorix « a le souverain mépris de la mort. La tombe est pour
« lui une porte par laquelle il faut passer pour entrer dans une exis-
« tence meilleure. A tout prendre, ceux qu'il condamnait à la mort
« étaient donc plus heureux que lui, qui naguère était en butte aux
« soupçons les plus injurieux. Il devait ainsi raisonner, c'est ce qui
« explique son peu de sollicitude pour les femmes et les enfants
« (p. 272). » Les femmes gauloises goûtèrent d'ailleurs fort peu ces considérations ; par leurs cris elles donnèrent l'éveil aux Romains et rendirent
impossible le départ des guerriers. Mais elles aussi ont leur excuse : « Les
Gauloises d'Avaricum eussent peut-être été stoïques pour elles-mêmes,
elles tremblèrent pour leurs enfants..... Vercingétorix céda devant leurs
larmes. » C'est d'un bon cœur ; César cependant donne une autre raison : « Les Romains étant avertis par les femmes « perterriti Galli ne
ab equitatu Romanorum viae praeoccuparentur, consilio destiterunt
(B. G., 7, 26). »

Les auteurs étudient ensuite les commentaires de César dans le plus
grand détail. Ils ont tort de dire que l'ambition seule arma César contre
la Gaule. La conquête de ce pays était, pour l'empire romain, une nécessité politique. Négligée par les Romains, la Gaule serait devenue la proie
des barbares ; les Helvètes avaient brûlé toutes leurs villes pour aller
s'établir vers l'ouest ; les Germains avaient commencé à franchir le
Rhin. La Gaule n'eut pas tardé à être envahie par un flot de barbares ;
puis, envahisseurs et Gaulois, se seraient rués pêle-mêle à la conquête
de l'Italie. Les invasions, au lieu d'être contenues comme elles l'ont été
longtemps par les armées romaines, auraient eu lieu cinq siècles plus
tôt, et la civilisation y eut péri. Plus tard, les hordes d'envahisseurs
ne parvinrent pas à détruire entièrement la puissante organisation
romaine. Elles ranimèrent ce grand corps qui commençait à se décom-
poser, elles le rajeunirent, lui infusèrent un sang nouveau et généreux, et, le christianisme aidant, une société nouvelle se forma peu à
peu, d'où est sortie la nôtre, encore toute imprégnée des mœurs, des
usages, de l'esprit de l'antique civilisation. L'œuvre de César ne fut donc
pas funeste pour l'humanité, au contraire.

Dans le récit de la conquête, les auteurs prennent à tâche de démasquer les « mensonges » de César et de réparer ses « manques de mémoire. » A tout moment ils redressent ses récits, et le prennent, qu'on me pardonne l'expression, la main dans le sac. Il est aisé de deviner quels doivent être les curieux résultats d'un semblable procédé, employé par des auteurs définitivement brouillés avec la critique, et en proie à une idée fixe et préconçue. Nous n'essaierons pas de les suivre dans le détail, ce serait trop long ; on trouvera pages 310, 319, 320, 338, 346, 363, 411, 412, 437, et un peu partout dans le livre, de curieux exemples de leur méthode historique.

Dieu me garde d'avoir voulu rabaisser Vercingétorix. Je crois qu'il cherchait, avant tout, le pouvoir ; mais son courage, sa grandeur d'âme, ne peuvent être niés. A ces qualités, je veux bien, comme MM. Bosc et Bonnemère, mais avec de fortes réserves, reconnaître en lui « le premier des Français, » je veux bien dire avec eux « gloria victis, » mais je ne puis m'associer à leur lyrisme : « Il faut que la montagne de Gergovie « devienne sacrée pour tous les Français. Il faut qu'elle soit un lieu de pè- « lerinage national ; car ce héros de vingt ans qui se nomme Vercingéto- « rix, est le grand saint de la Gaule (p. 323.)—Vercingétorix est pour nous le « Christ national. Entre le dernier jour du fils de Marie, et le dernier jour « de ce jeune brenn de trente ans, n'y a-t-il pas de l'analogie ? Tous deux « n'ont-ils point monté au Calvaire au milieu des insultes de la foule ?

« Le Christ a dit : Mon père, pardonnez-leur, car ils ne savent ce qu'ils « font, en parlant des Juifs qui l'outrageaient et qu'il était venu pour « sauver. Vercingétorix, dont le Dieu suprême était le devoir austère, en « s'adressant à lui (sic), quand il vit dans les rangs de l'armée qui « suivait le char de son vainqueur, tant de Gaulois, a pu s'écrier : ils « ne savent pas ce qu'ils font (p. 454.) ! » — Ceci n'est plus de la mauvaise histoire, c'est du délire !

D'un bout à l'autre, la valeur scientifique de ce livre, est uniformément nulle ; le précepte d'Horace y a été bien observé :

$$. . . . . \textit{Servetur ad imum}$$
$$\textit{Qualis ab incepto processerit et sibi constet.}$$

Je signalerai une lacune dans cet ouvrage. J'aurais voulu y voir, comme pièce justificative, le fac similé de l'autographe de Vercingétorix, qui figurait dans la collection de Michel Chasles. Ce document aurait jeté un rayon de gaieté sur un livre ennuyeux et monotone, malgré ses sincères aspirations vers l'enthousiasme ; il n'aurait pas contrasté avec l'appareil scientifique mis en œuvre par les auteurs.

Nous ne pouvons terminer sans dire combien vivement on a été surpris que la maison Didot ait prêté à une semblable élucubration l'autorité de son nom illustre et respecté. Présenté par elle, ce livre se

répandra dans la province, **y** pervertira les idées, et nous en revien-
dra, dans quelques années, multiplié par une foule de mémoires dont
les auteurs auront emprunté à MM. Bosc et Bonnemère leur fonds de
connaissance et leurs théories scientifiques. Il est regrettable que les
éditeurs de l'*Histoire littéraire de la France*, du *Gallia Christiana*,
du *Glossarium mediae et infimae latinitatis*, du *Thesaurus linguae
graecae*, de la *Collection des auteurs grecs et latins* et de tant d'autres
ouvrages qui ont fait leur gloire et ont contribué à celle de la France,
aient, dans cette circonstance, été trompés ou insuffisamment rensei-
gnés ; cela ne devrait pas arriver.   H. Thédenat.

---

26. — **Les Cahiers des curés**, étude historique d'après les brochures, les cahiers imprimés et les procès-verbaux manuscrits de 1789,
par Ch.-L. Chassin. Paris, Charavay, 1882. In-12 de 461 p.

Le livre de M. Chassin n'apprendra guère qu'une chose aux infor-
tunés qui en entreprendront la lecture, c'est l'existence même de
son auteur, et d'un auteur, s'il vous plaît, qui peut mettre avec
orgueil sur la couverture de son œuvre nouvelle, l'indication de neuf
volumes ou brochures qu'il a publiés de 1862 à 1880, et dont parmi les
gens qui suivent un peu le mouvement littéraire, ou plutôt le mouvement
de la librairie française, personne à ma connaissance, n'avait jamais ouï
parler.

J'avoue franchement que, le dernier volume lu par acquit de conscience, j'ai compris que le silence se soit fait autour de ses aînés. Les
coreligionnaires politiques de M. Chassin n'avaient aucun intérêt à les
mettre en relief et les partisans des idées qu'il attaque ne pouvaient
raisonnablement prendre la peine de combattre un tel adversaire.

Peut-être ferait-on mieux de continuer ainsi, car en vérité, c'est
perdre absolument son temps que de s'imposer la lecture de 461 pages
filandreuses et mal écrites qui n'aboutissent à aucune conclusion démontrée. Cependant, à travers la phraséologie embrouillée et les lourdes
périodes de notre homme, j'ai cru comprendre que de l'étude du mouvement ecclésiastique de 1789 résultait la possibilité à courte échéance
de la séparation de l'Église et de l'État, car nous sommes discrédités à
tel point qu'on peut sans inconvénient nous laisser l'usage de toutes
les libertés publiques, parce que nous sommes devenus incapables d'en
faire usage. — Oyez plutôt : » Les répulsions instinctives des masses
ont rendu impossibles les retours vers le passé catholique. Devant leur
indifférence tombent toutes les excitations sous prétexte de religion. Ce
qui en d'autres temps eût risqué de produire la guerre civile passe
sans le moindre trouble. Nous ne tarderons guère à posséder le tem-

pérament impassible qu'il faut pour laisser libres les ennemis mêmes de la liberté. Dix années de large instruction suffiront à dégager le peuple des campagnes des religiosités dangereuses. Nous nous engageons de mieux en mieux dans le grand courant de la science expérimentale qui conduit l'humanité, hors du surnaturel, de plus en plus au rebours des rêves mystiques, dans la voie mathématique du progrès infini. »

Avant donc que d'écrire, apprenez à penser,

avait dit Boileau. C'est sans doute pour avoir oublié de faire provision d'idées raisonnables que M. Chassin écrit si mal.

Je pourrais m'en tenir là. On n'est pas obligé à prendre au sérieux des écrivains de cette force. Disons pourtant que *les Cahiers des curés* ne comprennent pas moins de cent onze chapitres répartis en cinq parties : *les trois Clergés; l'Insurrection des curés; la Lutte ecclésiastique dans les assemblées électorales; les Curés et le serment du Jeu de paume; la Constitution civile, le Concordat et la liberté religieuse;* qu'ils sont faits surtout avec des extraits soigneusement triés des pamphlets innombrables composés de 1786 à 1790 par des prêtres sans croyances et des laïques libres penseurs ou jansénistes ; que l'auteur semble avoir voulu prouver qu'il y avait des abus dans l'Église au moment de la Révolution, ce dont personne ne doutait, je crois, et que certains évêques se virent préférer par les électeurs des ecclésiastiques du second ordre, grande découverte historique sans doute, mais qui semble démentir assez directement les assertions de M. Chassin touchant l'effroyable pression exercée sur le clergé inférieur pendant les opérations électorales.

Quant aux accusations passionnées portées par notre auteur contre la foi et les mœurs de l'ancien clergé de France, il est un grand fait historique qui suffit à les réfuter, car il prouve avec évidence que nos pères savaient pratiquer les plus hautes vertus et qu'ils avaient conservé la foi avec un soin jaloux : 134 prélats et 46,000 prêtres ont refusé le serment et ont préféré la pauvreté, l'exil et l'échafaud à l'apostasie. Ces chiffres ont une éloquence contre laquelle prévaudra pas le pauvre factum du sieur Chassin.

Du reste, qu'il se rassure, son œuvre est tout à fait inoffensive ; le public instruit ne la prendra pas au sérieux, car elle fourmille d'erreurs de fait et d'appréciations inadmissibles : quant au populaire, il s'endormira sur la troisième page et ne saura aucun gré à M. Chassin d'avoir pris tant de peine à secouer la poussière d'innombrables brochures justement oubliées.

E. ALLAIN.

27. — Traité de Morale de Malebranche, avec une introduction et des notes, par Henri Joly, professeur à la Faculté des Lettres de Paris, 1 vol. in-12 de xxiv-272 pages. Paris, Ernest Thorin, 1882. — Prix : 3 fr. 50.

Nous ne pouvons mieux faire, pour montrer l'utilité de cette réédition, que de citer les premières lignes de la préface : « Dans une thèse des plus distinguées, soutenue en 1862 près de la Faculté des Lettres de Paris, M. l'abbé Blanpignon parlait dans les termes suivants du *Traité de Morale* de Malebranche : « Écrit d'un style plus soutenu, plus sérieux, mais plus ému que celui de la *Recherche de la Vérité*, ce livre doit être regardé comme un des chefs-d'œuvre de cet auteur et comme un ouvrage excellent. Il est donc à regretter sincèrement que l'éditeur récent des œuvres de Malebranche ait laissé de côté ce beau travail devenu rare, tandis qu'il a réimprimé la *Recherche de la Vérité* dont on avait de nombreuses éditions. C'eût été un véritable service à rendre aux lettres et à la philosophie, que de donner un écrit dont les erreurs ne sont plus à craindre, et où l'on peut puiser de grandes et fructueuses leçons. »

L'importance philosophique du *Traité de Morale* de Malebranche a reçu, depuis cette époque, une consécration en quelque sorte officielle et publique. Le *Traité de Morale* a figuré à mainte reprise, il figure en 1882 sur le programme de l'agrégation de philosophie, parmi les textes à expliquer. Si les candidats ont pu apprécier la valeur du livre, ils ont pu en constater aussi la rareté. Nous n'avons donc pas, ce nous semble, à justifier l'opportunité de la présente réimpression. »

C'est l'édition de Lyon (1707), recommandée par Malebranche dans l'avertissement à l'édition de la *Recherche de la Vérité* de 1712, que reproduit M. Joly. Il y joint en variantes les leçons différentes de la 1re édition (Reinier Leers, Rotterdam, 1684), et de l'édition de Lyon (Léonard Plaignard, 1697), imprimée par les soins de l'abbé de Guignes et recommandée par Malebranche dans l'avertissement à la 5e édition (1710) de la *Recherche de la Vérité*. « Elles sont intéressantes, car elles permettent de se rendre compte des scrupules qu'éprouvaient, chez Malebranche, le théologien, le philosophe et l'écrivain. Nous n'avons pas cru devoir respecter ni l'orthographe, souvent hésitante, ni la ponctuation très compliquée et fatigante par la multiplication des virgules, qu'on trouve dans les éditions du temps. »

Le *Traité de Morale* comprend ce qu'on nomme de nos jours la Morale théorique et la Morale pratique. L'amour de l'ordre, essence de la vertu ; la force et la liberté de l'esprit, qualités nécessaires pour acquérir et conserver cet amour ; les secours de lumière et de sentiments et leurs causes occasionnelles ; les obstacles : sens, imagination, passions ; tel est l'objet de la première partie. La seconde comprend les devoirs envers Dieu, les devoirs sociaux, domestiques, entre personnes égales et envers soi-même.

Dans l'introduction, M. Joly replace l'ouvrage dans le milieu philosophique où il a paru. Descartes, quoi qu'il en ait dit, a tracé le plan d'une Morale ; cette esquisse, Malebranche l'a transformée en un tableau vivant et saisissant. Ce n'est pas toutefois sans dépasser les lignes un peu rigides du maître. A côté, au-dessus du cartésien, il y a en Malebranche le platonicien, ou plutôt l'*augustinien*, et nous nous étonnons que M. Joly ne l'ait pas rappelé. C'est presque une banalité, il est vrai, mais certaines banalités sont bonnes à dire : tant de lecteurs du *Traité de Morale* n'ont jamais ouvert et n'ouvriront jamais, si on ne les y invite, les œuvres du grand docteur !

Signalons aussi une phrase au moins obscure : «... Tout (nous dira Malebranche) se tient dans la nature ; elle est gouvernée par des lois très simples, dont Dieu même ne peut, tant que dure l'ordre actuel du monde, arrêter les effets. » Malebranche, conclura-t-on naturellement, n'admettait donc pas la possibilité du miracle. Or l'illustre oratorien le remarque à plusieurs reprises : bien que Dieu « ne quitte point sans de grandes raisons la généralité de sa conduite, lorsqu'il reçoit plus de gloire en la quittant qu'en la suivant, alors il ne manque jamais de l'abandonner. » (13e Entretien sur la métaphysique, n° IX. Cf. 8e Entret. n° III ; 12e Entret. n° XII ; etc.) M. Joly connaît mieux que nous ces passages ; nous regrettons donc vivement que sa phrase prête à une aussi fâcheuse interprétation.

M. Hébert.

VARIÉTÉ

—

DEUX INSCRIPTIONS RELATIVES AUX FLOTTES D'ÉGYPTE ET DE BRETAGNE

I

M. Schmitter qui recueille, avec tant de constance et de succès, les monuments de l'antique Caesarea, a récemment relevé à Cherchell l'inscription suivante :

TI · CLAVDIO AVG · LIB · EROTI
TRIERARCHO · LIBVRNAE · NI
LI EXACTO · CLASSIS · AVG
ALEXANDRINAE · L · IVLI
VS·C·F·FAB·SATVRNINVS·ET·M·
ANTONIVS · HERACLA · TRIER
HEREDES   EIVS   FECERVNT

Dans *Eroti*, les lettres T et I sont liées.

Ti(berio) Claudio, Aug(usti) lib(erto), Eroti, trierarcho liburnae Nili, exacto classis Aug(ustae) Alexandrinae, L(ucius) Julius, G(aii f(ilius), Fab(ia tribu), Saturninus et M(arcus) Antonius Heracla, trier(archi), heredes ejus fecerunt.

Les différentes mentions contenues dans cette inscription la rendent fort intéressante. On y voit que la flotte impériale d'Alexandrie portait officiellement le titre *Augusta* dès le milieu du premier siècle. L'inscription a été, en effet, élevée à un affranchi de l'empereur Claude, Tiberius Claudius Eros, du vivant même de cet empereur puisqu'il n'est pas appelé *divus* ; elle est donc antérieure à l'année 54.

On peut penser qu'une division de la flotte d'Egypte fut envoyée à Caesarea après la mort de Ptolémée, en l'an 40, ou au moins au commencement du règne de Claude, pour appuyer l'armée romaine pendant les deux années de luttes qui précédèrent la pacification de la Maurétanie (1). Cette division paraît avoir été maintenue sous l'empire en station permanente à Caesarea avec une autre escadre détachée de la flotte de Syrie (2). Plusieurs textes trouvés à Cherchell mentionnent, en effet, l'un un *praepositus classibus* (3), l'autre un *praepositus classis Syriacae et Augustae* (4) ; les fonctions de ces deux praepositi étaient identiques. C'est à ces deux escadres qu'appartenaient probablement les *classici milites* employés, sous Antonin, au percement d'un aqueduc souterrain près de Saldae (Bougie), et connus par une célèbre inscription de Lambèse (5).

L'inscription de Cherchell est le document le plus ancien relatif à la flotte d'Alexandrie. Une autre inscription, récemment découverte à Rome et remontant vraisemblablement à l'époque de Néron, se rap-

(1) Dion Cassius, LX, 9.

(2) Voir E. Ferrero, *Sulle iscrizioni classiarie dell' Africa*, p. 7 (extr. des *Atti della R. Acad. delle scienze di Torino*, 1881).

(3) C. I. L., t. VIII, n° 9363.

(4) C. I. L., t. VIII, n° 9358. Le numéro 9385 du même recueil contient aussi l'épitaphe d'un soldat de la flotte de Syrie, trouvée à Cherchell.

(5) C. I. L., t. VIII, n° 2728.

porte aussi à un affranchi impérial, Ti. Julius Xanthus, commandant en second de la flotte d'Alexandrie, *sub praefectus classis Alexandriae* (1). Ce sont les deux seuls textes mentionnant la flotte d'Alexandrie avant l'année 86, date du diplôme militaire de Domitien délivré à l'un des *classici qui militant in Aegypto* (2)... etc. La création de cette flotte remontait sans doute à la conquête de l'Égypte ; elle devait être la continuation de la flotte royale des Ptolémées.

La *liburna* était un navire à deux rangs de rames, ainsi appelée du nom des *Liburni*, peuple de l'Illyrie, dont les vaisseaux agiles avaient été d'un si grand secours à Octave à la bataille d'Actium (3). Sous l'empire on renonça, dans les flottes romaines, à l'usage des gros et lourds navires du temps de la République, les *hexeres, penteres* ou *quinqueremes* et même les *quadrieres*. La plupart des inscriptions ne mentionnent à l'époque impériale que des *triremes* ou des *biremes* (liburnae). Le mot *liburna* devint même, avec le temps, le terme usité pour désigner toute espèce de navire de guerre (4).

La liburne que commandait Ti. Claudius Eros s'appelait *Nilus*, le Nil. C'est le seul navire de la flotte d'Alexandrie qui soit connu par son nom. Au musée de Naples on conserve l'épitaphe d'un soldat de marine qui faisait partie de l'équipage d'une trirème portant le même nom, *Nilus*, $\overline{\text{III}}$· NILO (5), et appartenant à la flotte prétorienne de Misène. Une inscription conservée à Rome mentionne aussi une trirème de ce nom *Nilus*, appartenant à la même flotte (6) ; les inscriptions de Naples et de Rome se rapportent peut-être au même navire. On sait que suivant un usage emprunté aux Grecs, usage qui est encore appliqué de nos jours, chaque navire dans les flottes romaines était désigné par un nom spécial. Tantôt il portait le nom d'une divinité (*Jupiter, Neptunus, Mercurius, Apollo, Minerva, Venus*..., etc), tantôt un nom allégorique (*Concordia, Providentia, Juventus, Libertas, Triumphus*... etc.), d'autres fois un nom de fleuve (*Danuvius, Euphrates, Nilus, Rhenus, Padus, Tiberis, Ticris*), un nom de ville, d'île ou de peuple (*Athenae, Salamina, Corcyra, Armena, Parthicus, Dacicus*... etc), un nom d'animal (*Taurus, Aquila, Murena*), ou enfin un nom emphatique tiré peut-être des qualités de marche du navire, d'un détail de sa construction, désignant l'emblème peint ou sculpté à la proue (*Pinnata,*

---

(1) *Ephem. epig.*, t. IV, p. 343, n° 926.

(2) Renier, *Dipl. mil.*, n° 48 ; C. I. L., t. III, n° XIII.

(3) Végèce, IV, 33.

(4) E. Ferrero, *L'ordinamento delle armate romane*, p. 25.

(5) Mommsen, I.R.N., n° 2783.

(6) *Ephem. epig.*, t. IV, p. 341, n° 918.

Galeata, Radians, Quadriga, Clupeus, Capricornus, Grypus...etc) (1).

Avant de commander la liburne *le Nil*, Eros avait été *exactus*, c'est-à-dire employé à la comptabilité ou dans l'intendance de la flotte d'Égypte. Le mot *exactus* désigne, à proprement parler, celui qui est employé *ab actis* ou *ex actis*; il a le même sens que *actarius*. Eros remplissait probablement cette fonction avant son affranchissement. On connaît un certain nombre d'*exacti* dans les légions (2); c'est la première mention de ce titre qui se rencontre pour la flotte.

II

On conserve au Musée d'Arles (Bouches-du-Rhône) un fragment d'inscription relatif à un personnage qui avait été peut-être triérarque (?) de la flotte de Bretagne. Cette inscription provient de la collection Jacquemin ; je la crois encore inédite, car elle n'a été utilisée par aucun des historiens de la classis Britannica (3) :

```
. . . . . terENTIVS · SATVRNINVS·EX
trierarchoCLASSISBRITANNICAE·PHI
lippian·naTIONEAFERBIZACINVS · O
. . . . . . .m VNICIPIOSEPTIMIALIBE
ra . . . . . . .YDRITANVSTE. . . . . .
```

L'inscription était entourée d'un cadre. A la ligne 2 les lettres PHI sont liées ainsi que les lettres IB à la ligne 4. A la ligne 5 il semble qu'il y a avant le Y les restes d'un H ou peut-être d'un C.

Comme on le voit c'est l'épitaphe d'un Africain, de la province Byzacène, excellente raison pour la donner en même temps que celle de Cherchell; elle est malheureusement brisée à gauche et en bas et par conséquent incomplète.

. . . [*ter*]entius Saturninus, ex [*trierarcho*]? classis Britannicae Phi[*lippian(ae)*, na]tione Afer Bizacinus o . . . . . [*m*]unicipio Septimia libe[*ra*]. . . .

Le surnom *Philippiana* nous fournit la date même du texte qui ne peut pas être antérieur à l'année 244 de notre ère. Les deux dernières lignes contiennent des mentions géographiques intéressantes pour l'Afrique. Le *municipium* dont la désignation est incomplète, mais qui, d'après son surnom *Septimia libera*, avait un nom à terminaison fémi-

(1) E. Ferrero a donné pour chacune des flottes les listes des noms connus par les inscriptions, *op. l.*, p. 28-31.

(2) *Ephem epig.*, t. IV, p. 431.

(3) Cf. L. Renier, *Mélanges d'épigraphie*, p. 269; Ern. Desjardins, *Géographie de la Gaule romaine*, t. I, p. 364 et suiv.; E. Ferrero, *op. l.*, p. 172-177.

nine, dépendait de la province Byzacène. Le fragment d'ethnique de la dernière ligne pourrait être lu *th*YDRITANVS et se rapporter à Thysdrus quoique la forme régulière soit *Thysdritanus*. Il faut remarquer que si le texte a été véritablement trouvé en Gaule, cette faute est possible ; on aurait plus de peine à l'admettre si l'inscription venait d'Afrique. Ajoutons qu'on trouve la forme « *Thydri* » dans Aurelius Victor (1).

ANT. HÉRON DE VILLEFOSSE.

Ce 15 juin 1882.

CHRONIQUE

La Société paléographique de Londres va faire paraître prochainement : 1° des fac-similés d'inscriptions latino-gréco-phéniciennes de 150 ans avant Jésus-Christ; 2° des manuscrits grecs des XI°, XIII° et XV° siècles; 3° une feuille des fragments du Virgile de Saint-Gall, du IV° ou V° siècle; 4° une inscription runique, du VIII° ou IX° siècle ; 5° une série de chartes latines du XIII° siècle.

— M. Henri PIRENNE publie, en tirage à part, un mémoire sur *Sedulius de Liège*, présenté l'automne dernier à l'Académie royale de Belgique et inséré dans le t. XXXIII des *Mémoires* de cette compagnie savante. Ce travail, exécuté sous la direction de M. le professeur Kurth, à Liège, comprend l'édition de 25 petites poésies de Sedulius, restées inédites après les publications analogues de M. Grosse et de M. Duemmler. Le texte est précédé d'une intéressante notice sur ce poète irlandais de naissance fixé à Liège vers le milieu du IX° siècle, très érudit, et même un peu helléniste, sans oublier l'étude littéraire de son auteur, M. Pirenne s'est attaché particulièrement à mettre en relief importance de ses poésies au point de vue de l'histoire locale de la ville de Liège sous les premiers carlovingiens.

— *L'imprimerie nouvelle* de Pithiviers prépare une réimpression de luxe et tirée à peu d'exemplaires d'un ouvrage devenue presqu'introuvable, l'*Histoire générale des Pays du Gastinois, Senonois et Hurpois*, contenant la description des antiquitez des villes, bourgs, chasteaux, abbayes, églises et maisons nobles desdits pays, avec les généalogies des seigneurs qui en dépendent, par *Dom Guillaume Morin*, grand prieur de l'abbaye royale de Ferrières en Gastinois. L'histoire de Dom Morin formera deux volumes in-4, et sera suivie de notes explicatives et rectificatives.

— La maison E. Leroux met en vente une traduction de l'*Histoire générale de la littérature du moyen âge en Occident* d'EBERT, par J. AYMERIC et J. CONDAMIN. L'ouvrage formera 2 tomes, Tome I. Histoire de la littérature chrétienne latine depuis les origines jusqu'à Charlemagne ; tome II depuis Charlemagne jusqu'à la mort de Charles-le-Chauve. Cet ouvrage paraîtra par livraisons à 1,25. Chaque *volume* formera 8 livraisons.

— Sous ce titre : *Pestilentia in nummis,* Geschichte des grossen Volkskrankheiten in numismatischen Documenten, MM. L. Pfeiffer et C. Ruland viennent de publier à Tubingue (Verlag der H. Laup'schen Buchandlung) une histoire numismatique des fléaux et des remèdes qu'on y a apportés, depuis l'antiquité jusqu'au temps moderne. Les auteurs décrivent des monnaies frappées à l'occasion des famines, comètes, sauterelles, inondations, pestes et préservatifs, de la petite vérole, de l'inoculation, de la vaccine, de la fièvre jaune, du choléra... etc, curieuse et intéressante contribution à l'histoire de la médecine et de la civilisation. Deux planches en héliogravure donnent une excellente reproduction des médailles les plus rares et les plus intéressantes.

(1) *De Caesaribus*, XXVI.

— Le samedi 1er juillet, dans le local de l'Ecole des Carmes, a eu lieu la séance de clôture de l'Ecole supérieure de théologie sous la présidence de S. E. le cardinal archevêque de Paris.

M. le professeur Jovene a lu le rapport sur les concours de l'année, dogme, écriture sainte, histoire ecclésiastique, patrologie, droit canon. Deux premiers prix seulement ont été décernés, celui de théologie à M. Jaud, de Luçon, et celui d'histoire ecclésiastique, à M. Loisy, de Châlons. On a ensuite proclamé les noms des candidats admis aux grades *d'auditeur* (bachelier) et de lecteur (*licencié*) en droit canon et en théologie. Ces derniers sont au nombre de six: MM. Loisy, de Châlons, Lebréquier, de Bayeux, Jaud, de Luçon, Havard, de Chartres, Noël, de Vannes, Laurent, de la société des PP. du collège Stanislas.

— Une députation de l'archevêque grec, du cadi et du mufti ont demandé au gouverneur de Cypre d'établir un musée dans l'île. Le gouverneur a approuvé la demande.

— M. Terrien de la Couperie publie, dans l'*Academy* du 24 juin, une lettre sur l'Accadien et le Sumérien.

— La Société anglaise pour l'avancement des études grecques se propose de publier une reproduction photographique du *Laurentianus* de Sophocle. Ce manuscrit, la meilleure autorité pour le texte, contient dans les marges des scholies de grande valeur. Au point de vue paléographique il est intéressant, car différentes mains y ont écrit du XIe au XVIe ou XVIIe siècle. Le prof. Jebb, de Glasgow, fera une introduction sur la valeur critique du manuscrit, et M. Maunde Thompson, du British Museum, décrira les détails paléographiques.

— La librairie Teubner, de Leipsig, annonce la publication d'un *Traité de la construction de l'ode pindarique* par MORITZ SCHMIDT, et de la correspondance entre A. BOECKH et C. OTFRIED MULLER de 1818 à 1839.

— Le dernier numéro du *Journal of Philology* contient les articles suivants : Remarques sur le Philèbe, par M. Thompson. — Corrections à l'anthologie grecque et à un fragment d'Athénée [Hermesianax], par M. R. Ellis. — Critique de la *Morale d'Épicure* de M. Guyau. — Questions homériques par M. Munro. — Du sens des mots *trilogie* et *tétralogie* par M. Herbert Richards. — Conjectures sur quelques passages d'Aristote et de Théophraste, par M. J. Cook Wilson. — Correction à l'*Agamemnon* et à quelques passages de Catulle, par M. Munro. Enfin une étude de M. Ramsay sur quelques inscriptions de Cilicie, de Cappadoce et du Pont.

— Le *Journal de Genève* du 22 juin contient une étude de M. NAVILLE sur les ruines de Tanis qu'il vient de visiter.

— Des tombeaux étrusques contenant des sarcophages sculptés ont été découverts à Ficomontano près de Chiusi. Une étude sur cette découverte sera bientôt publiée par le prof. HELBIG, dans le *Bulletin de l'Institut archéologique* de Rome.

— Le prof. Gamurrini, qui avait reçu mission du gouvernement italien d'étudier la topographie d'une partie du sud de l'Étrurie, a pu tracer la carte d'un certain nombre de routes anciennes situées entre les lacs *Bracciano* et *Vico*.

— Société d'Archéologie biblique de Londres. — Séance du 6 juin. M. Lund fait une communication sur l'*Époque de Joseph*; Amenhotep IV est, d'après lui, le pharaon de la famine. M. Villiers Stuart communique un dessin colorié du canopé funéraire découvert récemment à Thèbes. Le prof. Sayce envoie à la Société un mémoire sur les inscriptions Hittites, et une lettre sur les noms de nombre en sumérien et en accadien.

— Le second fascicule des *Analecta Bollandiana* vient de paraître. Il contient: 1° une vie de saint Ansbert de Rouen ; 2° des actes grecs de saint Cyr et sainte Julitte; 3° une vie de saint Pol de Léon, écrite en 884, à Landévennec, par un moine appelé Wormonoc; on y trouve quelques mots bretons avec des explications de l'hagiographe ; ce texte est édité ici par dom Plaine: 4° deux nouveaux textes de la Passion de saint Vincent, avec un récit de la translation de ses reliques de Valence à Lisbonne, au XIII° siècle ; 5° vie et miracles de saint Dominique de Sora ; 6° documents sur le b. Odon de Novare, chartreux. — A propos du texte grec relatif à saint Cyr et à sainte Julitte, lequel ne remonte pas au delà de Justinien, je dois exprimer les mêmes regrets que m'avait inspirés une publication analogue dans le fascicule précédent. On a tort de s'acharner à reproduire les fautes d'accent, itacismes et autres incorrections orthographiques de manuscrit. Le devoir d'un éditeur est de nettoyer son texte et de le rendre lisible. A quoi bon d'ailleurs ce scrupule d'exactitude ? Jamais on ne reproduira le manuscrit tel qu'il est ; la séparation des mots, la disposition des majuscules et des alinéas sont des choses bien plus importantes qu'un esprit rude mis pour un esprit doux ; et cependant on doit se résigner à les négliger. Le procédé employé ici est propre à empêcher la lecture du texte grec, rendre illisible pour qui n'est pas paléographe, et à imposer celle de la version latine. Le mieux est l'ennemi du bien.

— Dans un très intéressant article de la *Revue historique* M. C. JULLIAN, membre de l'Ecole française de Rome, étudie les origines de la réforme provinciale attribuée à Dioclétien. Il montre que Dioclétien a institué un bien plus petit nombre de provinces qu'on ne le croit communément. Sauf en Asie Mineure, le travail de subdivision des anciennes provinces était fort avancé à la mort d'Aurélien. Cette subdivision n'a eu rien d'arbitraire ; elle a été souvent un retour aux anciennes circonscriptions des pays, modifiées après la conquête romaine. Rien de commun entre cette réforme et le bouleversement introduit par l'Assemblée nationale (M. Jullian dit à tort la Convention) dans la substitution des départements aux anciennes provinces françaises.

— Le dernier numéro des *Mittheilungen* de la Société d'histoire et d'archéologie de Bâle, est entièrement rempli par un mémoire sur le théâtre romain d'Augusta Raurica (Augst), accompagné de cinq illustrations.

— Une exposition de livres et de manuscrits hongrois vient de s'ouvrir à Buda-Pesth ; le plus ancien spécimen d'écriture hongroise est *la prière des morts*, conservée sur un manuscrit latin du XIII° siècle. Parmi ces livres figurent soixante-trois volumes provenant de la bibliothèque de Mathias Corvin. Plusieurs de ces volumes ont été récemment rendus par le dernier sultan.

SOCIÉTÉ NATIONALE DES ANTIQUAIRES DE FRANCE. — *Séance du 14 juin* 1882. M. de Barthélemy lit une lettre de M. Jacob relative à un cippe gallo-romain découvert à Bar-le-Duc, et dont la face principale porte, en haut relief, un enfant nu tenant un oiseau. M. Schlumberger lit une notice sur la vie et les travaux de M. de Longpérier ; cette notice, à laquelle est jointe une bibliographie complète des mémoires et articles si nombreux publiés par M. de Longpérier, sera insérée dans le *Bulletin* de la Société.

ACADÉMIE DES INSCRIPTIONS ET BELLES-LETTRS. — *Séance du 9 juin.* — Le siège de M. Guessard, membre ordinaire décédé, est déclaré vacant. Le premier prix *Gobert* est décerné à M. VIOLLET, pour son édition des *Etablissements de Saint-Louis* ; le second à M. GODEFROY, pour son *Dictionnaire de l'ancienne langue française*. Le prix *Stanislas Julien* n'est pas décerné ; MM. DE ROSNY et IMBAULT-HUART ont chacun une récompense de 750 francs. Le prix *Bordin* n'est pas décerné ; une récompense de 1,500 francs est accordée à l'auteur du mémoire déposé. L'auteur du mémoire récompensé dans le concours du prix *Ordinaire* est M. JEAN BONNARD. M. MILLER lit la dernière partie du mémoire de M. Ch. ROBERT sur *Gondovald et les monnaies de la Gaule au nom de Maurice Tibère*. Le nom de Maurice Tibère a été mis sur ces monnaies uniquement pour les accréditer, la cour de Byzance n'y est pour rien. C'est un exemple d'un usage établi. On a des monnaies mérovingiennes au nom de Justin II et des autres prédécesseurs de Maurice Tibère. M. DELOCHE fait observer que, avant Maurice Tibère, il y avait eu complète interruption du monnayage impérial. Pourquoi reprend-il sous Maurice Tibère ? La tentative de Gondovald est la seule explication possible. Il répondra plus longuement quand M. Ch. Robert fera la seconde lecture de son mémoire. M. RENAN présente, de la part de M. ALBERT DUMONT, les premières feuilles d'un recueil de vues photographiques de la mosquée de Kairouan. Ce monument est un magnifique spécimen de l'architecture arabe primitive. Il doit avoir été construit au commencement du IX° siècle de notre ère ;

une des inscriptions donnera peut-être la date précise. M. MILLER propose des corrections importantes au texte d'une inscription grecque de Paros, publiée par M. Martha (*Bulletin de corresp. hel.*, avril 1882). C'est l'épitaphe d'Acrisius de Paros ; il avait été juge à Mylasa, et il y était mort. Son fils, après lui avoir succédé pendant quelque temps, avait rapporté ses cendres à Paros. M. MILLER lit ensuite la traduction de fragments, d'Elien qu'il a retrouvés dans un manuscrit. Ce sont des historiettes : Démanassa, reine de Cypre (inconnue jusqu'à ce jour), avait porté trois lois : La femme adultère devait avoir les cheveux coupés et être livrée à la prostitution, les suicidés devaient être privés de sépulture, celui qui tuait un bœuf devait être condamné à mort. Cette reine avait une fille qui fut surprise en adultère, et deux fils dont l'un se suicida et l'autre tua un bœuf ; la loi leur fut appliquée, et Démanassa se composa une épitaphe où elle déplorait son malheur. — Le fils de Fabius disait : « Attaquons Hannibal, nous ne perdrons pas plus de 100 hommes. — Veux-tu être parmi les 100, lui répondit son père ? » Voyant une femme emportée par un fleuve, Diogène dit que c'était une mauvaise chose, emportée par une mauvaise chose, d'une mauvaise façon (τὸ κακὸν φέρεσθαι ὑπὸ κακοῦ κακῶς). Un autre anecdocte est intéressante parce qu'elle donne des renseignements sur le prix des choses à Athènes. — *Séance du 16 juin.* — MM. EUGÈNE RÉVILLOUT et SÉNART posent leur candidature à la place de membre ordinaire laissée vacante par la mort de M. GUESSARD. L'Académie se forme en comité secret pour entendre l'exposé des titres des candidats. M. DE GRANDMAISON, archiviste d'Indre-et-Loire, fait une communication sur des fragments de chartes qu'il a découverts dans les reliures des registres de l'état civil d'un certain nombre de communes du département. Ces chartes, enlevées de l'abbaye Saint-Julien de Tours à la révolution, avaient été transportées au dépôt des archives départementales, où on les avait volées en 1830. Un relieur s'en est servi pour relier les registres en question. En rapprochant les fragments on a pu reconstituer un certain nombre de chartes. Beaucoup d'entre elles remontent au x⁰ siècle ; plusieurs, une entre autres de 940, sont .signées du nom de l'archevêque Théotolon, qui écrivait son nom en caractères grecs ; deux ont été signées par Hugues Capet avant son avènement ; plusieurs, même de la fin du x⁰ et du commencement du xⁱ⁰ siècle, portent des notes tironiennes, particularité propre aux chartes de la Touraine.

H. THÉDENAT.

PUBLICATIONS DE LA QUINZAINE. — A. BELLENGER. A travers l'Italie, souvenirs de voyages, in-18, Paris, Roger et Chernoviz. 3 fr. 50. — P-A. SENGLER. Théâtre choisi de Corneille, in-12, Paris, J. Lefort, 4 fr. — DUC D'ALMAZAN. La Guerre d'Italie, campagne de 1859, in-8, Paris, E. Plon, 8 fr. — V. LAFERTÉ. Alexandre II, détails inédits sur sa vie intime et sa mort, in-18, Paris, Ghio, 4 fr. — CHRISTIAN DE TROGOFF. L'Instruction publique en France, in-16, Paris, Ollendorff, 1 fr. — HENRI ROZY. L'Enseignement civique à l'Ecole normale, in-12, Paris, Delagrave, 3 fr. 50. — A. BRACHET. Al misogallo signor Crispi, à propos de l'Italie qu'on voit et de l'Italie qu'on ne voit pas, in-8, Paris, Plon, 3 fr. — A. JURIEN DE LA GRAVIÈRE. La Marine d'autrefois, 2ᵉ édition augmentée, in-18. Paris, Plon, 3 fr. 50. — A MARIETTE-PACHA. Le Serapeum de Memphis, publié d'après le manuscrit de l'auteur par G. Maspero, tome I, petit in-folio, gravures dans le texte, 2 plans, atlas de 5 planches. Paris, Vieweg, 50 fr. — W. BEREND. Les principaux monuments du musée Egyptien de Florence, première partie, stèles, bas-reliefs et fresques, petit in-folio orné de 10 planches en photogravure. Paris, ibid., 50 fr. — J. N. MADVIG. L'Etat romain, sa constitution et son administration, traduit par Ch. Morel, tome I. in-8. Paris, ibid, 7 fr. 50. — MOTTLEY. La Révolution des Pays-Bas au xvⁱ⁰ siècle. Fondation de la république des provinces unies, tome I. in-18, Paris, Marpon et Flammarion, 3 fr. 50. — F. C. DREYFUS. Les Budgets de l'Europe et des Etats-Unis, in-18. Paris, ib., 4 fr. — L. DE FRISSAL. Des Justices seigneuriales parlementaires. Une Seigneurie coloniale, in-18, Paris, ibid., 2 fr 50. — POLYDORE VACQUIER. Numismatique des Scythes et des Sarmates in-8, 1 planche, Paris, Firmin-Didot, 42 fr. — T. H. S. ESCOTT. L'Angleterre, le pays, les institutions, les mœurs, 2. vol. in-8, Paris, Maurice Dreyfous, 16 fr. — SÉBILLE. Saint-Sernin-du-Bois et son dernier prieur. J.-B. de Salignac-Fénelon, in-8, avec gravures, etc. Paris, J. Gervais, 7fr. 50, — MARY LAFON. Histoire littéraire du midi de la France, in-8, Paris, Reinwald, 7 fr. 50. —M. FISCHER, K, Geschichte der neueren Philosophie. 3. Bd.. Immanuel Kant u. seine Lehre. 1. Thl. Entstehung u. Grundlegg. der krit. Philosophie. 3 Aufl. München, Bassermann. 11 M. — NIESE, B., die Entwickelung der homerischen Poesie. Berlin, Weidmann. 7. M. — HANDBUCH der theologischen Wissenschaften in encyklopädischer Darstellung m.besond. Rücksicht auf die Entwicklungsgeschichte der einzelnen Disciplinen, hrsg. v. O. Zockler. (In 6 Halbbdn.) 1 Halbbd. Nördlingen, Beck. 5. M. 50. — HEPPE, H., christliche Ethik. Hrsg. v. A. Kuhnert. Elberfeld. Friedrichs. 3. M. — Christliche Sittenlehre Hrsg. v. A. Kuhnert. Ebd. 2. M. 40 — HOFFMANN, F., philosophische Schriften. 8. Bd. Erlangen, Deichert. 5. M. — JODL, F., Geschichte der Ethik in der neueren Philosophie. 1. Bd. Bis zum Ende d. 18. Jahrh. e. Einleitg. üb. die antike u. christl. Ethik. Stuttgart, Cotta. 8 M. — KANT'S Reflexionen zur kritischen Philosophie. Aus Kants handschriftld. Aufzeichngn. hrsg. v. B. Erdmann. 1. Bd. 1. Hft. Reflexionem zur Anthropologie. Leipzig, Fues. 4.M. — HEBÉRT (C). — The New Testament Scriptures in the order in which they were written : a very close Translation from the Greek Text of 1611. With brief Explanations. The First Portion : the Six Primary Epistles to Thessalonica, Corinth, Galatia, and Rome, London, Longmanns, in-8, 3 S. — HENRY VIII. Letters and Papers, Foreign and Domestic of the Reign of, preserved in the Public Record Office. Arranged and Catalogued by James Gairdner, in-8, ibid., 15 S. — MONUMENTA FRANCISCANA, vol. 2, being a, further Collection of Original Documents respecting the Fransciscian Order in England. Editd by Richard Howltte. in-8, ibid., half-bound. 10 S.

REVUE DES REVUES

ARTICLES DE FOND.

LENORMANT. — *Tarschisch* (Revue des quest. hist., 1er juillet. — Etude sur le sens du terme Tarsis dans la Bible. Il désigne d'abord les Tyrses (Tyrrhéniens, Etrusques) d'Asie Mineure, puis le midi de l'Espagne et en général les pays de l'extrême occident).

SANDRET. — *Sidoine Apollinaire historien* (Revue des quest. hist., 1er juillet).

VIGUIER. *Le sens de l'orientation et ses organes chez les animaux et chez l'homme.* (L'auteur le rapporte à un sens magnétique devenu la plupart du temps inconscient chez l'homme civilisé, et dont on devrait chercher l'organe dans les canaux semi-circulaires de l'oreille interne.) Rev. philos., juillet 1882.

H. JOLY. — *Psychologie des grands hommes.* (1er article : Préparation du grand homme par la race. 2e article : Préparation par l'hérédité dans la famille.) Rev. philos., avril et juillet 1882.

PAULHAN. — *Les variations de la personnalité à l'état normal.* (C'est le vieux refrain matérialiste : L'unité du moi n'est qu'une apparence.) Rev. philos., juin 1882.

ESPINAS. — *Les colonies animales* (Exposé et critique du fameux ouvrage sur la formation des organismes de M. Perrier). Rev. philos., juin 1882.

G. SÉAILLES. — *Les méthodes psychologiques et la psychologie experimentale,* d'après les récents travaux de M. Wundt. Rev. philos., avril 1882.

Ch. SECRÉTAN. — *Du principe de la morale* (« Agir librement comme partie d'un tout solidaire »). Rev. philos., janvier, mars, avril 1882.

PAULHAN. — *La Renaissance du matérialisme* (André Lefèvre ; Dr Letourneau ; de Lanessan. « Une refonte du système est indispensable, » avoue M. P.) Rev. philos., mai 1882.

TANNERY. — *Anaximandre de Milet.* (Sa vraie pensée sur l'ἄπειρον et sa théorie de l'origine du monde.) Rev. philos., mai 1882.

RIBOT. — *Travaux récents sur la psychophysique.* Rev. philos., mai 1882.

COMPTE-RENDUS

LOUIS LIARD. — *Descartes* (V. Brochard, Rev., philos., juillet 1882).

CHARLTON BASTIAN. — *Le cerveau organe de la pensée chez l'homme et chez les animaux* (Anonyme. Rev. philos. Juillet 1882.)

WUNDT. — *Die Aufgaben der experimentelle Psychologie;* (Ribot; Rev. philos., juin 1882).

ROBINET. — *La philosophie positive* (Debon; Rev. philos., juin 1882.)

RENARD. — *L'homme est-il libre?* (Debon; Rev. philos., juin 1882.)

V. EGGER. *La parole intérieure.* (V. Brochard; Rev. philos., avril 1882.)

Mme CLÉMENCE ROYER. — *Le bien et la loi morale.* (Anonyme; Rev. philos., avril 1882.)

FUNK. — *Opera patrum apostolicorum* t. II. (Harnack, Liter.-z., 17 juin.)

PASTOR. — *Die Kirchlichen Reunionsbestrebungen während der Regierung Karls V* (Brieger, Theol. Lit.-z. — valeur moyenne).

Acta et decreta SS. Conciliorum recentiorum. Collectio Lacensis t. VI (Scherer, Literarische Rundschau, 15 juin).

GILLES. — *Histoire ecclésiastique des églises vaudoises de l'an 1160 à l'an 1643* (Muston, Revue critique, 29 mai).

EGGER. — *La parole intérieure* (Huit. Lettres chrétiennes, mai-juin).

MUTEAU. — *Les écoles et collèges en province jusqu'à 1789* (Allain, Lettres chrétiennes, mai-juin : indigeste factum).

ZANGEMEISTER. — *Pauli Orosii historiarum libri VII* (Jullian, Revue critique, 5 juin : excellent).

BREDENKAMP. — *Gesetz und Propheten* (Stade, Theol. Lit.-z, 3 juin : éreintement).

HILGENFELD. — *Hermae Pastcr* (Harnack, Theol. Lit.-z, 3 juin: rejette l'hypothèse d'Hilgenfeld qui distingue dans le Pasteur l'ouvrage de trois Hermas différents).

MOUFANG. — *Katholische Katechismen des 16 jahrunderts* (Liter. Rundschau, 1er juillet).

KLEINERMANNS. — *Der hl. Petrus Damiani* (Funk, Liter. Rundschau, 1er juillet).

— *Della missione a Roma di Antonio Rosmini — Servati* (Hettinger, Liter. Rundschau, 1er juillet).

T. MOZLEY. — *Reminiscenses chiefly of Oriel college and Oxford movement* (Mark Pattison. Academy, 1er juillet).

Le Gérant : E THORIN

BULLETIN CRITIQUE

DE LITTÉRATURE, D'HISTOIRE ET DE THÉOLOGIE

28. — **Novum Testamentum graece** recensionis Tischendorfianae ultimae textum cum Tregellesiano et Westcottio-Hortiano contulit et brevi annotatione critica additisque locis parallelis illustravit Oscar de Gebhardt, editio stereotypa; Leipzig, B. Tauchnitz, 1882 ; 1 vol. in-8° de xii-492 pages.

Les personnes qui auront eu la patience de lire ce long titre sont déjà renseignées sur le contenu du livre. C'est le texte grec du Nouveau Testament d'après la troisième édition Tauchnitz, c'est-à-dire d'après la dernière édition (*ed. VIII critica major*) de Tischendorf. On a mis en note les variantes des éditions de Tregelles et de Westcott-Hort (*Bull. critique*, t. II, p. 323), mais non pas celles des manuscrits, des versions et des Pères. De cette façon, le travailleur a sous la main, dans un volume de format commode, un texte dont il ne peut sans doute vérifier tous les détails d'après les témoins directs, mais sur lesquels il peut toujours savoir : 1° s'il y a ou non accord entre les critiques sur telle ou telle leçon ; 2° quelles sont les opinions des plus considérables d'entre eux sur le point discuté.

Cependant l'éditeur n'a pas voulu exclure entièrement l'appareil critique. On trouve à la fin du volume un appendice de 36 pages contenant un choix de variantes et autres témoignages anciens relatifs aux passages les plus intéressants. Cet appareil est emprunté, comme le texte lui-même, à la 8e édition critique de Tischendorf.   **L. D.**

29. — **Geschichte der römischen Literatur** (*Histoire de la Littérature romaine*), von D*r* Rudolf Nicolaï : Gr. in-12, XVIII-913 pages ; librairie Heinrichshof, à Magdebourg : prix : 12 m (15 frcs).

Après le savant ouvrage de W. Teuffel, c'était une lourde tâche à entreprendre que d'écrire une nouvelle histoire de la littérature romaine. M. Nicolaï n'en a point eu peur : depuis quelques mois son ouvrage, qui paraissait par livraisons, est terminé : on peut juger de l'œuvre dans son ensemble.

En France, quand nous étudions une littérature, le côté esthétique nous attire souverainement. Si nous négligeons volontiers les détails relatifs aux manuscrits et aux éditions, nous sommes curieux de pénétrer dans l'intime de chaque œuvre littéraire. Nous allons tout droit à la psychologie, surtout à la psychologie morale de l'écrivain : de la connaissance de l'auteur, nous tirons l'intelligence de ce qu'il a écrit. Cette critique, qui s'allie si bien à nos qualités d'esprit, est peut-être au fond la meilleure : elle fait entrer notre âme dans une atmosphère intellectuelle différente de celle où elle se meut : et pourtant, malgré les variations de température, qui tiennent aux influences du sol, de la race, du *milieu* et de l'éducation, nous finissons par nous retrouver dans ces écrivains étrangers : sous le voile mobile des circonstances extérieures, sous le masque ondoyant des intérêts et des passions, l'homme se révèle enfin, l'écrivain disparaît. Ce résultat obtenu, nous croyons avoir fait de la bonne critique. Sainte-Beuve, Nisard, Taine, sans parler de plusieurs autres, sont des modèles et des maîtres en ce genre.

En Allemagne, la méthode n'est point la même. Ce que la critique recherche avant tout, c'est de dresser un catalogue minutieux et exact des détails bibliographiques qui ont trait à chaque œuvre littéraire. On la juge de moins haut que chez nous : le côté de l'idéal, de l'art, n'a qu'une valeur secondaire pour les savants allemands. Au premier plan ils mettent ce que nous regardons comme choses un peu superflues. Lisez W. Teuffel : la vie de chaque écrivain latin est brièvement racontée : suivent les appréciations qu'ont portées de lui les anciens. La partie capitale se trouve dans la bibliographie, où sont cités les manuscrits, les éditions, les travaux de lexicographie et de grammaire particuliers sur tel ou tel auteur. Rien ou peu de chose, en somme, de l'influence qu'a eue le livre, des questions morales qu'il a soulevées, de l'état social qu'il exprime, des rapports qu'il peut avoir avec un livre de même genre qui le précède ou qui le suive : la philosophie de l'histoire littéraire manque à ce très méritoire ouvrage de Teuffel, qui restera longtemps le dernier mot de l'érudition allemande.

La nouvelle histoire de M. Nicolaï me paraît précisément unir les qualités de la critique française aux qualités de la critique d'outre-Rhin. C'est là son principal mérite.

L'introduction s'ouvre par quelques aperçus intéressants. L'auteur étudie la *caractéristique générale* des Romains, telle qu'elle nous est révélée par leur civilisation et leur tempérament national : les Romains furent un peuple éclectique et sans originalité. Ils surent habilement s'assimiler les nations du Latium, les habitudes et les mœurs de l'Étrurie, la culture hellénique : l'intérêt les guida toujours dans ces successives transformations qui profitaient surtout à l'État. Dans un second paragraphe, Nicolaï recherche les relations qui existent entre la langue et la littérature latines. Pendant près de cinq siècles, Rome n'a point de littérature. Son idiome lourd, grossier, sans rythme, est bon tout au plus à fournir quelques formules de droit, de prière, ou d'éloge sur les tombeaux de grands personnages. La Grèce lui donnera le sens du beau : elle éveillera ce dialecte informe et en fera la langue de Cicéron et de Virgile. Nicolaï termine cette introduction par une bibliographie complète des sources et des travaux relatifs à l'histoire de la littérature romaine : puis il annonce la division de son livre.

L'histoire de la littérature romaine peut se partager en 4 périodes Période archaïque ou de préparation, de 240-81 avant J.-C. (514-673 *U. C.*) ; période classique, âge d'or, de 81 av. J.-C. à 14 après lui : (673-767) ; période classique, âge d'argent, de 14 à 117 après J.-C. (767-870) ; quatrième période : période de décadence, de Marc-Aurèle au commencement du vi⁰ siècle.

La première période comprend-elle même deux époques : l'une qui se termine à Livius Andronicus, l'autre qui aboutit à Cicéron. Dans ces premiers siècles, Rome a tout autre chose à faire qu'à cultiver la poésie et la littérature. Il faut qu'elle s'agrandisse ; c'est le temps où elle combat contre les Samnites, les Étrusques, les Ombriens, la Grande Grèce : elle semble se préparer ainsi, comme par des joûtes simulées avant un duel décisif, à ces redoutables guerres puniques dont elle sortira la maîtresse du monde. Rudesse mâle de l'éducation première, où l'enfant ne quitte les tendresses et le sein maternels que pour s'enrôler dans l'armée ; vie sérieuse, concentrée autour du foyer ; habitudes austères, contractées dans la culture des champs : tels sont les traits de cette esquisse de la Rome primitive. Ennius l'a bien dit :

Moribus antiquis res stat romana virisque...

Puisqu'il y a des fêtes religieuses, il y a aussi des chants : des inscriptions nous les ont conservés. La poésie n'a rien de commun avec ces mélopées qu'on appelle le *chant des Arvales* et *des Saliens*. Nicolaï, à propos des *Tables Eugubines*, ne cite point M. Bréal, qui a reconnu qu'elles étaient écrites en ombrien, et qui les a complètement expliquées. Des chants populaires il ne nous reste que des titres : les Atellanes, les vers fescennins, des chansons d'amour ou de table, les Nénies. Ajoutez des textes de lois, le *jus Papirianum*, avec quelques inscriptions, et vous aurez le bilan de ces premiers essais de la langue latine, qui bégaye péniblement avant de régner un jour sur le monde.

Avec Livius Andronicus et Névius, la Grèce entre dans Rome et s'y installe par une de ces conquêtes dont l'histoire nous offre plus d'une fois le tableau : aux vainqueurs, c'est la nation vaincue qui impose ses modes, ses goûts, sa civilisation et, il faut le dire, ses vices.

Livius Andronicus, né à Tarente, est le premier à importer la culture grecque au sein du monde romain, rude encore et grossier. Affranchi par Livius Salinator, il ouvre une école. Mais comprenant que la vraie méthode pédagogique est de former l'enfant en l'initiant à une langue et à une littérature étrangères, il traduit l'*Odyssée ;* et afin de familiariser davantage les Romains avec les vieux héros homériques, il les fait agir et parler sur le théâtre, dans ces drames : *Achilles, Aegisthus, Equus Trojanus, Ajax Mastigophorus...* Avec Homère, c'est aussi Eschyle, Sophocle, Euripide, qui font leur entrée triomphale dans Rome. Sur ces débuts de l'art dramatique romain M. Nicolaï n'est ni assez net ni assez complet. La principale source de renseignements à ce sujet, c'est Tite-Live (VII, 2). Il est vrai que cet historien semble se contredire. Encore fallait-il montrer, et cela n'était point difficile, que les éléments d'un théâtre existaient à Rome, surtout d'un théâtre gai. M. Nicolaï a eu tort, à mon sens, de séparer ce qu'il dit sur les *Exodia* et les *Atellanae*, de l'histoire des origines du théâtre à Rome. Il eût mieux valu faire voir comment l'art dramatique romain sort des éléments nationaux, suffisants, en somme, pour donner naissance à une littérature scénique bien vivante, du jour où ils ont été comme éveillés par la dramaturgie grecque. C'est donc à une pensée religieuse que Rome obéit en dressant pour la première fois une scène où apparaissent des acteurs. Comme en Grèce, comme en France, au moyen âge, le théâtre s'abrite près du temple, et la dévotion d'un peuple entier imagine ce moyen d'apaiser le ciel en courroux.

Ce qui réussit à Rome, c'est surtout la comédie. M. Nicolaï (p. 93) dit très bien pourquoi la tragédie fut peu en honneur ; surtout il indique très judicieusement les causes qui empêchèrent Rome d'avoir une tragédie nationale : *praetexta...* Avec Plaute, Cœcilius Statius et Térence, M. Nicolaï est plus à son aise. Il caractérise bien le talent de Plaute, qui est *peuple*, et celui de Térence, plus fin, plus aristocratique, plus plaisant et moins comique. N'aurait-on pas pu désirer plus de détails sur les reproches qu'on adressait à Térence de faire des pièces *contaminatae* ? Lorsqu'on a lu les attaques passionnées de M. Mommsen contre Ennius et contre Cicéron, on est heureux de rencontrer dans un Allemand la sympathie pour ces deux écrivains, telle que M. Nicolaï nous la révèle. Peut-être ne dit-il pas sur Salluste et sur Lucrèce tout ce qu'on voudrait lire. Peut-être aussi, en étudiant les œuvres de théorie oratoire de Cicéron, M. Nicolaï aurait-il bien fait de montrer comment le *de Oratore*, le *Brutus* et l'*Orator* s'enchaînent l'un à l'autre ; et aussi de signaler les vues neuves, inconnues avant lui, où Cicéron pressent dans la littérature une force sociale, une gloire véritable, aussi importante pour un peuple que la gloire militaire. Quand M. Nicolaï arrive à Virgile, je ne trouve pas non plus qu'il ait une conscience assez exacte de ce qui fait l'originalité de l'admirable poète, surtout en ce qui regarde l'*Énéide*. Poète exquis, inimitable dans l'art de la versification, Virgile est surtout un archéologue, un érudit consommé, très versé dans les légendes les plus obscures des bourgades de l'Italie : dans ce chaos de traditions il choisit, avec une habileté consommée, celles qui cadrent le mieux avec son plan ; c'est ainsi qu'à force de patience, de travail et d'efforts, il fait de son *Énéide* un poème vraiment national. D'accord avec la presque unanimité des critiques, M. Nicolaï refuse à Virgile la paternité des petits poèmes qu'on lui attribue, tels que la *Copa*, la *Ciris*, le *Moretum*... etc. Mais il ne se prononce point sur l'identité du personnage qui les aurait écrits. M. Nicolaï met Ovide avant Horace. Outre qu'il naquit plus tôt, Horace se rattache par un lien plus étroit à Virgile qu'Ovide. Celui-ci commence la décadence. L'âge d'or de la littérature romaine ne dure que peu de temps. Auparavant, l'esprit grec l'emporte sur l'esprit national : à partir d'Ovide, les défauts de l'inspiration romaine triomphent de l'esprit grec. M. Nicolaï est pourtant trop favorable à Auguste (p. 431 et seq.), et il met trop de complaisance à développer cette pensée de Suétone : *Ingenia sœculi sui omnibus modis fovit.*

L'espace me manque pour suivre M. Nicolaï jusqu'à la fin de son livre, toujours intéressant et parfois original dans ses aperçus. Il analyse les œuvres de la littérature romaine en décadence. Dans un mouvement parallèle ou plutôt opposé, la littérature latino-chrétienne va sans cesse grandissant ; M. Nicolaï n'en dit presque rien : cette partie de son histoire a quelque chose d'inachevé et de mutilé. W. Teuffel a été plus courageux et plus complet que lui.

En somme, ce livre est d'un grand intérêt. Il ne fait point oublier celui de Teuffel : il le complète, et pour les lecteurs de ce côté-ci du Rhin, il aura plus d'attraits même ; c'est que, d'inspiration et de mise en œuvre, il est plus esthétique et plus français.　　　Paul LALLEMAND.

30. — Bulletin trimestriel des antiquités et Inscriptions africaines, recueillies par les soins de la Société de Géographie et d'archéologie d'Oran, et publiées par MM. Poinssot et Demaeght sous le patronage et avec la collaboration de MM. Renier, Renan, Desjardins, Tissot, de l'Institut, Héron de Villefosse, Poulle, Cherbonneau, etc.

En ce moment l'attention des épigraphistes français se tourne naturellement vers l'Afrique ; notre expédition en Tunisie a permis à MM. Cagnat, Delattre, etc., de recueillir un certain nombre de documents nouveaux ; l'Ecole supérieure d'Alger publie un *Bulletin de correspondance africaine* dont nous avons parlé récemment. Voici que la *Société de Géographie et d'Archéologie d'Oran* fait paraître un Bulletin trimestriel d'antiquités et d'inscriptions. Ce Bulletin est véritablement une publication nouvelle, car il ne ressemble en rien à celui que publiait jusqu'ici la Société. Il est conçu dans des proportions plus larges et dans un esprit plus scientifique. La revue est mise sous le patronage d'un certain nombre de membres de l'Institut et de savants épigraphistes. Le but des directeurs du Bulletin semble être celui-ci : demander aux membres de la Société et à leurs amis de rechercher, copier, estamper, photographier les monuments qui sont autour d'eux, publier ces monuments, les étudier et cela sous la direction et avec les conseils des savants les plus compétents. C'est une excellente idée, et cette union ne peut produire que de bons résultats. On aura ainsi une sorte de mission permanente qui ne laissera rien échapper, et chacun pourra profiter des efforts de tous.

Le premier numéro que nous avons sous les yeux contient une préface qui annonce dans quel esprit sera faite la nouvelle publication et la séparation qui existera désormais entre la partie géographique et la partie archéologique du Bulletin, puis une instruction sur les procédés à suivre pour la copie et l'estampage des inscriptions.

Le premier travail est de M. Tissot : ce sont les *Fastes des provinces Africaines*. M. Tissot a extrait d'un travail d'ensemble qu'il prépare sur la Géographie comparée de l'Afrique romaine, la liste chronologique des gouverneurs des différentes provinces africaines : Afrique, Numidie, Maurétanie. Chaque nom est accompagné d'une courte notice sur la vie du gouverneur et suivi de l'indication des sources où sont puisés les renseignements. La partie publiée dans ce numéro regarde la province d'Afrique et s'arrête à P. Attius Varus (An de Rome 699-700 = 55-54 avant J. C.).

Viennent ensuite des études de M. Héron de Villefosse : 1° sur une inscription de Cherchell relative à un triérarque de la liburne le Nil ;

2° sur une inscripton du musée d'Arles concernant un Africain, officier dans la flotte de Bretagne; 3° sur l'inscription militaire d'Aflou.

La dernière partie est consacrée à la publication d'inscriptions découvertes récemment. Elles sont au nombre de quarante (1) et un grand nombre sont accompagnées du dessin du monument sur lequel elles sont gravées.

Le fascicule se termine par la liste des dons faits au futur musée d'Oran, des nouvelles archéologiques, et un compte-rendu de deux ouvrages épigraphiques.

On voit que nous sommes en présence d'un recueil qui promet beaucoup et qui tient déjà. Nous lui souhaitons toutefois une meilleure éxécution typographique. Un conseil aux directeurs : Il faudrait éviter les épithètes élogieuses un peu trop prodiguées : à quoi bon s'appeler, entre soi, éminent, etc.; quand on publie de bons travaux comme ceux du présent numéro, on peut se dispenser de les qualifier; le lecteur sait les apprécier à leur valeur.

E. BEURLIER.

---

31. — **Le régime féodal en Bourgogne jusqu'en 1360.** Etude sur la société et les institutions d'une province française au moyen âge, suivie de documents inédits tirés des archives des ducs de Bourgogne. Thèse présentée à la faculté des lettres de Paris par Charles Seignobos. Paris, 1882, XVI-417 pages, in-8.

Cet ouvrage, d'ailleurs remarquable, a été publié quelques années trop tôt : il ne correspond pas à cette période tranquille et régulière pendant laquelle un explorateur met en bon ordre et vérifie une dernière fois ses notes et ses observations : il a été écrit au cours même de cette phase tumultueuse et brillante des premières investigations, des premières impressions, des premières curiosités. Cette circonstance imprime à l'œuvre je ne sais quel charme de jeunesse et de candeur, mais aussi jette le lecteur dans une défiance légitime. L'ordonnance est pompeuse et paraît tout d'abord couvrir de profondes théories : — Livre I. Les cadres territoriaux aux trois périodes romaine, féodale et monarchique. — Livre II. Les trois couches de la société. — Livre III. Les trois gouvernements. —Mais l'auteur s'est fait illusion à lui-même, et je crains qu'une partie de ces magnifiques étiquettes ne soit qu'un moyen fastueux de présenter des notes intéressantes et des vues souvent neuves dans un ordre qui ne paraisse point arbitraire. Exposer ses

(1) Nous signalons comme particulièrement intéressants les numéros 25, 26 27, 36.

idées dans l'ordre le plus simple et le plus conforme à la vérité intime des choses, c'est là le dernier degré de l'art et aussi de la science : le plan magnifique de M. Seignobos représente, au contraire, à mes yeux un premier essai de classement que le temps et la réflexion eussent simplifié.

Le livre II, par exemple, contient une section intitulée *Couches de la période féodale*, et une autre section intitulée *Couches de la période monarchique :* pourquoi le duc, le duc du ix⁰, du x⁰ siècle, aussi bien que celui du xiii⁰ et du xiv⁰ siècle, figure-t-il dans cette section consacrée à la période monarchique, et non dans la section consacrée à la période féodale ? L'expression *Couches d'origine monarchique* eût mieux justifié la division générale et même la pensée de M. Seignobos.

Je prise les détails de ce livre plus que la charpente et les vues générales. Celles-ci sont un peu prématurées (je ne dis pas sans valeur, tant s'en faut); mais sur une foule de points de détail l'auteur a émis des observations neuves et souvent justes : il a fait preuve d'une sagacité, d'un bon sens, d'une critique qui, fécondées par des recherches plus vastes et de plus longue haleine, nous font présager des œuvres du premier ordre.

Parmi les observations très nombreuses que je signale, à cause de leur valeur, à l'attention du lecteur, je place au premier rang ce qui est dit : 1⁰ de l'extension à une époque relativement récente (xiii⁰ siècle) de la suzeraineté féodale du duc par suite des transformations d'alleux en fiefs (p. 97, n. 1) ; 2⁰ de la persistance de la villa (la ville, le village), parce que cette division est une division naturelle et non une division administrative (p. 8). Je signale l'explication très juste du grand nombre de serfs que conservent longtemps les seigneurs ecclésiastiques alors que les seigneurs laïques les affranchissent (p. 80), etc.

Malheureusement, les observations risquées ou erronées ne manquent point à côté des vues neuves et fécondes. Voici tout d'abord une vieille idée qui n'est point personnelle à M. Seignobos et qui reparaît dans son livre : il considère (avec tant d'autres) les concessions en fief non pas d'un château ou d'une terre, mais de certains droits plus ou moins compliqués, comme un artifice de date récente, étranger à la première féodalité (pp. 109, 110). Ceci me paraît très contestable. Ainsi, au xii⁰ siècle, nous voyons le droit de toucher 20 sous de rente accordé en fief : à la même époque nous trouvons le droit de recevoir annuellement un pain concédé en fief (1), et ces concessions n'ont nullement apparence de nouveautés. Il convient donc de ne pas considérer ces singuliers fiefs comme des imaginations récentes.

(1) Guérard, *Cart. de Saint-Père de Chartres*, t. II, pp. 464, 384.

— P. 319. « Le seigneur, au XIV⁰ siècle, amoindrit ses revenus, écrit M. Seignobos, en s'engageant à ne pas rechercher les délits qui ne lui sont pas dénoncés. » L'auteur n'a pas compris la vraie portée des textes fort intéressants sur lesquels il s'appuie en cet endroit : la poursuite d'office était alors une innovation contre laquelle luttaient un peu partout les justiciables (1). Le seigneur, en prenant l'engagement de ne pas poursuivre d'office, rentrait donc tout simplement dans la situation où il se trouvait quelque temps auparavant.

— Pages 30, 31, 93, 104. M. Seignobos ne paraît pas admettre qu'au x⁰ siècle un petit propriétaire non noble en Bourgogne ait pu être propriétaire d'alleu. C'est aller trop loin, ce me semble : les vraisemblances ne sont pas favorables à la thèse de M. Seignobos, car en 1693 (2), des lettres patentes reconnurent en Bourgogne la présomption du franc-alleu roturier. Le franc-alleu n'ayant cessé de décroître pendant tout l'ancien régime et de se transformer en fief ou en censive, il est tout à fait improbable que le franc-alleu roturier ait été inconnu en Bourgogne au x⁰ siècle.

Je n'insiste pas sur les observations critiques et sur les doutes que je pourrais multiplier : j'aime mieux remercier M. Seignobos du plaisir que m'a fait son livre ; s'il le réimprime, il devra corriger, à la p. IX, *Labbé* en *Labbe* : il devra aussi étendre ses lectures, faire connaissance, par exemple avec le Cartulaire de Cluny, ce recueil pour ainsi dire incomparable, publié par M. Bruel, et peut-être avec les Coutumiers bourguignons publiés par MM. Giraud et Marnier, qui pourraient bien avoir échappé à son attention.   Paul VIOLET.

---

32. — **Mémoires du marquis de Sourches sur le règne de Louis XIV**, publiés par le comte de COSNAC (GABRIEL-JULES) et ARTHUR BERTRAND, archiviste-paléographe. Tome I, septembre 1681 — décembre 1686. Paris, Hachette, 1882, in-8⁰ de XLIII-472 p. Prix : 7 fr. 50.

C'est pour la première fois, dit M. le comte de Cosnac en tête d'une très intéressante *Introduction* dont je résumerai les principales indications, que sont livrés à la publicité, en leur entier, les Mémoires du marquis de Sourches. L'existence de ces Mémoires, dont le manuscrit original est arrivé par héritage entre les mains de M. le duc des Cars, n'était guère connue en dehors de l'illustre maison qui les possédait. C'est ainsi que le P. Lelong et son continuateur Fevret de Fontette n'ont pas signalé, dans la *Bibliothèque historique de la France*, un recueil

---

(1) Voyez mes *Établissements de Saint-Louis*, t. 1ᵉʳ, p. 275.

(2) Voyez *Encyclop. méthod., Jurisprud.*, t. IV, pp. 611, 612.

aussi important. Deux des volumes de ce recueil, le second et le troisième, avaient été prêtés, avant 1789, au président Rolland, l'ennemi forcené des jésuites. L'échafaud révolutionnaire, sur lequel monta le président en avril 1794, ne lui laissa pas le temps de rendre le dépôt qui lui avait été confié. Les deux manuscrits furent vendus avec sa bibliothèque. Le tome III, acheté par un libraire, fut cédé à un avocat, M. Adhelm Bernier, qui le publia en 1836. Cette première publication d'une minime partie des Mémoires du marquis de Sourches excita la curiosité ; plusieurs écrivains demandèrent communication du précieux recueil. Deux seulement (*pauci electi*) obtinrent cette faveur : M. le duc de Noailles, qui s'en servit heureusement dans sa belle *Histoire de Madame de Maintenon*, et le P. Lauras, qui, plus récemment, en tira grand parti dans ses *Nouveaux éclaircissements sur l'Assemblée de 1682* (1). En ces derniers temps, divers travailleurs auraient voulu, eux aussi, utiliser le manuscrit ; mais le possesseur a préféré le mettre complètement à la disposition du public. M. de Cosnac, vieil ami de M. le duc des Cars et vieil ami de l'histoire du xviiᵉ siècle, pour laquelle il a déjà tant fait par la publication des *Mémoires* de son arrière grand oncle, l'archevêque d'Aix, et par les huit volumes des *Souvenirs du règne de Louis XIV*, était naturellement désigné pour diriger une aussi considérable publication. Il a pris pour collaborateur, — bonne fortune dont nous le félicitons ! — M. Arthur Bertrand, ancien élève de l'École des Chartes, vice-président de la Société historique du Maine, jeune savant, dont le nom est attaché à de remarquables travaux relatifs aux guerres de religion et à la province dont le Mans était la capitale. Grâce à cette association d'un vétéran d'une expérience consommée et d'un des plus brillants *Saint-Cyriens* de l'armée de l'érudition. — L'École des Chartes n'est-elle pas le glorieux Saint-Cyr de cette dernière armée ? — la publication marchera aussi vite qu'elle marchera bien, et nous aurons à partager également notre reconnaissance entre les deux vaillants éditeurs de douze ou quinze volumes remplis non seulement des plus attachants détails anecdotiques, mais encore de renseignements dont la grande histoire aura fort à profiter (2).

(1) Le P. Lauras a inexactement traduit, à l'exemple de M. Bernier, le titre des Mémoires, titre formé par une série de lettres majuscules. Le voici tel que le donnent les nouveaux éditeurs : *Mémoires De Monsieur Louis François Du Bouchet, Marquis De Sourches, Conseiller D'Estat, Prévost De L'hostel Du Roi* [et non : *Colonel du premier dragons légers du Roi*], *Et Grand Prévost de France.*

(2) Notamment en ce qui concerne la révocation de l'édit de Nantes, les guerres et négociations diplomatiques, l'avénement de Philippe V au trône

Lorsque la collection des Mémoires manuscrits du marquis de Sourches était complète, elle se composait, (ici je transcris textuellement les renseignement fournis en la page IV de l'*Introduction*), « de dix-sept grands volumes in-folio reliés en basane, contenant des faits historiques qui se sont passés depuis le mois de septembre 1681 jusqu'à la fin de l'année 1712. Un volume séparé contient les œuvres mêlées de l'auteur : un récit de ses campagnes, des morceaux de poésie, des psaumes traduits en vers, des compositions musicales. Aujourd'hui, la collection des Mémoires ne forme que seize volumes, en y comprenant le tome III, publié par M. Bernier, racheté, depuis longtemps par M. le Comte d'Hunolstein, qui en a fait don à sa belle-sœur, Mme la duchesse des Cars, mère du possesseur actuel des Mémoires. Ce volume prend place dans notre publication. Le volume qui manque est le IIe; il comprenait les années 1683 et 1684. Nous n'avons pas besoin d'insister pour faire comprendre à quel point cette perte est regrettable, lorsque l'on songe que l'année 1683 correspond à la mort de la reine Marie-Thérèse, à celle de Colbert, à la reprise de la guerre pour cause d'inéxécution du traité de Nimègue ; que l'année 1684 correspond au bombardement de Gênes, à la prise de Luxembourg, à la trève de Ratisbonne entre la France et l'Espagne, entre la France et l'Empire, enfin, d'après la croyance la plus généralement répandue, au mariage secret de Louis XIV avec Mme de Maintenon (1). »

M. de Cosnac, considérant que les fonctions dont l'auteur était investi donnent à ses mémoires une valeur historique particulière, réunit (p. VII et suivantes) d'abondants détails sur l'origine et les attributions des charges de prévôt de l'hôtel du Roi et du Grand Prévôt de France. Il met ensuite sous nos yeux (p. XIX et suiv.) un résumé de la généalogie de la maison du Bouchet originaire de la province du Poitou (2). La biographie de l'auteur des mémoires n'occupe qu'une page et demi de

---

d'Espagne, l'affaire de la princesse des Ursins, surtout l'insurrection des Camisards dans les Cévennes et dans le Languedoc.

(1) Bien des personnes ont cru que le volume perdu pourrait contenir quelques détails curieux, quelques révélations même, sur ce mariage. M. de Cosnac estime (p. v) qu'il n'en est rien et ajoute qu'il résulte d'une phraso de Louis XIV rapportée dans le volume suivant, qu'en 1685 le roi n'était pas encore remarié, mais qu'il était au moment de le faire.

(2) Ce résumé est tiré d'une généalogie manuscrite et de notes de famille provenant des archives du château de Sourches, notes communiquées par le duc des Cars. De plus M. de Cosnac n'a pas manqué de consulter, comme on pense bien, l'*Histoire des grands officiers de la Couronne* par le p. Anselme, recueil qui, au point de vue généalogique, est pour les travailleurs la loi et les prophètes.

l'introduction (xxi et xxii). Louis François du Bouchet, marquis de Sour-ches, fils de Jean du Bouchet, marquis de Sourches et de Bernay, et de Marie Nevelet, naquit en 1639 (on ne dit pas où), fit plusieurs campagnes comme colonel d'un régiment d'infanterie de son nom, remplit, sous le maréchal de Luxembourg, les fonctions de major général pendant la campagne de Hollande, fut pourvu par démission de son père en sa faveur, le 23 août 1664, de la charge de prévôt de l'hôtel du Roi et grand prévôt de France, prêta serment entre les mains du Roi le 12 décem-bre 1665, fut ensuite pourvu de la charge de conseiller d'État d'épée et obtint, le 26 avril 1670, le gouvernement et la lieutenance générale des provinces du Maine et du Perche, des villes et châteaux du Mans et de Laval. Il avait épousé, le 20 septembre 1664, Marie-Geneviève de Chambes, fille ainée de Bernard de Chambes, comte de Montsoreau, et de Geneviève Boivin, dont il eut neuf enfants. La marquise de Sourches mourut à Paris le 25 novembre 1715 (1). Son mari lui survécut peu ; il mourut à Paris le 4 mars 1716 (2).

L'appréciation que M. de Cosnac fait des *Mémoires* du marquis de Sourches (p. xxiv et suiv.) est trop judicieuse pour ne pas mériter d'être reproduite : « Le nature et la simplicité de son style se portent en quelque sorte garants de sa franchise. Ses récits attestent sa modestie, car il ne parle de lui que comme il parlerait d'un autre et sans jamais se faire valoir. Nous remarquons en lui une indépendance d'opinion qui deve-nait rare sur le milieu et la fin d'un règne où chacun ployait ses actes, mêmes ses pensées, sous l'ascendant du grand Roi (3) ; il y avait néan-

(1) M. de Cosnac donne (p. xxi) la lettre par laquelle le marquis ordonne des messes et des prières à l'occasion de sa perte. Cette lettre, du 26 novembre 1715 est tirée des archives du château de Sourches.

(2) Voir (p. xl) une lettre extraite aussi des archives du château de Sour-ches, écrite, le 16 mars 1716, par le fils aîné du chroniqueur, Louis du Bou-chet, au sujet de la mort de son père, auquel il succéda dans la charge de grand prévôt de France.

(3) Le marquis de Sourches, loin d'être gallican, comme c'était la mode dans le parlement, dans la noblessse et même dans le clergé, penchait vers les doctrines ultramontaines ; aussi blame-t-il librement la conduite du roi et de l'épiscopat dans la fameuse assemblée du clergé de 1682, où fut votée la déclaration des quatre articles rédigée par Bossuet. Il s'élève hautement contre la folie de l'entreprise (1685) des travaux de l'aqueduc de Maintenon pour conduire dans le parc de Versailles les eaux de la rivière de l'Eure. S'il ne poursuit point, comme Saint-Simon, d'une haine implacable, les enfants naturels du roi, son sens moral, comme s'explique M. de Cosnac (p. xxvii) réprouve l'assimilation que Louis XIV veut établir entre les princes légi-timés et les princes légitimes. Il dit, à l'occasion de la nomination du duc de la Vieuville (1686) comme gouverneur du Dauphin : « il aurait mieux valu

moins des exceptions dont le duc de Saint-Simon présente un exemple éclatant (1). Le marquis de Sourches est loin cependant d'approcher de sa causticité; au lieu d'être comme lui un contempteur de Louis XIV, il en est un admirateur, admirateur toutefois sous réserves lorsque sa conscience ne lui permet pas d'approuver. Dans ce brillant soleil, il voit parfois des taches, et il les signale, soit dans le texte même de ses mémoires, soit dans les notes dont il les accompagne et pour lesquelles il relève le plus souvent ses appréciations critiques. Avec cette liberté d'allures, quelque modérée qu'elle fut, le marquis de Sourches ne pouvait, comme le marquis de Dangeau (2), écrire pour ses contemporains, et il se trouva dans la nécessité de couvrir du secret la rédaction de ses mémoires ou tout au moins leur communication. N'écrivant pas pour son temps, son désir était d'écrire pour la postérité. Il l'exprime d'une manière incidente, mais formelle dans son récit du carrousel donné à Versailles le 4 juin 1685, qu'il termine par ces mots : *Cette fête fut trop magnifique pour n'en pas laisser un abrégé à la postérité.* Nous devenons donc l'exécuteur de ses intentions. »:

L'ombre du marquis de Sourches ne désavouera pas ses exécuteurs testamentaires. Elle admirera leur conscience, leur zèle, leur dévouement. Tout au plus pourrait-elle leur reprocher de n'avoir pas reproduit

prendre un homme capable qu'un homme titré. » Il se moque du prodigieux appétit du fils aîné de Louis XIV en cette note d'octobre 1682 : «C'était une chose surprenante que de voir manger Mgr le Dauphin autant qu'il le faisait ; aussi grossit-il tous les jours, et, comme il était petit, on appréhendait que la graisse ne l'incommodât un jour extrêmement. »

(1) M. de Cosnac observe (p. xxx) que le marquis de Sourches est exempt de fiel et de méchanceté, et qu'il ne recherche point les scandales qui servent si souvent à donner du piquant aux récits de Saint-Simon. Voir (p. xli et xlii) ce que dit M. de Cosnac de l'importance des Mémoires du marquis de Sourches comme élément de contrôle des Mémoires de Saint-Simon, et comme complément de ces mêmes mémoires, où les omissions sont si nombreuses.

(2) Nous lisons (p. xxvi) : « Le marquis de Dangeau, qui pour rédiger son minutieux, mais précieux journal, tenait à la fois la plume et l'encensoir, pouvait seul sans inconvénient faire ostensiblement connaître le travail journalier auquel il se livrait pour la rédaction de ces annales. On sait avec quelle facilité il les communiquait, même au Roi, qui s'en faisait un amusement. Nous avons acquis nous-même, dans nos recherches aux archives du ministère des affaires étrangères, la preuve de communications aux ministres par une copie de la partie de son journal qui correspond à l'année 1684. » M. de Cosnac montre (p. xxxiv et xxxv) que l'on trouve dans les Mémoires du marquis de Sourches bien des particularités, sur Louis XIV et sur la cour, qui manquent aux Mémoires de Dangeau.

son orthographe (1). Ce que d'autres leur reprocheront encore, c'est de n'avoir pas mis de notes au bas des pages, eux qui pouvaient facilement nous en donner de si bonnes. En vain allèguent-ils que l'auteur lui-même a déjà entouré ses récits de notes fort nombreuses. Le commentaire de MM. de Cosnac et Bertrand n'aurait pas été superflu auprès de celui du marquis de Sourches. C'est surtout en pareil cas qu'il faut rappeler le mot de nos pères : *Ce qui abonde ne vicie pas.* Pour moi, j'aurais désiré que les savants éditeurs s'efforçassent de rivaliser avec l'excellent annotateur des Mémoires de Saint-Simon. M. de Boislisle (2). Ils auraient pu, en mainte occasion, ajouter quelque chose aux riches indications de leur habile émule, et, de même que les Mémoires du marquis de Sourches complètent les Mémoires de Saint-Simon, leur commentaire aurait complété celui de M. de Boislisle. Je veux encore espérer que ce qui manque à cet égard, au premier volume, se trouvera dans les volumes suivants (3), et deviendra une garantie de succès de plus pour une publication que l'intelligente et libérale librairie Hachette ne regrettera pas d'avoir eu le courage d'entreprendre.

Ph. Tamizey de Larroque.

(1) Les éditeurs s'excusent (p. XLIII) de n'avoir pas conservé l'orthographe du XVIIIᵉ siècle, qui, selon eux, aurait nui à la lecture facile et courante des Mémoires. Ces messieurs me permettront de leur objecter que ce sont surtout les gens sérieux qui liront les Mémoires du marquis de Sourches, et que les gens sérieux ne s'effarouchent pas de quelques formes surannées. La littérale reproduction du texte-autographe des Mémoires de Saint-Simon empêche-t-elle de goûter le charme des récits de l'incomparable chroniqueur ?

(2) J'ai rendu de mon mieux hommage au grand mérite de cet annotateur dans deux articles très développés de la *Revue critique* (nᵒ du 29 mars 1880, p. 255-261 et nᵒ du 8 mai 1882, p. p. 363-369).

(3) Voici, pour prendre un exemple entre mille, un passage des Mémoires (p. 304, 8 septembre 1685) sous lequel une note des éditeurs était indispensable : « On vit alors paraître à la cour M. de Vivens, mestre de camp de cavalerie des plus estimés, lequel venoit de faire abjuration de l'hérésie de Calvin ; et on apprit que tous les huguenots (*tous?* Le marquis de Sourches n'exagère-t-il pas?) des villes de Bordeaux, de Toulouse et de Cognac avoient fait la même chose. » Le chroniqueur ne nous donne sur M. de Vivens que cet insuffisant renseignement (note 3) : « C'était un gentilhomme de Gascogne, fort brave, et qui servoit depuis longtemps. » Les éditeurs auraient trouvé les éléments d'une complète petite notice sur M. de Vivens dans un des dossiers des Cabinets des Titres, qu'ils auraient pu rapprocher de divers recueils généalogiques imprimés.

VARIÉTÉ

—

UNE ÉPITAPHE D'HIÉROPOLIS EN PHRYGIE.

M. W. M. Ramsay publie dans le *Bulletin de correspondance hellénique*, juillet 1882, t. VI, p. 503-520, une intéressante étude sur un petit canton de la Phrygie où il a fait dernièrement une excursion. Il s'agit de la vallée de Sandukli, au S.-O. d'Afioum Karahissar. Le savant voyageur a trouvé là des monuments de trois villes antiques, Brouzos, Otrous et Hiéropolis. L'emplacement des deux dernières n'a cependant pas été fixé avec une entière précision. Toutes les deux ont leur intérêt dans l'histoire ancienne du christianisme en Phrygie. Au commencement du IIIᵉ siècle, un évêque d'Otrous, Zotique, prit part à une controverse contre les montanistes d'Ancyre, en compagnie d'un autre évêque dont on ignore le nom, et dont on a un écrit polémique sur le montanisme, adressé à un certain Abercius Marcellus (1). La façon dont cet anonyme parle de Zotique d'Otrous donne à croire qu'il était son voisin. Le livre à Abercius Marcellus serait ainsi originaire de cette partie de la Phrygie dont Synnada était la ville principale. Ce détail a son importance.

Parmi les inscriptions copiées par M. Ramsay, j'en trouve une qui figure sur une colonne de pierre devant la mosquée du village de Keleudres, à 6 milles anglais au N.-O. de Sandukli. M. Ramsay n'en a pas saisi toute la valeur. C'est une inscription chrétienne, entièrement imitée de la célèbre épitaphe d'Abercius où il est question du bon Pasteur, du poisson symbolique et des voyages du défunt en Orient et à Rome.

On sait que cette épitaphe ne s'est conservée que dans le texte de la vie de saint Abercius, attribuée à Métaphraste et fort légendaire. Il n'est pas douteux que cette vie n'ait été composée tout entière d'après l'épitaphe elle-même, qui était encore apparente au commencement du moyen âge. Divers savants, comme Boissonnade, le P. Garrucci, le cardinal Pitra, ont essayé de restituer le texte de l'inscription d'après les manuscrits de la légende. Voici en gros la teneur de ceux-ci, pour les parties communes aux deux épitaphes, c'est-à-dire pour le commencement et la fin de celle d'Abercius :

'Εκλεκτῆς πόλεως πολίτης τόδ' ἐποίησα
ζῶν, ἵν' ἔχω καιρῷ σώματος ἐνθάδε θέσιν,
τοὔνομ' Ἀβέρκιος ὁ ὢν μαθητὴς ποιμένος ἁγνοῦ....
Οὐ μέντοι τύμβον τις ἐμοῦ ἕτερον ἐπάνω θήσει·
εἰ δ' οὖν Ῥωμαίων ταμείῳ θήσει δισχίλια χρυσᾶ,
καὶ χρηστῇ πατρίδι Ἱεροπόλει χίλια θήσει.

(1) Eusèbe, *Hist. eccles.*, V, 16.

Voici maintenant le texte de l'inscription copiée par M. Ramsay :

'Ἐκ]λεκτῆς πό[λε]ως πολεί[της τ]οῦτ' ἐποίη[σα
...ἵ]ν' ἔχω...... σώματος ἔνθα.. θέσιν.
Οὔνομ' Ἀλέξανδρος Ἀντ[ω]νίου μαθητὴς ποιμένος ἁγνοῦ.
Οὐ μέντοι τύμβ[ῳ] τις ἐμῷ ἕτερόν τ[ι]να θήσει·
εἰ δ' οὖν Ῥωμαίων τα[μ]είῳ θήσ[ει] δισ[χ]είλια [χ]ρυσᾶ,
καὶ [χ]ρηστῇ πατρίδ[ι] Ἱεροπόλει [χ]είλι[α χ]ρυσᾶ.
Ἐγράφη ἔτει τ' μην[ὶ] ϛ', ζόντος.
Εἰρήνη παράγουσιν κα[ὶ] μν[ησ]κομένοις περὶ ἡ[μ]ῶν.

J'ai mis mes restitutions entre crochets. M. Ramsay a présenté pour le commencement quelques suppléments qui ne me paraissent pas acceptables. Il y a aussi deux ou trois endroits où sa lecture est suspecte. Ainsi, v. 2 un O intercalé entre πόλεως et πολείτης et v. 2. le groupe ΦΑΝΕΙ entre ἔχω et σώματος. A la fin de ce même vers, il est impossible de juger si la pierre portait ἔνθα ou ἐνθάδε.

« Citoyen d'une ville distinguée, je me suis préparé ce monument « *de mon vivant* (1) pour que mon corps y soit *un jour* déposé. Je « m'appelle Abercius (Alexandre fils d'Antoine), je suis disciple du « saint Pasteur... On ne doit pas mettre un autre tombeau au-dessus du « mien, sous peine d'amende : deux mille pièces d'or pour le fisc romain, « mille pour ma chère patrie, Hiéropolis. »

L'épitaphe d'Alexandre se termine par cette phrase en prose :

« Ecrit l'an 300, le sixième mois, de mon vivant. Paix aux passants « qui se souviennent de moi. »

L'an 300 de l'ère locale correspond à l'an 216 de J.-C. Si la date est complète et bien copiée (2), nous avons ici une donnée historique de très grande importance. Il en résulte d'abord que l'épitaphe d'Abercius est bien réellement une inscription antique, au plus tôt du commencement du IIIᵉ siècle ; ensuite qu'Abercius a vécu à Hiéropolis, dans la partie de la Phrygie qui devint plus tard la province de *Phrygie salutaire* et dont Synnada était la métropole, et non pas à Hiérapolis sur le Lycus, la ville de saint Philippe, de Papias et d'Apollinaire. Dès lors il est bien difficile de ne pas l'identifier avec l'Abercius Marcellus auquel fut dédié l'écrit antimontaniste. Tout cela est d'un grand intérêt pour l'histoire du montanisme.

Je me borne aujourd'hui à signaler la découverte de M. Ramsay, me proposant d'y revenir en temps et lieu plus opportuns.   L. DUCHESNE.

(1) Les mots soulignés correspondent, dans la première inscription, aux lacunes de la seconde.

(2) Le chiffre T (= 300) est à la fin d'une ligne ; M. Ramsay n'indique pas qu'il manque quelque chose. Il lit 300, ce qui me porte à croire que le texte ne lui inspire ici aucun doute.

CHRONIQUE

La *Revue d'histoire nobiliaire et d'archéologie héraldique* vient de faire paraître sa troisième livraison. Ce recueil est publié sous la direction d'un comité composé de membres dont les noms doivent inspirer à ses lecteurs une entière confiance ; il ne s'agit pas ici d'une publication ayant pour but de favoriser des prétentions plus ou moins fondées, d'ouvrir une nouvelle officine mise à la disposition de la vanité personnelle. La *Revue d'histoire nobiliaire* se propose de traiter exclusivement, au point de vue historique, archéologique et bibliographique, des questions qui touchent aux traditions et aux gloires nationales, en n'enregistrant, pour les temps contemporains, que les faits qui se rattachent d'une manière générale à l'histoire nobiliaire. Les titres des principaux articles qui ont paru dans les premières livraisons donneront une idée exacte du plan et du but adoptés par la direction : *Epigraphie héraldique de deux cantons de la Nièvre*, par le Cte de Sornay. — *La maison de Dampierre en Astenois*, par A. de Barthélemy. — *Un procès-verbal d'information pour l'ordre de Malte*. — *Une bibliothèque de ministre*, par le Comte de Marsy. — *L'ordre de Saint-Michel*. — *La chapelle du château de Tallard*, par M. J. Roman. — *Le marquisat de Bréval*, par L. Sandret. — *Ch.-N. Lecat*, par Pawlawski. — *Usages nobiliaires*, par le Comte de Marsy. — *Domaine de Calais*. — *Droits féodaux d'Echénay*, par le Marquis de Pimodan. Le comité de patronage de la *Revue nobiliaire* est composé de MM. : A. de BARTHÉLEMY — le Marquis de BEAUCOURT — le Marquis de BIENCOURT. — De BOUTELLIER — le Comte de MARSY — le Comte RIANT — le Vicomte de SAINT-MAURIS — le Comte de SOULTRAIT — le duc LA TREMOILLE -- Ch. de VILLECOUR. On s'abonne à la librairie de la *Société bibliographique*, 195, boulevard Saint-Germain, Paris. Un an : France, 18 fr.; étranger, 20 fr.

— Notre savant collaborateur, M. Anatole de Barthélemy, a récemment publié dans le *Cabinet historique*, nouvelle série, 1882, le catalogue détaillé des actes contenus dans le *Cartulaire de la Commanderie de Saint-Amand*. Les plus anciennes chartes sont du milieu du XIIᵉ siècle. Le catalogue est classé chronologiquement et se termine par une table de noms de lieux et de noms d'hommes qui facilite singulièrement les recherches. Le registre qui a fourni les matériaux de ce travail est conservé aux Archives du département de la Marne ; il a été écrit au milieu du XIVᵉ siècle ; c'est un recueil de documents très intéressant pour l'histoire de la Champagne au moyen âge.

— M. COUARD-LUYS, archiviste de l'Oise, vient de publier (Beauvais, Père) une brochure intitulée : *Intervention royale dans l'élection d'Arthur Fillon*. Il démontre qu'Arthur Fillon fut nommé évêque de Senlis par le chapitre de cette ville, et non par François Iᵉʳ, question laissée incertaine par les auteurs du *Gallia Christiana*.

— M. MONTÉGUT a résumé en un petit volume de 242 p. in-12 (Paris, Quantin) les quatre volumes consacrés par Mᵐᵉ de Blocqueville à son père le Maréchal Davout.

— M. J. FLAMMERMONT vient de mettre sous presse le premier volume des *Remontrances du Parlement* au XVIIIᵉ siècle. L'ouvrage entier comprendra trois volumes.

— Dans sa séance du 7 juin, l'Académie des Inscriptions et Belles-Lettres a décerné une des médailles réservées anx antiquités nationales à nos collaborateurs, MM. Thédenat et Héron de Villefosse, pour le tome I de leur ouvrage sur *les Cachets d'oculistes romains*.

— Dom Plaine publie dans le *Polybiblion* (juillet, p. 85), une note sur une inscription découverte récemment au milieu des ruines de la ville romaine de Marida en Lusitanie. D'après M. Fernandez Guerra y Orba, qui a commenté cette inscription découverte par M. Fernando de la Vera er Isla, elle serait relative au père de sainte Librada, patronne de Siguanze et de plusieurs autres lieux. Les renseignements que donnent les biographes sur la sainte ne sont as antérieurs au XI° siècle. Ils le disent fille d'un certain *Catelius* roi de l'Es-agne occidentale qui l'aurait lui-même condamnée à mort.

Voici cette inscription. Le texte donné par dom Plaine ne marque pas la division des lignes.

T(ito) CAESARI AVG(usti) F(ilio) VESPASIANO PONTIF(ici) IMP(eratori)
XII TRIB(unitia) POTE(state) VII CO(n)S(uli) VI PROVINCIA LVSITANA
CAIO ARRVNTIO CATELLIO CELERE LEG(ato) AVG(usti)
PROPR(aetore) L(ucio) IVNIO LATRONE COIMBRICE-E
FLAMINE PROVINCIAE LVSITANIAE EX AVRI P(ondo) V.

Ce Caius Arruntius Celer est déjà connu par une autre inscription. Dans un procès verbal des frères arvales de l'an 80-81 après J.-C. (C. I. L., t. VI, p. 505, n° 2059, l. 15, et p. 508, n° 2060, l. 50) (1), il est nommé *Magister* du collège pour l'année suivante. Il est appelé L. Pomp ius Vopiscus C. Arruntius Catellius Celer. Rien dans la rédaction de l'inscription ne donne lieu d'en suspecter l'authenticité. Les dates données par le texte coïncident entre elles, les titres attribués à Titus sont ceux qui lui conviennent. Seulement les commentateurs ou l'auteur de la note se trompent sur la date. Ils attri-buent l'inscription à l'an 82 ou environ. Elle ne peut être de 82 ou au delà, puisqu'alors Titus était mort. Depuis le 29 juin 79, Titus porte les titres d'*Augustus*, de *pontifex maximus*, etc. Il faut donc remonter plus haut. Les puissances tribuniciennes de Titus commencent aux kalendes de juillet 71 (Cf. Eckel, VIII, p. 406) et la septième va du 1er juillet 77 au 1er juillet 78. Le sixième consulat de Titus est de 77. L'inscription est donc du 1er juil-let au 31 décembre 77. Dans la traduction de Dom Plaine, le mot *impera-tor XII* traduit par *empereur pour la douzième fois* (2) peut donner lieu à une confusion. Il ne s'agit nullement ici du titre impérial, mais du titre hono-rifique d'*imperator* dont les soldats acclamaient leur chef victorieux. Cette inscription offre un intérêt particulier en ce qu'elle nous donne le nom d'un *flamen* de la province de Lusitanie. Quant au reste des conclusions que tirent les auteurs du commentaire, elles semblent très hasardées : De ce que C. Arruntius Catellius était arvale, conclure qu'il devait être zélé pour le culte païen, c'est une assertion risquée. Le nombre des arvales qui ne se souciaient pas beaucoup de Jupiter était peut-être encore assez grand ; les augures riaient bien quand ils étaient en petit comité. Sainte Librada ou Liberata a-t-elle été fille de Catellius, et Catellius l'a-t-il fait mettre à mort? L'ins-cription ne paraît pas apporter une preuve sérieuse en faveur de l'affirma-tive. Il faudrait plus qu'une simple coïncidence de noms.   E. BEURLIER.

SOCIÉTÉ NATIONALE DES ANTIQUAIRES DE FRANCE. — *Séance du 21 juin.* — *Présidence de M. G. Duplessis.* — M. E. Muntz lit une note sur le tombeau du pape Benoit XII à Notre-Dame d'Avignon. Ce tombeau, dont il n'existe ni gravure, ni photographie, contient, sous un dais surmonté de nombreux clochetons, la statue couchée du pape mort. Des comptes trouvés par M. Muntz dans les archives du Vatican (années 1342 et 1343) prouvent qu'il a été fait, par un imagier parisien jusqu'ici inconnu, maitre Jean Lavenier. Tandis que les peintres employés par les papes d'Avignon étaient presque tous des Italiens, les architectes et les sculpteurs dont ils se servaient étaient le plus souvent des Français ; il y a là une preuve de la supériorité de la France, au XIV° siècle, dans l'architecture et la sculpture. — M. d'Arbois de Jubainville présente quelques observations sur le mot celte (en latin *celta*, en grec Κελτός). Glück a fait venir celta d'une racine *cel*, qui a le sens d'*élever* et qui se trouve en latin dans cel-sus, ex-cel-lo, col-lis, en grec dans Κολ-ωνος, Κολ-οφων, etc.; mais il n'a pu prouver l'existence de cette racine dans la langue celtique. Or, dans un éloge de Saint-Columban, écrit par un clerc irlandais qui est mort en 1106, se trouve le mot *clethe*, dans le sens de *faite*. Dans une vie de sainte Brigitte, manuscrit du XIV° siècle, le même mot dé-signe le comble d'une église ; enfin, dans un glossaire irlandais du XVI° siècle, il est donné comme adjectif, avec le sens de haut, grand, noble. Clethe sup-

(1) Cf. Marini, tab. XXIII, l. 14, et Willmanns *Exempla*, 2876. a.

(2) Il faut dire également : ayant pour la septième fois *la puissance tribunitienne*, et non pas *tribun*; les empereurs ne sont pas *tribuns*; de même, il faut *légat pro-préteur*, et non pas légat *et* propréteur, c'est un seul et même titre.

pose une forme ancienne *clet-ios*, qui ne diffère de cel-ta ou kel-tos que par une métathèse. Celte signifie donc bien haut, grand, noble. M. d'Arbois de Jubainville ajoute que, dans le même éloge de Saint-Columban, on trouve l'adjectif *Nertmar*, « grand par la force » ; c'est la forme irlandaise du nom propre gaulois *Nertomarus*, connu par plusieurs inscriptions latines. — *Séance du 5 juillet. — Présidence de M. Perrot.* — M. le vicomte Jacques de Rougé est élu membre résidant. M. Guillaume lit une note de M. Caffiaux sur les armes impériales sculptées sur la clef de voûte d'une salle d'une ancienne porte de Valenciennes. Dans l'armorial du héraut de Gueldre, qui est de la première moitié du xiv⁰ siècle, l'aigle impériale éployée n'a qu'une tête. Ici elle en a deux, et c'est probablement là un des premiers exemples de ce nouveau type, puisque la porte a été construite en 1338. Le zèle de Valenciennes à se tenir au courant des modifications de l'écu impérial s'explique par l'opiniâtreté avec laquelle elle défendait contre les prétentions des comtes de Hainaut son titre de *ville impériale*, qui lui assurait une certaine autonomie. Elle reconnaissait ces comtes comme mandataires de l'empire, mais point comme ses seigneurs, et ne perdait pas une occasion d'affirmer sa situation privilégiée vis-à-vis d'eux. C'est une querelle qui dura 400 ans jusqu'à la conquête française, et qui recommença un moment en 1793, lorsque Valenciennes eut succombé sous les efforts de la coalition.

ACADÉMIE DES INSCRIPTIONS ET BELLES-LETTRES. — *Séance du 23 juin.* — M. de Laigue, consul de France à Malaga, adresse à l'Académie le calque d'une inscription arabe qui se trouve à Gador (province d'Almaria) ; cette localité paraît avoir été un centre de population important avant les romains et sous les dominations romaine et arabe. Des ruines, appartenant à ces différentes époques l'attestent. L'Académie se forme en comité secret ; la séance redevient publique, et on procède à l'élection d'un membre ordinaire en remplacement de M. Guessard. M. SÉNARD est élu par 27 voix, contre 3 données à M. Révillout. L'Académie décide qu'à la séance trimestrielle M. SIMÉON LUCE lira son mémoire intitulé : *Les menus du prieur de Saint-Martin-des-Champs au XV⁰ siècle.* M. OPPERT continue la lecture de sa communication sur les inscriptions de Chaldée concernant le roi Gudea. M. Oppert n'admet pas que, au lieu de *Gudea*, il faille, comme on l'a dit, lire *Nabu*. Dans une inscription précédemment commentée, M. Oppert avait cru qu'il était question d'une offrande de lait, il croit aujourd'hui qu'il s'agit d'une liqueur fermentée nommé *Sikaru*. M. Oppert explique ensuite une inscription contenant un hymne à la déesse Ri et des imprécations contre ceux qui effaceraient le nom du roi gravé sur la pierre. M. AUBÉ commence la lecture d'un mémoire intitulé : *Le martyre de Polyeucte d'après des documents inédits.* M. Aubé regarde Polyeucte comme un personnage historique. Les actes de son martyre ont été rédigés d'après un texte ancien ; on voit, dès le IV⁰ siècle des traces de son culte. On connaît des lampes portant l'inscription ΤΟΥ ΑΓΙΟΥ ΠΟΛΟΥΚΤΟΣ. — *Séance du 30 juin.* — M. MARCEL DEVIC, professeur à la faculté des lettres de Montpellier, est l'auteur du mémoire déposé au concours pour le prix Bordin, et auquel une récompense de 1500 francs a été accordée. Le prince ABAMELEK-LAZAREW a envoyé à l'Académie un estampage, malheureusement maltraité par la douane d'Odessa, de l'inscription palmyrénienne et grecque dont M. Waddington a déjà entretenu l'Académie. M. LÉON RENIER lit, au nom de M. MASQUERAY, un mémoire intitulé : *Les ruines d'El-Meraba des Benni-Ouelban.* El-Maraba, situé dans la province de Constantine, a déjà fourni quelques inscriptions. M. Masqueray y a fait des fouilles régulières qui lui ont permis de retrouver le forum et la nécropole de la ville antique ; il a copié environ cent trente inscriptions inédites, et a trouvé, sur plusieurs d'entre elles, le nom, inconnu jusqu'à ce jour, de la ville antique : *Respublica coloniae Celtianensium...* Ces fouilles ont été opérées à l'aide de fonds fournis par le gouverneur général de l'Algérie. M. Masqueray espère, avec raison, que ces beaux résultats l'aideront à obtenir des subsides pour de nouvelles fouilles. M. OPPERT lit une note sur une anse de poids médique, récemment acquise par le musée du Louvre ; elle porte une inscription que M. Oppert traduit sous toute réserve : « *Un sixième, maison royale, cent drachmes.* » Les mots *un sixième et cent drachmes* seraient deux manières différentes de désigner un même poids. M. ERNEST DESJARDIN, communique, de la part de M. Poinssot, et au nom de la Société archéologique d'Oran, une inscription latine, copiée à Agbal, près de la Moricière, entre Tlemcen et Sidi-bel-Abbès, par le major-Demaeght :

```
A V R E LIOANTO
I.SEPTIMISEVERI
PERTI·AVGPATRI
P ROPRINCIPATV
STATVAMQVAM
PO L L ICITVSES T
SECVNDVMACTA
PVBLICA·P·VALE
R I V S· L O N G V S
     PRINCEPS

PVALERILONGI
PRINCIPIS·FIL
    POSVIT
```

Aurelio Anto(nino), L(ucii) Septimi(i) Severi Perti(nacis) Aug(usti) patri pro principatu, statuam quam polli(i)tus est secundum acta publica, P(ublius) Valerius Longus princeps, P(ublii) Valeri(i) principis fil(ius) posuit.

P. Valerius Longus avait promis, s'il obtenait l'honneur du *principatus*, d'élever à Marc Aurèle une statue. Cette promesse avait été enregistrée dans les actes publics de la cité, fait absolument nouveau. Le vœu ne fut accompli qu'après la mort de Marc Aurèle, qui est qualifié père de Septime Sévère, cet empereur s'étant, par un décret, déclaré fils adoptif de Marc Aurèle. M. Aubé continue la lecture de son mémoire sur Polyeucte. On connaît deux relations de son martyre publiées par les Bollandistes ; la Bibliothèque nationale en conserve deux autres inédites, l'une grecque, l'autre latine ; la première, qui est la plus ancienne, paraît avoir été composée entre 363 et 375, Elle était destinée à être lue dans les églises d'Orient le jour de la fête de saint Polyeucte.

H. THÉDENAT.

PUBLICATIONS DE LA QUINZAINE. — BOLLIG. Brevis chrestomathia arabica in usum Scholarum. Rome, Soescher; 6 fr. — H. M. GWATKIN. Studies of arianism. Chiefly referring to the character and chronology of the reaction which followed the council of Nicaea. Londres, Bell et fils ; 10 sch. 6 d. — L. AUDIAT. Documents pour l'histoire des diocèses de Saintes et de la Rochelle : Pons, Texier. — II. HURTER, Patrum sanctorum opuscula selecta ; vol. XLIV. Sancti Athanasii libri II contra gentes. Imsbruck, Wagner, in-16, I. M. — L. DESPREZ. Développement des principes fondamentaux. II. La science et les formules de la science. in-8°., Le Mans, Monnoyer. — BERNHOFT. Staat und Recht der römischen Königszeit im Verhältniss zu verwandten Rechten. Stuttgard, Enke ; 8. M. — GUSTAVE LAMBERT. Essai sur le régime municipal et l'affranchissement des communes en Provence, au moyen-âge. Toulon, Pharisier. — HERBERT SPENCER. Political Institutions. In-8°, Londres. Williams et Norgate ; 12 sch. —

REVUE DES REVUES

COMPTE-RENDUS

KAULEN, *Einleitung in die heilige Schrift*, deuxième partie (Baudissin. Theol. Literaturzeitung, 15 juillet).

STRACK, *Pirké Aboth* (Schürer, Theol. lit. 15 juillet).

SCHEGG, *Das Todesjahr des Königs Herodes und das Todesjahr Jesu Christi.* (Schürer, Theol. lit. 1er juillet : faible).

HAURÉAU, *Histoire de la philosophie scolastique* (Schneid, Literarische Rundschau, 15 juillet).

Le Gérant : E. THORIN.

BULLETIN CRITIQUE

DE LITTÉRATURE, D'HISTOIRE ET DE THÉOLOGIE

---

33. — **Is life worth living ?** by W. H. Mallock. London, Windo and Chattus, Piccadilly.

34. — **Vivre : la vie en vaut-elle la peine ?** Traduction de F. R. Salmon. Paris, Firmin-Didot et Cᵉ, 1882. *Seule édition autorisée et revue par l'auteur.* 1 vol. in-18 de 378 pp., 3 fr. 50.

William Hurrell Mallock fait partie de la célèbre université d'Oxford. Esprit large et ferme, penseur original et absolument indépendant, écrivain plein de verve, il consacre ses facultés brillantes à la recherche de la vérité. Sur son chemin il a rencontré les doctrines positivistes, et, persuadé qu'elles enlèvent à l'homme ce que le poète païen appelait déjà « *vivendi causas* », il les flagelle impitoyablement, arrache les lambeaux de vérité dérobés çà et là dont elles se couvrent, expose aux yeux de tous la lèpre contagieuse qui les consume.

Is life worth living ? Ce n'est pas là, remarque d'abord notre auteur chap. 1), « la vieille rengaîne du découragement et du désespoir, aussi ancienne que le monde, cette façon de se plaindre, commune à toute maladie morale. » Il ne s'agit plus, comme l'ont essayé les pessimistes, d'apprécier la vie au point de vue du plaisir et de la douleur, en cherchant de quel côté penche la balance. Nous partons de ce fait qu'aujourd'hui, pour tout le monde, spiritualistes ou positivistes, « la vie est une chose sacrée, solennelle, sérieuse et pleine de sens. Lui enlever ces épithètes, c'est faire une sorte de blasphème. » Mais *sur quels fondements repose cette croyance ?* Elle est universelle, c'est vrai ; la foi en Dieu l'était aussi, or, le positivisme se flatte de l'avoir annihilée.... Nous en avons un vif sentiment ; mais, d'après la philosophie moderne, le sentiment a besoin de contrôle comme le consentement universel..... De plus, c'est à la lumière de l'éternité d'une autre existence, heureuse ou malheureuse, que les sages et les saints ont apprécié la vie et ses vicissitudes ; à ce point de vue des éternelles destinées de l'âme, tout se transfigurait, « la plus commune de nos actions journalières se trouvait revêtue d'une incomparable signification. » Or ce regard jeté sur l'autre vie, le positivisme nous l'interdit ; l'homme n'a pas d'autre avenir que cette vie terrestre qui va du berceau à la tombe et que l'imagination et la sympathie peuvent seules étendre et prolonger pour l'individu. Dans ces nouvelles conditions, la valeur de la vie n'a-t-elle pas changé, disparu ?

Non, répondent les positivistes ; ce qui donne du prix à la vie, c'est le bien moral, or celui qui s'y dévoue a désormais d'autant plus de mérite qu'il le fait sans aucune vue intéressée (ch. II). Mais qu'est-ce que le bien ? Quelque chose d'objectif, évidemment, distinct de nos impressions et inclinations personnelles, admettant sinon une définition rigoureuse, du moins une description assez exacte pour l'usage pratique, capable enfin d'attirer à soi les volontés hésitantes ou rebelles et de soutenir victorieusement l'épreuve de la critique. Le bien « n'est rien s'il n'est pas tel. » Or, pas l'ombre de clarté et d'entente à ce sujet chez les penseurs positivistes. Le bien suprême, c'est pour les uns la moralité *personnelle* dont le bonheur individuel est le critérium et l'objet ; pour d'autres, la moralité *sociale;* pour d'autres enfin, tantôt la première, tantôt la seconde. D'après les utilitaires, le bien, c'est le bonheur des autres, le perfectionnement du genre humain (ch III) ; leur grande prétention, la force spéciale qu'ils s'attribuent, c'est de donner à la morale une base positive, en la fondant sur les principes rigoureux de la sociologie. Forçons-les à nous fournir, au lieu de mots pompeux, de bonnes et loyales explications. Qu'est-ce que le vrai bonheur des hommes ? Le bonheur général, dites-vous, également distribué entre tous. Mais affirmer qu'il est général, également partagé, n'est pas nous dire en quoi il consiste. Serait-ce à prohiber certaines actions comme le meurtre, le vol ?..... mais on n'arrive ainsi qu'à poser les conditions négatives du bonheur, à écarter ce qui le rendrait impossible ; on ne sait toujours point de quels éléments il se compose. Est-ce de toute action, de toute jouissance qui ne compromet pas la santé sociale, c'est-à-dire d'un certain degré de richesse et de liberté publique, dont on peut profiter sans troubler le bonheur des autres ? Quelles conséquences résulteraient d'un pareil principe ! Et pourtant, avec la sociologie seule, c'est tout ce qu'on peut dire. Les utilitaires comptent beaucoup sur la sympathie ; sans doute, c'est un noble côté de notre nature ; mais, hélas ! l'égoïsme est un instinct qui y tient ordinairement autant et plus de place. « Les instincts désintéressés, en l'absence d'un motif supérieur, prédominent seulement lorsque l'avantage à procurer aux autres se trouve momentanément investi d'une valeur singulière, et que la perte qu'on a soi-même à faire est aussi singulièrement réduite; ou bien encore lorsque vient à disparaître la possibilité de choisir entre deux partis, pour ne laisser d'autre alternative que l'héroïsme ou la honte. » Enfin, on ne se dévoue pas sans savoir pour quelle cause on se dévoue; or nous l'avons vu, les positivistes n'ont jamais défini en quoi consiste le bonheur social : être heureux de ce que les autres sont heureux de nous voir heureux; voilà la seule formule qu'on puisse tirer de leurs enseignements; une plaisanterie de ce genre ne passionnera jamais l'humanité.

Les positivistes réussissent-ils mieux à établir la valeur de la vie sur des termes individuels (ch. IV)? Non, à moins d'y joindre certaines croyances à priori qu'ils devraient bannir s'ils étaient fidèles à leurs principes. Par exemple, pourquoi donner tant d'importance à l'amour, l'environner d'un si profond respect (ch. V)? Est-ce un amour quelconque qu'ils proclament le trésor de la vie humaine? L'estiment-ils d'après son intensité, d'après le plaisir qu'il procure? Ils n'ont pas le droit de fournir d'autre critérium; il s'ensuit logiquement qu'amour pur ou charnel, c'est, après tout, affaire de goût. Regarder l'un comme supérieur à l'autre, y voir quelque chose de noble, de sacré, c'est avouer qu'un idéal de perfection, de beauté morale plane sur nos âmes. C'est grâce à cet idéal surnaturel, à ce reste de religion, que nous nous intéressons à la vie, aux œuvres d'art qui nous en expriment les aspects les plus saillants (ch. VI). Ce qui nous captive, ce n'est certes pas une fastidieuse répétition d'actions toujours plus ou moins identiques, c'est la lutte morale avec ses émouvantes péripéties. Le libertin lui-même n'échappe pas à l'influence des croyances morales; « cet élément surnaturel fait fermenter ses passions, les pousse jusqu'à la rage et la folie; » sa grande jouissance, au fond, c'est sa révolte. Dira-t-on qu'en fait de croyances supérieures, il suffit à l'homme du dévouement à la vérité? Mais d'abord, c'est reconnaître que le bonheur n'est pas la seule fin de l'homme. Puis, si la vérité consiste simplement en arguments en forme ou en phénomènes physico-chimiques méthodiquement étudiés et analysés, son culte est un ridicule fétichisme, ou bien, c'est un véritable acte de foi en une puissance, en une essence surnaturelle, cachée derrière la pensée et la nature, et dont la vérité est un rayonnement.

Non seulement ces vestiges de croyances religieuses sont le sel qui préserve, à son insu, le positivisme de la corruption, mais M. Mallock a pu écrire un intéressant chapitre : « *Superstition* du positivisme » (ch. VII). N'exige-t-il pas, en effet, de ses adeptes, sans leur donner ni explications ni preuves, l'adhésion aux deux dogmes suivants : un futur paradis terrestre, terme de l'évolution humaine, et un changement complet dans notre nature où toute trace d'égoïsme aura disparu pour faire place à la plus absolue charité ?

L'auteur le constate en gémissant : que les positivistes le veuillent ou non, leur doctrine commence à porter ses fruits. Ils assurent que la voix de la conscience continue à retentir aux oreilles du genre humain. Heureusement ! mais ce n'est pas le tout d'entendre cette voix, il faut croire à son autorité, à sa valeur *absolue* ; or cette foi est injustifiable dans le système positiviste, aussi va-t-elle en s'affaiblissant de plus en plus. Malgré mille défaillances, on fait encore de la loi morale la règle de sa conduite personnelle, mais « on se reconnaît impuissant à porter un jugement qui atteigne l'universalité des consciences, on ne trouve aucun moyen d'étendre au delà de sa propre personne la loi d'après laquelle on vit. Cette situation d'esprit n'est point un rêve, mais une maladie réelle du monde moderne et de la génération présente. Elle se trahit à chaque instant et partout autour de nous, dans la conversation, la littérature, la législation ». Cet état de consomption morale peut durer des années avant d'être fatal, mais ce n'est qu'une affaire de temps.

D'où vient donc le succès d'une pareille doctrine (Ch. ix) ? Du prestige intellectuel de ses défenseurs, de leurs découvertes scientifiques, de leur méthode rigoureuse. Ce n'est pas, disent-ils, par impiété que nous écartons la religion ; c'est parce que l'existence de Dieu, de l'autre vie, ne sont pas *vérifiables*. Mais la distinction du bien et du mal l'est-elle davantage ?... Eh ! si tout arrive vraiment dans ce monde d'après les lois d'un rigoureux mécanisme, que devient la liberté, sans laquelle pourtant les préceptes moraux sont insignifiants ? Si on la conserve, on reconnaît donc que la vie de l'homme comporte l'union de deux ordres de choses ; mais « si la science ne peut nous empêcher d'affirmer la volonté immatérielle de l'homme, elle ne peut nous défendre non plus d'affirmer une immortalité, et avec elle l'existence de Dieu » ..... Si la liberté humaine dirige les mouvements du cerveau, pourquoi Dieu n'aurait-il pas le même pouvoir à l'égard de la nature ?

Dira-t-on que les croyances religieuses « sont en opposition avec les sentiments moraux en faveur desquels on les invoque (ch. x) » ? Comment concilier l'existence du mal avec la providence de Dieu, l'enfer avec sa bonté ?..... Mais pareilles difficultés résultent de la simple admission de la morale : une réintégration finale ou l'anéantissement des pécheurs serait la ruine même de l'ordre moral, qui tournerait au fatalisme ou n'aurait plus de conclusion. Que le positiviste nous explique, lui aussi, la coexistence du bien et du mal, nous dise ce qu'est ce bien moral dont le triomphe doit tant tarder encore, puis s'abîmer dans le néant. Le mystère les effraye ; mais la conscience psychologique et la liberté morale, cette causalité absolue au sein de l'universel déterminisme, ne sont-elles pas des mystères aussi insondables que tous les dogmes du théisme ?

Distinguera-t-on entre le théisme et la révélation ? Faut-il rejeter cette dernière et se contenter de la religion naturelle ? « Jamais, répond l'auteur, un théisme purement naturel, sans l'organe d'un langage humain, sans un mécanisme qui rende sa pensée palpable, n'a pu gouverner les hommes..... Il nous dit bien avec une suffisante énergie qu'il faut éviter le vice, mais il se trouve continuellement impuissant à nous dire si ceci ou cela est vicieux. Cette insuffisance pratique du théisme naturel est attestée par l'existence même des révélations qu'on met en avant. Car alors même qu'on ne pourrait en reconnaître aucune comme étant la parole de Dieu, la croyance dont elles sont l'objet serait encore le signe d'un besoin général de l'humanité. » Et ce qu'elle réclame, ce n'est pas un livre sacré, plus ou moins indéchiffrable pour elle; « il vaudrait tout autant que cette révélation n'eût jamais été faite. On n'en fera une révélation infaillible, ou en d'autres termes obligatoire pour tous et pour chacun, qu'autant qu'il y aura, pour interpréter ce testament, un pouvoir d'autorité égale à celle de ce testament lui-même. » Or « l'Église catholique est la seule religion dogmatique qui ait compris ce qu'un dogmatisme implique en réalité, et ce qu'on peut lui demander dans le cours des temps; elle a tout ce qu'il faut pour faire face à ces exigences. Seule, elle a compris que s'il y a dans le monde une parole infaillible, cette parole doit être vivante, aussi capable de s'exprimer à présent que dans le passé; et qu'à mesure que progressent dans la science les capacités du monde, celui qui enseigne doit être en état de développer plus complètement ses enseignements. » On a dénaturé sa doctrine (ex.: salut des hérétiques; intercession des saints; souffrances du purgatoire), mais il est facile, avec un peu de bonne foi, de distinguer entre les explications imparfaites et non officielles de certains théologiens, les opinions pieuses, propres à quelques individus ou époques spéciales, et les véritables dogmes de l'Église.... On lui oppose la simplicité de la religion naturelle, alors que cette simplicité est précisément le vague qui tue la vie religieuse dans les âmes..... On s'offense du ton, des prétentions de quelques-uns de ses membres; mais « le tempérament du monde catholique n'est pas le même assurément en deux siècles ou en deux contrées; et il peut nous tenir en réserve un nouvel avenir qu'on ne soupçonne pas. Il peut se pénétrer d'idées que nous aurons à reconnaître comme plus larges, plus hardies, plus rationnelles que toutes celles qu'il nous paraît avoir aujourd'hui. Et s'il le fait jamais, l'Église, dans la pensée des catholiques, n'aura point failli à elle-même, elle n'aura fait que développer plus pleinement son propre esprit en temps opportun (ch. xi). »

Avant d'aller plus loin, remarquons que nous sommes loin d'admettre toutes les opinions de l'auteur ; nous nous bornons à les résumer sans entrer dans une critique qui nous entraînerait trop loin. Le traducteur a eu soin d'ailleurs de rectifier dans une série d'appendices ces jugements souvent hasardés ou hétérodoxes. Il en est de l'ouvrage de M. Mallock comme du *Discours sur la méthode* de Descartes ou des *Critiques* de Kant : ce sont d'héroïques défis jetés au scepticisme, mais où on a le tort de lui faire la partie trop belle : un petit nombre seulement profite de l'argumentation victorieuse, la majorité s'arrête aux concessions et en abuse. Pourquoi, par exemple, accorder qu'on a, de nos jours, ébranlé, renversé les fondements historiques de la révélation chrétienne ? Il est absolument faux que ces objections soient restées sans réponse, et le désir seul, conscient ou inconscient, d'échapper à ses conséquences pratiques, a fait rejeter le témoignage des apôtres. D'autre part, l'Église n'a jamais enseigné que les livres saints fussent exempts de toute imperfection ; si M. Mallock avait lu la remarquable thèse de M. l'abbé de Broglie sur la *Transcendance du christianisme* (1), il eût vu que les susdites objections n'ébranlent le plus souvent qu'une théorie exagérée de l'inspiration et de ses conséquences. Voici, en quelques mots, la thèse de notre auteur : Faisons droit aux réclamations de la critique, accordons qu'il est impossible de constater l'inspiration des livres saints, et que la doctrine catholique renferme des éléments venus du dehors et d'origine évidemment naturelle ; de telles conditions posées, le protestantisme succomberait (et il succombe de fait et se dissout peu à peu, cfr ch xɪ) ; il n'en est pas de même du catholicisme : c'est un corps vivant, un organisme animé par l'Esprit divin invisible, mais toujours actif ; son rôle est de s'assimiler de tous côtés, même dans les œuvres de ses ennemis acharnés, la vérité qui est son aliment propre. « Les offres ont été nombreuses et le choix a été très restreint. C'est dans le choix qu'il faut voir l'action surnaturelle. On peut présenter toute l'histoire de l'Église comme l'histoire d'une *sélection surnaturelle*. Elle est parfaitement en droit de réclamer davantage ; mais dût-elle ne revendiquer jamais que cette faculté de faire un choix infaillible, elle établirait encore ainsi pleinement qu'elle a raison de se croire dirigée par une action surhumaine. » Cette notion de l'Église est incomplète, mais l'auteur lui-même s'en rend compte. C'est un minimum dont il se contente parce qu'il suffit à sa thèse. « Tout cela naturellement ne prouve pas que le catholicisme soit la vérité, mais doit montrer au théisme qu'en dépit de tout ce que le monde pourra dire, elle peut l'être. » On a vu, dans cette conclusion et dans le dernier chapitre, des traces « des sophismes kantiens » et de l'in-

(1) *Annales de philosophie chrétienne*, février 1881.

fluence positiviste. Sans doute, ayant rejeté les témoignages historiques, il était difficile à l'auteur d'aller plus loin ; mais il semble qu'on n'a pas bien saisi sa pensée ; nous la traduirions ainsi : rien, absolument rien dans les sciences ne contredit ou condamne la foi catholique, mais la foi n'est pas quelque chose de mécanique et de nécessaire ; elle est essentiellement libre, et dès lors que la liberté constitue un de ses éléments, impossible de prédire ce que fera ou non, dans ce sens, le monde moderne.

M. Gambetta a osé affirmer en pleine Sorbonne que dans le positivisme seul « les jeunes gens trouveront une philosophie appropriée à leurs besoins ; ce sera pour eux la moelle des lions ». Tous ceux qui ont à cœur de s'opposer à cette funeste propagande feront excellent accueil à la réfutation si sérieuse, si personnelle, si intéressante de M. Mallock.

MARCEL HÉBERT.

---

35. — L'Egitto al tempo dei Greci e dei romani, di Giacomo LUMBROSO. Rome, Bocca, 1882, 205 pages in-8.

Complétons le titre en le traduisant : « *Agréables propos* sur l'Égypte « au temps des Grecs et des Romains ». De cette façon nous serons tout à fait dans la vérité ; le lecteur ne croira pas à une réédition du savant mémoire de Franz, inséré dans le tome III du *Corpus inscriptionum graecarum*, et l'auteur ne se fâchera pas, car il est bien clair qu'il n'a jamais été dans son intention de nous donner ici une grande œuvre de synthèse. En lisant ces pages érudites et spirituelles on pense involontairement au docte *stromatiste* Clément d'Alexandrie, et surtout à un autre discoureur indigène, élégant et de grande lecture, Athénée de Naucratis.

M. Lumbroso (quel joli nom, quand on met bien l'accent !) n'a jamais visité les bords du Nil. Il serait cruel de lui demander d'y faire un voyage, en ce moment, pour compléter ses informations. D'ailleurs ce ne serait vraiment pas la peine, car s'il n'est pas allé lui-même en Égypte, il a interrogé tous ceux qui en sont revenus, depuis Strabon, pour ne pas dire depuis Ménélas, jusqu'aux touristes les plus récents.

Il y a de l'ordre dans les *Stromates* de M. Lumbroso. On commence par le Nil ; à tout seigneur, tout honneur : son culte, son iconographie, ses bienfaits. Puis vient le cadre de l'Égypte, sa double frontière de déserts, la Thébaïde, Péluse et Cyrène. Quelques pages sont ensuite consacrées à la population indigène et aux conquérants helléniques ; enfin, dans la seconde moitié du livre, l'intérêt se concentre sur Alexandrie et les Alexandrins, leurs dieux, leurs mœurs, leurs jeux et leurs monuments.

Chacun des chapitres porte un titre assez trompeur pour qui n'est pas au courant de la méthode. L'auteur, en effet, suppose toujours que son lecteur connaît en gros les choses dont il va l'entretenir ; tout au plus rappelle-t-il en deux mots l'état de la question, tant il a hâte de passer à ce qui est son affaire : compléter sur certains points de détail les connaissances acquises ; éclairer les textes anciens par des interprétations nouvelles ou des rapprochements inattendus ; corriger çà et là les opinions reçues. Tout cela est fait avec une érudition consommée, un bon sens profond et une pointe d'esprit qui charme le lecteur et l'empêche de s'apercevoir qu'on le fait passer à travers une forêt de textes en toutes langues et de documents empruntés à toutes les civilisations du globe terrestre.

Il y a souvent de l'inédit, par exemple, la relation du chef de bataillon Bert, de l'armée d'Égypte, sur un voyage d'exploration accompli par lui en 1800 dans les déserts de l'Est. M. Lumbroso, qui a trouvé cette relation dans un manuscrit de la bibliothèque royale de Turin, en cite de longs extraits pour montrer ce qu'était ce pays au temps des Romains, car, dit-il, les usages du désert changent peu ; deux à trois mille ans n'y font pas grand'chose. C'est vrai ; cependant, au point de vue de la couleur antique, j'aurais supprimé de la relation Bert ce qui regarde la préparation du café (p. 49). — On croyait généralement que la ville d'Alexandrie, dépourvue d'institutions municipales, faisait exception parmi les villes grecques d'Égypte. M. Lumbroso démontre le contraire, il prouve que cette situation était la règle, et que l'exception, exception unique, est représentée par le sénat et les magistrats élus d'Antinoé, cité fondée par l'empereur Hadrien. C'est un des résultats les plus importants de ses recherches. — Mais ce qu'il y a de plus intéressant, à mon avis, ce sont ses études sur les légendes alexandrines. Dès l'antiquité, les monuments et les souvenirs de tout genre de cette ville immense avaient fait travailler les imaginations. Le pseudo-Callisthène, dans sa vie fabuleuse d'Alexandre le Grand, écrite à Alexandrie vers le ive siècle de notre ère, n'est pas le premier qui ait mis en circulation des légendes sur le héros, son tombeau et la ville qui le contenait. Après lui les Arabes, et depuis les croisades, les voyageurs francs de toute catégorie, pèlerins, soldats, marchands, ont collaboré les uns après les autres à ce tissu de récits merveilleux qui rappelle les curieuses légendes des *Mirabilia Urbis Romae*. Ainsi la colonne élevée en l'honneur de Dioclétien au S.-O. de la ville antique est confondue par les indigènes avec le célèbre phare : les Latins, au contraire, y ont vu, en dépit de l'inscription qu'elle porte, un monument élevé à la mémoire de Pompée. Ses cendres auraient été déposées au sommet, dans une urne ; il y a même des gens qui transportent au pied de cette colonne le champ de bataille de Pharsale.

Les légendes des monuments ne sont pas le seul thème à rapprochements entre Rome et la métropole égyptienne. Aux catacombes romaines, Alexandrie peut comparer ses nécropoles curieuses qui ont défrayé de momies tant de musées et de collections de tout genre. Le célèbre *Monte Testaccio* des bords du Tibre a des frères autour d'Alexandrie ; comme lui, ceux-ci représentent à un certain degré les archives du commerce antique ; ils mériteraient d'être fouillés avec soin. M. Lumbroso a quelquefois des songes, où il se figure, après Chateaubriand, qu'on lui a donné Alexandrie en toute souveraineté et qu'il remue la terre autour des monuments. Mais ce sont des rêves, surtout aujourd'hui. Il faudra, d'ici longtemps encore, renoncer à retrouver la vieille cité des Ptolémées, d'Origène et d'Athanase autre part que dans les livres, soit d'histoire, soit de *merveilles*. Pour ces explorations en chambre, s'adresser au cicerone Lumbroso ; c'est le meilleur et même le seul.

L. DUCHESNE.

36. — **Massillon**, **Petit-Carême**, nouvelle édition, par M. l'abbé BLAMPIGNON. Paris, Palmé, 1882 ; in-12 de ix-534 pages.

Notre collaborateur, M. Blampignon, vient de donner, dans la collection des classiques de la librairie Palmé, dont le *Bulletin critique* s'est déjà occupé plusieurs fois, le *Petit-Carême* de Massillon. Personne n'ignore la compétence du savant professeur de Sorbonne en tout ce qui a rapport à l'illustre évêque de Clermont. Aussi n'étonnerons-nous personne en disant que M. Blampignon a réussi à faire un livre qui sera non seulement utile à nos écoliers, mais que tous auront plaisir à lire et profit à consulter.

Voici comment est conçue cette édition. Une longue introduction ouvre le volume. Les 30 premières pages contiennent un intéressant résumé de la vie de Massillon. Suit une étude générale sur son style, sur la nature de son éloquence. Quelques-unes des plus belles pages, qui nous avaient déjà charmé dans les publications précédentes de M. Blampignon, se retrouvent naturellement ici. Page 41, on arrive au Petit-Carême. M. Blampignon commence par donner quelques renseignements historiques, puis cite diverses appréciations sur ce monument de notre littérature, d'abord des contemporains de l'auteur, ensuite des modernes. Il proteste en passant, fort à propos, contre quelques voix discordantes dans le concert unanime d'éloges adressé à ce chef-d'œuvre, notamment contre le P. Cahour, dont M. Blampignon met à néant le reproche inexact que les saints livres n'y sont *jamais* cités, en marquant avec précision les nombreux passages des Écritures dont s'est servi l'orateur. Mais pourquoi M. Blampignon ne s'attaque-t-il que dans deux notes fort courtes à M. Brunetière, au sujet de la curieuse étude de celui-ci, publiée récemment dans la *Revue des Deux-Mondes?* Il eût été digne de lui d'entrer courageusement en lice avec cet ingénieux écrivain.

Vient ensuite le texte du Petit-Carême que publie M. Blampignon, non d'après le manuscrit autographe qui n'existe pas, mais sur la copie faite pour le jeune roi et qui est conservée à la Bibliothèque nationale, et sur les meilleures éditions imprimées, à savoir : celles de 1745 (du P. Joseph), de 1789 (de Didot), et de 1810 (de Renouard). Chacun des dix sermons dont se compose le Petit-Carême est précédé d'une intéressante notice historique, d'une analyse fort exactement faite et accompagnée de notes soit historiques, soit littéraires (variantes des textes, rapprochements avec Bossuet, Racine, etc.).

A la suite du Petit-Carême, M. Blampignon a eu la très heureuse idée de donner quatre des plus beaux sermons du Grand Carême, sur la parole de Dieu, sur la vocation, sur la Samaritaine et sur l'emploi du temps. Enfin le volume se termine par quelques morceaux célèbres tirés des autres sermons de Massillon.

Un autre que moi ne ferait probablement que de très légères critiques à M. Blampignon. Il pourrait trouver, par exemple, que les notes sont parfois insuffisantes, que l'illustration du volume est tout à fait médiocre (mais ceci s'adresse plutôt à l'éditeur, auquel semblable reproche a déjà été fait ici) (1). Quant à moi, je me crois obligé de signaler de nouveau certaines inexactitudes de M. Blampignon à l'égard de l'Oratoire.

« *Pas plus que Malebranche* (2), dit M. Blampignon, Massillon n'appartient entièrement à la Congrégation... De plus en plus, comme on sait, *le savant et vertueux Oratoire s'attachait au jansénisme*, combattant et contre le Saint-Siège et contre les Jésuites. » Encore une fois, nous ne cesserons de le répéter, autre chose serait de dire que beaucoup d'Oratoriens furent jansénistes, d'ajouter même que dans l'Oratoire il y avait un courant de sévérité, d'austérité, de rigidité si on veut,

(1) Les gravures sont, en général, mauvaises, et, de plus, mal placées. Mauvaises : voir, par exemple, page 11, le portrait du P. de la Tour. On dirait un enfant de chœur, n'est-ce pas ? alors qu'on aurait pu si facilement reproduire l'admirable portrait (de Champaigne, dit-on) conservé au collège de Juilly. Le portrait de Massillon lui-même, quoique meilleur, est insuffisant. Mal placées, avons-nous ajouté : pourquoi, par exemple, Villeroy vient-il page 47, Noailles page 57, si loin des passages où il est question de ces personnages ?

(2) Malebranche vient ici on ne sait pourquoi. Le grand philosophe oratorien vécut toujours à l'Oratoire, fit partie de plus de dix assemblées générales de la Congrégation et lui donna, jusqu'à sa mort, des preuves nombreuses de son filial attachement.

courant assez général à cette époque en France, et à l'influence duquel Massillon lui-même n'échappa point (1) ; autre chose d'envelopper l'Oratoire tout entier dans une accusation vague et indéterminée de jansénisme. « Voyons un peu, dit excellemment M. Blampignon au P. Cahour, il faut apporter ici des preuves, et non de vagues assertions. » A votre tour, dirai-je à M. Blampignon, précisez. — Vous dites que Massillon « souffrit, ainsi que Malebranche, des violences ou des intolérances de plusieurs de ses confrères. » Lesquels, je vous prie ? Car il est trop clair que ces deux grands hommes avaient bien plus d'amis que d'ennemis parmi les Oratoriens. Vous dites que Massillon quitta Sept-Fonts pour rentrer à l'Oratoire, parce que sans doute le « changement qui eut lieu alors dans l'administration de sa Congrégation satisfit son caractère sage et modéré. » Prouvez donc que le P. de la Tour, le nouveau général, fut moins janséniste que son prédécesseur. Ils ne le furent, croyons-nous, ni l'un ni l'autre ; mais encore nous paraît-il bien plus facile de prouver l'orthodoxie du P. de Sainte-Marthe que celle du P. de la Tour. — Vous dites que l'on compte, parmi les ardents rédacteurs des *Nouvelles ecclésiastiques*, des Oratoriens. Nommez-les. De grâce, prouvez ce que vous dites et ne vous bornez pas, comme le P. Cahour, à de « vagues assertions ». Si vous apportez des documents qui établissent la vérité de ce que vous avancez, je me rangerai facilement à votre opinion ; je n'aurai pas un instant la pensée de vous refuser mon assentiment, car, si cher que me soit l'Oratoire, si zélé que j'ose me dire pour la défense de son honneur et de sa gloire,

Magis amica veritas.

A. INGOLD.

---

37. — **La censure sous le premier Empire,** avec documents inédits, par H. Welschinger, in-8°, xxv-400 p. Paris, Charavay, 1882.

« *Pour assurer la liberté de la presse,* aucun libraire ne pourra vendre un ouvrage avant de l'avoir présenté à une commission de révision, laquelle le rendra, s'il n'y a pas lieu à censure. » — Cet arrêté a été porté plusieurs siècles après la fin des ténèbres du moyen-âge, et à des centaines de lieues de Constantinople et de Pékin : il est du 27 septembre 1803, et émane du Consulat. C'est l'acte de naissance de la censure sous le nouveau régime. La formule est à retenir ; elle a souvent servi depuis à « assurer » un certain nombre d'autres libertés. M. Welschin-

(1) Il est piquant d'en surprendre l'aveu chez M. Blampignon, qui dit même (p. 76) que c'est *par attachement* à l'Oratoire qu'il partagea ces idées (tout à l'heure il était à peine de la Congrégation) !

ger divise son étude en cinq chapitres : la Censure, les Censeurs, les Journaux, les Livres, les Théâtres. Ces titres résument clairement la matière traitée dans l'ouvrage.

Napoléon avait en horreur le mot de « censure », mais la chose lui plaisait étonnemment : de là, cette double institution de la police et de la direction générale de la librairie, pour épier et condamner à des titres divers les malheureux écrivains ; et encore, police et direction n'étaient-elles pas toujours d'accord, et parfois « la police faisait saisir jusqu'aux livres approuvés (p. 36), » comme toujours, les subalternes allaient plus loin que le maître, et se faisaient traiter « d'imbéciles » par le souverain (p. 47). C'était mérité : le chapitre II le montre assez. Au ch. III, nous voyons les journaux réduits d'abord à 14, puis à 4 ; l'empereur, qui se les fait adresser sur toutes les routes de l'Europe, ne tarit pas sur leur « bêtise » (p. 93). Bientôt, il les astreint à copier simplement le *Moniteur*, il leur impose des directeurs, des censeurs, met la main sur leurs bénéfices et finalement sur la propriété. Il est vrai que le gouvernement se charge souvent de fournir de la copie, et, dans les heures d'embarras politique, la police, qui a des aptitudes variées, ménage entre ses journaux de platoniques discussions littéraires ou artistiques, destinées à « amuser *singulièrement* le public et à faire les frais de toutes les conversations des salons (p. 125). » Ces discussions couvrent en France la retraite de Russie ! Le ch. IV est du plus haut intérêt : la censure est aux prises avec les premiers grands écrivains du siècle, avec de Maistre, avec Chateaubriand, aussi maltraité pour ses *Martyrs* qu'il avait été loué pour le *Génie du Christianisme*, et surtout avec « la nommée Staël », comme l'appelait la police. Madame de Staël donne dans la préface de l'*Allemagne* une idée des persécutions qu'elle eut à subir ; M. Welschinger raconte avec plus de détails cette dramatique histoire : Napoléon ne peut supporter cette femme trop près de lui, elle est comme une protestation vivante de la pensée contre la force ; il l'exile de Paris, de la France, « lui laisse l'Europe », mais la fait surveiller partout. La direction de la librairie approuve l'*Allemagne*, moyennant quelques légères modifications, et quand l'ouvrage est sous presse, la police le saisit chez Mame, et « nous voyons des valets foulant et broyant avec rage ces pages toutes empreintes de raison, d'esprit et de sentiment... C'est comme l'écrasement de la pensée par la matière brutale (p. 190). » Au théâtre, il faut aussi que tout obéisse au commandement : les contemporains se mettent assez volontiers à l'alignement, mais les anciens n'ont pas prévu le cas. Aussi Corneille, Racine, Molière sont-ils corrigés impitoyablement et... grotesquement. Pourquoi conspiraient-ils contre le nouvel ordre de choses ? Faut-il dire que le bon roi David lui-même était conspirateur, et que la censure se voyait obligée à interdire ses psaumes traduits en français, comme « semblant offrir un appât aux malveillants (p. 197) ! »

« Il semble que Messieurs les censeurs prennent à tâche de ne faire que des bêtises », disait l'empereur au conseil d'État (p. 240). Quand on a lu le livre de M. H. W., on porte sur eux un jugement identique ; mais celui qui inventa une pareille institution et en fit un rouage gouvernemental fit-il œuvre d'habileté ? Il reconnut que non, mais trop tard (p. 8).

L'auteur donne à la fin du volume un grand nombre de documents inédits, exemples curieux de galimatias officiel. L'auteur n'aurait-il pas pu nous priver de quelques-unes de ces notes de police, et nous donner en plus grand nombre les appréciations de la censure sur les ouvrages contemporains ? le ch. IV reproduit plusieurs de ces décisions : on aurait pu les multiplier au lieu et place de documents d'un moindre intérêt. Le livre est écrit d'un bon style et, sauf de rares passages (pp. 62, 128), il est digne d'un lauréat de l'académie. M. Welschinger a su mettre en œuvre avec discrétion les nombreux documents qu'il a dépouillés, et faire sur une question un peu ingrate un livre qui a tout l'intérêt d'un roman. Ajoutons que l'auteur juge avec tact et mesure, sans complaisance pour des procédés à la mode, sans esprit de dénigrement contre des institutions disparues ; pour lui l'*amica veritas* domine toute autre préoccupation. C'est la bonne voie à suivre pour atteindre à des succès honnêtes et légitimes, que les hommes de bien salueront avec bonheur et que l'avenir se chargera de ratifier et de grandir.   H. LESÊTRE.

---

38. — L'Organisation Française : manuel à l'usage des Ecoles, par Alphonse Bertrand : in-12, A. Quantin, 1882.

« Ce qu'un citoyen doit le mieux connaître, c'est son pays. Combien d'entre nous cependant connaissent mieux l'étranger que la France, et le passé que le présent (*Préface*). » Il n'est pas rare, en effet, de rencontrer des hommes distingués, et fort instruits d'ailleurs, qui ignorent les premiers éléments de notre organisation actuelle. Mettez-les sur le chapitre des consuls, des édiles, des prévôts des marchands, des échevins : ils feront merveilles. Mais n'allez pas leur parler Cour des comptes, Conseil de préfecture, Commission départementale : ils ne vous comprendraient plus. Les assemblées des curiales leur sont plus familières que les Conseils municipaux ; ils vous dénombreront au besoin les impôts perçus sous Auguste, mais ne pourront vous dire ceux qu'ils paient aujourd'hui.

Sans vouloir entreprendre sur le domaine justement réservé aux études purement classiques, et sans donner dans toutes les illusions de quelques réformateurs du jour, il ne messied pas, ce semble, de demander aux élèves qui achèvent leur éducation libérale une connaissance générale et sommaire de nos institutions. C'est pour leur faciliter cette étude que M. Bertrand a entrepris d'exposer dans un petit livre « le fonctionnement des pouvoirs publics et des grands services de l'Etat ». Rejetant les théories vagues et les discussions oiseuses, il passe rapidement en revue, dans une série de chapitres bien divisés, les principaux rouages du gouvernement : la Chambre, le Sénat, les ministères; l'administration départementale et communale ; l'instruction publique, l'armée, la marine, la diplomatie, les cultes, la magistrature. Les pages consacrées à la procédure parlementaire, à l'organisation militaire et maritime, et au régime des postes et télégraphes sont particulièrement instructives. Pour éclairer et compléter ces notions, nous trouvons disséminés dans le corps de l'ouvrage : des statistiques nombreuses et intéressantes ; des tableaux indiquant la répartition numérique des sénateurs et des députés et les circonscriptions militaires ; enfin des textes qu'il est toujours commode d'avoir sous la main, tels que la Déclaration des droits de l'homme, le Concordat, les Articles organiques et les lois constitutionnelles.

Je ne doute pas que ce manuel ne vaille à l'auteur le succès qu'il s'en promet et que « la bienveillance du public ne lui permette par la suite de l'améliorer et de le compléter. » Pourquoi n'y contribuerais-je même pas pour ma petite part en signalant ici quelques erreurs ? — Page 45, il est dit que les auditeurs de deuxième classe au Conseil d'Etat ne reçoivent aucune indemnité : c'était vrai il y a quelques années, mais la loi du 23 mars 1880 leur a accordé un traitement après une année de service (1). P. 46, la division du Conseil d'Etat en sections est donnée d'après le décret du 2 août 1879 : elle a été modifiée par le décret du 26 décembre 1881. P. 202, au lieu de *quatre* mois de service effectif exigés des caporaux ou brigadiers pour être promus au grade de sous-officier, c'est *six* mois qu'il faut lire. P. 130, on avance que la Cour des comptes *vérifie* la régularité de *tous* les comptes publics : cette affirmation n'est exacte que pour les cas où le revenu excède 30,000 francs. P. 130, à la note, on confond les *Abus de pouvoir* relatifs à un exercice illégal de l'autorité, avec les *Excès de pouvoir* qui ont trait aux attributions de compétence. P. 131, tous les membres de la Cour des Comptes sont présentés comme inamovibles, bien que le décret du 23 octobre 1856 excepte formellement les auditeurs. P. 173, ce n'est pas un arrêté

(1) Je ne parle bien entendu que des lois et décrets *antérieurs* à la rédaction du manuel (31 décembre 1881). Les chambres ont voté depuis plusieurs lois importantes sur l'enseignement primaire, la nomination des maires, etc...

ministériel mais un *décret* qui nomme les professeurs de l'Enseignement supérieur. P. 294, la présidence du Jury en matière criminelle ne revient pas « au plus âgé des jurés » : le Code d'Instruction Criminelle, art. 342 l'attribue au premier juré sorti par le sort ou à celui qu'ont désigné ses collègues du consentement de ce dernier. P. 294, en cour d'assises, à la suite d'une déclaration de non-culpabilité par le jury, ce n'est pas « la Cour » qui prononce l'acquittement, c'est une ordonnance du Président. P. 65, je lis : « Quiconque occupe un poste dépendant du gouvernement est un *fonctionnaire* public, depuis les ministres jusqu'aux plus modestes employés. » C'est fort contestable. Les *agents directs,* qui ont un caractère public et représentent officiellement le pouvoir exécutif auprès des citoyens, sont seuls des *fonctionnaires* : tels les ministres, les préfets, les maires, etc... Les employés subalternes et auxiliaires, quels que soient d'ailleurs leur position honorifique ou leur traitement, sont de simples *agents d'exécution.*

Outre les erreurs que je viens de relever, je remarque quelques omissions. Il n'est pas parlé des décrets, des règlements d'administration publique, des divers arrêtés ministériels, préfectoraux et municipaux. On eût désiré aussi quelques notions succinctes sur le domaine public, l'expropriation pour cause d'utilité publique, l'assiette des divers impôts, le régime fiscal des douanes et le système monétaire. Enfin on est en droit de regretter que l'auteur n'ait pas cru devoir citer en note les dates des principales lois qui régissent les diverses matières traitées : il est surprenant, par exemple, qu'il ait passé sous silence des actes législatifs aussi importants que la loi du 10 août 1871 sur les conseils généraux, celle du 24 mai 1872 sur le Conseil d'Etat, celle du 3 juillet 1877 sur les réquisitions militaires, etc... (1).

Ces inexactitudes et ces oublis de détail n'enlèvent rien, du reste, au mérite général de l'ouvrage. Dans le cadre modeste qu'il a choisi, M. B. a fait un livre élémentaire, mais sérieux, qui n'a rien à voir avec ces manuels enfantins où l'on met au service d'une propagande politique un savoir de rencontre : il ne saurait être trop recommandé aux élèves de l'enseignement secondaire et supérieur et à tous les hommes instruits qui veulent s'initier, en quelques heures, aux principes généraux de notre organisation politique et administrative. G. PAULET.

(1) J'ajoute que les rares lois citées ont été assez maltraitées à l'impression. Ainsi, page 58, la loi du 16 juillet 1875 est mise au compte de l'année 1876 ; page 149, la loi de 1833 sur l'instruction primaire est du 28 juin, et non du 28 juillet ; page 351, la loi donnée sous la date du 19 juin 1879 est réellement u 21 juin. — Ces fautes typographiques, insignifiantes pour des légistes, euvent aisément dérouter des lecteurs auxquels les lois ne sont pas familières.

CHRONIQUE

Le *Journal officiel* du 24 juillet a donné, in-extenso, la *Notice historique sur la vie et les travaux de M. de Rémusat*, lue par M. Jules Simon à l'Académie des sciences morales et politiques, dans la séance du 22 juillet 1882.

— On sait que le capitaine Guillemot a trouvé, dans ses fouilles d'Amoas, en Palestine, un chapiteau portant deux inscriptions ; l'une, en caractères hébreux archaïques, est traduite par M. Clermont-Ganneau : *que son nom soit béni à jamais* ; l'autre est en grec : εἷς Θεός, *un seul Dieu*. Dans la séance de l'Académie des inscriptions et belles-lettres du 10 mars (voyez *Bulletin critique*, t. II. p. 461, nᵒ du 15 avril 1882), M. Clermont-Ganneau a attribué cette inscription à des chrétiens du IIIᵉ ou du IVᵉ siècle ; M. Renan a émis l'opinion que ces chrétiens appartenaient à une des sectes d'hérétiques si nombreuses en Orient, à cette époque, et qu'ils ont voulu, par cette inscription εἷς Θεός, protester contre le dogme de la Trinité. Dans le *Bulletin monumental* (1882, nᵒ 4, p. 381 sv.), M. Julien Durand démontre que ce chapiteau devait être un des quatre qui soutenaient la coupole de l'édifice, d'où il provient que chacun des chapiteaux portait une inscription, et que, conformément à l'usage byzantin, la réunion des quatre inscriptions formait une phrase où, suivant une tradition, les trois personnes de la sainte Trinité étaient nommées. Loin d'être une protestation contre le dogme, les mots εἷς Θεός ont donc appartenu à une phrase destinée à l'affirmer.

— Un très intéressant article du même numéro de la même revue (p. 328 et sv.) a été consacré, par M. Henri Jadart, à une étude complète de l'épitaphe de la mère du chancelier Gerson ; nous reproduisons, d'après M. Jadart, le texte de cette inscription publiée incorrectement jusqu'à ce jour :

> Elisabeth la Chardenière
> Qui fin bel ot et vie entière
> À Arnault le charlier espouse
> Auz quels enffans ont esté douse
> Devant cest hus fust enterrée
> M. quatre cens et un l'année
> Estoit de juing le jour huitième
> Jhesus li doint gloire saintime.

Cette épitaphe, déplacée en 1851, est maintenant conservée dans l'église de Barby (Ardennes). Pour des raisons qu'il expose, M. Sardat serait porté à croire que Gerson lui-même est l'auteur de ces vers.

— M. L. de la Sicotière vient de faire paraître, dans la *Revue des questions historiques* (63ᵉ livr., p. 146 et sv.), la première partie d'une intéressante étude sur *les faux Louis XVII*.

— Le directeur de la bibliothèque de Saint-Pétersbourg a publié un *Dictionnaire bibliologique* de 531 pages, œuvre posthume de Stroïev.

— Le *Journal officiel* du 31 juillet donne, in extenso, le texte du rapport de M. H. Wallon, secrétaire perpétuel de l'Académie des inscriptions et belles-lettres, sur les travaux des commissions de publication de cette académie, pendant le premier semestre de l'année 1882.

— M. Meyer vient de publier, dans la *Romania* (T. XI, 1882), une notice accompagnée d'extraits, du précieux manuscrit qu'il a découvert, l'année passée, dans la bibliothèque de sir Thomas Philips, à Cheltenham, en Angleterre. Ce manuscrit, en écriture française du milieu du XIIIᵉ siècle, contient un poëme de 19,214 vers octosyllabiques. M. Meyer, qui est tenté d'attribuer ce poëme à Henri le Norrois, s'exprime en ces termes : « Quand ce poëme « sera connu, on jugera sans doute que la littérature française du moyen « âge ne possède pas, jusqu'à Froissart, une seule œuvre, soit en vers, soit « en prose, qui combine au même degré l'intérêt historique et la valeur « littéraire. Je n'excepte ni Villehardouin, ni Joinville. Le sujet, c'est l'his- « toire très détaillée de Guillaume le Maréchal, comte de Pembroke, régent

« d'Angleterre pendant les trois premières années du règne de Henri III. La
« biographie détaillée d'un haut baron, mort à près de quatre-vingts ans, en
« 1229, ne peut manquer d'être un document précieux pour l'histoire de la
« haute société au moyen âge, et, à cet égard, le poëme ne trompera aucune
« espérance. Mais il se trouve que ce baron a été successivement l'un des
« chevaliers, et, on peut dire le chevalier de prédilection de Henri au court
« mantel, le *jeune roi*, tellement que, sur son lit de mort, celui-ci le chargea
« de porter sa croix à Jérusalem ; qu'il a été l'un des plus vaillants défen-
« seurs de Henri II, dans sa lutte contre Richard, comte de Poitou, et contre
« Philippe Auguste ; que plus tard, sous Richard Cœur de Lion et sous
« Jean Sans Terre, il a constamment occupé les plus hauts emplois dans le
« gouvernement, et s'y distingua à ce point que, lorsque le roi Jean mourut
« abandonné de la plupart de ses barons et ruiné, il ne parut pas qu'un
« autre que Guillaume le Maréchal pût prendre à la fois la garde du jeune
« Henri et la régence du royaume ; qu'enfin, à force d'énergie et de droiture,
« il réussit, malgré son grand âge, à battre le fils de Philippe Auguste et ses
« partisans et à pacifier le pays. On conçoit de quel prix peut être, pour
« l'histoire d'Angleterre et pour l'histoire de France, le récit détaillé des
« actions d'un homme qui a joué, dans les évènements de son temps, un
« rôle aussi considérable. »

— L'exposition des Beaux-Arts qui devait avoir lieu cette année à Berlin
est contremandée.

— Les philologues et professeurs allemands tiendront cette année, à Carls-
ruhe, du 27 au 30 septembre, leur 36ᵉ assemblée.

— Schalich-Effendi fait dresser le catalogue des imprimés et manuscrits
des bibliothèques de Constantinople dont il a été récemment nommé directeur ; ce catalogue a déjà révélé l'existence de précieux manuscrits.

— Le docteur de Bellescheim, de Cologne, prépare une histoire de l'Église
catholique en Ecosse depuis la réforme. Il a trouvé la preuve que la reine
Anne de Danemark, femme de Jacques I, s'était convertie au catholicisme.

— On commence, à Saint-Pétersbourg, la publication d'une revue orientale
dont le but est de faire mieux connaître la Sibérie et les autres provinces
asiatiques de la Russie.

— A la liste des collaborateurs aux *Mélanges d'érudition classique*, dédiés à la
mémoire de Ch. Graux, il faut ajouter le nom de M. Théodore Mommsen, qui
a envoyé au comité un manuscrit intitulé : *Officialium et militum Romanorum
sepulcretum Carthaginiense*.

— La Société de littérature bulgare, qui, avant la guerre, avait son siège à
Braïla (Roumanie), se reforme à Sofia. Elle publiera ses travaux sous la
forme d'une revue bimensuelle.

— MM. Otto Lyon et F. Wilbrandt viennent de publier, à la librairie
Grieben (Leipzig), la treizième édition du *Synonymisches Handwœrterbuch
der deutschen Sprache*, par Eberhard.

— Le bureau de la commission de la Société de l'école des Chartes est ainsi
composé pour l'année 1882-1883 : Président, M. Bordier ; Vice-Président,
M. Gaston Paris ; Secrétaire, M. Auguste Molinier ; Secrétaire-adjoint,
M. Gerbaux, Archiviste, M. Tuetey. Commission de publication : MM. Delisle, de Lasteyrie, Ulysse Robert ; suppléants, Julien Havet, Osmont.

— La Bibliothèque de l'école des Chartes (3ᵉ livr. 1882) contient une notice
de M. L. Delisle sur *les anciens catalogues des livres imprimés de la bibliothèque
du roi*. Le premier travail d'ensemble de ce genre fut fait sous le règne de
Louis XIII, par Nicolas Rigault, aidé de Saumaise et de Hautin.

— Le R. W. Forbes Leith, societatis Jesu, prépare, sous le titre *The scots
men-at-arms in the service of France*, une étude sur les Écossais au service de
la France.

— M. René Fage vient de publier (Tulle, 1882) un catalogue descriptif assez
complet des œuvres de Baluze (Extrait du *Bulletin de la Société des lettres,
sciences et arts de la Corrèze*).

— L'*Atheneum* du 29 juillet contient un compte rendu assez étendu de l'*Ecclésiaste* de M. Ernest Renan. Le critique anglais trouve que l'auteur ne donne pas de raisons plausibles en faveur de la date qu'il attribue au livre; il lui reproche aussi de ne pas être un traducteur fidèle : « M. Renan in general is very arbitrary in his translation of Ecclesiastes; he accept nearly alle the emendations in the text proposed by prof. Graetz, and adde some of his own which are certainly not happy. »

— Mme la comtesse de Clermont-Tonnerre vient de faire paraître, à la librairie Didier, la traduction de l'important ouvrage de M. Francis Parkman, *les Jésuites dans l'Amérique du Nord au* XVIIe *siècle.*

— La Société *d'histoire russe* prepare un dictionnaire de biographie qui contiendra plus de 20,000 noms.

— Parmi les ouvrages offerts à la *Société de Géographie*, dans la séance du 7 juillet, se trouve l'*Atlas universel de géographie moderne* de la maison Jouvet. Cet Atlas n'a rien de commun avec l'ancien Atlas bien connu sous le nom « d'Atlas de géographie militaire », servant à l'école militaire spéciale de Saint-Cyr et adopté par le ministère de la guerre. Toutes les cartes en ont été refaites, en sorte que c'est un ouvrage entièrement nouveau, qui se compose de 40 cartes imprimées en plusieurs couleurs. Le même, sous sa nouvelle forme, doit servir aussi pour l'école de Saint-Cyr, mais alors les cartes sont disposées dans un autre ordre de classement. Le nouvel Atlas a pour auteurs MM. Bureau, Hue et Gœdorp, professeurs à l'école Saint-Cyr ; pour la géographie générale, il a été revu par M. Maspéro, professeur au Collège de France.

— Le XXXe volume (2e partie) des Mémoires de l'Académie des Inscriptions et Belles-Lettres est sous presse; il comprendra des mémoires de MM. H. Martin, Edm. Le Blant, Hauréau.

— Sous le titre de *A dictionnary of the Anonymous and Pseudonymous literature of Great Britain*, on vient de publier, à Edimbourg, le premier volume d'un dictionnaire analogue à celui de Barbier, dans notre pays. Ce volume, de 870 pages in-8° à deux colonnes, va jusqu'à la lettre E, et comprend les titres, in extenso, de 11000 publications. M. Laing, qui avait remplacé M. Halektt dans cette œuvre, est mort. On assure cependant que le Dictionnaire sera continué.

— M. C. Bémont a rédigé la table des cinq premières années de la *Revue historique*. Elle se vend aux bureaux de la Revue, au prix de 3 fr. (1, 50 pour les abonnés.)

Société nationale des Antiquaires de France. — *Séance du 12 juillet.* — Présidence de M. G. Perrot. — M. Ulysse Robert lit une note sur une commande de vitraux pour l'église de Lohéac, en Bretagne, faite en 1494, par Thomas de Rieu, argentier d'Anne de Bretagne, à un peintre verrier de Paris, nommé Amé Pierre. Ces vitraux, au nombre de treize, à deux meneaux, devaient représenter « 78 *histoires de la généalogie de Madame saincte Anne.* » Le prix convenu, pour l'exécution et la pose, était de 300 livres tournois. — M. Prost communique la découverte faite au Sablon, près Metz, d'un édifice romain octogone et de deux cippes dédiés à une déesse précédemment inconnue, *Icovelluna.* — M. Héron de Villefosse signale la trouvaille faite par M. A. Farges à Khenchela (province de Constantine), d'un plomb portant la légende *Genio Tusdritanoru(m)*, au Génie des habitants de Thysdrus (aujourd'hui El-Djem). Il informe ensuite la Société que des travaux sont en cours d'exécution au Louvre, sous la direction de M. Ravaisson-Mollien, conservateur des Antiques, pour placer la Victoire de Samothrace montée sur la proue de galère qui lui servait de base, en haut du grand escalier du Musée. Des lettres d'appareil ont été découvertes sur les blocs dont la base était composée. — *Séance du 19 juillet.* — Présidence de M. Perrot. — M. d'Arbois de Jubainville signale l'existence, dans le nord de l'Irlande, de forts vitrifiés semblables à ceux de France ou d'Ecosse. La construction doit vraisemblablement en être attribuée aux Pictes, habitants primitifs de l'Ecosse, qui ont aussi occupé la partie de l'Irlande où ces forts se trouvent. — M. Schlumberger communique plusieurs sceaux inédits de fonctionnaires byzantins (*stratèges* ou gouverneurs, *commerciaires* ou directeurs des douanes) du thème de Khersois. Il montre également à la Société plusieurs sceaux de fonctionnaires de la Bulgarie. Ce dernier pays, reconquis par l'empereur Basile, ne fut pas constitué en thème et resta une sorte de province militaire, administrée par des ducs, des *préteurs*, et surtout des *provédileurs* (προνοηταὶ πάσης Βουλγαρίας), sorte de commissaires extraordinaires. — M. Courajod lit, au nom de M. Muntz, une note sur le premier architecte du palais pontifical d'Avignon. Il s'appelait Pierre Poisson ou Peysson (magister *Petrus Piscis* ou *Peyssonis*) et était de Mirepoix. Dans les comptes conservés aux archives secrètes du Vatican, on trouve plusieurs fois son nom depuis 1335 ; l'année qui suivit l'avènement du fondateur de l'édifice, de Benoît XII, jusqu'en 1337, il dirigea notamment la construction de la chapelle et de la tour du palais, d'un cabinet de travail pour le pape et d'une salle d'audience. M. de Villefosse lit, au nom de M. Maxe Verly, une note sur deux inscriptions fausses attribuées à Nasium (Naix-en-Barrois).

ACADÉMIE DES INSCRIPTIONS ET BELLES-LETTRES. — *Séance du 7 juillet.* — M. SÉNART est introduit en séance, après lecture du décret approuvant son élection. L'Académie décide que la séance qui aurait dû avoir lieu le vendredi 14 juillet sera avancée au jeudi précédent. L'Académie fait connaître les résultats du concours des antiquités nationales. Elle a décerné 3 médailles de 500 fr. et 6 mentions. Médailles : 1° GUIFFREY, *la Tapisserie en France* ; 2° HÉRON DE VILLEFOSSE et THEDENAT, *Cachets d'oculistes romains*, tome I ; 3° KOHLER, *Étude critique sur le texte de la Vie latine de sainte Geneviève de Paris*. Mentions : 1° HÉRON, *Œuvres de Henri d'Andeli* ; 2° CH. MOLINIER, *l'Inquisition dans le midi de la France* ; 3° PERROUD, *Les Origines du duché d'Aquitaine* ; 4° DE LA CHAUVELAYS, *Les Armées des ducs de Bourgogne* ; 5° FIERVILLE, *Documents sur Philippe de Commynes* ; 6° D'HERMANSART, *Les Corporations de Saint-Omer*. M. CLERMONT-GANNEAU présente une statuette trouvée à Beyrouth, représentant, selon lui, l'Astarté de Sidon. La déesse est nue, coiffée d'un diadème en forme de croissant renversé, appuyée sur la jambe droite, tandis que la main droite s'abaisse vers le pied gauche. La main du bras gauche étendu s'appuyait sur une rame, conservée aujourd'hui dans une autre collection que la statue. Cette rame (ou gouvernail) portait, en phénicien, l'inscription ordinaire des monnaies de Sidon : « des Sidoniens ». Nous avons donc ici une image exacte de l'Astarté de Sidon, à l'époque des Séleucides. La statue est de style grec ; à une époque antérieure elle aurait été de style égyptien ou assyrien ; les Phéniciens ont toujours soumis leur art aux influences politiques qui les dominaient. M. AUBÉ achève la lecture de son mémoire sur le martyre de saint Polyeucte. Le récit du martyre de Polyeucte est historique dans son ensemble. Les noms de Néarque, Polyeucte et Félix ne sont pas inventés ; sont également vrais : l'édit de Valérien, la faiblesse d'un grand nombre de chrétiens et l'énergie de Polyeucte, le renversement des statues des dieux, les rôles de Félix et de Pauline, la condamnation et l'exécution de Polyeucte. M. CH. NISARD commence la lecture d'un mémoire sur la propriété littéraire vers le milieu du XVI° siècle. — *Séance du 12 juillet.* — M. CH. NISARD continue la lecture de son mémoire intitulé : *De l'état incertain et précaire de la propriété littéraire vers le milieu du XVI° siècle.* Un Hollandais, Lucas Frutérius, mourut à Paris, en 1565, à l'âge de vingt-cinq ans. Il léguait ses manuscrits à son ami Obertus Gifanius, avec mission de les publier. Les œuvres inédites consistaient en conjectures et observations critiques sur Varron, Festus, Plaute, Catulle, Tibulle, Properce et Aulu-Gelle, et en un petit nombre de poésies latines. Douza parvint à s'approprier les manuscrits, dans la possession desquels Gifanius ne réussit pas à se faire réintégrer, et les publia en 1584, sous le titre de *Verisimilia*. Indignement volé, Gifanius eut encore le désagrément d'être raillé et outrageusement calomnié par le voleur. En 1566, ce même Gifanius avait publié un Lucrèce où il repoussait quelques conjectures d'un éditeur précédent, Denis Lambin. Ce dernier, fort mécontent, accusa Gifanius de plagiat ; Gifanius, homme doux et modeste, se laissa calomnier comme il s'était laissé voler, et ne répondit pas. De là vient la détestable réputation qui l'a poursuivi jusqu'à ce jour. Il méritait d'être réhabilité. C'est fait. M. HALÉVY nie encore une fois l'existence de la langue sumérienne ; il redit ses anciens arguments et en ajoute de nouveaux. Le prétendu sumérien n'est que de l'assyrien écrit à l'aide de signes hiératiques et énigmatiques ; les différences signalées par M. Oppert, dans l'ordre des mots, entre les deux langues, sont minimes ou s'expliquent ; en somme, l'ordre des mots est le même; il n'y a pas de sumérien. M. LEDRAIN communique une brique de la collection Sarzec. Elle porte une inscription sumérienne qui donne le nom de Lik-Pasoukal, fils de Gudéa. Il présente ensuite un sceau phénicien inédit, portant le nom du juif Baalnathan. Ce Juif, passé au culte de Baal, aurait changé son nom Jonathan en celui de Baalnathan. M. DERKMBOURG fait observer que le mot Baal entre dans la composition de plusieurs noms juifs, où peut-être il signifiait simplement « Seigneur », qu'en tout cas il ne peut être considéré comme une preuve d'apostasie.

H. THÉDENAT.

PUBLICATIONS DE LA QUINZAINE. — Annuaire historique du département de l'Yonne. Rouillé, Auxerre, 2 fr. 25. — G. LE BRETON. La manufacture de porcelaine de Sèvres, d'après un mémoire inédit du XVIIIᵉ siècle. Paris, Plon. — LIBLIN. Les Églises de Belfort, recherches historiques, 2ᵉ édition. Belford, Pélot. — MARMIER de l'Acad. fr. Légendes des plantes et des oiseaux. Paris, Hachette, 3 fr. 50. — LÉON DE ROSNY. Questions d'archéologie japonaise. Paris, Maisonneuve, 1 fr. 50. — LÉON DE ROSNY. Les Documents écrits de l'antiquité américaine. Paris, 8 fr. 75. — OLIPHANT, The land of Khemi. Up and down the middle Nile. Londres et Edimbourg, Blackwood. — Aarsberetninger og Meddelelsee fra det store Kongelige Bibliothek, t III, fasc. 7. Copenhague. — J. MADIVAL et E. LAURENT. Archives parlementaires de 780 à 1860. Paris, Dupont, 20 fr. — BOSSART. Gœthe et Schiller. Paris, Hachette, 3 fr. 50. — FERRAZ. Socialisme, naturalisme et positivisme, 3ᵉ édition. Paris, Didier, 4 fr. — ALBERT LENOIR. Paris Galloromain. Paris, Didier, 25 fr. — J. POULAIN. Duguay-Trouin et Saint-Malo, d'après des documents inédits. Paris, Didier, 6 fr. — C. SCHMIDT. Zür Geschichte der ältesten Bibliotheken und der ersten Buchdrucker zu Strassburg. Strasbourg, Schmidt. — GRAF. Roma nella memoria e nelle immaginazioni del medio evo, t. I. Turin. Loescher. — ED. DE CHOSSAT. Répertoire sumérien (accadien). Lyon, 10 fr. — TH.-JOS. LAMY. Sancti Ephraem hymni et sermones, texte syriaque et traduction latine. Mechliniae, 20 fr. — L'abbé SEBILLE. Saint-Sernin-du-Bois et son dernier prieur J.-B.-A. de Salignac-Fénelon. Paris, Gervais, 7 fr. 50. — NATALIS DE WAILLY, membre de l'Institut, Geoffroi de Ville-Hardouin, conquête de Constantinople avec la continuation de Henri de Valenciennes, texte et traduction, 3ᵉ édition. Paris, Didot, 20 fr. MARY LAFON, Histoire littéraire du midi de la France. Paris, Reinwald, 7 fr. 50.

REVUE DES REVUES
ARTICLES DE FOND.

FRANÇOIS LENORMANT. — *Tarschisch, étude d'ethnographie et de géographie biblique.* Le nom Tarschisch doit s'entendre de l'ensemble des contrées de l'ouest de la Méditerranée jusqu'à l'extremité méridionale de l'Espagne (Revue des Questions historiques, juillet 1882).

ALPHONSE CALLERY. — *La Taille royale au XVIIᵉ et XVIIIᵉ siècle* (Revue des Questions historiques, juillet 1882).

DENYS D'AUSSY. — *Henri de Rohan et le siège de Saint-Jean-d'Angely,* 1611-1621 (Revue des Questions historiques, juillet 1882).

L. DE LA SICOTIÈRE. — *Les faux Louis XVII,* première partie. Faits connus pour la plupart, mais dont la réunion forme un ensemble intéressant (Revue des Questions historiques, juillet 1882).

L. SANDRET. — *Sidoine Apollinaire historien* (Revue des Questions historiques, juillet 1882).

GUSTAVE BORD. — *Deux Légendes républicaines : Barat et Viala.* Démolition des deux légendes susdites (Revue des Questions historiques, juillet 1882).

COMPTE-RENDUS

ÉDOUARD ROTT. — *Henri IV, les Suisses et la Haute-Italie* (Baudrillart, Revue des Questions historiques, juillet 1882).

Archives historiques de la Saintonge et de l'Aunis, tome XL (T. de Revue des Questions historiques, juillet 1882).

H. D'IDEVILLE. — *Le maréchal Bugeaud,* d'après sa correspondance intime et des documents inédits, tome I (Auguste Cherbonneau, Revue des Questions historiques, juillet 1882).

Le Gérant : E. THORIN.

BULLETIN CRITIQUE

DE LITTÉRATURE, D'HISTOIRE ET DE THÉOLOGIE

38. — **Musée préhistorique,** par MM. Gabriel et Adrien de Mortillet, album de cent planches contenant 1269 dessins ; grand in-8°. Paris, C. Reinwald, 1882. — 35 francs.

« L'histoire de chaque science nouvelle, a dit Vogt, (Congrès de Paris, 19 août 1867), montre des phases presque identiques dans son développement. On a trouvé des faits épars, isolés, qui se sont offerts spontanément à des observateurs et dont la connaissance s'est propagée sans être avouée, faits qui ne cadrent pas avec les sciences admises officiellement et qu'on relègue souvent pendant longtemps dans un vieux bahut quelconque, portant l'inscription *matériel estimable.* »

Tel a été malheureusement pendant longtemps le sort de tout ce qui touche au préhistorique. Nous croyons cependant qu'on ne saurait trop applaudir aux efforts de ceux qui, par leurs voyages, leurs fouilles, leurs publications, apportent tous les jours de nouveaux matériaux plus propres qu'on ne le pense à éclairer notre marche à travers les siècles, et nos progrès, dans les voies de la civilisation.

Les travaux faits jusqu'à présent sont immenses ; les collections, les musées préhistoriques abondent, mais ces collections n'auront réellement d'utilité qu'autant que les richesses qu'elles renferment seront groupées d'une manière rationelle et scientifique.

Or, j'en appelle à ceux qui, dans un but d'étude, ont visité les collections préhistoriques de la France, de la Suisse, de l'Angleterre et d'ailleurs ; ils auront été frappés de l'importance des matériaux entassés par les travailleurs, mais ils auront été souvent désillusionnés, toujours découragés, en constatant le désordre qui règne dans quelques unes de ces collections.

Il appartenait à M. de Mortillet, le savant conservateur du musée de

Saint-Germain, chargé d'une collection unique au monde, d'entreprendre un travail d'ensemble sur le préhistorique, travail bien propre, croyons-nous, à faire disparaître en partie les négligences et le désordre que nous signalons. L'éminent professeur s'est proposé un triple but : 1º répandre les notions les plus précises et les plus exactes concernant la classification ; 2º fixer la nomenclature, en appliquant des dénominations à des figures faites avec le plus grand soin par un dessinateur expérimenté. 3º servir de répertoire en présentant les types les plus complets et les plus caractéristiques. Cinq planches sont consacrées au tertiaire, vingt-cinq au quaternaire (Chelléen-Moustérien, Solutréen Magdalénien) soixante-dix à l'époque actuelle (Robenhausien, Larnaudien, Hallstatien, Bronze).

Cet important travail, indispensable au collectionneur, sera également très utile au simple amateur si souvent éloigné des Musées et des collections. Il popularisera en la rendant classique, cette partie si intéressante de la science et pourra ainsi procurer à notre état-major scientifique bon nombre de sous-officiers et de soldats. Le texte qui accompagne les planches est clair et concis ; c'est là une qualité par le temps qui court. Du reste, nous n'avons entre les mains que l'atlas ou l'album d'un ouvrage impatiemment attendu et qui paraîtra prochainement dans la bibliothèque des sciences contemporaines.

Nous ne dirons rien de la classification si connue de l'auteur ; si toute méthode a ses défauts, celle-ci a du moins l'avantage de fournir une base sérieuse à l'argumentation.

Je crois qu'on ne doit accepter qu'avec beaucoup de réserve la figure schématique de la planche IX, indiquant comment les coups de poings chelléens étaient tenus à la main. Pour moi, cet instrument qui réunissait en lui seul tout l'outillage de cette époque, a bien pu servir à scier, couper, percer, tailler, mais il servait également de hache, et, à ce titre, il était emmanché comme les instruments du même genre.

En terminant je me permettrai cette réflexion : on sait peu de chose sur les swastikas et leur signification, peut-être à cause de cela serait-il prudent d'en parler moins.   J. M. BORDES

---

39. — **L'Ecclésiaste**, traduit de l'hébreu, avec une étude sur l'âge et le caractère du livre, par Ernest RENAN, membre de l'Institut. Paris, Lévy, 1882, in-8º de 153 pages.

Dans les livres de M. Renan, les lignes sont toujours très espacées ; disposition luxueuse, frivole, peu en rapport avec la gravité des sujets traités. Je me suis dit qu'il devait y avoir une raison à cela et il m'est venu l'idée d'appliquer un réactif à ces larges blancs. En frottant quelques pages de l'*Étude sur l'Ecclésiaste* avec une certaine eau sympathique dont un vieux moine du mont Athos m'a jadis donné la recette, je suis parvenu à faire revivre le texte que voici :

« C'est moi, Renan (Ernest) qui suis l'auteur du Kohéleth. La métempsy-
« chose n'est pas une fable vaine. Avant d'être professeur d'hébreu au
« Collège de France, et d'épigramme au palais Mazarin, avant même de
« gouverner l'empire romain sous le nom de Marc-Aurèle, j'ai été pro-
« priétaire à Jérusalem. Mon père avait fait fortune à la cour du roi Pto-
« lémée Philométor ; il me laissa un capital assez rond que je fis fructi-
« fier par de bons placements. Je demeurais sur le chemin des jardins
« du roi, au bout de la rue d'Orphel, comme qui dirait aux Champs-
« Elysées de Jérusalem. Des terrasses de ma villa je pouvais voir chaque
« matin fumer l'autel du Temple ; les pèlerins couverts de poussière,
« les mendiants des faubourgs, les zélottes à l'œil farouche, les caval-
« cades de la cour du roi Hyrcan distrayaient aussi mes regards ; parfois
« je les laissais errer plus loin, sur les tombeaux épars dans la vallée de
« Josaphat. Toutes ces contemplations et certaines expériences d'une
« vie déjà longue engendrèrent en moi une sorte de mélancolie scepti·
« que ; las de porter le poids de mes pensées, je finis par m'en décharger
« sur un rouleau de parchemin que l'on trouva, longtemps après ma
« mort, dans le coin de quelque secrétaire. Un rabbin complaisant, mais
« un peu myope, déclara le livre inspiré et le mit dans la Bible en y
« ajoutant un codicille bien pensant pour faire taire les scrupuleux.
« Dieu a permis que je revinsse au monde sous l'écorce d'un hébraïsant
« pour étudier ce phénomène curieux d'inspiration et me convaincre
« une fois de plus, par la fortune de mes boutades, que *tout est vanité.*»

Voilà le secret découvert : qu'on se le dise, et surtout qu'on avertisse les exégètes sensés de préparer une vigoureuse réfutation, car il est évident qu'un pareil système est au plus haut degré téméraire et inacceptable. Que le rôle donné dans l'Ecclésiaste au roi Salomon soit une fiction littéraire analogue à celle que l'on trouve dans la *Sagesse* alexandrine, passe ; que la langue et l'écriture du livre obligent à en abaisser la date jusqu'au temps des roi perses, des Séleucides ou des Machabées, passe encore ; mais qu'il soit l'œuvre d'un Renan anticipé, même croyant en Dieu, ce qui n'est pas le cas du Renan d'à présent, cela est vraiment trop fort.

Ah ! sans doute, l'Ecclésiaste est un livre extraordinaire, et si nous avions été chargés de constituer le canon des Livres-Saints, il n'y aurait peut-être pas trouvé place.

C'est dommage, Garo, que tu n'est point entré
Au conseil de celui que prêche ton curé :
Tout en eût été mieux.

En y regardant de plus près on se convainc non seulement de la vérité profonde des réflexions douloureuses que le spectacle de ce monde arrache à Kohéleth, mais encore et surtout de l'importance de cet écrit inspiré. Qu'il ait précédé la prédication des prophètes ou qu'il soit contemporain de la vieillesse du peuple de Dieu, il forme comme le trait d'union entre les deux testaments. La loi sera démontrée vaine par saint Paul ; longtemps avant le grand apôtre, la philosophie de vanité a fait toucher du doigt l'insuffisance de la religion d'Israël, les bornes de son horizon, son impuissance à résoudre le problème de la destinée humaine, la nécessité d'une lumière plus claire et d'une espérance plus longue. Les prophètes annoncent le Messie et les gloires qui attendent la race de Jacob ; l'Ecclésiaste fait sentir la nécessité de ce changement merveilleux. Mais, pour le comprendre, il ne faut pas l'isoler du reste de la Bible, comme le fait M. Renan ; il faut au contraire l'y rattacher étroitement. Même à ne considérer les choses qu'au point de vue purement humain, le canon biblique n'est pas une œuvre du hasard, pas plus qu'une combinaison artificielle, sans raison d'unité. L'Ancien Testament n'a pas été constitué par les théologiens scolastiques ; il nous a été légué par le peuple juif, qui, au milieu de la diversité des formes, des sujets et des époques, y saisissait apparemment une inspiration religieuse et nationale identique, autrement il n'en aurait pas fait son livre sacré.

Mais je sors peut-être de mon rôle en philosophant sur l'Ecclésiaste et sur l'exégèse. Il est d'ailleurs temps de se souvenir que nous sommes au *Bulletin critique*.

L'ouvrage se compose d'une préface sur l'origine, le sens et l'histoire du livre ; vient ensuite la traduction française, puis une liste de conjectures sur le texte hébraïque. Les entre-lignes palimpsestes que j'ai reproduits donnent une idée de la préface. L'auteur du Kohéleth est une combinaison de M. Renan et de M. de Rothschild ; il vivait au second siècle avant notre ère ; ce n'était pas un athée, ni même un impie ; mais il ne croyait guère à la vie future ; on le voit tour à tour se révolter, au nom de la morale, contre l'injustice de la destinée des hommes et plaisanter au nom de l'expérience sur les efforts qu'ils font pour apaiser leur soif de bonheur ou de justice. Son livre fut traduit en grec par Aquila ou quelqu'un de ses disciples, vers l'an 130 après J.-C.; il n'y avait pas longtemps qu'il figurait dans les bibles hébraïques ; pour l'y introduire on fut obligé de lui coudre un appendice de quatre versets, notamment l'avant-dernier où il est dit : *Crains Dieu et observe ses commandements, car c'est là tout l'homme.* Les écrivains chrétiens ne l'ont point cité avant le IIIᵉ siècle. — Cette dernière assertion m'étonne, car l'Ecclésiaste est mentionné par Méliton, au second siècle parmi le livres saints dont il avait fait des extraits dans ses Ἐκλογαί (1). — Une observation qui mérite d'être remarquée, c'est celle qui a rapport à l'écriture du texte original. Tout le monde reconnaît qu'il renferme beaucoup de fautes de copiste. D'après M. Renan, dont la compétence sur ce point n'est pas discutable, toutes ces fautes ont été commises dans l'alphabet hébreu carré et non pas dans l'ancien alphabet phénicien. Il est arrivé à cette conclusion en essayant de restituer les endroits fautifs ; ses conjectures sont indiquées dans l'appendice de la fin ; les hébraïsants de profession pourront les étudier.

Quelques-unes de ces conjectures, et la traduction elle-même, à certains endroits, m'ont paru se ressentir des idées que M. Renan attribue au Kohéleth ; cela se voit surtout au passage III, 18 et suiv., où il arrive à lui faire nier, ou à peu près, toute survivance de l'homme après la mort.

Encore une fois, je laisse aux hébraïsants le soin de voir si M. Renan, en faisant la toilette du texte, n'a pas quelquefois emporté le morceau, et de nous dire jusqu'à quel point l'Ecclésiaste hébreu ressemble à l'Ecclésiaste français. Celui-ci est fort bien écrit, hélas ! et l'on peut en dire autant de la préface, en particulier du morceau final, un portrait du juif moderne, exécuté de main d'artiste. — Pourquoi donc, Seigneur, les gens qui pensent si mal écrivent-ils si bien ? *Pectus est quod disertos facit*, disait la vieille rhétorique. — Ne soyez pas si distrait, mon fils ; puisque vous avez lu l'Ecclésiaste, souvenez-vous que, sauf la crainte de Dieu, tout est vanité, même le style, la philologie, la rhétorique et l'Académie.   L. DUCHESNE.

---

40. — **Saggio di un glossario geografico. Friulano dal VI al XIII secolo**, del conte Antonino di Prampero, Venezia, G. Antonelli, 1882, in-8, 235 p. (estr. dai vol. VI-VIII, ser. v, degli *Atti del R. Istituto Veneto di scienze, lettere ed arti*).

On plaisante souvent les Congrès et ceux qui les suivent : ces réunions deviennent, en effet, de jour en jour plus fréquentes et menacent d'absorber la vie entière de certains individus. Il faut avouer qu'en dehors des gens convaincus on y rencontre quelquefois des flâneurs dont la spécialité est de rester indifférents aux travaux scientifiques et littéraires, mais qui font honnête figure dans les sections et, à la condition d'observer un prudent et religieux silence, représentent décemment leur pays. Chaque année, ces figurants de la science prennent leur vol vers une contrée nouvelle ; à la longue ils deviennent des personnages

(1) Eusèbe, H. E, IV, 26.

dont l'absence est commentée. Ils arrivent ainsi à une notoriété d'autant plus solide qu'il n'ont jamais contredit personne et qu'ils ont rendu service à tout le monde. D'ailleurs, bien élevés et bien vêtus, ils profitent du voyage à prix réduit, des distinctions variées et multicolores auxquelles leur peu de valeur les expose, et vont même quelquefois jusqu'à se laisser attendrir, en route, par une jolie dot. C'est là un des côtés pittoresques et amusants des Congrès.

Mais il y a aussi un côté sérieux, et des gens sérieux dont on parle peu parce qu'ils font peu de bruit et bonne besogne. Hâtons-nous de dire que c'est le plus grand nombre. Ils accourent de tous les points du globe dès qu'on fait appel à leur science et à leur bonne volonté. Ceux là apportent des travaux, étudient les questions proposées, établissent des relations utiles avec les savants adonnés aux mêmes études qu'eux, apprennent à se connaître et à s'apprécier et mettent en pratique la grande et vraie fraternité, la fraternité la plus féconde, celle du travail. L'ouvrage dont nous avons à rendre compte est un des fruits mûris dans ce milieu intelligent; l'auteur l'a composé avec le noble désir de voir le Frioul, sa patrie, représentée au Congrès international géographique de Venise par un travail de géographie locale.

Dans une des séances de ce congrès tenu au mois de septembre dernier, M. le professeur Malfatti, de Florence, proposait de rechercher et de fixer les règles à suivre pour composer une géographie historique de l'Italie au moyen-âge. C'était une excellente pensée, et, en l'entendant exprimer, nous regrettions vivement que notre ministère de l'instruction publique français ait négligé d'envoyer à l'exposition de Venise la suite déjà importante des répertoires topographiques départementaux. Nos voisins eussent trouvé là d'excellents modèles à suivre pour mener à bonne fin le travail en question. Un vertueux chanoine Italien, qui passe pour un érudit bibliothécaire, soutenait devant le Congrès qu'après la Martinière il n'y avait plus rien à faire et que le dernier mot de la géographie historique était dit! La collection des répertoires topographiques départementaux montre qu'on peut faire mieux et plus complet, je pense, que la Martinière.

Fort heureusement tout le monde, en Italie, n'est pas du même avis que ce bon chanoine. Un des membres les plus distingués de l'Institut royal de Venise, le comte Antonino di Prampero, vient de nous en fournir la preuve en publiant un *glossaire géographique du Frioul du vi^e au xiiie siècle*. Habitant la ville d'Udine, il était très bien placé pour entreprendre une pareille œuvre, et sa connaissance parfaite du pays a dû faciliter singulièrement sa tâche.

Les noms de lieux sont enregistrés dans cet ouvrage, d'après l'ordre alphabétique, mais au lieu de prendre les formes modernes pour bases de sa liste, M. de Prampero a adopté les formes latines ou, à leur défaut, les formes vulgaires les plus anciennes. Nous croyons qu'il aurait évité des difficultés, donné plus de clarté à son œuvre et facilité les recherches en suivant l'autre méthode. Du reste, comme il le dit lui-même, dans la préface, il n'a publié que la première partie de son ouvrage ; la seconde partie contiendra certainement des tables détaillées qui pourront diminuer l'inconvénient que je signale.

Il faut souhaiter également d'y trouver un chapitre sur les limites du Frioul et sur l'histoire du pays. Le travail considérable de dépouillement des chartes et des anciens documents, auquel M. le comte de Prampero s'est livré, en préparant ce glossaire, lui a fourni tous les renseignements nécessaires pour écrire ce chapitre ; ce n'est plus pour lui qu'une affaire de rédaction. Il le doit à ses lecteurs, et nous l'attendons.

Nous aurions voulu que l'auteur remontât plus haut que le vᵉ siècle et qu'il fît entrer dans le cadre de son glossaire toutes les localités du Frioul dont les noms se retrouvent dans les auteurs classiques et les inscriptions latines. Le tome v du *Corpus inscriptionem latinarum* lui donnait pour la période romaine presque tous les éléments de ce travail. Au point de vue linguistique il aurait posé ainsi des bases plus solides et plus sûres que celles fournies par les formes de noms de lieux postérieures au vᵉ siècle.

Mais l'essai, tel qu'il est, mérite toutes nos sympathies et nos éloges ; nous le recommandons comme un livre utile. Lorsqu'il s'agit d'identifier un nom de lieu ancien avec le nom d'une localité moderne, on a, dans le pays même, plus d'un moyen d'arriver à une solution, tandis qu'à l'étranger, il est rare d'avoir les répertoires sous la main. C'est pour cela qu'i lest très important de signaler les glossaires de ce genre à l'attention des érudits.   ANT. HÉRON DE VILLEFOSSE.

---

41. — Madame de Sévigné en Bretagne ; par Léon de la BRIÈRE. 1 vol. in-12 de 318 pages. Hachette, 1882.

Lorsqu'on parcourt la Correspondance de Mᵐᵉ de Sévigné, notamment les années 1671 et 1675, on est frappé de ses préférences hautement avouées pour son manoir patrimonial des Rochers : c'est là qu'elle vient faire trêve aux fatigues de Paris et aux dépenses de la cour et qu'elle peut « respirer » et « s'amuser à payer ses dettes ». Mais, pour se rendre un compte exact de la vie qu'elle menait dans son château, il faudrait lire exclusivement les années des *Lettres* qui correspondent à un séjour en Bretagne, et sauter même par-dessus les passages fort nombreux qui sont complètement étrangers aux Rochers, et dont Paris, la cour ou la Provence font seuls les frais. Ce que chaque lecteur n'aurait peut-être ni le temps ni le courage d'exécuter, M. L. de la Brière a entrepris de le faire dans un livre récemment paru chez Douniol et que la librairie Hachette vient de rééditer. Tout le préparait, du reste, à un tel travail : un séjour prolongé à Vitré et des relations personnelles avec de vieilles familles bretonnes, qui ont conservé l'héritage et les traditions de la famille des Sévigné, lui rendaient à la fois la tâche plus attrayante et plus facile.

Dans ce joli domaine des Rochers, qui appartenait de vieille date aux Sévigné, nous voyons la marquise « transportée de joie » et entourée de tous ses vieux et fidèles serviteurs : le bavard *Rahuel; Beaulieu*, maître d'hôtel et « joli homme »; son « fidèle *Hébert* » qui « a de l'esprit », et « écrit à merveille »; sa femme de chambre *Hélène*, dont elle ne peut se passer, et *Marie*, « bien jolie et bien douce », qui se fait aimer de maître Paul et « coupe l'herbe sous les pieds de sa mère » ; enfin *Pilois*, son « favori », qui fait des compliments « la bêche sur l'épaule » et préside aux mille arrangements du parc, et *Picard*, le « garçon du monde qui aime le moins à faner », et qui se fait renvoyer pour ne pas comprendre que « c'est la plus jolie chose du monde » que de « retourner du foin en batifolant dans une prairie ».

Malgré la « parfaite solitude », la châtelaine n'est pas toujours seule ; elle a même par intervalles des hôtes nombreux et choisis : son fils d'abord, le spirituel Charles de Sévigné, le « roi des bagatelles », qu'on « trouve de bonne compagnie » et qui « fait mourir de rire » sa mère en lui lisant Rabelais ; et, plus tard, sa bru « fort jolie », fille du conseiller au parlement Bréhant de Mauron, « un des plus beaux noms de la province ». Puis ce sont les vieux amis de la famille et les commensaux habituels du château : l'abbé de Coulanges, le « Bien-Bon » et « Bien-Breton », qui « se fait adorer »; l'abbé de la Mousse, qui apprend l'italien et que « son latin et son bon sens rendent bon écolier » ; le « petit Coulanges.. rond comme une boule » qui « fait rire aux larmes », et le « pauvre petit comte des Chapelles

« Qui veut finir ses jours dans l'amour de *Marie.* »

Ce sont enfin les amis plus éloignés qui passent de temps en temps au château ou que Mme de Sévigné va visiter dans ses tours de Bretagne : en tête, le duc et la duchesse de Chaulnes, « ces bons gouverneurs » auxquels elle « doit mille amitiés et mille complaisances », qui en usent familièrement avec elle et la reçoivent en amie lorsqu'elle va aux États ; le marquis de Lavardin, lieutenant général, « un gros mérite qui ressemble aux vins de Graves » et qui « l'instruit de tout » ; madame de Tarente, princesse de sang royal qui est un peu alliée à tous les souverains, et qui se croit encore jeune « au grand mépris de son miroir », mais qui se fait de plus en plus apprécier et que sa voisine appellera bientôt « la bonne princesse et son bon cœur » ; puis la « couvée de Fouesnel », gens fort ennuyeux, paraît-il, dont le départ « rafraîchit le sang et fait respirer d'aise », et la fameuse M⁰ du Plessis « qui peut aller de pair avec l'aimable Tisiphone » et à laquelle on s'amuse à trouver mille défauts, sans compter « la guinderie et l'esprit *fichu* » et « la *ridiculité* des manières ».

Mais, la plupart du temps, la marquise mène une vie « toute simple, toute solitaire », au milieu de ses bons Bretons qui « sentent un peu le vin » mais qui « aiment la vertu comme naturellement les chevaux trottent ». On se lève « à huit heures ; la messe à neuf... on dîne fort bien, on parle des nouvelles », le jeune guidon « lit après souper... des livres gais » et on ne se couche « guère que vers minuit », ce qui fait à peu près « sept heures au lit, comme une carmélite ». On a fait auparavant la prière du soir, mais cette « petite dévote qui ne vaut guère » ne dit plus son chapelet et a « retranché cette dévotion, ou pour mieux dire cette distraction » — Quand le temps est clair et que le parc « est en beauté », on fait des promenades « fort longues » et on « honore le clair de lune de sa présence ». Quand le temps est mauvais, ce qui n'est pas rare en Bretagne, et qu'il fait « un froid et une pluie contre toute raison », on court à la bibliothèque, fort bien fournie d'ailleurs, et l'on fait appel au « pauvre petit *frater* » qui est « infatigable » et « lit cinq heures de suite si l'on veut ». On lit en « raisonnant » et « avec des gens qui relèvent les beaux endroits et qui réveillent l'attention ». Les romans de *Cléopâtre* et de *Cyrus* auxquels on ne laisse pas de se prendre « comme à la glue » ; Montaigne, dans lequel la jeune Pauline de Grignan ne doit pas encore « mettre son petit nez » ; La Fontaine dont les fables « sont divines » ; le « vieux Corneille » auquel on pardonne « de méchants vers en faveur des divines et sublimes beautés qui transportent » ; enfin Pascal, qu'on « met de moitié à tout ce qui est beau », et Nicole, qui est « de la même étoffe » : voilà les auteurs les plus aimés, ceux qui « repassent sans ennuyer » et font sentir « le plaisir de n'avoir point de mémoire ».

Je ne puis, on le comprend, poursuivre cette analyse par le menu : il me faudrait citer des pages entières de M⁰ᵉ de Sévigné que M. de la Brière a eu le bon esprit et le bon goût de laisser parler à chaque ligne. Cet effacement volontaire n'enlève rien à son mérite : j'ajoute, sans aucune arrière-pensée d'épigramme, que c'est un des grands attraits de son livre. C'était chose délicate, d'ailleurs, que de réunir ainsi tous les principaux passages de la *Correspondance* se rapportant à un même sujet et de les grouper avec tact et sans disparate (1). M. de

(1) C'est ce que M. de la Brière appelle, assez précieusement, « extraire de

la Brière y a pleinement réussi dans les douze premiers chapitres ; il a été moins heureux dans les huit derniers, dont le décousu et les énumérations fatigantes dispersent et affaiblissent par trop l'intérêt.

En somme, je ne crois pas que ce livre apprenne rien de bien nouveau aux personnes qui ont étudié sérieusement les lettres de Mme de Sévigné. Mais dans ces pages d'une lecture agréable et facile, dans cette *monographie* des Rochers écrite pour ainsi dire sous la dictée même de la châtelaine, on aimera à raviver et à préciser ses souvenirs. A ceux qui ne peuvent se permettre qu'un *voyage autour de leur chambre* je ne saurais proposer plus charmante excursion ni guide plus aimable.

G. PAULET.

---

42. — Avant Malherbe. Les poètes français du xve et du xvie siècle, avec préface et notes par Jean Vaudon, in-18 de 192 pages. Paris, librairie de la Société bibliographique.

Malherbe *est venu* ; il a ouvert au génie français des voies nouvelles, pareilles aux majestueuses allées du parc de Versailles ; et un beau jour, dans ces avenues que Nicolas Boileau entretenait avec un soin jaloux, l'on a rencontré Mithridate et Bajazet, Monime et Bérénice....... Qui donc oserait se plaindre que Malherbe soit venu? qui donc regretterait que ce maître à l'inspiration laborieuse, mais parfois puissante, ait doté notre langue de quelques odes immortelles? Assurément, ce n'est pas M. Jean Vaudon ; j'en ai pour garant la fine et judicieuse préface qu'il a mise en tête de son recueil. Mais la grande erreur serait de croire que la poésie française a commencé avec Malherbe, la philosophie avec Descartes, et que la grandeur même de la France date du xviie siècle. C'était bien un peu la persuasion des contemporains de Louis XIV ; depuis lors on a changé tout cela. La vanité française, toujours naïve dans ses emportements, sacrifie sans cesse hier et surtout avant-hier à aujourd'hui ; la conviction qui à cette heure prévaut dans nombre d'esprits, — non pas des plus délicats, je le confesse, — c'est que la France est née en 89.

Pour ne parler que littérature, disons que nous remontons bien au delà. L'auteur d'*Avant Malherbe* n'a pas eu la prétention d'établir une vérité si banale ; il a voulu seulement choisir dans les poètes du xve et du xvie siècle des pages exquises, et les offrir au lecteur, encadrées dans des notices que je goûte trop pour ne les louer pas. Les images heureuses abondent dans sa prose, où la poésie a laissé son parfum et ses

l'écrin général, pour les coordonner et les présenter sous un jour d'ensemble, quelques pierres de même nuance qui ont paru pouvoir se marier en une seule parure. » Ah ! qu'en termes galants ces choses-là sont mises !

reflets. Je vais en fournir une preuve. Du travail qui s'accomplissait dans les intelligences, même à l'époque sinistre de Crécy, de Poitiers d'Azincourt, M. Vaudon a écrit : « L'esprit français commence à poindre dans les livres comme le blé dans les champs malgré l'hiver, et la langue, — cette langue embarrassée de diphtongues épaisses et de lourdes consonances, — se dénoue, comme les bourgeons malgré la bise. Il y a plus.. Certains tours sont déjà trouvés où se reflètent les plus naturels mouvements de notre physionomie ; certains tours propres au génie gaulois et qui lui sont venus, comme nos vins, du terroir. »

Villon, Marot, Ronsard, font saillie dans ce recueil, et c'est justice. Tous les trois sont de grands poètes, et qui ont eu des héritiers fameux. Musset continue Villon, moins la potence où son devancier avait failli monter ; Voltaire a, comme Marot, « le sel et la grâce ; le miel, l'aiguillon et les ailes ; » il a aussi ce libertinage de pensées et de langage qui, chez le seigneur de Ferney, fut bien autrement redoutable et puissant qu'il ne l'avait été chez le protégé de François Ier. Quant à Ronsard, il représente une autre tendance littéraire ; hardi novateur, il essaye de substituer ses vues personnelles à la tradition ancienne, au génie même de la langue ; il mérite en partie les critiques de Boileau ; mais en dépit de cés erreurs, quel savant artiste et quel grand poète !

> Qu'on dise : Il osa trop, mais l'audace était belle ;
> Il lassa, sans la vaincre, une langue rebelle.
> Et de moins grands, depuis, eurent plus de bonheur.

Ajoutons que d'*aussi grands*, André Chénier et Hugo, par exemple, et d'autres encore, ont repris sur plus d'un point l'œuvre de Ronsard, et que nul maître n'eut jamais postérité plus radieuse.

A. LARGENT

---

43. — Les deux Masques, tragi-comédie, par Paul de Saint-Victor. Première série : les Antiques. — II: Sophocle, Euripide, Aristophane. Calidasa, in-8, XXXVI-566 p. Paris, chez Calman-Lévy.

Il y a deux ans, ici même, je présentais à nos lecteurs le premier volume des *Deux Masques* (1). Je ne dissimulais ni mon estime ni mon admiration pour ce livre, d'un style si élégant, d'un esprit si idéal et d'un goût si pur. Paul de Saint-Victor vivait encore : l'Académie lui allait ouvrir ses portes. La mort l'a depuis lors pris à l'improviste, et lui a arraché cette plume avec laquelle il revoyait les épreuves du 2e volume de son ouvrage : il tombait, presque à la tâche, en poussant ce cri d'appel — qui aura été entendu, espérons-le : *Mon Dieu ! Mon Dieu !*

(1) *Bulletin critique* du 1er septembre 1880.

Le 2ᵉ volume des *Deux Masques* contient Sophocle, Euripide, Aristophane et un poète indien, Calidasa. Ici, comme dans tout ce qu'il a écrit, Paul de Saint-Victor reste un grand charmeur. On sent pourtant çà et là que le sujet n'a point été assez creusé par le brillant écrivain : il effleure la surface du drame ; il n'en étudie point la charpente intime. Du dehors il montre, avec une plume incomparable, les proportions harmonieuses, les lignes pures du temple de marbre : il n'y pénètre point, pour en admirer une à une les parties et les détails. Paul de Saint-Victor semble avoir été plus à son aise quand il s'occupait d'Eschyle. Son talent de peintre et de coloriste avait plus de sympathie pour le vieux tragique, aux mots empanachés, retentissants, tout en couleur, que pour le génie sobre, exquis, lumineux de Sophocle, ou pour Euripide, dont les audaces ne franchissent point le domaine de la pensée.

Dans Sophocle, Saint-Victor voit le type accompli du génie attique. Le tableau d'Athènes, à l'époque de Périclès, est achevé et très vivant : c'est de l'art et du plus grand. Rien n'est oublié. Lisez ces lignes (1 à 16), et vous verrez, comme du haut de l'Acropole, se dérouler la ville heureuse, embellie par Phidias, charmée par ses poètes, ses historiens et ses artistes. Ici les Théories virginales ; là, le Parthénon et les Propylées, et ces statues « qui courent les rues, débordent les temples. Socrate erre déjà par les carrefours, jetant sur les passants son filet de questions subtiles ; c'est l'aube de la journée de ce pêcheur d'âmes. Les abeilles de l'Hymette partent pour le berceau de Platon... (p. 12.) » Tel est l'horizon sur lequel Sophocle se détache, « comme une statue sur l'azur céleste (p. 8). »

Il n'y a qu'à souscrire aux quelques pages émues où Saint-Victor explique quelle fut l'inspiration géniale de Sophocle. Poète, directeur scénique, Sophocle se préoccupe de l'organisation du chœur, où il introduit 15 choreutes, du nombre des personnages, qu'il augmente par la création du tritagoniste, des décors du théâtre. Où Saint-Victor se trompe, c'est quand il lui attribue d'avoir rompu « la chaîne de la trilogie ». Avec Dindorf, à qui la parole revient de droit sur ces questions, la critique actuelle ne croit pas à cette innovation de Sophocle, et elle interprète la phrase de Suidas sur laquelle on pourrait s'appuyer, en ce sens, que le concours, tel que le créa Phrynichos, — et non Sophocle, — fut tétralogie contre tétralogie. Saint-Victor est forcément incomplet quand il juge toute l'œuvre de Sophocle. Il n'était point érudit ; que lui importait de savoir que l'émule heureux d'Eschyle avait écrit 113 pièces, composé un traité *sur le chœur*, et plusieurs chants de triomphe ? Comme il est plus heureux quand, caractérisant l'inspiration sophocléenne, il dit que « les héros de Sophocle sont de notre chair, » — que « tout être humain peut reconnaître en eux l'idéal de ses énergies et de ses vertus ! » (p. 18 et 19.) Oui, ainsi que notre grand Corneille, Sophocle « peint les hommes tels qu'ils devraient être. (La Bruyère.) » Avec lui, la liberté se dégage des dures étreintes de la fatalité ; le *moi* s'accentue sur le théâtre devenu plus vrai, et les dieux eux-mêmes se dressent dans un idéal plus pur de bonté, de sainteté et de justice.

Saint-Victor passe successivement en revue les sept tragédies qui nous restent de Sophocle : *Ajax, Electre,* les *Trachiniennes, Philoctète, Œdipe Roi, Œdipe à Colone, Antigone.* Cet ordre n'est ni l'ordre chronologique, ni l'ordre traditionnel où l'on place ordinairement ces sept pièces. Saint-Victor a-t-il au moins, pour ce qui regarde les sujets pris à la légende des Labdacides, essayé de reconstituer une sorte de trilogie idéale, en formant un seul groupe des trois dernières tragédies ?...

Ajax est une figure vraiment héroïque. Homère l'a peint avec complaisance et amour (*Iliade,* V, 638, VII, 196 et seq.; *Odyssée,* XI, 543 et seq.) Tel qu'il nous est représenté par Homère, Saint-Victor le dessine à son tour, farouche, brave à l'excès, presque athée. En empruntant ce type à la tradition homérique, Sophocle la fait fléchir sur un point ; c'est à l'occasion de la mort du héros, qui se tue, parce que les armes d'Achille lui ont été refusées. Il nous le montre se jetant sur son épée, parce que, victime d'un délire que lui a envoyé Athéné, il a égorgé des moutons alors qu'il pensait massacrer Ulysse et ses soldats. Eschyle, lui, dans son ὅπλων κρίσις, était resté fidèle aux vieux souvenirs, et sa trilogie sur *Ajax* se continuait par les Θρῆσσαι et les Σαλαμίνιαι. En rajeunissant la légende, Sophocle ne veut que se soustraire à l'influence d'Eschyle, et il réussit à faire du drame, tel qu'il le conçoit, une œuvre bien originale. Elle se distingue, en effet, de ses autres tragédies. Dans *Ajax,* le drame est tout intime : il se passe dans le cœur du héros. Au dehors, point de ces luttes, point de ces obstacles incarnés dans un autre acteur, nulle passion qui choque la passion en activité et fasse naître des contrastes si intéressants et si émouvants. Trop fier pour survivre au déshonneur dont il s'est involontairement chargé, Ajax va droit au trépas, comme à une délivrance. Ni les larmes de l'aimante Tecmessa, ni la vue de son petit enfant ne l'arrêtent dans sa marche volontaire au tombeau. Paul de Saint-Victor n'a point fait remarquer ce qu'il y a de neuf dans cette conception dramatique du caractère d'Ajax.

Electre lui offre ensuite l'occasion d'écrire des morceaux de première beauté (p. 36, 57). Qui n'aimerait ce portrait de la sœur d'Oreste ? « Elle espère contre tout espoir ; elle ne voit rien venir et elle regarde toujours. Jusqu'à ce que les dieux l'entendent, elle ne se lassera pas de faire crier le sang répandu. Ce signe de caractère est aussi un trait de nature. Les femmes croient ce que personne ne croit encore, et elles s'obstinent à croire ce que personne ne croit plus.

C'est dans leur cœur que se réfugient les dieux et les idées, les haines et les amours qui s'en vont. » On peut regretter cependant que Saint-Victor n'ait point plus nettement accentué les différences qui existent entre les *Choéphores* d'Eschyle et la pièce de Sophocle. C'est Oreste que le premier choisit pour le principal acteur, c'est Electre dans Sopho- cle : si le but poursuivi par le frère et par la sœur est commun, — venger leur père mort, par la mort de Clytemnestre et d'Egisthe, — pourtant leur conduite, dans les deux poètes, n'est point identique. En mettant au premier plan Electre, qu'Eschyle avait reléguée au second, Sophocle obéit à l'esprit qui inspire tout son théâtre : la femme lui paraît devoir soulever plus d'émotions et devenir plus tragique que l'homme, si, fille, elle devient parricide ; si, sœur, elle pousse son frère au meurtre de sa mère ; vierge, de plus, elle « se révolte contre l'adultère autant que la fille contre l'homicide » (p. 57). Avec moins de passion, Electre serait le pendant d'Antigone, si pure et si noblement attachée aux siens. Ce que Sophocle a voulu, c'est adoucir l'horreur du parricide. Il n'a point, comme Eschyle, montré Clytemnestre, offrant à son fils le sein qui l'a nourri. — On entend le cri de la mère égorgée dans le palais, pendant qu'Electre, du dehors, l'encourage par cette exclamation : παῖσον, παῖσον αὖθις On sait ce qu'est, dans Eschyle, la scène de reconnaissance entre Oreste et Electre : on sait aussi comment Sophocle en a donné une sublime variante... Ce travail de Sophocle sur une légende déjà dramatisée par son prédécesseur, afin de lui donner une beauté nouvelle, n'a pas été mis assez en lumière par l'éminent écrivain.

Les *Trachiniennes* présentent des passages non moins brillants ni moins heureux. Pourquoi Saint-Victor n'a-t-il point fait remarquer combien était étrange la recommandation d'Hercule à son fils, lui disant qu'il doit épouser Iole, après sa mort ? Pourquoi aussi n'a-t-il point insisté sur ce qu'il y avait de neuf dans ce drame, Sophocle étant le seul et le premier à l'avoir mis sur la scène ?

C'est surtout dans *Philoctète* que Sophocle se montre un grand peintre de caractères : l'intérêt de cette tragédie réside entièrement dans le tableau de quelques âmes, aux passions opposées, et qui vont droit devant elles, dans la direction qui leur est tracée par leur nature. Jamais peut-être le poète n'a mis plus d'art que dans son *Philoctète*. — Fénelon l'admirait tellement qu'il l'a transcrit presque en entier dans le *Télémaque*. Saint-Victor s'arrête avec complaisance devant chacun des personnages de Sophocle ; il les fait revivre avec un art exquis. Mais son rapprochement entre Philoctète et Robinson a quelque chose de forcé ; le paradoxe s'y montre, quoique déguisé sous une forme de style très achevée. On s'attendait plutôt à une comparaison entre le Philoctète de Fénelon et celui de Sophocle.

L'étude sur le divin poète se termine par cette sublime trilogie : *Œdipe Roi*, *Œdipe à Colone*, *Antigone*. M. de Saint-Victor, dans un chapitre préliminaire, reconnaît dans l'histoire d'Œdipe un de ces mythes solaires, venus des ariens, et que le génie hellénique fait sortir de la nue, pour l'incarner dans un type vivant et humain. Œdipe, c'est le soleil, qui tue la nuit ; il s'unit à l'aurore, d'où il est issu, et après avoir annéanti le sphinx, — ce nuage qui tombe en pluie, — il s'éteint, comme un œil qui se ferme, quand il disparaît dans la nuit. Les mythographes de l'avenir accepteront-ils cette explication ingénieuse de la science moderne? Qui le peut dire ! L'*Œdipe Roi* était regardé déjà par Aristote comme le chef-d'œuvre de Sophocle : nulle part il n'a exposé une intrigue si habilement nouée, mis une pareille vivacité à précipiter la catastrophe. L'émotion et l'intérêt gagnent de scène en scène, pendant qu'Œdipe, toujours illusionné, aveuglé par une puissance qui lui est supérieure voit retomber sur lui les malédictions qu'il a prononcées et sent se retourner contre lui les bienfaits dont il a comblé Thèbes et qui l'ont couronné roi. L'horreur, la pitié grandissent comme l'intérêt. Le dénouement est sans rival dans l'histoire de la tragédie : quel état et quel état, pour parler comme Bossuet, entre l'Œdipe du début, père et roi entouré d'un peuple confiant et aimant, et l'Œdipe de la fin, maudit, sanglant, voué à l'exécration universelle, chargé de toutes les hontes et de toutes les souillures ! Ce qu'en dit Saint-Victor est bien dit : il semble pourtant qu'il soit trop court. L'analyse de la pièce est froide, et comme faite à la hâte. Si je ne me trompe, c'était pourtant le cas où sa plume eût dû trouver matière à s'exercer. Avec lui je loue Sophocle d'avoir, dans *Œdipe à Colone*, pris comme une revanche de la fatalité qui jette Œdipe en tant de crimes sans qu'il soit coupable. « Il meurt, dit Saint-Victor, non point seulement pardonné, mais transfiguré... Le réprouvé devient un élu, ce corps caduc et sordide se change en un corps glorieux qui fait des miracles. » Reste *Antigone*, sœur idéale, fille incomparable, héroïne en qui la jeune fille survit, vraie martyre du devoir et des plus purs sentiments du cœur humain. Je n'hésite point à dire que c'est devant Antigone que Paul de Saint-Victor trouve ses accents les plus émus, ses images les plus belles, ses comparaisons les plus justes : ces quelques pages sont parfaites.

Il dit adieu à Sophocle, en portant sur lui un jugement définitif : il le place dans la famille des génies modérés et purs, avec Ménandre, Racine, Virgile, Raphaël, Horace. J'aurais ajouté à la liste glorieuse les noms de Mozart et de Lamartine. Oui, tous ces esprits sont de même race : ils planent dans un idéal de lumière, de sérénité et de beauté douce, comme l'aigle qui vit familièrement avec le soleil :

leur vol reste égal. S'il ne les emporte pas aux sommets inaccessibles et vertigineux, il ne les précipite pas, non plus, dans les abîmes. Avec Saint-Victor pourtant, qui ne préférerait les souverains de l'esprit humain, « les types primordiaux d'où tout descend et d'où tout dérive, même les littératures cultivées et les arts polis ? » (p. 228.) Ceux-là, Homère, Eschyle, Michel-Ange, Beethoven, Corneille, Dante, Skakespeare restent les maîtres primitifs, de qui les autres plus ou moins relèvent.   Paul LALLEMAND.

(à suivre).

CHRONIQUE

M. THONISSEN, professeur à l'Université catholique de Louvain, a publié, dans les Mémoires de l'Académie royale, une dissertation sur l'*Organisation judiciaire, le droit pénal et la procédure pénale de la loi Salique*, ainsi qu'une étude sur les classes de la population mentionnées dans le texte de cette loi.

— La librairie PARKER de Londres vient de publier un résumé de l'Archéologie romaine de J. H. Parker.

— Les deux volumes du *Corpus inscriptionum latinarum* de Berlin, relatifs à la basse Italie, et la deuxième partie du tome VI sont presque finis. Le deuxième volume de la troisième section du *Corpus inscriptionum atticarum*, qui contient les inscriptions funéraires de l'époque romaine et les tables, a paru.

— Le ministre de l'instruction publique et des Beaux-Arts a confié à un jeune sculpteur de talent, M. Cambos, l'exécution d'un buste d'Adrien Prévost de Longpérier. Ce buste sera prochainement placé à coté de ceux de Visconti et du comte de Clarac, dans une des salles du musée des Antiques, dont Longpérier a été pendant 18 ans, le conservateur.

— Il vient de se fonder à Paris un cercle dont les statuts sont ainsi formulés : Art. I. — Le but que se propose la Société est de faciliter les relations entre les hommes d'étude, en dehors de tout esprit de parti, de leur fournir les moyens d'informations scientifiques ; d'encourager les études sérieuses ; de provoquer la sympathie de tous ceux qui s'intéressent au développement intellectuel de notre pays : en un mot, de former une vaste association inspirée par l'amour de la science et de la patrie. — Art. II. — La Société crée, à cet effet, un cercle qui servira de centre de réunion pour tous ceux qui s'occupent d'études historiques ou qui s'intéressent à ces mêmes études comprises dans le sens le plus large : histoire proprement dite, histoire littéraire, histoire du droit, de la philosophie, de l'art, des langues, etc...
— Art III. — Le cercle mettra à la disposition de ses membres, dans ses salons, les journaux et revues littéraires, historiques, scientifiques de la France et de l'étranger. — Art. IV. — Le cercle facilitera à ses membre l'acquisition des livres français et étrangers aux conditions les plus favorables.
— Ce cercle a été ouvert le 18 juillet, au n° 215 du boulevard Saint-Germain. La cotisation annuelle est de 100 francs ; elle sera réduite à 60 pour les 500 premiers membres. Les élèves des établissements d'enseignement supérieur seront admis, moyennant une cotisation de 20 francs. Ce cercle est sous le patronage de MM. Henri Martin (l'historien) et Mignet, présidents d'honneur, de M. Monod, président, de MM. Lavisse et Sorel, vice-présidents.

— On publie à Madrid, sous le titre de *Biblioteca de los Americanistas*, une collection d'anciens ouvrages, inédits ou non, concernant l'histoire et la langue en Amérique.

— L'Académie des sciences morales et politiques met au concours les sujets suivants : pour le prix du budget, en 1883 : « *Libre arbitre, théorie et histoire;* » pour le prix Stassart : « *Etude historique et critique sur le réalisme dans l'art* ; » pour le prix Bordin : « *Histoire des traités de morale, publiés, réédités ou demandés par l'autorité publique, de 1799 à 1804.* »

— La librairie Calmann Lévy vient de mettre en vente le treizième volume des discours parlementaires de M. Thiers; ce volume contient les discours prononcés pendant l'année 1871. Les questions les plus importantes sur lesquelles l'illustre homme d'État a pris la parole pendant cette année, sont : « *Le traité de paix avec la Prusse, la commune, les élections municipales, l'abrogation des lois d'exil, l'emprunt de deux milliards, le pouvoir temporel du pape,* etc. »

— A la séance du 2 juin de la *Société de géographie*, M. Ant. d'Abbadie a lu un intéressant travail sur l'orthographe des noms géographiques; l'auteur, sans aller jusqu'à espérer une écriture géographique universelle, croit qu'il serait possible, en établissant certaines règles, d'amener, sur plusieurs points, une entente qui faciliterait beaucoup les relations.

— La librairie Maisonneuve vient de faire paraître plusieurs volumes de la collection intitulée : *Les littératures populaires de toutes les nations ;* ce sont les tomes VI-X contenant : *Les poésies populaires de la Gascogne* (tomes 2e, 3e et dernier); l'*Hitopadésa* ou l'instruction utile, traduit du sanscrit (1 volume); les *Traditions et superstitions de la Haute-Bretagne*, par Sédillot, tome I, comprenant les traditions et superstitions relatives à l'homme, aux esprits et aux démons, tome II, comprenant celles qui sont relatives aux animaux, aux plantes et aux météores.

— M. Th.-Jos. Lamy publie, en ce moment, à Malines, les hymnes et sermons de saint Ephrem de Syrie, d'après les manuscrits de Londres, de Paris et d'Oxford ; l'ouvrage complet formera trois volumes, à deux colonnes, contenant d'un côté le texte syriaque, de l'autre une traduction latine. Le tome I, qui a paru, renferme : 15 hymnes sur l'Epiphanie, 3 discours : sur Jésus-Christ, contre les vices, sur la pécheresse, 8 discours sur la semaine Sainte, 15 hymnes pour le jeudi saint, et 8 hymnes pour le vendredi saint.

— La *Société libre d'Émulation* de Liège a mis au concours plusieurs questions, entre autres : *État des établissements d'instruction publique à Liège, depuis Charlemagne jusqu'à nos jours* (prix de 1000 francs); *Inventaire raisonné des objets d'art que renferment les monuments civils et religieux* (prix de 600 francs).

— La maison L. Favre de Niort prépare une nouvelle édition du *Glossarium mediae et infimae Latinitatis*, de Ducange. Cette édition sera conforme à celle de Didot, mais augmentée et complétée. Elle se composera de 100 fascicules, formant 10 volumes in-4°, d'environ 600 pages. Le prix du fascicule est fixé à 3 francs, soit 300 francs pour l'ouvrage complet. Les 500 premiers souscripteurs n'auront à verser que 200 francs.

— La bibliothèque de l'Arsenal a acheté une partie des papiers d'Édouard Fournier, formant 20 volumes. La bibliothèque de la ville a acheté 15 volumes ayant trait à l'histoire de Paris.

— La Société de l'histoire du protestantisme français vient d'acquérir de M. Thibaudeau, de Londres, une collection très riche et très importante de manuscrits intéressants pour l'histoire de la réforme en France.

— Les livraisons 21-24 de la *Bibliotheca-Belgica* de M. Ferd. Vanderhaegen contiennent, entre autres travaux, la bibliographie des œuvres de Philippe de Commines.

— M. Ch. de Lama, libraire à Munich, vient de publier, avec le concours d'un bénédictin de Solesmes, un volume de bibliographie intitulé : *Bibliothèque des écrivains de la congrégation de Saint-Maur.* L'ouvrage est précédé d'une notice sur les auteurs bénédictins dont les œuvres sont mentionnées dans l'ouvrage, et suivi d'un appendice sur les manuscrits laissés par l'illustre congrégation au moment de la révolution.

— M. Pavet de Courteille a publié le texte et la traduction d'un précieux manuscrit Ouigour de la bibliothèque nationale. Ce texte, qui contient le *Miradj-Nanieh* (ascension de Mahomet au ciel), a été écrit à Hérat, en l'année 840 de l'hégire. Les manuscrits Ouigours sont d'une grande rareté ; les bibliothèques de l'Europe en possèdent un très petit nombre.

— L'ouvrage de Lenoir intitulé : *Paris à travers les âges*, est maintenant complet. La 14ᵉ et dernière livraison, parue tout récemment à la librairie Didot, est consacrée à l'étude de Paris Gallo-Romain.

— Le nᵒ mai-juin 1882 du cabinet historique contient la première partie d'un catalogue des incunables de la bibliothèque publique de Nancy, par M. J. Favier.

— La librairie Féchoz et Letouzey (5, rue des Saints-Pères), prépare des suppléments considérables pour le *Dictionnaire des anonymes* de BARBIER et les *Supercheries littéraires dévoilées* de QUÉRARD. Ces suppléments se composeront : 1ᵒ, De feuilles d'additions et de corrections qui pourront s'ajouter à la fin de chaque tome; 2ᵒ, d'un supplément qui formera deux volumes; 3ᵒ, d'une table générale des noms réels contenus dans ces deux ouvrages et dans leur supplément. Les éditeurs sollicitent des libraires et bibliophiles toutes les indications qui pourraient être utilisées.

— Le gouvernement belge dispose de sommes considérables pour la publication de la Bibliothèque historique de Belgique. Ce sera une bibliographie complète des travaux relatifs à l'histoire nationale depuis l'origine, jusqu'à la mort de Léopold I, publiés entre les années 1830-1880.

— M. Aubé a fait paraître, en un vol. in-8ᵒ, à la librairie Didot, le mémoire intitulé : *Polyeucte dans l'histoire*, qu'il a lu à l'Académie des Inscriptions et Belles-Lettres (séances des 23, 30 juin et 7 juillet. Voir les compte-rendus nᵒˢ 7 et 8 du *Bul. cr.*).

— M. Edon a publié, en tirage à part, à la librairie Belin, la *Restitution et nouvelle interprétation du chant dit des frères Arvales*. Les théories soutenues par M. Edon dans cet opuscule sont fort contestables. Ce mémoire forme l'appendice d'un ouvrage beaucoup plus considérable, intitulé : *Écriture et prononciation du latin savant et du latin populaire*. Un de nos collaborateurs rendra compte de cet ouvrage, trop sérieux pour qu'on le juge d'après un appendice.

— Sous le titre *Bible et préhistoriens*, M. le comte de Maricourt a publié, à la librairie Palmé, un bon petit livre de vulgarisation. La première partie est consacrée à l'étude des théories transformistes, la deuxième a pour titre le dogme et la science. Ce livre est écrit pour les hommes de bonne foi, qui, sans avoir le goût ni le temps de lire les ouvrages d'Hoeckel, de Darwin, de Wallace, etc.. ne veulent pas cependant rester étrangers aux grands problèmes soulevés par la science contemporaine. M. de Maricourt montre fort bien que la foi n'est pas en désaccord avec la science, et donne plus d'une leçon de bon sens à des gens qui, hélas! n'en profiteront guère [J. M. B.].

— L'exposition rétrospective de l'Union centrale des arts décoratifs, qui a lieu en ce moment au palais de l'industrie, est des plus remarquables. Nous mentionnerons tout spécialement la section des livres, organisée par M. Léopold Delisle. On y peut voir le célèbre manuscrit de Charlemagne, sur vélin pourpre, connu sous le nom d'*Évangéliaire d'Abbeville*.

M. Lucien Henry vient de faire paraître à la librairie Gervais la traduction de l'ouvrage du cardinal Manning, archevêque de Westminster, intitulé : *L'Église et la Société moderne*.

— A la vente Didot, la bibliothèque nationale a fait l'acquisition d'un manuscrit français du xivᵉ siècle, ayant fait partie de la « librairie » installée au Louvre, par le roi Charles V. Ce fonds, composé de plus de 1200 volumes, est la première origine de notre bibliothèque nationale, qui ne possède que quarante-quatre volumes en ayant fait partie. La librairie de Charles V fut en effet dilapidée pendant la première moitié du xvᵉ siècle.

— M. A. Bouché-Leclerq publie en ce moment les derniers fascicules de sa traduction de l'histoire grecque de Curtius. Il fera paraître, en octobre, l'atlas de l'histoire grecque, qui se composera de 25 cartes, de tableaux métrologiques, statistiques, de listes des archontes... etc... Le prix de la souscription est de 10 francs. Pour faire suite à cet ouvrage, M. Bouché-Leclerq commence la publication, par fascicules de 1 fr. 25, de la traduction de l'histoire de l'Hellénisme (Alexandre et ses successeurs) par J.-G. Droysen. Cet ouvrage, qui est le complément de l'histoire de Curtius, sera composé de 30 fascicules, qui formeront trois volumes in-8ᵒ, les premiers ont paru.

ACADÉMIE DES INSCRIPTIONS ET BELLES-LETTRES. — *Séance du 21 juillet.*
— M. WALLON, secrétaire perpétuel, lit son rapport semestriel sur les travaux de l'Académie. — M. Ch. NISARD continue la lecture de son mémoire
sur l'*État incertain et précaire de la propriété littéraire vers le milieu du XVᵉ
siècle.* — M. Edm. LEBLANT lit un mémoire sur *Les chrétiens dans la société
payenne aux premiers âges de l'Église.* En théorie, les chrétiens devaient vivre
à part, s'abstenant de tout rapport public ou même privé avec les païens, et
ne se mêlant ni à leurs assemblées ni à leurs cérémonies. Ces prescriptions théoriques ne pouvaient être entièrement observées dans la pratique, et elles ne
l'étaient pas. Tertullien s'élève vivement contre ces infractions et ces compromis qu'il regarde comme des infidélités. Il blâme les chrétiens qui, obligés
par les lois de prêter serment au nom des dieux quand ils passaient un contrat, écrivaient la formule, sous prétexte que écrire n'est point parler ; il ne
veut pas non plus que les chrétiens acceptent les fonctions municipales,
s'il leur est impossible d'exercer ces fonctions sans accomplir des actes de
paganisme (sacrifice, entretien des temples, soin du culte, etc...). On n'était
pas toujours libre de refuser ces fonctions. Les légionnaires, et beaucoup
d'entre eux étaient chrétiens, ne pouvaient se dispenser d'assister à bien des
cérémonies païennes auxquelles leur service les obligeait d'être présents. Il
est certain qu'il exista un *modus vivendi* qui comportait bien des adoucisse-
ments pratiques aux obligations théoriques, bien des compromis avec la lettre
de la discipline.—M. J. HALÉVY achève la lecture de son mémoire sur ce qu'il
appelle la prétendue langue sumérienne ou acadienne. Le sumérien est une
écriture idéographique, comme la numération écrite qui représente des mots
sans en figurer la prononciation. Les différences de syntaxe observées entre
le sumérien et l'assyrien s'expliquent par un principe analogue. On trouve
dans le Talmud, et même dans l'Ancien Testament, des traces d'une langue
de convention, analogue au prétendu sumérien, et dont faisaient usage les
docteurs juifs. — *Séance du 28 juillet.* — L'Académie décide que, à la séance
publique trimestrielle du 25 octobre, M. Edm. LE BLANT donnera lecture de
son mémoire sur la *Société chrétienne des premiers âges dans la société payenne.*
— L'Académie se forme en comité secret. — A la reprise de la séance,
M. Nisard achève la lecture de son mémoire sur l'*État incertain et précaire de
la propriété littéraire vers le milieu du XVIᵉ siècle.* Le frison Suffridus Petrus,
professeur de droit à Cologne, n'ayant pas le temps de mettre en œuvre les
nombreuses *castigationes* au texte de Cicéron qu'il avait réunies d'après plusieurs manuscrits, les confia à son élève, Janus Wilhelms, de Lübeck, qui
avait travaillé dans le même sens. Il fut convenu que le volume porterait le
nom des deux auteurs et que les bénéfices seraient partagés. Peu de temps
après, Janus meurt à Bourges, et le manuscrit est transmis à ses héritiers
par l'intermédiaire de l'allemand Kockert. Suffridus essaie de faire valoir ses
droits ; même les parties du manuscrit écrites de la main de Janus ont été
copiées sur ses notes, il offre d'en fournir la preuve : c'est en vain, et il meurt
après douze ans de vaines réclamations (1597). Les *Castigationes* ne parurent
que plus tard (1618), publiées par Gruter, qui en fit honneur à Janus ; Suffridus en est au contraire le seul, ou tout au moins le principal auteur. —
M. Bergaigne commence la lecture d'un mémoire intitulé : *Les Inscriptions
sanscrites du Cambodge ; Examen d'un mémoire de M. Aymonier.* — M. DELISLE
apprend à l'Académie qu'il est arrivé à la Bibliothèque nationale une caisse
de nouveaux estampages envoyés par M. Aynomier.   THÉDENAT.

PUBLICATIONS DE LA QUINZAINE. — La Curiosité littéraire et bibliographique. Paris, Liseux, 10 fr. — E. DIDRON. Les Arts décoratifs à l'Exposition
universelle internationale de 1878 à Paris. Imprimerie nationale.—A. DU BOYS.
Franz de Champagny. Paris, Chaix. — E. GRANDCLAUDE. Jus canonicum, juxta
ordinem Decretalium, tom. II. Paris, Lecoffre. — LAPLACE. Œuvres complètes, tomes I, II, III et V. Paris, Gauthier-Villars. — X. DE MAISTRE, Œuvres
complètes, Paris, Dentu, 1 fr. — Eléments de la Philosophie chrétienne, par
Sanseverino. Paris, Séguin, 30 fr. — Compendium de la Philosophie chrétienne, d'après Sanseverino. Paris, Séguin, 12 fr. — Théologie naturelle.
Paris, Séguin. 4 fr. 50. — PITRA (cardinal dom). Analecta sacra. Paris, Jou-
by et Roger. — BARTH. The religion of India, translation by Rev. J. Wood.
London, Trübner. — MARCHANDON DE LA FAYE. Histoire de l'art égyptien
d'après les monuments, ouvrage publié sous les auspices du ministère de
l'Instruction publique. Paris, Arthur Bertrand, 30 fr. — LINANT DE BELLE-

FONDS BEY. Histoire des principaux travaux exécutés en Égypte depuis la plus haute antiquité jusqu'à nos jours. Paris, Arthur Bertrand, 77 fr. — Mgr PERRAUD. Le cardinal de Richelieu, évêque, théologien et protecteur des lettres. Paris, Gervais, 2 fr. — LÉOPOLD DARDY. La Légende du sud-ouest de l'Agenais, sous les derniers Mérovingiens et Charlemagne. Paris, Gervais, 3 fr. 50. — CARDINAL MANNING. L'Église et la société moderne, traduction de M. Lucien Henry. Paris, Gervais, 1 fr. 25. — ALCIBIADE MORETTI. Molière, commedie scelte, nuova traduzione. Milan, Trèves frères, 2 fr. — GIUSEPPE GUERZONI. Il teatro italiano nel secolo XVIII. Milan, Trèves frères, 6 fr. — Lois nouvelles concernant l'instruction publique (1880, juillet 1882), suivies du texte des principaux documents antérieurs. Nouvelle édition, revue et augmentée. Paris, Delalain, 1 fr. 50. — C. BAUCHAL. Le Louvre et les Tuileries, précis historique. Paris, Morel. — G. DE CASTRO. Patria, sommario di storia d'Italia, dai tempi più antichi, fino alla morte di Vittorio Emmanuele II. Milan, Trèves frères, 5 fr. — A. EBERT. Histoire de la littérature latine du moyen âge, traduite par MM. Aymeric et Condamin. Paris, Leroux, 30 fr. — G. BOISSIER. Le musée de Saint-Germain. Paris, Rollin et Feuardent, — Annuaro scientifico italiano, anno XVIII, 1882. Milan, Trèves frères, 9 f — ROBIOU. Les Institutions de la Grèce exposées suivant le programme de la licence ès lettres. Didier, Paris, 2 fr. 50. — J.-H. ALBANÈS. L'abbaye de Silvacane, de l'ordre de Cîteaux, au diocèse d'Aix en Provence. Imprimerie nationale. — L. HUMBERT. Aristophane, traduction d'André-Charles Brotier, revue et corrigée, t. I. Paris, Garnier. — H. BAUDRILLART. Histoire du luxe privé et public depuis l'antiquité jusqu'à nos jours. T. IV et dernier, le Luxe dans les temps modernes. 2e édition. Paris, Hachette, 7 fr. 50. — Bulletin de la Société des Sciences de Nancy. 2e série, t. VI. Nancy et Paris, Berger-Levrault. — AUGUSTIN GAUCHY. Œuvres complètes, 1re série, t. I. Gauthier-Villars, 25 fr. — C. CAZET. Du mode des racines sémitiques et de l'inversion. Maisonneuve, Paris. — GOUGEARD. Les arsenaux de la marine, deuxième partie. Paris, Berger-Levrault, 7 fr. 50. — FERDINANDO PROSDOCIMI. Gli archivii aministrativi : memoria, Rovigo. Minelli. — TUBNER. Catalogue of dictionaries and grammars of the principal languages and dialects of the world, 2e éd. London, Trübner, 6 fr. 25. — SAVINIAU. Grammaire provençale. Paris, Thorin. — GUILLEMIN. L'Egypte actuelle. Paris, Challamel, 6 fr. — FRÉDÉRIC DE SCHULTE. Histoire du droit et des institutions de l'Allemagne, traduction de Marcel Fournier. Paris, Durand, 12 fr. — E. GELLION-DANGLARD. Lettres sur l'Egypte contemporaine (1865 à 1875). Paris, Fisbacher, 3 fr. — Maréchal DE MOLTKE, lettres sur l'Orient, traduction d'Alfred Marchand. Paris, Fisbacher, 3 fr. 50. — TARTARA. Della battaglia della Trebbia a quella del Trasimeno ; questioni di storia romana. Turin, Loescher. 2 fr. 50. — GELDNER. Studien zum Avesta, part. I. — MONSABRÉ. Conférences de Notre-Dame de Paris, carême de 1882. Paris, Baltenweek. — COUAT. La Poésie alexandrine sous les trois premiers Ptolémées. Paris, Hachette. — Bulletin de la Société archéologique de Nantes et du département de la Loire-Inférieure, tome XX. Nantes, Forest et Grimaud. — J. PINGAUD. Le duc de Richelieu en Russie. Paris, Gervais. — CAUVIN. Mémoire sur les races de l'Océanie. Imp. nationale. — Mémoires et documents publiés par la Société savoisienne d'histoire et d'archéologie, tome XX. Chambéry, Bottéro. — COELHO. Novo manual epistolar. Paris, Garnier. — PITRE DE LISLE. Dictionnaire archéologique de la Loire-Inférieure. Nantes, Forest et Grimaud. — STIELER. Grand Atlas, nouvelle édition pour la France. Paris, Ghio, 86 fr. — A. AURÈS. Essai sur le système métrique assyrien. Paris, Vieweg 3 fr. — Schiller's poetische Meisterwerke. Gedichte und Dramen. Paris, Wieweg, 6 fr.

Le Gérant : E. THORIN.

BULLETIN CRITIQUE

DE LITTÉRATURE, D'HISTOIRE ET DE THÉOLOGIE

44. — De Pictura et Sculptura apud veteres Rhetores. Thesim proponebat Facultati Litterarum Parisiensi E. Bertrand olim Scholae normalis alumnus. Lutetiae Parisiorum, apud E. Thorin, bibliopolam et editorem, 7 via dicta de Medicis, 1881.

Une parenté. nous dit-on, unit à l'art oratoire la peinture et la sculpture. Convenons entre nous que c'est une parenté éloignée. Les arts du dessin ainsi que tous les autres dérivent de l'esprit humain, comme M. E. Bertrand et moi descendons d'Adam, et sommes fils d'un même père. En dehors de cette considération de commune origine, qui relie l'analyse à la composition et le critique à l'auteur, on est exposé, je l'avoue, à mon grand regret, à passer une notable partie de sa vie sans se connaître ; et voilà comment je n'avais pu profiter de certaines recherches sur le lien caché, mais réel, qui rattachait l'humble humaniste au critique de l'art ancien.

Ut pictura poesis, avait dit déjà le vieil Horace. Sans doute : mais ne poussons pas trop loin la comparaison. Rien de glissant comme le terrain des analogies ; il cache d'insondables abîmes. On demandait à un aveugle-né : « Quelle idée vous faites-vous de la couleur rouge ? » Il répondit : « Je la compare au son du bourdon de Notre-Dame. »

L'incurie des programmes, relativement à l'enseignement synoptique des Beaux-Arts et de l'éloquence, trouble les rêves pédagogiques de M. E. Bertrand : Polignote est absolument inconnu des élèves, Zeuxis et Parrhasius sont des étrangers pour eux ; ils prennent Phidias pour un vieux capitaine, et Protogène pour un terme de chimie ! Comment dissiper pareille ignorance ? En imitant les rhéteurs grecs et latins qui surent colorer leurs leçons des vivifiants reflets de la peinture antique, et qui, grâce à d'heureux rapprochements, confondirent dans une même admiration les chefs-d'œuvres de la sculpture et ceux de la parfaite éloquence.

Que ne compose-t-on un extrait classique, à l'usage des peintres littérateurs de l'avenir ? On y rangerait dans un ordre aussi méthodique que possible tous les passages des rhéteurs, qui auraient trait aux arts du dessin. Le recueil commencerait par de petites anecdotes sur les innocents artifices des peintres célèbres, en quête de popularité, et continuerait par de piquants parallèles entre certaines pensées d'Aristote, dans le traité des Météores, et l'ouvrage de M. de Chevreul sur les couleurs et leur application industrielle. Le livre de M. E. Bertrand rendrait de grands services. Il fournirait les éléments d'une étude un peu moins paradoxale peut-être que celle que nous avons sous les yeux ; mais dont le besoin ne se fait pas impérieusement sentir.

Il n'appartient pas a un profane d'entrer en discussion avec un artiste, ni surtout de choisir, pour le combattre, le champ d'honneur de ses chères études. Mais j'aurai toujours peine à croire qu'on puisse faire l'historique d'un art, et en inspirer le goût, en bornant les démonstrations à quelques citations prises dans de vieux auteurs. M. E. Bertrand se plaint de l'ignorance des élèves à l'endroit des merveilles de l'art antique. L'unique moyen de provoquer l'amour des grandes œuvres, serait de placer ces œuvres mêmes devant nos yeux. On n'admire guère un tableau sur la foi seule d'un admirateur, et ce procédé, au moins naïf en matière d'esthétique, rappelle l'exclamation du bon professeur de géométrie qui, chargé de démontrer à un jeune prince un théorème assez élémentaire, et d'autant moins compris de son élève qu'il cherchait davantage à être clair, s'écria à bout de ressources : « Monseigneur, la somme des angles de ce triangle est égale à deux angles droits. Je vous en donne ma parole d'honneur ! » Le prince s'inclina respectueusement. Reste à savoir si tous les écoliers montreraient pour un argument analogue la même déférence.

Que ne peut-on, au lieu d'un excès de promenades au Jardin des Plantes, conduire nos lycéens à quelque Musée de peinture antique, où ils contempleraient les œuvres de Zeuxis et d'Apelle, tandis qu'un professeur d'humanités révèlerait au jeune auditoire les analogies plus ou moins étroites qui unissent entre elles ces fraternelles beautés ! Une toile de Polygnote servant de commentaire à une page de Cicéron ! Mais le temps, qui conserve les paroles et les empêche de s'envoler, détruit l'œuvre des grands peintres, et les monuments littéraires sont encore ceux dont l'éclat est le moins profondément altéré par la copie.

Je suppose qu'un érudit de l'an 3.000 désireux de donner à ses contemporains une idée de ce que fut dans l'antiquité vénérable un art décoré du nom de photographie, se mit à extraire de quelque ouvrage sur la rhétorique des comparaisons empruntées aux procédés de M. Pierre Petit; la tentative profiterait-elle à l'éloquence ? Les bacheliers de l'extrême décadence concevraient-ils une idée bien nette de ce que fut la photographie au dix neuvième siècle ? Il est permis d'en douter.

Cela dit sur le fond même du travail de M. E. Bertrand, je hasarderai la critique d'un certain passage de sa thèse, écrite dans une latinité assez facile, bien que la nécessité d'exprimer plusieurs idées toutes modernes, et de désigner à l'aide de complaisantes périphrases maints détails relatifs à l'art contemporain, ait contraint l'auteur à entrer en accommodement avec la pureté sévère du style de Cicéron.

Il paraît qu'avant l'auteur de l'*Orator,* nul rhéteur latin n'avait songé à égayer par des comparaisons tirées des arts du dessin le ton sévère des démonstrations. Imitateur du divin Platon et du docte Aristote, Cicéron fut suivi dans son innovation par Quintilien, Denys d'Halicarnasse et Longin. Quant aux rhéteurs latins de second ordre, ils dédaignèrent l'usage de cette aimable méthode. Rien par conséquent de pâle et d'incolore comme leurs préceptes.

Que Cicéron ait le premier employé cet artifice cher aux amateurs de dessin, je n'ai garde de contester le fait. M. E. Bertrand réunit un nombre assez considérable de passages, dans lesquels le prince des orateurs romains introduit quelques réflexions sur l'art de la peinture antique. Mais ces questions qui intéressent à juste prix l'auteur de la thèse étaient, qu'on ne l'oublie point, peu sympatiques au génie éminemment pratique des Romains. M. E. Bertrand en convient lui-même et Cicéron, qu'il cite avec un soin si consciencieux, montrait, pour ce que nous appelons les beaux-arts, une insouciance assez dédaigneuse : il les traitait volontiers de bagatelles. Mais ce n'était là qu'une feinte, insinue M. E. Bertrand, une concession faite aux goûts barbares du peuple conquérant. Tout bas, l'ami d'Atticus sacrifiait aux idoles, dont tout haut il reniait le culte ; témoin tel passage d'une lettre à son ami : Genus hoc est voluptatis meae (1), témoin surtout l'*Oratio de Signis,* ce plaidoyer écrit à loisir, destiné à servir de modèle aux futurs réquisitoires, et dans lequel l'orateur professait pour les chefs d'œuvre de la peinture et de la sculpture une admiration si vive et si sincère.

Oui, sans doute. Mais, malgré qu'on en ait, le mot de Molière vous revient à l'esprit : « Vous êtes orfèvre, Monsieur Josse. » Et vous, illustre Cicéron, vous fûtes avocat! L'avocat est souvent obligé d'agir comme le personnage de comédie voulait que procédât le commissaire : il rend

---

(1) P. 34 de la Thèse.

les choses bien criminelles. Mais, le procès jugé, il a les indulgences de Chrysale, rabat de son indignation, et ne se pend point pour quelque porcelaine ou quelque miroir brisés, fussent-ils de Saxe ou de Venise.

Il est clair que les statues dérobées par Verrès dans le but d'orner sa collection étaient des chefs-d'œuvre. Mais, plus Cicéron nous vantera les merveilles de ces chefs-d'œuvre même, plus impudents aussi nous apparaîtront les *brigandages* du préteur de Sicile. Je veux croire toutefois qu'un amateur d'antiquités comme Cicéron, qui tombait en extase devant la place où s'asseyait Polémon, qui demandait, avec tant d'ironie et de véhémence, si Verrès était le seul qui fût sensible au charme des merveilles artistiques, n'ait point marchandé la louange à la Diane de Ségeste, à l'Ialyse de Rhodes, et au Vulcain d'Athènes.

Le goût des belles choses commençait d'ailleurs à se répandre dans Rome; Messala et Pollion étaient à l'affût de toutes les ventes, Varron de tous les catalogues, Hortensius de toutes les adjudications : et César achetait les deux tableaux de Timomachus, la Médée et l'Ajax, quatre-vingt dix talents : — plus cher que la vue de Rome de Wilson, récemment adjugée pour cent guinées, à la vente Hamilton.

La thèse de M. E. Bertrand comprend VII chapitres. La partie du chapitre IV, dans laquelle l'auteur nous montre Cicéron mûrissant son goût artistique, à mesure qu'il avance en âge, offre un intérêt soutenu. On peut décerner à M. E. Bertrand le même éloge pour la façon habile dont il nous apprend que Quintilien fut un véritable connaisseur.

Tout cela est curieux : rien de cela ne se discute. Sommes-nous arrivés au temps où tout livre d'art sera décoré du nom de thèse. L'ouvrage de M. E. Bertrand se lit sans efforts, l'argumentation n'y fatigue point, es détails instruisent ou amusent.

PAUL CHÉTELAT.

---

145. — Texte und Untersuchungen zur Geschichte der altchristlichen Literatur, von Oscar von GEBHARD und Adolf HARNACK, tome I, 1er et 2me fascicules, Leipzig, Hinrich, 300 pages in-8°.

Voici le commencement d'une publication du plus haut intérêt pour l'histoire de l'ancienne littérature chrétienne. Les deux savants qui en prennent l'initiative ont déjà rendu de grands services à cette partie de la science théologique, surtout par leur belle édition des Pères apostoliques qui est un vrai modèle du genre. Ils avaient alors la collaboration de M. Th. Zahn ; maintenant le trio s'est disjoint. M. Zahn travaille tout seul à une œuvre analogue à celle de MM. v. Gebhardt et Harnack, mais avec plus d'imagination et de hardiesse, et des préoccupations conservatrices un peu plus marquées. J'ai déjà signalé ici (t. II, p. 243

et suiv.) les prémices de son exploration dans le domaine obscur de
la littérature chrétienne du second siècle. M. Zahn tient surtout à
éclairer les origines et la formation du canon du Nouveau Testament.
Ses émules se sont ouvert un champ plus vaste. Ils nous promettent
dès aujourd'hui un manuel de littérature chrétienne antique, s'arrêtant
à Eusèbe ou à Saint Jérôme. En attendant ils publient une série de
travaux préparatoires où les questions spéciales seront traitées avec
une ampleur qu'il serait impossible de leur accorder dans un manuel.
Leur recueil ne sera pas, à proprement parler, périodique ; on espère
donner tous les deux ans un volume de 600 pages environ ; nous
avons ici la moitié d'un volume, en deux fascicules réunis.

Ils contiennent un mémoire de M. A. Harnack sur « la tradition des
» apologistes grecs du second siècle, dans l'ancienne Église et pendant
» le moyen âge, » ou en d'autres termes sur l'usage que l'on a fait,
avant la renaissance, des œuvres laissées par les apologistes grecs. On
sait en général que la littérature chrétienne antérieure au quatrième
siècle ne nous est parvenue qu'à l'état de débris, comme les épaves d'un
immense naufrage. Un bien petit nombre d'ouvrages sont venus intacts
jusqu'à nous ; de la plupart il ne reste que des fragments ou des titres.
La perfection littéraire plus grande que l'on atteignit au quatrième siècle,
l'introduction de nouvelles formules dogmatiques avec lesquelles il
n'était pas toujours facile de faire concorder les théories des anciens, le
discrédit où tombèrent certaines doctrines comme le millénarisme, toutes
ces causes et d'autres encore concoururent à l'abandon des vieux livres.
Les manuscrits qui nous les ont conservés sont extrêmement rares, les
auteurs qui les citent plus rares encore.

En éliminant les copies exécutées pour les amateurs de la renaissance, M. Harnack ne peut énumérer que sept manuscrits contenant des
apologistes du second siècle. Encore ces sept manuscrits se ramènent-
ils à trois, sur lesquels deux, *le Parisinus* 450 et un manuscrit de
Strasbourg maintenant brûlé, sont des recueils d'écrits de saint Justin ;
le troisième est une collection de livres apologétiques d'auteurs divers.
Celui-ci est le plus intéressant. Il est à la Bibliothèque nationale, où il
porte le n° 451. Il fut écrit en 914, par l'archevêque de Césarée en Cappadoce, Aréthas, savant prélat dont l'érudition a laissé des traces dans la
librairie et la littérature du temps. On connaissait depuis Montfaucon
l'importance de ce manuscrit. M. Harnack l'a étudié de plus près ; à
l'aide de rapprochements ingénieux, il est arrivé à en définir le contenu
primitif — plusieurs cahiers en ont été arrachés — et à tracer la généalogie des copies qui en dérivent. Il contenait autrefois le *Discours aux
Grecs* de Tatien ; c'est par lui que cet ouvrage a été transmis aux copistes
des manuscrits où on le lit maintenant. Aréthas lui-même est l'auteur

des meilleures scholies parmi celles que l'on trouve en marge tant du
Parisinus 451 que de ses dérivés. C'est lui en particulier qui a formulé
dans une de ces notes une condamnation en règle de la théorie du Logos
exposée par Tatien. Aréthas est ici un écho de la théologie byzantine du
temps de Photius, c'est-à-dire d'un temps où l'on n'avait pas la moindre
idée du développement dogmatique. Les observations qu'il présente
sur une théorie qui est loin d'être propre à Tatien, jettent un certain
jour sur les causes de la défaveur où les vieux livres chrétiens tombèrent à partir du quatrième siècle. Tatien, Théophile, Athénagore, saint
Justin lui-même, pour ne pas dire saint Justin surtout, devaient paraître
grandement hérétiques aux théologiens byzantins. Pour la plupart de
ces auteurs cette impression fâcheuse ne tirait pas à conséquence.
Qu'un Tatien, par exemple, personnage flétri comme hérétique, eût
exposé des idées inexactes sur la Trinité, il n'y avait rien d'extraordinaire.
Mais il n'en était pas de même pour saint Justin, honoré comme martyr
et considéré comme personnifiant toute l'apologétique chrétienne du
second siècle. Aussi s'ingénia-t-on à le faire parler d'une manière
correcte en mettant sous son nom des œuvres anonymes au courant des
définitions de Nicée et de Chalcédoine. Ces fraudes eurent un grand
succès. Le saint Justin apocryphe était très répandu ; il en reste un
grand nombre de manuscrits, tandis qu'il n'y en a qu'un seul (*Parisinus*
450) qui contienne ses œuvres authentiques. Photius, malgré son érudition,
n'a connu de l'apologiste martyr que des livres supposés ; c'est là dessus
qu'il le juge,

C'est à l'étude de la tradition paléographique des apologistes que
M. Harnack consacre la première partie de son travail. Dans la seconde,
peut-être moins neuve, en tout cas fort intéressante, il a rassemblé et
classé tous les éléments de la tradition à proprement parler littéraire.
Les auteurs auxquels s'étendent ses recherches sont : Quadratus, Aristide, Ariston de Pella, saint Justin, Athénagore, Tatien, Apollinaire
d'Hiérapolis, Méliton, Miltiade, Théophile d'Antioche. On peut voir pour
chacun d'eux par qui et jusqu'à quand ses œuvres ont été citées, et
mesurer ainsi l'influence qu'elles ont exercée sur la littérature théologique de l'antiquité et du moyen âge. Plusieurs questions d'un intérêt
particulier sont traitées avec un certain développement. Je signalerai
en ce genre une étude sur la seconde apologie de saint Justin et une
autre sur la chronologie des œuvres et de la vie de Tatien. M. Harnack
admet l'opinion, maintenant assez commune, d'après laquelle les deux
apologies de saint Justin auraient été publiées ensemble et n'auraient été
séparées qu'au moyen âge. Eusèbe cependant en a connu deux, adressées
l'une à Antonin, l'autre à Marc-Aurèle. Cette dernière ne peut être identique à ce que nous appelons la seconde apologie de saint Justin, laquelle

a été écrite au temps d'Antonin ; M. Harnack la retrouve dans l'apologie d'Athénagore qui, ayant circulé sans nom d'auteur, aurait été attribuée à saint Justin dès avant le temps d'Eusèbe. On s'explique ainsi et le silence de l'historien sur Athénagore, et sa mention d'une apologie adressée à Marc-Aurèle par saint Justin.

Cette conclusion m'a paru assez bien motivée, mais j'aurais voulu voir indiquer au moins les preuves que l'on fait valoir en faveur de la réunion des deux apologies actuelles de saint Justin. En ce qui regarde Tatien, je ferai plus de réserves. M. Harnack veut que Tatien ait écrit son *Discours aux Grecs* peu après l'année 150, à Rome ; il lui fait faire ensuite un long séjour en Orient, après quoi il le ramène à Rome où, saint Justin étant mort (163), son ancien disciple tombe dans l'hérésie. Ce tracé est notablement différent de celui auquel est arrivé M. Zahn (*Bull. critique*, l. c.), mais tout aussi hypothétique. Ces messieurs veulent en savoir, je le crains, un peu plus long que les documents ne le permettent. Un point sur lequel ils s'accordent, c'est que le *Diatessaron* a été écrit par Tatien encore catholique. Mais tandis que M. Zahn veut qu'il ait été rédigé en syriaque et dans le pays euphratésien, M. Harnack réclame un original grec, publié à Rome. Ses raisons ne sont pas bien fortes, par exemple celle qu'il tire de la ressemblance de texte entre l'*Itala* et le *Diatessaron* : les manuscrits voyagent facilement ; les livres grecs d'où dérive l'*Itala* ont pu avoir des ancêtres ou des descendants très rapprochés dans les pays d'Orient.

Je reprocherai a M. Harnack une certaine tendance à malmener Eusèbe, à lui supposer des intentions compliquées et même un peu perverses. Cela se voit déjà dans la discussion relative aux apologies de saint Justin. A propos d'Apollinaire d'Hiérapolis, M. Harnack s'étonne qu'Eusèbe n'ait pas mis cet auteur à contribution pour ses chapitres sur le montanisme. C'est dit-il, qu'Apollinaire ne lui paraissait pas assez décidé contre les nouveaux prophètes. — Il y a, je crois, une explication plus naturelle. Apollinaire vivait tout-à-fait au commencement du mouvement montaniste. Les écrits dans lesquels il l'a combattu ne devaient guère contenir que des arguments, de la polémique, et fort peu d'histoire. Eusèbe a trouvé plus simple de s'adresser à des auteurs postérieurs qui pouvaient lui fournir des récits assez longs sur la secte et ses vicissitudes. Ceci est bien conforme à ses procédés de composition, dans lesquels les ciseaux jouent toujours un grand rôle.

Les fragments syriaques d'une apologie de Méliton, publiés par M. Renan dans le *Spicilegium Solesmense*, sont considérés comme apocryphes et attribués à un apologiste syrien, de langue syriaque, qui aurait adressé son livre à Caracalla, vers l'année 217, pendant le jour que fit ce prince à Antioche et en Osroène.

Je renouvelle, en terminant, mes souhaits de bienvenue, et à ce remarquable travail de M. Harnack et au nouveau recueil d'histoire littéraire ecclésiastique qu'il inaugure d'une manière si distinguée. Le prochain fascicule doit être consacré au Pasteur d'Hermas.

L. Duchesne.

46. — **Etymologisches Wörterbuch der deutschen Sprache** von **Friedrich Kluge**, Privatdocent an der Universität Strassburg. — Première et deuxième livraisons, A- holen. — Strasbourg, Trübner 1882. L'ouvrage complet sera terminé à la fin de 1882 et coûtera 12 marks.

Les savants allemands avaient écrit jusqu'ici des dictionnaires étymologiques des langues romanes, de l'anglais, du latin, etc., mais personne n'avait encore fait le même travail d'une manière approfondie pour la langue allemande ; car les ouvrages de ce genre parus jusqu'aujourd'hui, même celui de Schwenk, sont absolument insuffisants. Il faut donc savoir gré à M. Fr. Kluge de s'être astreint à la tâche méritoire de combler enfin cette lacune. L'ouvrage qu'il offre au public lettré est digne des travaux linguistiques qui l'ont déjà fait connaître avantageusement dans ce domaine ; il comprendra sept à huit livraisons, avec une introduction sur l'histoire de la langue allemande. Nous nous permettons d'émettre le vœu que l'auteur veuille bien y ajouter un résumé des règles à suivre pour la recherche des étymologies germaniques, de plus, une liste alphabétique complète de tous les mots étrangers complètement germanisés, tels que *Fenster, Lärm*, etc., et d'autres listes spéciales, par exemple celle des noms communs devenus également noms propres, etc.

Voici quelques remarques de détail. P. 66, préfixe *ent ;* l'auteur dit : la *signification* de ce préfixe rentre dans le domaine de la grammaire. N'en déplaise à M. Kluge, c'est surtout dans un dictionnaire étymologique qu'on va chercher de pareils renseignements. — Dans le même article, l'auteur dit que *ent-* s'est changé en *emp-* devant *f ;* il faudrait citer les exceptions *ent-fallen, ent-falten, ent-fliehen, ent-fahren, ent-führen*, etc., et essayer de les expliquer. Aux mots *ent-behren, ent-gegen*, pourquoi ne pas expliquer le *t* analogique du suffixe dans les formes de l'allemand moderne, puisqu'il manque au moyen âge ? — A l'article *es* il aurait fallu ajouter que *es* est en second lieu l'ancien génitif singulier du nominatif singulier neutre *es* dans des expressions comme *ich bin es zufrieden*. — Autre désideratum : Il serait à la fois utile et intéressant de faire plus de rapprochements avec les dialectes populaires actuels de l'Allemagne. — Pourquoi les noms propres ont-ils été exclus ? il y aurait cependant des remarques bien utiles à faire sur eux et leur suffixes, par exemple, -*heim*, -*weiler*, -*hausen*, etc ? Espérons que la deuxième édition de cet excellent ouvrage comblera ces lacunes.

A. B.

---

47. — **Souvenirs littéraires**, par M. Maxime du Camp, de l'Académie française. Tome Ier, un volume in 8°. Hachette, 1882.

Depuis quelque temps nous sommes inondés par une littérature de révélations et de souvenirs en tout genre, depuis la correspondance de George Sand jusqu'aux mémoires de M. de Pontmartin. La génération qui s'en va nous livre ses papiers et ses notes. M. du Camp qui, depuis qu'il est académicien, aime à passer pour un « vieux homme », nous apporte lui aussi sa contribution, abondante et, quoique dédiée aux dieux mânes, *dis manibus*, très gaie. Sous le titre de souvenirs littéraires, il comprend un peu tout, souvenirs d'enfance, souvenirs de collège, souvenirs de voyage, etc., si bien que la littérature finit presque par y tenir moins de place que les aventures et les drôleries ; c'est la chronique parisienne élevée aux honneurs d'un volume in-8° et académique. On aurait mauvaise grâce à ne pas trouver charmantes bien des histoires qu'il nous raconte, comme celle du petit père Frin, de M. Tête doux, de la lettre à Hugo, de la Barbe maudite, etc. Mais, à vrai dire, il y en a un peu trop, et plus d'un souvenir aurait pu être oublié sans qu'on y perdît beaucoup : ce ne sont pas les mânes de Grégoire XVI qui auraient réclamé !

Ce premier volume nous mène jusqu'en 1850. Nous y trouvons une peinture très vivante et très curieuse des mœurs littéraires et artistiques de la génération romantique. L'auteur nous fait faire connaissance avec Feydau, Pradier, Gérard de Nerval, Théophile Gautier, Delaroche, Louis Bouilhet, voire même avec Théodore Burette et bien d'autres d'aussi excentrique mémoire. Ne demandez pas à M. du Camp des jugements littéraires ou des portraits à faire figurer un jour dans quelque manuel du parfait rhétoricien : il ne nous donne des gens qu'il a connus que l'impression qu'il en a reçue ; il les esquisse par un trait, un travers, une manie ; la plupart du temps, en vrai Parisien qu'il est, c'est par leurs petits côtés qu'il les a vus et saisis. Ses indiscrétions n'en sont que plus piquantes. — Un nom bien oublié aujourd'hui que M. du Camp essaye de faire revivre, c'est celui du fils du fameux Timon, Louis de Cormenin, dont la physionomie grave, le caractère élevé fait tort, par le contraste, aux autres personnages du livre. — Il fait tort surtout à G. Flaubert, le véritable héros de ce volume, que M. du Camp, son plus vieil ami, présente d'une façon très chaleureuse, presque émue, mais sans réussir à dissimuler ce qu'a de brutal et d'*énorme* cette nature puissante d'imagination et parfaitement grossière de sentiments. Les curieux d'histoire littéraire liront avec intérêt les origines et comme l'état civil de *Madame Bovary* ; et ceux qui ont gardé quelque rancune ou quelque indulgence à son auteur y apprendront, avec surprise, au milieu de quelle terrible maladie Flaubert a composé ses romans.

Rendons cette justice à M. du Camp, qu'il ne parle de lui-même qu'avec une réserve pleine de savoir-vivre ; il pousse même la modestie jusqu'à insinuer que ses anciens maîtres seraient bien étonnés de le savoir de l'Académie française. Le fait est qu'il y est arrivé de loin et que l'on s'en aperçoit : — *Plongé* dans ses souvenirs et le cœur *noyé* d'amertume... il a parcouru les *caveaux* de ceux qu'il a *côtoyés* sur cette route que nul ne peut s'empêcher de parcourir jusqu'au bout (!) avant d'être lui-même réuni à eux dans la même *poussière* .. c'est dans son *ossuaire* particulier qu'il entre, non dans le *cimetière* où dorment, etc...— Et tout ceci se trouve dans la seule préface ! O Maxime, où avez-vous déterré ce français de croque-mort, et qu'en dirait le petit père Frin ?   Ω

---

48. — La Littérature française au XIXᵉ siècle : les origines du romantisme, par Paul ALBERT. Paris, Hachette, 1882, in-12 de 347 pages.

Ce volume posthume de Paul Albert ne justifie pas complètement son titre, quoi qu'en puisse dire l'éditeur qui se travaille à en établir le « plan général » (p. 253) : on peut seulement lui accorder qu' « il n'est question dans ce volume que des origines de la littérature au XIXᵉ siècle ». Au vrai, ce sont des *leçons*, dont la liaison n'est guère sensible, mais qui toutes se rattachent, plus ou moins directement, aux origines et aux débuts du romantisme (1).

Dans ce livre, comme dans ceux qu'a publiés lui-même Paul Albert, c'est le *conférencier* qui domine : on le reconnaît à ses développements réguliers et quelque peu compassés (2), et à son style ample et correct, mais qui ne laisse rien à l'imprévu et à la saillie. Il est vrai qu' « il manque à ces pages d'avoir été revues et complétées par l'auteur ». C'est

---

(1) Qu'on en juge plutôt par cette liste des principaux chapitres : le romantisme, Delille, Chénier, Ossian, Chateaubriand, madame de Staël, le drame romantique, Ducis, Diderot, Mercier.

(2) On peut lire notamment le chapitre intitulé : *le Romantisme dans la poésie lyrique* (p. 50-58) : c'est une dissertation dans les règles, précédée d'un préambule et divisée en trois points, qui ferait le plus grand honneur à un vétéran de rhétorique.

ce qui nous doit rendre indulgents pour des négligences et des bizarreries que Paul Albert, j'aime à le croire, eût fait disparaître.

Qu'il se passe la fantaisie d'un *trait* politique en écrivant (p. 234) que Napoléon « juchait » ses frères sur tous les trônes d'Europe : c'est trop innocent pour qu'on y trouve à redire. Mais « *constituer* une définition du romantisme » (p. 39) n'est guère plus élégant et n'a pas la même excuse. Que dire de Mercier qui « est le point de départ » du drame romantique (p. 340), et de Chénier qui est « comme une terre sacrée où l'on n'ose mettre le pied » (p. 75) ?

Bien que l'auteur déclarât qu'il avait dès longtemps passé « l'âge heureux où une éclatante métaphore agrée plus qu'un argument solide » (p. 47), il n'en écrivait pas moins une phrase comme celle-ci : « Parmi les événements mémorables qui constituent la vie des peuples, certains faits dominent, *chênes gigantesques, monts sublimes qui se détachent* » (p. 340). Il court même quelquefois après l'esprit : je n'ai pas à dire ce qu'il attrape. Des premiers romantiques, qui se réclamaient d'André Chénier, il dira (p. 88) : « Les parvenus sont sujets à ce ridicule ; mais les poètes du xixᵉ siècle n'étaient pas parvenus, ils étaient arrivés. » Si Marie-Antoinette va jouer à la bergère à Trianon, c'est que la *basse-cour* repose de la *cour* : on y trouve des animaux moins malfaisants » (p. 70). Je recommande aussi cette petite définition énigmatique : « Le progrès est fils de la raison et de l'ingratitude » (p. 281).

Pour qui connaît les idées politiques et religieuses que professait Paul Albert, il n'y a pas lieu à surprise lorsqu'il avance (p. 225) que « la notion et l'amour de la patrie sont des sentiments modernes », quand il appelle l'Italie « la terre des papes et des supplices » et qu'il met la dispersion des Jésuites au nombre des « progrès... partout salués avec enthousiasme » (p. 232). Je m'étonne un peu plus, je l'avoue, de voir Darwin sacré « un Dieu » (p. 345) et d'entendre vanter (p. 341) la « sainteté de la vie » de Voltaire.

Ces défaillances et ces mesquineries déparent un ouvrage. Je n'en dois pas moins signaler des passages heureux et des pages d'une réelle valeur. L'introduction sur la littérature française au xixᵉ siècle et le chapitre consacré à la définition du romantisme par lui-même sont d'une lecture instructive et intéressante. André Chénier est étudié consciencieusement et à un point de vue nouveau : repoussant l'opinion assez généralement accréditée qui en fait le précurseur et l'ancêtre direct du romantisme, Paul Albert le replace dans son milieu réel et montre fort bien qu'il relève beaucoup plus du xviiiᵉ siècle que du xixᵉ. A ses idées philosophiques, politiques et religieuses, il nous fait reconnaître le disciple de Voltaire, de Montesquieu, de Buffon ; et dans ses œuvres, « mélange d'inspiration et d'art », il établit nettement l'influence prépon dérante de l'antiquité païenne. C'est bien là le double caractère du poète qui disait lui-même :

Sur des *pensers nouveaux* faisons des *vers antiques*.

Deux autres études se détachent du reste de l'ouvrage par leur étendue et leur importance : la première sur Chateaubriand, pour lequel l'auteur n'est pas suspect d'enthousiasme et qu'il juge en toute rigueur ; la seconde sur madame de Staël, dont il apprécie très finement les idées et les œuvres, mais pour laquelle il fait montre d'une sympathie qui confine à la partialité. Ajoutons enfin un examen judicieux mais incomplet des œuvres dramatiques de Ducis et quelques jolies pages (262-275), bien qu'un peu sévères, sur notre théâtre du XVIIᵉ siècle.

Paul Albert se retrouve tout entier dans ce livre posthume, dont l'inachèvement même nous le laisse surprendre plus au vif, avec ses qualités et ses faiblesses : esprit généreux et délicat, épris du beau et de l'idéal, ne séparant jamais les idées politiques des principes littéraires, et, bien qu'il aspire de bonne foi à être « un historien exact et un rapporteur consciencieux », fort enclin à rabaisser ou à surfaire les écrivains, selon qu'ils lui agréent par leurs tendances religieuses et sociales.

G. PAULET.

---

49. **Les deux Masques**, tragédie-comédie, par Paul de SAINT-VICTOR (*Suite*). (cf. page 171.)

Paul de Saint-Victor aborde ensuite Euripide, dont il étudie le caractère. Il en montre le revers : les dieux diminués, les héros rapetissés, les ergoties subtiles des sophistes faisant irruption sur la scène, une morale troublante et troublée ; tels sont, à bon droit, les reproches que l'on peut adresser à Euripide, qui commence la décadence du drame hellénique. Mais Euripide le rend plus humain. Il introduit l'amour au théâtre, et il est sans rival quand il crée ses types de femmes : « Il a des vierges, dit Saint-Victor, qui ne profaneraient pas les autels chrétiens, et qui semblent dignes, non point seulement de la palme, mais de l'auréole. Il a des épouses et des mères eu qui les traits les plus tendres se rehaussent d'une beauté souveraine que l'art moderne n'a pu surpasser » (p. 247). Iphigénie, Hécube, Polyxène, Alceste, Andromaque, quel groupe immortel, et qui peut soutenir la comparaison avec leurs sœurs : Antigone, Électre, rêvées par Sophocle ! — Saint Victor, dois-je le dire, me semble quelque peu dur pour Euripide. Celui-ci a eu tort de faire une trop large place aux idées subversives des rhéteurs, tort aussi de dépouiller de leur majesté les dieux de l'antique religion. Conservateur obstiné des vieilles gloires et des anciennes traditions, Aristophane peut trouver grâce à nos yeux quand il attaque Euripide avec tant d'âpreté. Mais Euripide est un génie très puissant et très original. Dans une heure de crise, il a su créer un genre dramatique qui fait sortir la tragédie du cercle étroit de la mythologie pour lui ouvrir les horizons plus vastes et plus variés de la nature et de l'humanité. Euripide est un prédécesseur de Shakespeare ; et nous lui devons Racine. Il ressemble à Shakespeare ; comme lui, le dramaturge anglais peindra la vie, avec les mille détails familiers, attendrissants et douloureux dont elle est remplie. Disciple d'une école philosophique qui appuie sa doctrine sur la connaissance de l'homme, Euripide, comme fera Racine plus tard, expose des héros qui s'analysent, raisonnent leurs émotions et ont conscience de leurs passions. Euripide est l'homme non plus du passé, comme Eschyle et Sophocle, mais de l'avenir.

Des 92 pièces d'Euripide, 17 seulement nous sont parvenues avec le *Cyclope*, drame satirique. Saint-Victor ne parle que de quelques-unes : il analyse rapidement les tragédies où les femmes tiennent le premier rang, et d'abord : *Iphigénie à Aulis*. Avec quel charme et quel profond sentiment des choses de l'art il en raconte trois ou quatre scènes ! L'arrivée à Aulis d'Iphigénie et de sa mère, les supplications d'Iphigénie, d'une douceur si déchirante, puis ses adieux à la vie, alors qu'elle entonne un hymne joyeux à cette mort qui sauvera sa patrie ! Il termine ces quelques pages émues par ce ravissant tableau. Iphigénie n'est point morte ; c'est une biche qui a été égorgée à la place de la jeune fille que ravit Artémis. « Le jour est tombé sur le sacrifice, c'est l'heure où Artémis revêt sa forme nocturne ; une blancheur de lune mêle déjà en elle l'astre à la déesse Elle passe dans son cortège d'étoiles, emportant sur son sein la vierge évanouie. Son bras l'enlace, svelte et clair comme le croissant qui brille à son front. Sa victime va devenir sa prêtresse : tout à l'heure Artémis déposera Iphigénie, endormie encore, sur les marches d'un temple de la Tauride (p. 256). » Je l'avouerai humblement : je préfère ces lignes à beaucoup de pages entières d'une critique plus savante et plus minutieuse.

Hécube et Polyxène passent sous vos yeux, la dernière si touchante dans son courage en face de la mort, et dans sa pudeur gardée jusqu'au milieu de l'agonie! Macaria complète cette tribu des *vierges martyres* comme dit Saint-Victor. Il nous fait admirer les *épouses* dans Evadné ; veuve de Canapée, qui « aspire à l'éternité de l'hymen et s'élance vers l'époux par delà la mort. » Voici le groupe des *mères* : Mégara, les mères des sept chefs tombés devant Thèbes. Puis, les *sœurs* : Electre, Antigone. Une étude spéciale met dans une lumière plus vivante les deux figures d'Andromaque et d'Alceste. Elles le méritent bien.

D'Homère à Euripide, d'Euripide à Virgile, de Virgile à Racine, Andromaque grandit en beauté, si l'on excepte pourtant l'humiliation qu'Euripide lui fait subir dans l'*Andromaque*, en la représentant comme l'épouse de Pyrrhus : il n'y a qu'à louer tout ce qu'en dit Saint-Victor. Avec non moins d'émotion il évoque cette Alceste, épouse et mère accomplie, d'une beauté si pure et d'une grandeur d'âme si simple et si dévouée. A cette *Théorie* d'idéales héroïnes, Saint-Victor eut bien fait d'ajouter Cassandre, qui traverse la tragédie des *Troyennes* en y tenant presque le premier rôle.

L'*Hippolyte couronné* d'Euripide obtint le prix au concours de l'année 428. On en connaît le sujet : de toutes les pièces antiques, c'est la plus populaire, grâce à la *Phèdre* de Racine. Hippolyte a séduit Saint-Victor, qui lui voue les richesses inexprimables de sa plume. « C'est dans les bois qu'Artémis se révèle à lui, invisible et pourtant présente, remplissant les feuillages de la fraîcheur de son souffle, mêlée aux passages du vent dans les branches, aux blancheurs des ramées argentées par l'aube, lançant ses flèches d'or parmi les rayons qui transpercent les verts rameaux des futaies » (p. 307). Ceci est d'un peintre autant que d'un poète. Peut-être même Saint-Victor met-il trop de complaisance à multiplier ces peintures extérieures au drame. C'est surtout dans son étude sur Euripide qu'il est superficiel, et qu'il ne fouille pas chaque drame auquel il s'attarde. Le côté brillant qui parle à l'imagination ou au cœur le captive, et il oublie les autres aspects, plus sévères peut-être, mais qui ont l'avantage de mieux faire ressortir l'inspiration et le système tragiques d'Euripide.

On peut s'étonner qu'il ne se soit pas plus arrêté devant Médée, qui sent toutes les passions de la femme avec une si redoutable intensité : l'amour, la tendresse maternelle, la jalousie et l'esprit de vengeance. L'antiquité regardait la *Médée* d'Euripide comme un de ses chefs-d'œuvre : Saint-Victor ne l'a point assez remarqué. Nous y perdons certainement quelques belles pages de plus.

L'œuvre de Saint-Victor se continue par Aristophane, pour finir par Kalydasa. De celui-ci je ne dirai rien, et pour cause. — De tout ce volume, la partie la plus soignée et la plus vivante, c'est l'étude sur Aristophane : l'auteur le comprend mieux que les deux poètes précédents.

Pour nous le faire admirer, il retrouve la verve et cette magie de style dont il environnait le vieil Eschyle. C'est qu'Eschyle et Aristophane ont plus d'une ressemblance. Le grand comique était épris du grand tragique : il lui empruntait son style, le lyrisme de ses métaphores et les contrastes de sa langue si imagée. Dans Aristophane, l'antithèse éclate à chaque instant; ces oppositions, ces heurts plaisaient à Saint-Victor, qui a écrit sa critique aristophanesque *con amore*.

Son chapitre intitulé : *Origines de la comédie*, prouve combien peu étendue était son érudition. Il fait sortir la comédie des fêtes de Bacchus. Horace et Boileau avaient déjà dit cela ; Saint-Victor reprend la même idée et la développe avec beaucoup de coloris. Mais Susarion et Épicharme, Sophron et Matron, Phormis et Kratès ne sont ni du même pays, ni du même temps, ni de la même inspiration. A Mégare, chez les Doriens, en Sicile, dans la Grande-Grèce, la comédie prend des allures diverses : quand elle arrive à Athènes, elle devient un genre qui, plus qu'aucun autre, exerce une grande influence sur la cité. Si Saint-Victor est inexact sur ce sujet, on le lit pourtant avec plaisir.

J'ai dit plus haut qu'Euripide était l'homme de l'avenir. Avec raison Saint-Victor voit dans Aristophane « l'homme du passé, conservateur jusqu'à l'archaïsme, contempteur acerbe des choses de son temps » (p. 384), et, comme autour de Sophocle, ainsi autour du poète comique il ressuscite l'Athènes intellectuelle et morale dont celui-ci allait flageller les travers et les vices. N'est-ce point Laprade qui a soutenu cette thèse, que toutes les époques ne sont point dignes d'avoir un poète satirique ? Certes, Athènes n'a point été frappée de cette indignité : si jamais la satire s'est incarnée dans un homme, c'est dans Aristophane. Tout satirique a un idéal auquel il mesure ses contemporains. Celui d'Aristophane, c'est l'Athènes des guerres médiques... « C'est l'âge des grandes et des fortes mœurs, de l'Hellade ralliée dans une fraternité militante (p. 370).

Saint-Victor nous fait voir dans Aristophane l'adversaire acharné de la guerre du Péloponèse : guerre fratricide qui anéantit la puissance d'Athènes et fut plus meurtrière pour la Grèce que l'invasion des Perses. Trois comédies : Les *Acharniens*, la *Paix*, *Lysistrata* plaident la cause de la paix. La démagogie est la seconde des forces mauvaises qu'attaque Aristophane : les *Chevaliers* vouent Cléon au ridicule. Il s'en prend ensuite aux sophistes dans les *Nuées*, que Saint-Victor excuse légitimement d'avoir préparé la mort da Socrate : elles furent représentées 24 ans avant le procès du maître de Platon. Enfin Aristophane bafoue Euripide, sa poétique nouvelle et les amours immorales qu'il étale dans son théâtre. — Çà et là, Saint-Victor a bien des rapprochements forcés, par exemple, quand il compare certaines scènes des fêtes populaires et religieuses, en Italie, en Espagne ou au Pérou, aux licences de langage dont Aristophane ne se prive pas dans les *Grenouilles*. — Mais on ne peut, ici, lui reprocher de n'être point entré dans l'intime de son sujet. — Lisez cette splendide étude sur les *Oiseaux*! Ce sont des pages modèles, et où rien n'est à reprendre ! Il en va de même de la conclusion de Saint-Victor sur Aristophane : ce jugement est d'un maître, et j'y souscris complètement.

Le troisième volume des *Deux Masques* est annoncé pour paraître bientôt : il embrassera le théâtre français jusqu'à Beaumarchais.

N'est-il point à regretter que l'éminent écrivain n'ait pu mettre la dernière main à son œuvre entière, à regretter aussi que l'Académie française ait refusé à un tel artiste la suprême récompense de le laisser entrer dans son sein? Poète, peintre, critique, Saint-Victor restera dans l'histoire littéraire de notre temps : c'était un homme à l'idéal très élevé. — Il manquera longtemps encore à notre France, qu'il aimait tant, et qu'il a si bien servie en écrivant cet autre beau livre : *Barbares et Bandits.*

Paul LALLEMAND.

CHRONIQUE

La municipalité de Rome a décidé qu'elle rappellerait, par une inscription commémorative sur marbre, le long séjour qu'a fait Michel Montaigne à l'hôtel *dell' Orso*, à Rome.

— La municipalité de Boulogne a fait frapper une médaille commémorative de l'érection de la statue d'Auguste Mariette. Sur une des faces sont les armes de la ville de Boulogne ; sur l'autre, on lit :

Médaille commémorative
de l'inauguration du monument
élevé par la ville de Boulogne-sur-Mer,
avec le concours de l'Etat
et le produit d'une souscription,
à Auguste Mariette,
membre de l'Institut de France,
savant égyptologue
Né à Boulogne-sur-Mer, le 16 février 1821,
mort au Caire le 18 janvier 1881

A l'exergue :

L'inauguration du monument
a eu lieu le 16 juillet 1882
M. le sénateur Huguet
étant maire.

— M. Eugène Révillout, conservateur adjoint du musée égyptien du Louvre, est chargé d'une mission dont le but est d'étudier les papyrus démotiques de Dublin et du *British Museum.*

— M. de Sarzec, vice-consul de France à Bassorah, est chargé d'une mission pour pratiquer des fouilles archéologiques dans la basse Chaldée.

— Dans la séance extraordinaire qu'elle a tenue au commencement du mois d'août, la *Société de statistique de Paris* a entendu un rapport de M. Charles Letot, bibliothécaire à la Bibliothèque nationale. Le nombre des lecteurs s'est accru au point que la salle de lecture devient insuffisante. En 1869, cette salle de lecture avait reçu 34,472 personnes et communiqué 57,383 volumes; en 1879, le nombre des lecteurs était de 61,180 et celui des volumes de 88,169. Après un temps d'arrêt amené vraisemblablement, en 1881, par la création d'un bon nombre de bibliothèques municipales, le mouvement progressif a repris. — Parmi les travaux publiés par le Bulletin de la même société, nous remarquons des études sur les écoles en Hongrie et sur l'instruction primaire en Italie.

— L'*Ephémeris* a reçu de M. Papageorgios la nouvelle qu'on vient de découvrir, à Salonique, un manuscrit du XVᵉ siècle, contenant des œuvres du médecin Galien, que l'on croyait perdues, entre autres ses traités sur les forces physiques et les constitutions. Le manuscrit se composait de 248 feuillets ; 144 sont en bon état, 24 sont lacérés, 80 manquent.

— M. Félix Hémon, l'auteur d'un éloge de Rotrou, que l'Académie française vient de couronner, prépare une édition des œuvres complètes de ce poète. Elles paraîtront à la librairie Laplace et Sanchez.

— Le prof. INGRAM, bibliothécaire du Trinity College à Dublin vient de faire un tirage à part d'une communication faite par lui à l'Académie Irlandaise sur la plus ancienne traduction anglaise de l'Imitation. Le manuscrit qui la renferme se trouve dans la bibliothèque du collège et porte en titre *Musica celi*; il est du milieu du XVᵉ siècle et ne contient que les trois premiers livres. Il y a un autre manuscrit moins complet à l'université de Cambridge et probablement un autre à la Bodleienne. La plus ancienne version anglaise imprimée est celle d'Alkinson en 1502 pour les trois premiers livres, et de la reine Marguerite en 1504 pour le quatrième. Le prof. INGRAM se propose de publier le manuscrit soit pour le compte de l'université de Dublin, soit pour celui de la Société des anciens textes anglais.

— Le *British museum* vient d'acquérir une importante collection de manuscrits orientaux composée de 138 volumes, contenant des commentaires arabes de la bible, des textes liturgiques, grammaticaux, lexicographiques, philosophiques, etc. Quelques-uns de ces manuscrits sont de la plus haute importance et se rangent parmi les plus anciens connus jusqu'ici.

— L'*Archeologia* contient dans son volume XLVII le texte d'un manuscrit écrit à Cypre en 1216 par le moine Neophytus et qui a pour titre : τυπικὴ διαθήκη, ce manuscrit contient des règles sur la vie monastique et de nombreuses allusions au gouvernement tyrannique des Lusignans, établi par Richard Cœur de Lion. Neophytus se plaint de l'oppression latine et des exactions de ceux qu'il qualifie de ἀσυμπαθοὶ φορολογοί. Ce Neophytus est l'auteur de deux manuscrits de la bibliothèque nationale : l'un, encore inédit, qui contient des sermons, l'autre, qui a pour titre : Malheurs de Cypre (περὶ τῶν κατὰ Κυπρὸν σκαιῶν) publié par Coteler dans le tome II des *Ecclesiae graecae monumenta*.

— Dans le dernier programme du Gymnase de Dordrecht, le Dʳ WARREN a publié une comparaison entre Alceste et l'héroïne indienne Sâvitrî, et quelques notes curieuses sur l'origine du mot *Stipulare* et du bris d'un fétu comme confirmation d'un contrat. Cette coutume existait chez les Romains et chez les Germains et nous en trouvons des traces en allemand et en français dans ces expressions : « mit Halm und Munde, mit Hand und Halm, rompre le fétu. » Le Dʳ WARREN a trouvé des traces de la même coutume dans l'Inde.

— Le premier numéro d'un journal trimestriel de philologie va paraître bientôt, il a pour titre : *Arkiv. for Nordisk Filologi*; il sera publié à Christiania par les principaux philologues scandinaves et allemands. On y acceptera des articles relatifs aux langues du Nord écrits en anglais, en allemand et en scandinave.

— Schalich-Effendi, nommé directeur des bibliothèques de Constantinople, a commencé un catalogue des manuscrits et des imprimés. Il a découvert entre autres un manuscrit d'*Anecdota* copié probablement à Alexandrie sur un des manuscrits brûlés dans l'incendie de la bibliothèque.

— M. BIEDERMANN confirme dans le *Monasthefe* de Westermann le bruit qui avait couru de la découverte à la Bibliothèque royale de Hanovre de plusieurs cartons contenant des lettres de Leibniz à plusieurs savants, et d'autres papiers intéressants.

— La Société historique de Neufchâtel a tenu à Courcelles son assemblée annuelle. Le président, M. BACHELIN, a lu une étude sur la chronique des chanoines de Neufchâtel qui contient d'importants matériaux pour l'histoire de la guerre de Bourgogne. Le manuscrit original a été brûlé en 1714, mais il existe une copie de Fréderic de Rougemont. La Société, à la requête de M. BACHELIN, a résolu d'imprimer cette copie. L'histoire de la guerre de Bourgogne, a été écrite dans la chronique par Hugues de Pierre, avec l'assistance d'Henry Purryde Rivé et de Jacques Hory, tous témoins oculaires.

— Un correspondant de l'*Academy* (29 juillet) fait remarquer que le nom de Bérose ΒΗΡΩΣΣΟΣ a un étrange ressemblance avec le mot בראשית qui commence la Genèse, et que ce Bérose dont on ignore l'histoire pourrait bien être un personnage imaginaire, quelque chose comme un nommé *Genèse*. La phrase grecque Βηρῶσσος δὲ ἐν τῇ πρώτῃ τῶν Βαβυλωνιακῶν (Cory, p. 21), pourrait avoir pour équivalent celle-ci : Genesis in primo libro etc.

— Un habitant de Saint-Vincent-sur-Graon (Vendée) vient de découvrir aux environs de ce bourg un sou d'or de Louis le Débonnaire. En voici la description : Buste lauré de l'empereur, tourné à droite D. N. HLODOIVICVS IMP. AVG. — Revers : couronne de lauriers au milieu de laquelle est une croix pattée : MVNVS DIVINVM. Le poids est d'un peu plus de cinq grammes. Le sou de Louis le Débonnaire est une des plus grandes raretés de la numistique. C'est une pièce de ce genre qui fut dérobée à Peiresc et dont la soustraction lui fut si sensible, comme Gassendi nous l'apprend dans la vie de ce célèbre amateur, De Blanc dit avoir vu une de ses lettres où il paraissait aussi affligé de cette perte que s'il eût perdu la moitié de sa fortune.

— M. SCHLIEMANN prétend avoir découvert dans ses fouilles pratiquées sur les ruines de Troie le fameux palais de Pâris, décrit dans le livre VI de l'Iliade. Ce palais comprenait un assemblage de plusieurs édifices dont deux ont été mis au jour par M. Schliemann. Ce seraient deux temples construits en briques peu cuites séparés par un simple parvis. Un de ces temples renferme encore la base d'un soubassement rond de quatre mètres de diamètre, sur lequel se trouvait, dans l'origine, la statue vénérée dans ce temple. M. Schliemann a donné connaissance du résultat de ses recherches dans la séance d'ouverture du congrès anthropologique de Francfort.

— La librairie TAUCHNITZ de Leipsig vient de publier une nouvelle édition en deux volumes du *Corpus juris canonici*, par le Dr FRIEDBERG, professeur de droit canon à Leipsig. Le texte est basé sur celui de Richter, mais l'éditeur a consulté tous les manuscrits connus, quelques-uns pour la première fois, et a ajouté un *apparatus criticus*.

— Le PROF. DE LAGARDE a inséré dans les *Nachrichten* de la Société royale des sciences de Gottingue une note sur l'origine de l'*x* pour désigner la quantité inconnue dans une équation. Les mathématiciens italiens emploient le mot *cosa* ou *res* traduction de l'arabe *sai* qui veut dire *chose*. Les arabes emploient l'initiale *s* qui, dans une transcription espagnole est toujours rendu par *x*. Remontant plus haut on trouve que le mathématicien grec Diophantos se sert du mot ἀριθμός pour désigner une quantité inconnue dans une équation. Puis, par abréviation, la lettre *s* accentuée fut usitée. Encore aujourd'hui les mots δύναμις et κύβος, pour désigner le carré et le cube de cette quantité inconnue, sont adoptés par les arabes. Dès lors il n'est pas improbable qu'ils aient adopté l's accentué qu'ils ont ensuite appelé *sai*, mot qui, en arabe, veut dire *chose*.

— Le numéro I du tome III du *Journal of Hellenic studies* contient plusieurs articles importants. Le plus considérable est celui de M. RAMSAY; il a pour titre : Etudes sur l'Asie Mineure. C'est un rapport sur sa mission en Phrygie. L'auteur étudie des fragments de sculpture antique : des lions qui rappellent ceux de Mycènes, une statue archaïque de Cybèle et émet quelques idées sur l'ancienne civilisation phrygienne. Les autres articles sont de M. MAHAFFY : sur le site et l'antiquité de l'Ilion Hellénique ; de M. Smith sur l'Hermes de Praxitèle, de M. WALDSTEIN sur une statuette en bronze du Louvre. L'épigraphie est représentée par trois articles : un du prof. Comparetti sur les mystères orphiques au troisième siècle avant J.-C. ; le second de M. RAMSAY sur des inscriptions phrygiennes de l'époque impériale, le troisième, de M. HICKS, est un commentaire de quelques passages de Theophraste par l'épigraphie. La littérature proprement dite n'est représentée que par une étude de

M. JEBB sur Pindare. M. Jebb étudie les relations politiques de Pindare, ses idées sur la religion et la morale, son procédé poétique. Il montre que son style tient le milieu entre celui de Pindare et celui des auteurs dramatiques d'Athènes. Il termine par quelques pages où il établit les relations qui existent entre Pindare et la sculpture contemporaine.

SOCIÉTÉ NATIONALE DES ANTIQUAIRES DE FRANCE — Présidence de M. G. DUPLESSIS, vice président. — *Séance du 6 Septembre.* — M. le Ministre de la Guerre, en réponse à une lettre du président, informe la Société que la porte de Lille à Valencienne n'est pas actuellement menacée, mais que la courtine intérieure doit être seule démolie, et les fossés remplis par mesure hygiénique. M. Courajod remet sur le bureau un exemplaire du catalogue de la collection Timbal recemment acquise par le Musée du Louvre, et, depuis la veille, exposée dans les galeries. Il lit ensuite un travail sur les objets d'art recueillis par Alexandre Lenoir et dispersés un peu partout. Il signale particulièrement à l'attention un lion en marbre devant accompagner la statue de l'amiral Chabot, exposé depuis de longues années dans une cour de l'école des Beaux-Arts et émet le vœu que cette figure vienne retrouver le monument qu'elle accompagnait primitivement.

ACADÉMIE DES INSCRIPTIONS ET BELLES-LETTRES. — *Séance du 4 août.* — Le maire de Boulogne envoie à l'Académie un exemplaire de la médaille commémorative de l'érection de la statue d'Auguste Mariette. — Le prince S. Abamelek-Lazarew envoie des photographies et une copie de l'inscription dont il avait déjà adressé l'estampage à l'Académie. M. WADDINGTON dit qu'il sera bientôt prêt à faire son rapport sur ces différents envois. — Le prix Duchalais est décerné à M. STANLEY LANE POOLE pour son volume intitulé : *The coins of the Moors of Africa and Spain.* — M. HEUSEY, absent en ce moment, envoie, par lettre, une communication sur les monuments chaldéens de la collection Sarzec. En enlevant les efflorescences calcaires qui recouvraient un petit monument très ancien, M. HEUSEY a lu le nom d'un souverain qualifié, non *patesi* (gouverneur) comme sur les inscriptions déjà connues, mais, *roi* de Sirtella. Il a rencontré la même mention sur d'autres monuments analogues, et a relevé ainsi les noms de quatre rois de Sirtella dont deux sont accompagnés d'indications généalogiques. De là il faut conclure que, à une époque très ancienne et bien antérieure à celle de l'inscription du *patesi.* Sartella formait un royaume indépendant, gouverné par ses rois. M. HEUSEY a trouvé aussi des noms de gouverneurs plus récents que les rois, mais plus anciens que Goudea. L. Heusey se réserve de développer cette communication. — M. EGGER fait ressortir l'intérêt d'une inscription funéraire contenant une liste de soldats Athéniens tués par l'ennemi pendant les trente ou quarante années qui précédèrent la guerre du Péloponèse et publiée dans le dernier fascicule de l'Aθήναιον par M. Koumanoudis. Il faut remarquer dans ce texte : les formules archaïques, surtout dans les deux distiques qui terminent l'inscription, des surnoms de citoyens athéniens formés du nom d'une ville prise ou d'un pays conquis, comme Africanus, Asiaticus chez les Romains, enfin une nouvelle preuve de l'usage de faire vivre sur le marbre les noms des guerriers morts pour la patrie, tandis que les oraisons funèbres avaient un caractère général et ne contenaient pas de noms propres. — M. WEIL lit, en seconde lecture, son mémoire sur un fragment de manuscrit des oiseaux d'Aristophane. — *Séance du 11 août.* — M. HUSSENET, médecin aide-major en ce moment dans l'île de Djerba (Tunisie), écrit à l'Académie que le lieutenant Le Hello ayant fait faire des fouilles par un détachement du 78e de ligne, a trouvé un tombeau chrétien portant la croix latine, le monogramme du Christ entre les deux lettres A et Ω, les formules *in pace* et *in mundo,* et le nom de la défunte *Egnatia.* Le gentilicium Egnatius a été celui d'une des plus illustres familles de Rome. — M. BERGAIGNE achève la lecture de son rapport sur les inscriptions envoyées par M. Aymonier qu'il a étudiées avec MM. Sénart et Barthe. M. Aymonier a envoyé une vingtaine d'inscriptions, toutes en vers sanscrits, dont la totalité dépasse 1500 ; elles sont inédites, sauf une. Quelques-unes contiennent plusieurs lignes de vieux cambodgien. Leur importance historique est considérable. La plus ancienne, trouvée à Hancey, n'est pas datée; ses caractères ressemblent à ceux des plus anciens textes lapidaires du Dekhan. La plus ancienne inscription datée (589 de l'ère çaka = 667 après J.-C.) donne les noms de cinq rois qui se sont succédé sans interruption; suit une lacune de deux siècles, après laquelle les inscriptions permettent de dresser la liste des rois du Combodje jusqu'au xɪᵉ siècle de notre ère. — M. DIEULAFOY, chargé d'une mission en Perse, pour étudier les monuments achéménides et sassanides, fait une communication à l'Académie sur ses travaux : Il a visité !e Fars et a pénétré dans la Susiane. M. Dieulafoy décrit deux monuments construits sous le règne de Cyrus, dans la plaine du Polvar-Roud, au nord de Persépolis, à l'emplacement occupé aujourd'hui par les villages de Meched-Mouzzad et de Madère-Soleïman. L'un forme un grand soubassement en pierres colossales qui rappelle les monuments archaïques de la Grèce. Ce monument est resté inachevé ; l'autre est une tour carrée en pierre, imitant les tombeaux lyciens. L'explorateur pense que la tour est le tombeau de Cambyse, père de Cyrus. Il croit que les travaux du premier monument furent interrompus au temps de Cyrus. Les ruines sont sur l'emplacement du champ de bataille où Cyrus vainquit les troupes d'Astyage et où périt Cambyse, père de Cyrus. On a eu tort d'identifier la plaine de Polvar-Roud avec Pasargade.   H. THÉDENAT.

PUBLICATIONS DE LA QUINZAINE. — A. SCHOLZ. Commentar zum Buche d. Propheten Hoseas. Wursburg; Woerl. 4. M.— E. DAVID. Dialecti laconicae monumenta epigraphica. Konigsberg. Hartung. 1. M. — O. RIBBECK, Alazon, Ein Beitrag zur antiken ethologie und kentniss der griechish-romischen tragoedie. Leipzig : Teubner. 4 M. 40 pf. — M. RING. Atlateinische studien. Pressburg; Steiner. 4 M.—H. PRAETZ. Kritischer commentar zu den Psalmen, nebst. Text. und Uebersetzung. 1. Bd. Breslau; Schottlaender 12 M. — F. LOOFS. Antiquae Britonum Scotorumque ecclesiae quales fuerint mores, quae ratio credendi et vivendi, quae controversiae cum Romana ecclesia causa atque vis quaesivit F. L. Leipsig : Fock. 4 M. — A. LANGEN. Die Heeresverpflegung im letzten Iahrhundert der Republik. 3. Tl. Brieg : Baüder. 1 M. — E. LEUPOLD. Berthold v. Buchegg. Bischof v. Strassburg. Ein Beitrag zur Geschichte d. Elsass u. d. Reichs in 14 Iahrh. Strassburg : Trübner. 4 M. 50 pf. — — J. V. PFLUCH-HARTUNG. Die urkunden der papstlichen Kanzleï vom 10 bis 13 Iahrh. München : Ackermann. 3 M. — Preussen und die Katolische Kirche seit 1640. Nach den acten d. Geheimen Staatsarchives V. M. Dehmann. 3. Thl. 1747-57. Leipsig : Hirzel. 16 M. — S. EPHRAEM. Hymni et sermones edidit Lamy. t. I. Malines : Dessains, 20 fr.—C. CANTU. Alessandro Manzoni. Bologne : Fratelli Treves, 3 fr. 50. — P. BALAN. Storia della chiesa catholica d'all anno 1846 sino ai nostri giorni. Turin : Marietti, 16 fr.— C. PUINI. Saggi di storia della religione : Florence. Le Monnier, 4 fr. — Monumenta Hungariae historica. Scriptores, vol. 31. Leipsig : Brockhaus 4 M — C. TIVARONI. Storia critica della Rivoluzione francese. Milan : Rechiedei, 10 fr. — DE VIT. Lexici Forcelliniani pars II sive onomasticon totius latinitatis. Distr. 29. Leipsig. Brockhaus. 2 M. 50 pf. — A WEINHOLD. Questiones Horatianae. Grimma. Gensel. 1 M. — ÉMILE WORMS. Rudiments de l'économie politique, à l'usage de l'enseignement secondaire, un vol. in-18, Paris: Maresq aîné, 3 fr. — H. D'IDEVILLE. Le maréchal Bugeaud, d'après sa correspondance intime et des documents inédits, tome II, in-8°, Paris: Firmin-Didot, 10 fr. — Théâtre de Molière, tome III. Paris : librairie des bibliophiles, in-16, 3 fr. — PAUL PERRET. Les Pyrénées françaises. Le pays basque et la basse Navarre, in-8°, Paris, Oudin, 12 fr. — ALPHONSE GAUTHIER. — Études sur la liste civile en France, in-8°, Paris: Ilon, 6 fr. — L. LAROMBIERE. Les Géorgiques de Virgile, traduction en vers, in-8°, Paris : Pedone-Lauriel, 5 fr. — E. GLASSON. Histoire du droit et des institutions politiques civiles et judiciaires de l'Angleterre, tome IV, in-8°, Paris : Pédone-Lauriel, 8 fr.—J. MAREE. De l'administration départementale, des conseils généraux, in-8°, Paris : Maresq aîné, 6 fr. — DE BACOURT. Souvenirs d'un diplomate. Lettres intimes sur l'Amérique, in-18, Paris : Calmann-Levy, 3 fr. 50.

Le Gérant : E. THORIN.

BULLETIN CRITIQUE

DE LITTÉRATURE, D'HISTOIRE ET DE THÉOLOGIE

50. — Les Sacerdoces Athéniens par Jules Martha, ancien membre des écoles françaises de Rome et d'Athènes, maître des conférences à la Faculté des lettres de Montpellier. In-8°, VIII-184 pages. Paris, E. Thorin, 1881.

La plupart des travaux écrits sur les antiquités grecques ou romaines jusqu'à la seconde moitié de ce siècle pèchent par le défaut suivant. Pour les savants qui ont étudié les institutions anciennes il semble que le temps et l'espace n'existaient pas autrefois. Etudient-ils l'armée romaine ? ils confondent en un même ensemble les institutions contemporaines de Polybe et celles de l'époque impériale. Décrivent-ils l'organisation des sacerdoces helléniques, ils passent d'Athènes à Lacédémone, de Delphes à Corinthe, etc. La vraie méthode n'est pas dans cette confusion ; elle est au contraire dans la séparation des temps et des lieux. M. Martha s'est inspiré de cette idée dans le travail qu'il nous donne sur les *Sacerdoces Athéniens.* Laissant de côté les institutions religieuses du reste de la Grèce, il s'applique à recueillir, à classer les renseignements que nous avons sur les prêtres à Athènes de façon à présenter un ensemble aussi exact que possible. Aux textes trop rares d'auteurs classiques dont s'étaient servi ceux qui avaient étudié la question avant lui, se sont ajoutées de nombreuses inscriptions. Ces inscriptions éclairées par les scolies, les lexiques, etc.; ont agrandi considérablement le cercle de nos connaissances et permis à l'auteur de tracer un tableau à peu près achevé.

Le livre se divise de la façon suivante : Caractères généraux du sacerdoce chez les Grecs. — Nombre et classement des sacerdoces athéniens. — Choix des prêtres. — Fonctions des prêtres. — Droits et privilèges, responsabilité des prêtres. Voici, sur ces divers points, les principaux résultats des recherches de M. Martha.

Les prêtres athéniens portent le nom d'ἱερεῖς ; ils accomplissent les actes sacrés. Bien différents de ce que sont pour nous les prêtres, ils n'enseignent point de dogme, car pour eux la foi et les œuvres ne vont pas nécessairement de concert. Les croyances des Grecs sont livrées à une perpétuelle instabilité, tandis que par contre les pratiques religieuses restent immuables(1). Il faut ajouter très compliquées. Les dieux, avides des biens de la terre, n'accordent leur faveur qu'à ceux qui sont généreux dans leurs offrandes. Encore faut-il qu'ils ne commettent point d'erreur dans leurs dons ? Tel dieu préfère les victimes noires, et tel autre les victimes blanches, celui-ci le porc, celui-là la chèvre. Faute de savoir discerner la victime favorablement accueillie, on peut commettre une faute irréparable et s'attirer la colère du dieu en place de sa bienveillance. Seul le prêtre qui connaît les goûts de la divinité qu'il sert, peut mettre le fidèle à l'abri de tels mécomptes. Cette complication même de rites amène nécessairement une autre conséquence, c'est que le prêtre est attaché à un sanctuaire déterminé. On n'est pas prêtre en général, on est prêtre de telle divinité, de tel sanctuaire particulier. Il faut aller jusque là ; car le Zeus d'une ville n'est pas le Zeus de la ville voisine ; à Athènes même le *Zeus Soter* n'est pas la même divinité que le *Zeus Polieus*.

Gardien du temple, le prêtre est en même temps magistrat de la cité. Platon (2) et Aristote (3) le comptent parmi les officiers publics. C'est que, chez les anciens, la religion et la cité sont inséparables. La distinction du principe civil et du principe religieux est chose toute moderne que les Grecs ne connaissaient pas, et qu'ils étaient incapables de comprendre. A l'origine, un seul magistrat, le βασιλεύς, exerçait à la fois toutes les fonctions de l'autorité souveraine ; plus tard, lorsque cette autorité fut démembrée, les prêtres remplirent les fonctions liturgiques du souverain comme les Stratèges ses fonctions militaires, ou les Héliastes ses fonctions judiciaires. Comme eux, ils furent soumis aux lois de la cité. Comme eux ils durent rendre compte de leur gestion.

Les sacerdoces athéniens étaient très nombreux, car les sanctuaires couvraient l'acropole, le versant méridional de la colline, les abords de l'Agora, les rives de l'Ilissus, la route sacrée d'Eleusis, sans compter ceux qui étaient épars dans la ville. Sur la liste que M. Martha donne en appendice de sa thèse, on compte 166 sanctuaires, et nous ne les connaissons pas tous. Il faut tout d'abord distinguer avec soin, parmi ces sanctuaires, ceux qui sont desservis par des sacerdoces patrimoniaux de ceux

(1) Cette idée avait déjà frappé M. Girard, qui l'a exprimée dans sa thèse sur l'*Asclepieion* p. III.
(2) Lois VI, p. 758. E.
(3) Politique, IV, 12, 1-3. (Edit. Didot).

qui ont des prêtres annuels et appartenant indistinctement à toutes les familles de la cité. Ainsi les sacerdoces d'Eleusis étaient réservés aux Eumolpides, aux Ceryces, aux Lycomides, tandis que parmi les prêtres d'Asclépios nous n'en trouvons pas deux qui aient une origine commune. Les sacerdoces patrimoniaux sont viagers, les sacerdoces ordinaires sont annuels. Enfin nous trouvons des sacerdoces confiés à des femmes. Quelle est l'origine de ces différences? Elle est tout entière dans la formation de la cité antique telle que M. Fustel de Coulanges nous l'a exposée (1). La cité athénienne s'est formée par le groupement d'un certain nombre de familles ou γένη. Chacun de ces γένη avait son culte domestique, et si la divinité protectrice du plus important d'entre eux, le γένος des Cécropides, fut élevée au rang de déesse suprême et de patronne de la cité, les dieux des autres γένη obtinrent eux aussi le rang de divinités nationales. Toutefois ils n'en restèrent pas moins les divinités propres du γένος qui leur était consacré. Elles avaient choisi telles familles pour être gardiennes de leurs sanctuaires, qui donc oserait aller à l'encontre des volontés divines, et substituer d'autres prêtres à ceux que les dieux ont choisis ? Au reste, ces familles privilégiées ne formaient point une caste spéciale dans la nation. En tout, elles étaient soumises aux lois, devaient obéir aux décrets du conseil et du peuple, rendre compte de leur gestion et subir au besoin les conséquences d'un jugement et d'une condamnation. C'est de même le respect de la volonté des dieux qui avait fait confier à des femmes la garde de certains sanctuaires. Plutôt que de désobéir aux dieux, les Athéniens avaient mieux aimé modifier leurs lois civiles, affranchir pour un temps de la tutelle, et donner la plénitude des droits civils aux femmes qui étaient chargées de ces sacerdoces.

Les Athéniens n'excluaient pas rigoureusement l'étranger de leurs sanctuaires, mais leur tolérance n'allait pas jusqu'à lui permettre l'accès aux sacerdoces. Ni métèques (habitants non citoyens), ni étrangers n'y pouvaient prétendre ; il faut encore exclure, les citoyens frappés d'atimie, c'est-à-dire de dégradation civile, et même les citoyens qui devaient leur titre à un décret du peuple, sans le tenir de leur naissance. Y avait-il un âge légal pour être admis aux sacerdoces? Les textes sont muets sur ce point. Le célibat n'était exigé que des prêtres de certains sanctuaires. Il n'était non plus besoin d'une longue préparation liturgique ; les rites étaient aisés à apprendre et le prêtre était vite au courant. Le mode de nomination était le tirage au sort, sans doute après un choix préalable des candidats. Seuls, les sacerdoces patrimoniaux se recrutaient par des procédés particuliers à chacun d'eux, et con-

---

(1) *Cité antique* (7e édition), p. 146 et suiv.

formes aux traditions de la famille. Soumis à une *dokimasie* (1) préalable, les prêtres l'étaient aussi au serment « ce lien de la démocratie », dit l'orateur Lycurgue. Il semble aussi qu'à leur entrée en charge ils devaient payer une sorte de droit à la divinité (ἀπαρχαί) dont on trouve des traces dans les inscriptions (2).

Les fonctions du prêtre étaient très diverses, par la raison fort simple que les cultes avaient chacun leurs traditions propres, on peut toutefois faire entre ces diverses fonctions une sorte de classement. M. Martha les range de la façon suivante : 1° les fonctions *diaconales*, c'est-à-dire le soin et l'ornement de la divinité et du temple ; 2° les fonctions *liturgiques*, c'est-à-dire l'immolation des victimes et la récitation des formules de prières; les fonctions *administratives*, c'est-à-dire la garde, l'entretien et la gestion des biens qui appartiennent à la divinité.

Les fonctions *diaconales* étaient plus importantes qu'on le croit souvent. « Pour les anciens, remarque M. Martha, la statue n'était pas une image inanimée. Ils croyaient que la divinité elle-même vivait enfermée sous cette enveloppe de bois, de pierre ou de métal. » Telle était en particulier l'idée qu'ils se faisaient des ξόανα, grossières images de bois que possédaient les sanctuaires les plus vénérés, les unes tombées du ciel, les autres échouées miraculeusement sur le rivage. Le ξόανον faisait des miracles; aussi le traitait-on comme une personne vivante, on lui mettait de riches habillements, des bijoux, on le baignait, on le frottait d'huile, on lui servait des repas sacrés. Tous ces services s'exprimaient en grec par deux mots θεραπεύειν et κοσμεῖν. Souvent le prêtre avait des aides pour ce labeur fort compliqué. Ainsi la prêtresse d'Athena Polias était assistée de quatre petites filles choisies parmi les enfants des plus nobles familles.

Il est bien évident toutefois que là n'était pas le plus important. Le prêtre était avant tout sacrificateur; or, on sait quelle place le sacrifice tenait dans la vie des anciens. Il n'était pas de circonstance grande ou petite, d'accident ou de bonheur qui ne fût l'occasion d'un sacrifice. Les corporations avaient leurs usages et leurs sacrifices comme les particuliers, et la cité n'en était guère moins prodigue. Tantôt elle obéissait aux traditions (πάτριοι θυσίαι), tantôt elle instituait des sacrifices par un décret spécial (κατὰ ψηφίσματα), soit spontanément, soit sur la demande de quelque devin, interprète d'un oracle. Le prêtre jouait naturellement le rôle le plus important dans tous ces sacrifices.

Le sacrifice, selon l'idée ancienne, est un repas que l'homme partage

(1) Examen des titres des candidats aux diverses fonctions et magistratures.

(2) Voir en particulier : Ἐπιγραφαὶ ἀνέκδοτοι, fasc. III. Athènes 1855.

avec la divinité. L'autel est une table, les aliments sont le vin, le miel, l'orge, le sang et les chairs de la victime. La divinité se nourrit de la fumée qui monte jusqu'à elle quand la victime est consumée, l'homme recueille le reste, et, entouré des siens, achève la cérémonie sacrée du festin. Il y a donc dans tout sacrifice deux actes, 1° l'acte du repas avec ses préparatifs ; 2° l'acte de l'oblation par lequel l'homme communie avec la divinité. Dans quelle mesure le prêtre prenait-il part à l'un et à l'autre de ces deux actes, telle est la question que M. Martha traite dans le chapitre VI, un des plus importants de l'ouvrage.

M. Martha décrit en détail (p. 66 et suiv.) les préparatifs que les particuliers avaient à faire pour les sacrifices ; ils avaient à se procurer le bois, le vin, la victime, l'encens. Puis ils se rendaient processionnellement au temple. Là seulement commençait le rôle du prêtre qui examinait la victime, et disposait tout pour l'oblation. Le repas qui suivait le sacrifice et avait lieu à la maison des suppliants était aussi en dehors de l'action du prêtre. De même pour les sacrifices offerts par la cité, c'étaient les magistrats ou une commission spéciale qui s'occupait des préparatifs du sacrifice et non les prêtres. La fonction propre du prêtre est désignée en grec par le mot θύειν, c'est l'oblation. Cette oblation se compose de deux actes, la θυσία proprement dite, ou immolation de la victime, et la prière qui l'accompagne (εὐχή). Ces deux actes sont inséparables. Les vases peints (1) les textes (2) nous représentent le prêtre égorgeant sa victime. Il est probable que le prêtre donnait seulement le coup mortel, laissant à d'autres le soin de terminer l'opération. Parfois même il se contentait de vouer la victime, la faisant égorger par un aide. Quant à la prière, l'intervention du prêtre était nécessaire, car il importait de ne pas se tromper d'un mot dans la récitation de la formule sous peine d'indisposer le Dieu. Il fallait donc que le prêtre fût là pour dicter mot à mot cette formule.

Le prêtre était en dernier lieu l'intendant de la divinité dont il desservait le sanctuaire. Il avait la police du temple et de ses abords, il veillait à l'entretien régulier des bâtiments sacrés. Il était pour cela aidé des ζάχοροι, sorte de sacristains qui devinrent par la suite dans certains sanctuaires des personnages importants (3). Lorsque les réparations à faire au temple devenaient plus importantes ou qu'il y avait à faire des constructions nouvelles, le prêtre n'avait plus une autorité suffisante. On nommait une commission spéciale d'ἐπιμεληταί ou d'ἐπιστάται chargée de la construction. Tout porte à croire que le prêtre était de droit membre

(1) Monumenti inediti dell' Instituto, 1860, pl. **XXXVII**.
(2) Lucien. *Sur les sacrifices*, 13.
(3) M. Girard l'a démontré pour l'Asclepieion. Voir *Bul. crit.*, tome III, p. 42.

de cette commission, et M. Martha a raison de le supposer ; toujours est-il qu'il n'est point fait mention de lui dans les inscriptions. D'autre part l'entretien du matériel ordinaire appartenant à la divinité, était son occupation journalière. Il répondait de lui, le recevait avec un inventaire et devait également le rendre inventorié. Pour les objets précieux, il n'en était pas de même, ils étaient confiés à une commision spéciale de trésoriers des dieux. La raison en est, l'auteur le remarque avec justesse, que ces trésors n'étaient pas dispersés dans les divers temples, mais réunis à l'Acropole, dans l'Opisthodome du Parthénon, avec les autres trésors de la cité. Ce n'était donc point une mesure de défiance contre les prêtres. Aussi lorsque vers la fin du quatrième siècle les trésors furent répartis dans les divers temples, le prêtre de chaque temple devint le gardien du trésor de son dieu. Ces trésors étaient nombreux et souvent encombrants, aussi de temps à autre opérait-on une refonte des objets trop volumineux. Dans cette opération, c'est le prêtre qui joue le rôle important. Il se présente devant le conseil et fait un rapport sur la nécessité d'une mise au rebut, d'une réparation, ou d'une transformation des objets métalliques par une refonte. Si son rapport est approuvé, une loi, votée selon les formes ordinaires, institue une commission. Plusieurs membres en font partie de droit : le prêtre, le stratège ἐπὶ τὴν παρασκευήν (1), enfin l'architecte pour les choses sacrées. Les autres membres étaient nommés à l'élection (2). Le prêtre, par contre, n'avait pas l'administration des revenus sacrés. Eschine nous l'apprend dans son discours contre Ctésiphon (3). C'étaient des fonctionnaires spéciaux appelés *hiéropes*. Cette gestion devait être pour eux une occupation considérable. Les temples, en effet, non seulement recevaient de nombreuses offrandes, mais encore étaient des banques de dépôts et de prêts. Ajoutez à cela la surveillance des propriétés immobilières du dieu, et la nécessité de faire rentrer exactement les fermages.

Quels étaient en échange de ces occupations multiples les droits et privilèges des prêtres ? Le sacerdoce antique, dit M. Martha, était souvent une sorte de bénéfice dont le titulaire avait les revenus en même temps que les charges [p. 115]. Le prêtre habitait, le plus souvent, dans l'enceinte du temple. C'était comme un principe que le prêtre était inséparable du sanctuaire. Il touchait, de plus, certains droits. Un usage qu'on retrouve partout dans l'antiquité, attribuait aux ministres du culte, une part de la chair et des dépouilles de la victime immolée

(1) Magistrat inconnu avant le troisième siècle et dont les fonctions sont encore ignorées.
(2) Le lecteur trouvera, p. 108 et suiv., le détail des opérations de la commission.
(3) Esch. *Contre Ct.* 18.

[p. 120]. Les poètes comiques sont remplis d'allusions à ces revenus, mais ils étaient peu de chose comparés à la vénération dont étaient entourés les ministres du culte. En toute circonstance solennelle, les prêtres faisaient partie de ce qu'on pourrait appeler le cortège officiel. En tout ils étaient assimilés aux premiers magistrats de la cité. Au reste, les magistrats les plus honorés n'étaient-ils pas ceux dont la dignité était surtout religieuse ? De plus, les dieux protégeaient eux-mêmes leurs prêtres, ce qui ajoutait au respect qu'on avait pour eux. Pour ce qui est du costume, les prêtres semblent avoir revêtu de préférence des vêtements de couleur blanche. Peut-être aussi les prêtres athéniens portaient-ils des couronnes et avaient-ils la chevelure longue, mais aucun texte ne permet de l'affirmer.

La considération dont les prêtres étaient entourés ne pouvait toutefois les soustraire à l'obligation de rendre des comptes, ils devaient prouver qu'ils n'avaient manqué en rien aux devoirs de leur charge et qu'en toutes choses ils avaient observé les décrets et les lois. A une époque de l'année que nous ne connaissons pas, le prêtre, vêtu de blanc et la tête couronnée, se présentait au Conseil des cinq cents. Il faisait un rapport sur la manière dont il avait géré son sacerdoce, il ajoutait que tous les sacrifices accomplis pour le bien public s'étaient terminés heureusement, qu'ils étaient d'un augure favorable et qu'on pouvait s'attendre à de grands biens dans l'avenir. Si le rapport était approuvé, un décret, rendu selon les règles ordinaires, c'est-à-dire par le sénat et le peuple, déchargeait le prêtre ; sinon, de l'assemblée l'affaire passait au tribunal, le prêtre était jugé et parfois condamné.

En résumé, les prêtres athéniens, à vie ou annuels, étaient des magistrats qui exerçaient leurs fonctions au nom du peuple. Ils ne formaient, ni de près ni de loin, ce que nous appelons un clergé. Ils n'avaient pas même de traditions communes ni une même foi ; car Athènes n'avait pas une religion, mais une série de cultes différents. Ils n'étaient pas collègues, puisqu'ils ne formaient pas un collège de magistrats, et lorsqu'une occasion, une procession par exemple les réunissaient, ils étaient groupés comme magistrats et non comme prêtres. A plus forte raison n'y avait-il entre eux aucune hiérarchie. Leur importance venait du plus ou moins d'honneurs rendus à telle ou telle divinité, mais chacun des prêtres n'avait au-dessus de lui qu'une seule autorité à laquelle il dût rendre compte de sa conduite : le peuple athénien.

Nous avons essayé d'exposer aussi complètement que possible aux lecteurs du *Bulletin critique*, l'ensemble des faits étudiés par M. Martha. Là, en effet, était le principal de la tâche. L'auteur a fait preuve d'une telle rigueur scientifique dans ses recherches, qu'il laisse peu de prise à la critique. Sans relever quelques passages sujets à discussion (1), nous ne pouvons cependant ne pas regretter que, soit dans l'introduction, soit dans la conclusion, l'auteur n'ait pas montré plus longuement qu'à côté du sacerdoce il y avait en Grèce d'autres éléments religieux de la plus haute importance. Il semblerait, en lisant la thèse de M. Martha, que tout se bornât en Grèce à des boucheries d'animaux et à de pures formules. Il y avait cependant un sentiment religieux profond, mais il était ailleurs que dans le culte et les cérémonies, il était chez les poètes et surtout chez les philosophes. Si, à la page 200, M. Martha dit quelques mots en passant sur le sentiment religieux des Grecs, c'est bien peu. Sans doute, par sa nature même, le livre qu'il a écrit est destiné à une classe de lecteurs qui doit connaître et l'influence Delphique, et les mystères et le rôle religieux des poètes et des philosophes, et celui des associations religieuses de toutes sortes, mais encore, déterminer au milieu de tout cela le rôle du sacerdoce n'eut point été inutile. Le lecteur aurait eu une vue plus claire et une idée plus nette de la situation religieuse de la Grèce. Ceci mis à part, nous ne pouvons que louer M. Martha du travail si consciencieux, si précis et si complet qu'il a donné au public.

E. BEURLIER.

51. — **Études d'épigraphie juridique.** De quelques inscriptions relatives à l'administration de Dioclétien, par Ed. Cuq, ancien membre de l'école française de Rome, professeur à la faculté de droit de Bordeaux, Paris, Thorin, 1881.

On ne reprochera pas à M. Cuq de reculer devant les difficultés ; il traite en effet, dans ce volume, deux des plus obscures questions de l'épigraphie juridique : l'*Examinator per Italiam* et le *Magister sacrarum cognitionum*.

L'*examinator per Italiam* n'est connu que depuis 1856, par l'inscription de C. Cælius Saturninus, trouvée à Rome, dans les fondations du palais Filippani, et conservée aujourd'hui dans le musée de Saint-Jean-de-Latran (rez-de-chaussée, salle 13). Borghesi (2), Henzen (3), le P. Garrucci (4), Mommsen (5) se sont occupés de l'inscription de Saturninus. Henzen ne se prononce pas sur l'*examinator per Italiam* ; Bor-

_____

(1) P. 20, sur l'état civil des prêtresses ; p. 134, note sur l'indépendance des prêtres à l'égard des ordres de l'assemblée. Ces points ont été discutés à la soutenance.

(2) *Nuove memorie dell'Instituto di corrispondenza archeologica*, 1865, p. 294.

(3) *Ibid.*, p. 297.

(4) *Revue archéologique*, t. VI, (1862), p. 39.

(5) *Nuove memorie*, etc., p. 317.

DE LITTÉRATURE, D'HISTOIRE ET DE THÉOLOGIE 209

ghesi pense que ce fonctionnaire peut avoir quelque analogie avec l'*inquisitor Galliarum*, agent financier de l'assemblée des trois provinces des Gaules et du culte provincial de Rome et d'Auguste. Le P. Garrucci et Mommsen ne croient pas à cette analogie; pour ce dernier, la fonction exercée par C. Cælius Saturninus doit plutôt être comparée à celle de l'*exactor auri argenti provinciarum trium* : l'examinator per Italiam aurait été un personnage important, chargé par l'empereur d'une mission extraordinaire concernant les impôts, sans doute de la vérification du métal donné en paiement par les contribuables. Qu'il ne puisse être comparé à l'inquisitor Galliarum, c'est certain (si toutefois on admet l'opinion, controversée (1), il faut l'avouer, qui fait de l'inquisitor Galliarum un fonctionnaire de l'assemblée des trois Gaules), et Mommsen en donne la raison en deux mots : l'examinator exerçait une fonction publique, l'inquisitor, une fonction purement provinciale. M. Cuq le démontre plus longuement, en étudiant, l'une après l'autre, toutes les inscriptions où il est fait mention de l'*inquisitor Galliarum* (2).

Une inscription cependant lui a échappé; trouvée dans les fondations du chœur de l'église de Saint-Quentin, elle a été publiée, pour la première fois, par M. Gomart (3); M. Héron de Villefosse en a donné un texte bien meilleur (4). Dans le cours de sa démonstration, M. Cuq écrit : « On ne peut songer à voir dans l'*inquisitor Galliarum* « un agent extraordinaire de l'empereur. Une mission de ce genre aurait « été confiée, selon l'usage, à un ancien militaire. Or, aucun de nos « quatre *inquisitores* n'est dans ce cas. » C'est vrai, mais l'*inquisitor* mentionné dans l'inscription de Saint-Quentin a été militaire. Nous donnons, d'après M. Héron de Villefosse, la transcription et la lecture de ce texte important.

*n*VM·AVG·Deo·*vol*
KANO·CIVIT·VI*romand*
C·SVICCIVS·LA*tinus*
SAC·ROM·ETAV*g.p.p.*
PRAEF·L·VIII·CV*rator*
CIVITATIS·SVE*ss.in*
QVISITOR·GA*ll.le*
GATVS. . . . . .

[n]um(ini) Aug(usti), d[eo vol]‖kano civit(atis) [Vi[romand(uorum)]‖

(1) Cf. Otto Hirschfeld, *Die Verwaltung der Rheingrenze in den ersten drei Jahrhunderten der römischen Kaiserzeit*, dans les *Comment. in honorem Mommseni*, p. 438.
(2) Pages, 9-18.
(3) *Études Saint-Quentinoises*, t. V, 1874-1878.
(4) *Bulletin de la Société nationale des Antiquaires de France* 1881, p. 119.

G(aius) Suiccius La[tinus], ‖ sac(erdos) Rom(ae) et Au[g(usti), p(rimus), p(ilus),] ‖ præf(ectus) l(egionis) VIII, cu[rator] ‖ civitatis sue[ss(ionum), in] ‖ quisitor Ga[lliarum), le] ‖ gatus.....

Voilà certainement un personnage qui aurait pu recevoir une mission de l'empereur. Cette inscription n'est pas sans affaiblir un peu l'argumentation de M. Cuq, ni sans fortifier celle de M. Otto Hirschsfeld (1), que M. Cuq combat ensuite (2).

Si M. Cuq est d'accord avec M. Mommsen pour réfuter Borghesi, il s'en sépare lorsqu'il s'agit de déterminer les fonctions de l'*examinator per Italiam* (3); la charge de vérificateur des monnaies est beaucoup trop modeste, à son avis, pour un personnage qui avait été, comme C. Cælius Saturninus, *vicarius a consiliis sacris, magister censuum, præfectus annonae*, etc. L'examinator serait, selon lui, un fonctionnaire de l'ordre administratif et judiciaire à la fois, chargé de faire rentrer les *reliqua* de l'impôt, ressemblant fort au *discussor* qui le remplaça plus tard (4).

En 1876, on a trouvé à Aquilée, une inscription dédiée à Q. Axilius Urbicus, qui fut *magister sacrarum cognitionum*. Souvent l'empereur se constituait juge d'une affaire, au civil ou au criminel, ou la faisait juger par un délégué ; le jugement se faisait alors par une *cognitio extraordinaria*. Quand cette manière de rendre la justice eut pris des développements considérables, l'empereur ne suffisant plus à la tâche, se fit aider ; de là, la création, par Claude sans doute, d'un nouveau bureau dans la chancellerie romaine, bureau composé de fonctionnaires *a cognitionibus*, c'est-à-dire chargés d'aider à l'empereur dans l'exercice de la *cognitio*. Ce bureau, composé à l'origine d'esclaves et d'affranchis, le fut plus tard de chevaliers : ce fait n'a rien d'anormal et n'est pas isolé dans l'histoire de l'administration impériale. Je croirai volontiers, avec M. Cuq, que ce changement dans la qualité des personnes, ne préjudicie pas un changement analogue dans la nature de leurs fonctions ; les employés de la cour impériale sont devenus, peu à peu, et par le développement de l'idée monarchique, des fonctionnaires publics ; cela suffit pour expliquer cette transformation.

Jusqu'à la découverte de 1876, on ne connaissait, dans le bureau des *a cognitionibus* que des fonctionnaires ainsi désignés; *a cognitionibus* et *adjutor a cognitionibus*. Suivant M. Cuq, ce dernier serait un employé d'un ordre inférieur; je préférerais y voir le chef du bureau;

(1) *Loc. cit.*
(2) P. 16-18.
(3) P. 32-45
(4) P. 47-74.

mais c'est un détail peu important. Nous avons en plus maintenant un *magister sacrarum cognitionum*. Qu'était ce personnage? Le chef du bureau *a cognitionibus*, sans aucun doute; mais quelles étaient ses fonctions? En vertu du principe émis plus haut, la question revient à ceci : En quoi et de quelle manière le fonctionnaire *a cognitionibus* aidait-il l'empereur dans l'exercice de la *cognitio?*

Ici la question devient des plus obscures. Usant du même procédé que dans la première partie de son travail, M. Cuq expose longuement, en détail, avec les textes et les inscriptions à l'appui, les diverses opinions émises avant son livre, et n'en accepte aucune (1). Le fonctionnaire *a cognitionibus* ne fut, selon lui, ni un greffier du tribunal impérial, à l'origine, ni plus tard un juge suppléant de l'empereur (*vice sacra judicans*), ni un membre du conseil privé; il fut, dit M. Cuq, chargé de l'instruction préalable des causes réservées au tribunal de l'empereur, « quelque chose d'analogue au commissaire enquêteur de notre ancien droit français (2). »

Il me parait difficile d'admettre que l'instruction des affaires, et tout ce que comporte une semblable fonction (interroger l'accusé, entendre les parties), ait été à l'origine, même au beau temps des affranchis, c'est-à-dire sous le principat de Claude, confié à des affranchis ou à des esclaves; en somme, celui qui fait l'enquête et adresse aux juges un rapport sur l'enquête, est presque le juge, et, dans beaucoup de cas, dicte la sentence, ou peu s'en faut. Cette importante situation contrasterait avec celle des autres employés de la chancellerie, *ab epistulis*, *a libellis*, *a memoria*, qui étaient de simples secrétaires. De plus l'hypothèse de M. Cuq, ne me paraît pas établie sur des preuves suffisantes; ces preuves sont, elles-mêmes, de simples hypothèses. Celle-ci entre autres, qui nous paraît être la principale : Sénèque se fait l'interprète d'un reproche adressé à Claude par ses contemporains : l'empereur condamnait les accusés *antequam de causa cognosceret.* » L'innovation de Claude (en établissant le bureau *a cognitionibus*) consista à se décharger sur un de ses secrétaires, du soin de faire l'instruction préalable. C'est là ce qui étonna ses contemporains (3). » Je ne pense pas qu'il faille interpréter ainsi le reproche que Sénèque fait à Claude. Dans un autre endroit, Sénèque revient sur cette accusation :

(1) P. 85-111.
(2) P. 112 et 126.
(3) P. 127.

Deflete virum
Quo non alius
Potuit citius
Discere causas
Una tantum
Parte audita
Saepe et neutra (1).

Comment, avec l'interprétation proposée par M. Cuq, pourrait-on expliquer les mots : *Una tantum parte audita?* Évidemment, dans ces textes, on reproche à Claude sa négligence et non pas un changement dans la procédure.

M. Cuq a un talent d'exposition remarquable; il sait développer avec une merveilleuse clarté les opinions des auteurs qui ont traité les sujets dont il s'occupe ; il en saisit, avec une habileté et une pénétration qui supposent une science étendue, le côté faible et le fait très bien ressortir ; quand il expose ses propres opinions, il a la même clarté, mais il n'entraîne pas la conviction du lecteur ; on sent, dans le livre, une tendance aux paradoxes brillants, qui met un peu en défiance. Somme toute, les conclusions de M. Cuq ne me paraissent être que de très séduisantes hypothèses. Il est bon toutefois d'observer que l'auteur s'est attaqué à des questions pour la solution desquelles, jusqu'à ce jour, l'état de la science n'a guère permis d'établir autre chose que des hypothèses.

Faut-il reprocher à M. Cuq d'avoir fait un volume là où une brochure aurait peut-être suffi ? Je ne m'en sens pas le courage. On est surpris de lire avec un intérêt toujours soutenu, ce volume consacré tout entier à des questions fort arides; on est heureux de trouver, réunies dans les mêmes pages, les opinions des savants de la France et de l'étranger, et toutes les inscriptions qui, de près ou de loin, se rattachent aux questions traitées. Quand même on trouverait les théories épigraphiques de M. Cuq trop hasardées, et j'avoue que c'est mon opinion, on ne pourrait s'empêcher de convenir que les *Études d'épigraphie juridique* forment un volume digne d'être lu, consulté et conservé.

H. THÉDENAT.

---

52. — **Lutte doctrinale entre Mgr de Belzunce, évêque de Marseille, et le jansénisme**, par M. l'abbé Jauffret, du clergé de Marseille. Marseille, in-8° de 271 pages, 3 fr.

La congrégation de l'Oratoire, fondée en Italie par saint Philippe de Néri, introduite en France par le cardinal de Bérulle, dont saint François de Sales disait : « Il est tel que je désirerais être moi-même; » illustrée

(1) *De morte Claudii,* c. XII.

par les saints prêtres qui s'appellent Ch. de Condren, J.-B. Gault, Jean Lejeune, Antoine Yvan et par ceux de ses membres qui moururent martyrs en 1793 ; non moins illustrée encore par les grands noms de Malebranche, de Lelong, de Massillon, de Lamy, de Morin, de Gratry ; approuvée par Paul V, en 1613, comblée à toutes les époques de son histoire des faveurs du Saint-Siège et rétablie canoniquement par Pie IX ; la congrégation de l'Oratoire, restauratrice de la chaire chrétienne, fondatrice des séminaires, des retraites ecclésiastiques, des conférences diocésaines, et par là, réformatrice du clergé séculier ; — la congrégation de l'Oratoire, dont les services à l'Église et spécialement à l'Église de France ne peuvent se compter, a rarement été attaquée, faut-il dire avec autant de légèreté ou avec autant d'injuste passion, qu'elle vient de l'être par M. l'abbé Jauffret, du clergé de Marseille, dans son ouvrage intitulé : *Lutte doctrinale entre Mgr de Belzunce, évêque de Marseille, et le Jansénisme.*

Sous prétexte de défendre la mémoire de Mgr de Belzunce, qui, en vérité, n'en avait pas besoin, M. Jauffret accumule contre l'Oratoire les plus étranges accusations et les moins fondées, comme il est facile de le faire voir.

Nous avons déjà, à plusieurs reprises, été obligé de protester contre de semblables manières d'écrire l'histoire. C'est ici, comme toujours, la même logique de raisonnement : *plusieurs* Oratoriens ont été jansénistes ; donc, *tout* l'Oratoire l'a été. Et voilà comment on se permet de condamner, d'un trait de plume, une congrégation approuvée par l'Église, qui lui a fourni des saints, qui a rendu d'incontestables services et est appelée à en rendre encore.

Quesnel, dix, quinze, vingt ans après avoir été exclu de la Congrégation, retient injustement le titre de prêtre de l'Oratoire : on ne se préoccupe pas de cette mauvaise foi manifeste, et on rend l'Oratoire responsable des écrits de révolte que le sectaire répand partout. Absolument comme si, après la chute de Luther, on s'était mis à qualifier tous les Augustins de protestants ; ou, de nos jours, à cause de la défection du P. Hyacinthe, tous les Carmes de prêtres mariés.

Quesnel est exclu de la Congrégation quand paraît la première édition vraiment infectée des *Réflexions morales*, et on écrit que c'est « sous « le gouvernement du P. de Sainte-Marthe » qu'il publie ce livre, pour ajouter qu'ainsi « *la Congrégation consommait son adhésion au* « *Jansénisme* (1). »

Or veut-on savoir ce que l'Oratoire a fait contre le jansénisme. Il suffit d'ouvrir son histoire, qu'évidemment M. Jauffret n'a jamais lue. L'hérésie n'est pas encore née, que le saint cardinal de Bérulle, le premier, devine

(1) Page 159.

les secrets sentiments de Saint-Cyran et met en garde contre lui son successeur, le P. de Condren. Ce que celui-ci fait pour lutter contre les jansénistes est connu de tous, si ce n'est peut-être de M. Jauffret. Sous le 3ᵉ successeur du P. de Bérulle, Fr. Bourgoing, la Congrégation tout entière signe un formulaire (1) où l'on déclare recevoir la bulle « comme « émanée du souverain juge visible que le Fils de Dieu a établi en terre, « non seulement avec une entière et filiale soumission, mais encore « avec joie et action de grâces..... » De 425 prêtres qui composent alors la Congrégation, à peine 25 refusent leur signature, et encore la plupart d'entre eux se soumettent après explication. Les révoltés sont expulsés.

Senault, le 4ᵉ général, n'est pas moins ferme contre le jansénisme : aussitôt élu, raconte son historien (2), il n'oublia rien « pour fermer au « jansénisme toutes les avenues, et l'empêcher de s'introduire dans la « congrégation. Il ne se contenta pas de faire signer dans toutes les « maisons le formulaire dressé pour ce sujet par l'assemblée du clergé de « France ; il fit encore, dans la première assemblée générale de l'Ora- « toire qu'il tint, un statut, par lequel, tant lui que toute l'assemblée, « disent que pour ne perdre aucune occasion de rendre publiquement « témoignage de leur soumission entière et parfaite, ils déclarent d'un « commun consentement, et au nom de tout le corps qu'ils représentent, « que toute la congrégation de l'Oratoire se soumet sincèrement et de « cœur aux constitutions d'Innocent X et d'Alexandre VII, et à tout ce « qu'elles contiennent, sans rien distinguer ni rien expliquer..... »

Le P. Senault a pour successeur le P. de Sainte-Marthe. L'orthodoxie de ce général ayant été particulièrement attaquée, nous avons publié récemment (3) cent pages de témoignages authentiques en faveur de la pureté de sa foi. Nous y renvoyons les lecteurs et passons à son successeur, le P. de la Tour : celui-ci eut, paraît-il, le malheur un moment de favoriser l'appel. Mais aussitôt il se releva noblement et employa les longues années de son généralat à lutter contre l'hérésie. C'est à lui, on le sait, qu'il faut surtout faire honneur de la soumission de Noailles, qui enleva au parti son plus ferme appui ; c'est encore lui qui, l'année suivante, décida le même Noailles à revoquer son opposition au concile d'Embrun.

Le P. de la Valette, le 7ᵉ général, non seulement continue à faire signer dans l'Oratoire les formulaires de soumission ; mais, à l'exemple de son prédécesseur, il travaille, de concert avec le cardinal de la Rochefoucault, à pacifier les esprits dans l'Église de France.

(1) 29 juillet 1653.
(2) Cloyseault, II, p. 185.
(3) *Le prétendu jansénizme du P. de Sainte-Marthe.* Poussielgue, 1882 ; in-8° de 100 pages.

Le 8ᵉ général, le P. de Muly, le 9ᵉ et dernier avant la Révolution, le P. Moisset, continuent la lutte ; et comme l'on sait, le dernier acte de la Congrégation est, non seulement une protestation énergique contre la profanation sacrilège de l'église de la maison-mère (1), mais une lettre admirable de soumission à l'autorité du vicaire de JÉSUS-CHRIST, dans le sein duquel les derniers Oratoriens déclarent « vouloir rendre le dernier soupir de leur vie, à la source même où ils l'avaient puisée : *Ultimum quasi vitae spiritum unde hausimus exhalare.* »

Enfin, pour finir ce court aperçu, citons les décisions des assemblées générales de l'Oratoire qui, toutes, luttèrent pour maintenir contre les envahissements de l'hérésie l'intégrité de la foi dans la Congrégation.

Mais tout cela est comme non avenu par M. Jauffret. Tout cela il semble l'ignorer. Chose étrange ! on se ferait scrupule d'accuser un particulier, dans une conversation privée, sans avoir quelques preuves contre lui : et l'on n'hésite pas, dans un écrit public, à flétrir, sans l'ombre d'un témoignage sérieux, la réputation d'une congrégation tout entière, qu'on rend solidaire des erreurs de quelques-uns de ses membres qu'elle-même a retranchés de son corps !

M. Jauffret se vante, en terminant, d'avoir traité son sujet avec *respect.* Le respect de la justice l'obligeait à dire que si l'Oratoire a compté dans son sein des jansénistes, ce qu'on peut dire de *tous les ordres religieux* au XVIIᵉ siècle, si on excepte les Jésuites, il lutta toujours pour les expulser, et que toujours le centre, le gouvernement, la masse des membres restèrent soumis à l'autorité de l'Église ; — le respect de la logique lui demandait, de ce que les Oratoriens de Marseille, ceux encore de la Ciotat furent jansénistes (2), à ne pas conclure que toute la Congrégation le fût ; — le respect de la vérité l'obligeait, en citant partout ainsi *le Père* Quesnel, de dire qu'il avait été exclu à temps de la Congrégation ; — enfin le respect de la charité exigeait qu'il n'acceptât pas sans contrôle toutes les assertions des ennemis de l'Oratoire, pour ne discuter, en essayant de les infirmer, que les justifications des Oratoriens.

Nous ne pouvons nous défendre, en terminant cette courte protestation, d'un vif sentiment de tristesse.

N'est-il pas douloureux de voir un prêtre, surtout dans les temps où nous sommes, accueillir et propager aussi légèrement des imputations qui

(1) On l'employa, de force, au sacre des évêques constitutionnels.

(2) Ce qui est encore contestable. Nous aurons bientôt réuni assez de documents pour éclaircir ce point, pour prouver aussi, contre M. Jauffret, le dévouement de nos Pères pendant la peste. Voir déjà le *P. Bougerel*, notice, chapitre II.

atteignent l'honneur d'un corps ecclésiastique approuvé par Rome, utile à l'Église, et qui s'efforce encore de lui rendre service ?

Notre tristesse s'augmente quand nous voyons cette attaque sortir de cette Provence arrosée par les sueurs de nos Pères (1) et par le sang de nos martyrs (2); de ce diocèse de Marseille, de cette ville même où a vécu J.-B. Gault, où son corps repose, de cette ville enfin, où, à peine arrivé, le dernier évêque déclare vouloir reprendre la cause de la béatification de cet illustre Oratorien.   A. INGOLD.

---

53. — Locke. Quelques pensées sur l'Éducation : traduit par COMPAYRÉ ; 1 vol. in-12, XL-360 pages, Hachette, 1882.

A sa sortie du collège de Westminster, Locke avait passé treize années (1652-1665) à l'Université d'Oxford, d'abord comme étudiant, puis en qualité de *senior student*, de lecteur de grec, de lecteur de rhétorique et de censeur de philosophie morale : il avait en même temps, suivant l'usage, guidé dans leurs études plusieurs jeunes gens dont il était le *tuteur*. Ce double apprentissage l'avait initié à la pratique et aux difficultés de la *pédagogie*, et, quand plus tard (1665) le hasard des évènements vint l'arracher à sa vie d'étude pour le lancer dans la diplomatie et la politique, il put mettre au service de ses nombreux amis son expérience et son savoir : il fut même entièrement chargé de l'éducation de lord Shaftesbury, petit-fils de son protecteur. Ses succès lui valurent de nouvelles et nombreuses consultations, et Clarke notamment lui demanda de le diriger dans l'instruction de ses enfants. Locke, que la disgrâce du premier lord Shaftesbury avait entraîné en exil (1682), adressa de Hollande à son illustre ami des lettres familières (1684-1685) où il lui livrait les fruits de ses méditations et de ses observations. Cette correspondance fut soigneusement conservée, et Locke, vivement sollicité de la communiquer au public, se décida à la publier dans sa forme originaire, sous le titre de *Pensées sur l'éducation* (1693).

Ces « pensées que l'occasion a fait naître » ne formaient pas, comme il l'avouait lui-même, « un traité en forme sur le sujet ». C'était seulement une série de vues, souvent neuves pour l'époque, sur l'éducation

---

(1) Plus de mille Oratoriens provençaux travaillèrent sans relâche, pendant 150 ans, dans les 15 maisons que l'Oratoire possédait en Provence.

(2) Il y en eut plusieurs. Déjà, en 1646, le P. Issautier mourut à Toulon, martyr de la charité et de la chasteté (Cloyseault, I, p. 395). — En 1793-94, les PP. Garnier et Eustache furent fusillés, également à Toulon ; le P. Pochet, pendu à Manosque, après qu'on lui eut coupé la langue et fait subir les plus affreux traitements. La même année, le P. Roubiès, de *Marseille*, était fusillé à Lyon.

physique, intellectuelle et morale. Ses connaissances fort étendues en médecine le préparaient fort bien, du reste, à parler doctement (1) de ce qu'on appelle aujourd'hui l'*hygiène*, en même temps que ses longues réflexions philosophiques, son expérience de l'enseignement et ses relations avec les *honnêtes gens* de son temps donnaient du prix à ses remarques sur « les quatre choses que tout gentleman doit souhaiter à son fils : la vertu, la prudence, les bonnes manières et l'instruction ». Aussi ses *Pensées* obtinrent-elles un grand succès : elles eurent de son vivant plusieurs éditions, et, plus tard, Leibnitz, Helvétius et surtout Rousseau ne leur ménagèrent ni les éloges ni les emprunts.

C'est ce petit ouvrage que M. Compayré vient de traduire à nouveau, en suivant le texte publié par M. Hébert Quick en 1880, et en le faisant précéder d'une introduction où il étudie l'historique des *Pensées* et leur portée philosophique et pédagogique. Il a, de plus, éclairci et résumé le texte dans des notes judicieuses, auxquelles je reprocherai seulement la qualification un peu ambitieuse de « commentaire perpétuel » (1).

Il serait puéril de mettre en garde le lecteur contre les erreurs philosophiques et les exagérations fantaisistes que Locke mêle aux vues les plus justes et aux meilleures idées de réforme : il faudrait une forte dose d'ignorance ou de prévention pour s'y laisser surprendre. Tel qu'il est, ce livre est intéressant au point de vue historique, et les récentes innovations qu'a subies notre Enseignement secondaire reportent assez naturellement notre attention vers les théories *utilitaires* dont s'inspirait déjà, il y a deux siècles, le philosophe anglais (2).

G. PAULET.

(1) Je ne conseillerais pourtant à personne de suivre toutes ses prescriptions à la lettre. Ceux qui s'astreindraient par exemple à « avoir des chaussures qui fassent eau » et à se « tenir la tête et les pieds froids » pourraient bien payer leur obéissance de quelques rhumes. Je ne crois pas non plus que les collégiens admettent sans réserves cet axiôme : « Le pain sec est la meilleure des nourritures ».

(1) J'y relève aussi quelques railleries déplacées, pour ne pas dire plus, à l'adresse des croyances catholiques : par exemple à propos des anges et des démons (p. 305), des « légendes de l'histoire sainte » (308), des miracles (309), etc...

(2) Voy. particulièrement ce qu'il disait du grec (p. 312), de la lecture des auteurs latins (271), des compositions latines (273), des vers latins (276), des récitations par cœur (279), etc...

CHRONIQUE

On se souvient que, en fouillant, il y a quelques années, le cimetière gallo-romain de la rue Nicole, à Paris, on rencontra, dans la tombe d'un en-

fant, une particularité curieuse. Au moment où, après y avoir déposé le
cadavre, on fermait le cercueil en pierre, le mortier destiné à sceller la dalle
supérieure avait rejailli sur la figure de l'enfant et l'avait exactement mou-
lée. Ce moule improvisé fut recueilli avec soin par le directeur des fouilles, on
y coula du plâtre, et on obtint ainsi le portrait parfaitement distinct d'un
enfant mort et enterré il y a près de deux mille ans. Dans le dernier numéro
paru de la *Revue épigraphique du midi de la Gaule* (n° 19, août) M. Allmer
signale un fait non moins curieux. En 1874, dans les travaux de terrasse-
ment pour l'établissement de la gare de Trion, on trouva le tombeau de
Claudia Victoria, morte à l'âge de dix ans, un mois, onze jours. Dans la
tombe était un masque en plâtre, qui vient d'être donné au musée de Lyon.
Ce masque, moulé sur la figure d'une défunte, il n'y a pas de doute possible,
est, suivant M. Allmer, celui de l'enfant enterrée dans la tombe. Cet opinion
est fort vraisemblable. Cependant, si le dessein donné par M. Allmer (p. 300)
est exact, la figure paraît convenir à une femme d'un âge mûr, plutôt qu'à
une enfant. Il est d'ailleurs possible que les traits aient été grossis par les
procédés photographiques à l'aide desquels on a obtenu le dessin de la *Revue
épigraphique*.

— On lit dans le *Bulletin de correspondance hellénique* : « Nous recevons le
dernier fascicule de l'Ἀθήναιον (mars-avril.) Cette livraison n'est pas seulement
la dernière de l'année, elle est aussi la dernière du recueil. Après une carrière de dix ans, pendant laquelle il a été surtout soutenu par le dévouement
désintéressé de ses éditeurs, MM. Koumanoudis et Kastorchis, l'Ἀθήναιον se
voit obligé d'interrompre sa publication. Ce n'est pas que la bienveillance et
l'estime des savants de l'Europe lui aient fait défaut ; les éditeurs rappellent
eux-mêmes, avec une juste fierté, les sympathies dont ils ont été l'objet, en
particulier de la part de notre *Association pour l'encouragement des études
grecques*, qui leur a donné un de ses prix en 1876. Mais la subvention que
l'Ἀθήναιον recevait de l'université vient d'être diminuée, et cette mesure d'économie, que nous n'avons pas à apprécier, prive la Grèce d'un recueil scientifique qui lui faisait honneur et que les amis de l'antiquité n'oublieront pas. »

— L'*Institut archéologique américain*, a publié son troisième rapport annuel ;
il y est rendu compte des fouilles que l'Institut fait exécuter à Cholula
(Mexique) et sur l'emplacement d'Assos, en Orient.

— Le mémoire du P. Alphonse DELATTRE, S. J., sur l'*Origine et le développement de l'empire des Mèdes*, qui a obtenu récemment une médaille d'or à
l'Académie royale de Belgique, paraîtra prochainement dans les publications
de cette Académie. L'auteur, contrairement à l'opinion de MM. Rawlinson,
Oppert, Lenormant, etc., pense qu'il n'a jamais existé de Mèdes Touraniens.

— M. Joseph BERTHELÉ, archiviste du département des Deux-Sèvres, vient
de publier à Niort, à l'imprimerie Robichon, une brochure sous ce titre : *Quelques notes sur les fouilles du P. de la Croix à Sanxay.*

— M. le chanoine CALLEN, professeur à la faculté de théologie de Bordeaux,
va publier en deux volumes (Bordeaux, Féret) une nouvelle édition de l'ouvrage publié en 1668 par le théologal de saint André, Lopez, qui a pour
titre : *L'Eglise métropolitaine et primatiale de saint André de Bordeaux où il
est traité de la noblesse, droits, honneurs et prééminences de cette église, avec l'histoire de ses archevêques et le pouillé des bénéfices du diocèse*. Cet ouvrage, le plus
important qui ait paru sur le diocèse de Bordeaux, contient trois parties. Dans
la première, *L'Eglise*, la cathédrale est décrite par le détail ; la seconde, *les
Archevêques*, renferme de courtes notices sur les prélats, jusqu'à Henri de
Béthune ; la troisième traite du *Chapitre* et de ses usages. Une foule de pièces
justificatives sont jointes à l'ouvrage. La nouvelle édition comprendra des
gravures, des fac-similés et une carte de l'ancien diocèse de Bordeaux.

— M. PUNJER publie à la librairie BARTH, à Leipzig, un *Theologischer Jahres-
bericht, enthaltend die Literatur des Jahres* 1881. (in-8° V et 389 p. 8 M) Près de
mille volumes ou dissertations sont analysés dans cet annuaire. M. LUDEMANN
traite des ouvrages qui ont pour sujet l'histoire de l'Eglise jusqu'au concile
de Nicée ; M. BŒHRINGER du concile de Nicée à la réforme ; M. BENRATH de
1517 à 1700 etc.

— M. H. BEAUNE, professeur à la faculté catholique de Droit de Lyon, vient de faire paraître un volume sur l'*Etat des personnes en France d'après les ordon-nances et les coutumes jusqu'en* 1789. Le même auteur doit publier bientôt deux autres volumes consacrés à l'Etat des biens. On sait que ces questions figuraient cette année au programme de l'agrégation d'histoire.

— M. l'abbé RIGODEAU vient de faire paraître à Auxerre une *Histoire de l'Instruction primaire en France et particulièrement dans le département de l'Yonne de 1790 à l'an VIII* (in-8° 35 p.) L'auteur a dépouillé la série 4 des archives de l'Yonne. Il a trouvé les rapports administratifs de l'an VI sur la situation scolaire de 25 cantons (sur 69) ; 35 écoles publiques étaient en exercice.

— M. MEYER DE KNONAU vient de rééditer les *Nüwe Casus monasterii sancti Galli* (Saint Gall, Huber, in-8°, LXII et 391 p.). Cet ouvrage, l'un des bons livres historiques du moyen âge, avait déjà été publié en 1862, sans notes ni index, par la société historique de Saint-Gall. M. MEYER DE KNONAU a soigné la correction du texte, ajoute des notes, une table des noms de lieux et de personnes, plus, en appendice, un long exposé des rapports de l'évêque Eberhard II de Constance et de l'abbé Berthold de Saint-Gall, de 1521 à 1529 et une réimpression du *Planctus beati Galli* de 1252.

— M. l'abbé FILLION, professeur d'Écriture sainte au séminaire de Lyon, va publier prochainement à la librarie Briday un *Atlas archéologique de la Bible.* Cet atlas ne reproduira aucune carte géographique, ni aucune vue de pays ; il contiendra exclusivement la reproduction de scènes de la vie politique, sociale, religieuse ou privée d'après les monuments figurés. Voici un aperçu du plan. I. VIE INTIME ET DE FAMILLE. —1° Vêtements et parures (environ 90 *fig.*). — 2° Habitations (45 *fig.*). — 3° Mobilier (70 *fig.*). — 4° Repas (20 *fig.*). — Maladies, funérailles, deuil (40 *fig.*). — II. VIE CIVILE ET SOCIALE. — 1° Relations de poli-tesse, etc. (10 *fig.*).— 2° Agriculture (60 *fig.*). — 3° Chasse et pêche (20 *fig.*). — 4° Arts et métiers (60 *fig.*). — 5° Architecture (35 *fig.*). — 6° Monnaies, poids et mesures (45 *fig.*). — Ecriture, livres, etc. (22 *fig.*). — 8° Jeux, divertissements (15 *fig.*). — Musique et danse (environ 50 *fig.*). — 10° Voyages, moyens de transport (32 *fig.*). —11° Navigation (20 *fig.*). — 12° Justice et châtiments (25 *fig.*). III. VIE POLITIQUE.— 1° Rois, princes, ornements royaux, etc. (environ 28 *fig.*). — 2° Armées et guerre (100 *fig.*). IV. VIE RELIGIEUSE. — 1° Le culte du vrai Dieu : lieux sacrés, mobilier du culte, personnes sacrées, actions sacrées (65 *fig.*). — 2° L'idolâtrie (60 *fig.*).

Les principales sources auxquelles l'auteur compte puiser pour la repro-duction des monuments sont : pour les égyptiens, Rosellini, Wilkinson, Lane, Lepsius ; pour les monuments syriens et palestiniens : MM. de Vogué, de Saulcy ; pour les monuments assyriens : MM. Botta, Place, Rawlinson, et par-fois pour l'époque chrétienne et les monuments grecs et romains, Rich, Daremberg, Nicolini. Le prix de l'*Atlas archéologique* est fixé à 20 fr. et 13 fr. pour les souscripteurs.

— Dans le dernier fascicule des *Mélanges d'Archéologie et d'Histoire*, de l'Ecole française de Rome, notre collaborateur M. l'abbé Duchesne publie un mémoire intitulé : le *Liber Pontificalis en Gaule au VI° siècle.* Il y démontre que le *Liber Pontificalis* a été connu de Grégoire de Tours, de l'auteur d'une collec-tion canonique compilée en Gaule, au plus tard vers la fin du VI° siècle et enfin du continuateur franc de la chronique de Marcellinus.

PUBLICATIONS DE LA QUINZAINE. — LETAROUILLY. Le Vatican et la Basi-lique de Saint-Pierre. In-fol. Paris, Morel ; 11° livraison, 40 fr. — CHARLES NISARD. Notes sur les lettres de Cicéron. Un vol. in-8. Paris, Firmin-Didot ; 5 fr. — J. ROMAN. Histoire du bon chevalier Bayart, d'après le loyal serviteur et d'autres auteurs contemporains ; texte établi. Un vol. in-12. Société biblio-graphique ; 3 fr. 50. — Questions controversées de l'histoire et de la science ; 3° série. Un vol. in-12. Paris, *ibid.* ; 2 fr. — MOTLEY. La Révolution des Pays-Bas au XVI° siècle. In-18. Paris, Marpon et Flammarion : 3 fr. 50 le volume.— BERNARDIN. Théâtre complet de Jean Racine ; édition nouvelle. 4 vol. in-12. Paris, Delagrave ; 12 fr. — H. DE LA FERRIÈRE. Les Projets de mariage de la reine Elisabeth. Un vol. in 18, Paris, Calmann-Lévy ; 3 fr. 50. — ESSAIS DE MICHEL MONTAIGNE, avec des notes de tous les commentateurs. 2 vol. in-18. Paris, Firmin-Didot ; 6 fr. — A. LENOIR. Le Musée des Thermes et de l'hôtel de Cluny ; Documents sur la création du musée d'antiquités nationales. In-8

84 pages. Paris, Chamerot. — AUBERTIN. Origines et formation de la langue et de la métrique française ; Notions d'étymologie et de prosodie. In-12. Paris, Belin. — P. CARBONEL. Divi Thomae Aquinatis excerpta philosophica quae in totius completissimum compendium selegit, notulis explicavit, cum recentioribus doctrinis et systematibus perpetuo contulit, necnon et praevia totius philosophiae expositione, aliisque multis adjumentis auxit. 2 vol. in-8. Paris, Lecoffre. — DARRAS et BAREILLE. Histoire de l'Eglise ; t. XXX. In-8. Paris, Vives. — F. DE SCHULTE. Histoire du droit et des institutions de l'Allemagne, traduite par M. Fournier. In-8. Paris, Pedone-Lauriel.

REVUE DES REVUES

ARTICLES DE FOND

JUSSERAND. *La Vie nomade et les routes d'Angleterre*, suite et fin. (Revue historique, septembre.)

HANOTAUX. *Les premiers Intendants de justice*, 3e article. (Revue historique, septembre.)

BAYET. *Remarques sur le caractère et les conséquences du voyage d'Étienne III en France*. (Revue historique, septembre. L'idée d'un pouvoir temporel indépendant de Constantinople n'est venue au pape que pendant son séjour en France.)

LAMANSKY. *L'Assassinat politique à Venise du XVe au XVIIIe siècle*. (Revue historique, septembre).

BLOCH. *Recherches sur quelques gentes patriciennes*. (Mélanges d'archéol. et d'hist., août.)

DUCHESNE. *Le Liber Pontificalis en Gaule au VIe siècle*. (Mélanges d'archéol. et d'hist., août.)

E. ALLAIN. *L'Œuvre scolaire de la Révolution, d'après les travaux récents*. Les lois de la Constituante et de la Législative dispersent le personnel, et tarissent les ressources de l'instruction. La Convention essaie de rétablir l'édifice, mais ne peut y parvenir faute de suite dans les idées et d'impartialité. M. Allain analyse les divers décrets de la Convention. (Lettres chrétiennes, juillet-août.)

PH. GONNET. *Hésiode moraliste*. Nature et origine de la Justice d'après Hésiode. Idées du poète sur la sanction et la responsabilité, caractères généraux de sa morale. (Lettres chrétiennes, juillet-août.)

A. TOUGARD, *De l'Hellénisme dans les écrivains du moyen âge*, 3e article. Traces de l'Hellénisme dans les écrivains latins du IXe siècle. (Lettres chrét., juil.-août.)

E. MISSET. *Notes critiques sur le texte des poésies d'Hilaire, disciple d'Abailard*. M. Misset propose un certain nombre de corrections au texte. (Ibid.)

DOM FROMAGE. *Le Vase de lait*. Polémique contre E. Cartier. Le vase de lait est le symbole de l'Eucharistie ; M. Cartier se justifiera dans le prochain numéro. (Lettres chrét., ibid.)

COMPTES RENDUS

G. SAIGE. *Les Juifs du Languedoc antérieurement au XIVe siècle* (A. M., Revue historique, septembre).

FILLION-BAYLE. *Évangile de saint Mathieu..... de saint Marc..... de saint Luc* (Schanz, Literarische Rundschau, 15 août : assez bon, encore beaucoup de progrès à faire).

TALAMO. *L'Aristotelismo della scolastica* (Morgott, Literarische Rundschau, 15 août : excellent).

DOMBART. *Octavius* (Funk, Literarische Rundschau, 1er sept.).

KURZ. *Mariologie*. — STAMM. *Mariologia* Rottmanner O. S. B. Literatische Rundschau, 1er septembre : deux ouvrages détestables, farcis de citations fausses ou apocryphes).

ERRATA. N° 10, page 185, ligne 34, au lieu de « écrit *par* », lire « écrit *pour* ».

Le Gérant : E. THORIN.

BULLETIN CRITIQUE

DE LITTÉRATURE, D'HISTOIRE ET DE THÉOLOGIE

55.— Polyeucte dans l'histoire, étude sur le martyre de Polyeucte d'après des documents inédits, par B. Aubé. Paris, Didot, 1882; in-8° de 117 pages.

M. Aubé est en train de devenir bollandiste. Quel dommage qu'il n'appartienne pas à la Compagnie de Jésus! On l'expédierait à Bruxelle ſ travailler aux *Acta Sanctorum.* Il rendrait de grands services. J'ai déjà parlé ici du mal qu'il s'est donné à propos de la passion de sainte Cécile, de son édition des actes authentiques des martyrs Scillitains, de sa découverte des actes non moins authentiques et tout à fait inédits des saints Carpus, Papylus et Agathonicé. Aujourd'hui j'ai le plaisir de présenter aux lecteurs du *Bulletin critique* un travail sérieux et intéressant sur les actes de saint Polyeucte. Dans ses études sur les persécutions du IIIᵉ siècle, M. Aubé a rencontré le nom du héros de Corneille : « L'idée m'est venue d'approfondir son histoire, que la magie « d'un grand poète a rendue classique, et d'en chercher les sources, « aussi loin que je pourrais remonter. »

Il n'a pu toutefois remonter aussi loin qu'on l'eût désiré. Ses recherches dans les manuscrits grecs, latins, arméniens, ne l'ont point amené à découvrir une pièce de la valeur des actes de saint Carpus. Tout ce qu'il a pu trouver de plus ancien, c'est une homélie grecque, dont il place la composition au déclin du IVᵉ siècle, entre 363 et 375, plutôt au commencement qu'à la fin de cet intervalle. Elle figure, avec des variantes assez nombreuses, dans les manuscrits 513 et 1449 du fonds grec de la Bibliothèque nationale. C'est sur ce texte que Métaphraste rédigea sa paraphrase (Migne, *Patr. gr.*, t. CXIV, p. 429), laquelle, traduite en latin par Surius et par les Bollandistes, est la source à laquelle on a puisé jusqu'ici l'histoire de Polyeucte. Les Bollandistes (Acta SS. Feb.

t. II, p. 652) avaient publié sur le même sujet un court récit, emprunté à un manuscrit latin et indépendant de Métaphraste. M. Aubé a découvert un autre manuscrit latin (Bibl. nat., n° 5278), où se trouve une composition plus longue, dont le document des Bollandistes n'est évidemment qu'un abrégé. Enfin, aidé des lumières de M. Carrière, il a trouvé un texte arménien inédit qui représente une version de l'homélie grecque primitive. Négligeant cette rédaction arménienne, il se borne à publier l'homélie grecque et la passion latine, en joignant à celle-ci le court abrégé déjà édité dans les *Acta Sanctorum*.

Suivant M. Aubé, la rédaction latine a dû être faite au v° ou au vi° siècle en Occident. Ceci ne me paraît pas démontré. L'auteur de cette rédaction dit, il est vrai, dans son préambule que le document sur lequel il travaille, c'est-à-dire l'homélie grecque, lui est venu d'*Orient*. Ce n'est pas une raison pour conclure qu'il ait lui-même été un habitant de l'Occident latin. Dans la langue administrative des premiers siècles du Bas-Empire, le terme d'*Orient* signifie les provinces voisines d'Antioche, de l'Euphrate et de la frontière perse. Ainsi, l'auteur de la vie de saint Polycarpe, qui est un Asiatique, un habitant de la *province* d'Asie, se distingue très bien des *Orientaux* (1). Il se peut donc que la rédaction latine de M. Aubé ne représente qu'une simple traduction d'un remaniement grec, fait à Constantinople ou dans quelque autre localité grecque à l'occident de la Syrie. Dès lors, il n'est guère prudent de raisonner comme le fait M. Aubé, p. 55 et suiv., sur la différence d'esprit entre l'Église grecque et l'Église latine, en partant des variantes entre le texte latin et l'homélie orientale.

Sur la date de celle-ci, je me permettrai encore de n'être pas aussi affirmatif que lui. L'accent de triomphe qui caractérise le début de cette composition lui paraît indiquer un lendemain de victoire, le temps de Jovien, par exemple, ou les premières années du règne de Valens. C'est une affaire d'appréciation. Quant à moi, je penserais plutôt au commencement du v° siècle. Le paganisme a eu la vie dure dans les provinces orientales. Il y avait encore bien des gens à convertir, à Antioche et en Phénicie, au temps de saint Jean Chrysostome. De plus, il y a une circonstance sur laquelle M. Aubé aurait pu insister davantage, qui rajeunit un peu notre homélie : c'est qu'elle n'est elle-même qu'un développement oratoire d'un document plus ancien. Les appendices de la fin, sur les reliques et la fête du martyr, appartenaient à cette première rédaction, d'une allure purement narrative. Ils la donnaient comme rédigée par Néarque, l'ami de Polyeucte, que Corneille fait mourir avant lui, mais qui, dans la passion grecque, lui survivait. Néarque était censé

(1) *Vita S. Polycarpi*, éd. Duchesne-Richemont, p. 16.

avoir donné son écrit à un certain Timothée, de la ville « des Kananéotes », où il avait transporté des linges imbibés du sang du martyr. Le pseudo-Néarque, car il est clair que nous avons ici affaire à une fiction, conçoit déjà les règnes de Dèce et de Valérien comme simultanés. C'est une confusion historique dont on n'a des exemples que vers la fin du IVe siècle.

Cet effet d'éloignement chronologique interdit de placer le pseudo-Néarque trop près du milieu du IVe siècle. On ne sera pas injuste à son égard en faisant de lui un contemporain de Théodose ou même d'Arcadius. L'homiliaste, qui lui est postérieur, ne peut donc être placé au temps de Julien et de Jovien.

Est-ce dans la ville « des Kananéotes » que l'homélie grecque a été prononcée ? Je n'en suis pas bien sûr ; mais ce qui est clair, c'est que le pseudo-Néarque y a composé son récit. Quelle est cette ville ? M. Aubé propose Coptos, dans la haute Égypte, sous prétexte qu'on y a trouvé des lampes avec le nom de saint Polyeucte, et que Coptos s'est appelée autrefois Cana. Il a eu ici une distraction : la ville que l'*Oriens christianus* identifie avec une localité appelée Cana ou Bana, était située dans la basse Égypte, tandis que Coptos, d'où viennent les lampes, est en Thébaïde. Il dit aussi que cette ville devait être fort éloignée de Mélitène, parce que la déposition du sang est indiquée au 25 décembre, le martyre ayant eu lieu le 9 ou 10 janvier. Avec ce raisonnement, ce n'est pas seulement en Égypte qu'il faudrait chercher la ville des Kananéotes, mais à l'extrémité du monde connu, chez les Sères ou les Calédoniens. Je pencherais plutôt pour la ville appelée Κανάννης ou Κονάνης dans les listes épiscopales de Parthey, et rangée au nombre des sièges de la province de Pisidie.

La finale du pseudo-Néarque contient quelques autres détails où M. Aubé s'est un peu embrouillé. Il y est dit que le saint fut enterré « le quatrième jour, le 9 janvier, ἐν ἡμέρᾳ τετράδι, ἐννάτῃ τοῦ Ἰανουαρίου μηνός ». Ce quatrième jour lui paraît assez énigmatique (p. 33, note) ; c'est tout simplement le mercredi ; les Grecs disent δευτέρα, τρίτη, ἡμέρα, τετράς, comme nous disons en latin *feria secunda, tertia, quarta*. Cette coïncidence du mercredi et du 9 janvier a son importance chronologique. Elle suppose une année où la lettre dominicale est F ; si l'on ne considère que le temps de Dèce à Valérien (250-260), elle correspond à l'année 250 ou à l'année 256, mais celle-ci est exclue, comme n'étant pas une année de persécution. Si, au lieu du 9 janvier, on prend le 10, indiqué sous la forme *IV id. januar.* dans l'un des appendices, on arrive à une impossibilité ; car dans l'intervalle 250-260, la coïncidence du mercredi et du 10 janvier, c'est-à-dire la lettre dominicale G au commencement de l'année, ne se rencontre qu'en 255, année de paix. Il faut donc, d'après ces considérations, fixer à l'an 250 le martyre de saint Polyeucte, ce qui n'est pas sans difficulté, car le pape Fabien, jusqu'ici regardé comme la première victime de l'édit de Dèce, n'est mort que le 20 janvier.

Un autre appendice du ms. 513 contient l'énumération suivante, qui a quelque peu étonné M. Aubé : « Le premier martyr est (μαρτυρεῖ δὲ « πρῶτος) Étienne, à Jérusalem ; puis Philoromus, à Alexandrie, puis « Polyeucte à Mélitène, le 4 des ides de janvier. » Cette classification est assez étrange ; l'ordre chronologique est évidemment interverti, car Philoromus est un martyr du temps de Dioclétien, postérieur de cinquante ans à Polyeucte. Tout s'explique en jetant les yeux sur les vieux martyrologes hiéronymiens et sur le ménologe syriaque de Wright. L'ordre suivi ici est celui du calendrier : 26 décembre (ou 1ᵉʳ janvier) saint Étienne ; 7 ou 8 janvier, saint Philoromus ; 9 ou 10 janvier, saint Polyeucte.

La fête de Polyeucte au 25 décembre est indiquée comme particulière à la ville des Kananéotes et consacrée à célébrer l'anniversaire de la déposition, en cet endroit, des reliques du saint martyr. On peut comparer la *depositio cruoris* dont il est question dans une inscription de Mastar en Numidie(1) et la déposition des reliques de saint Laurent mentionnée dans une autre inscription à Sétif, en Mauritanie (2). Des fêtes locales de ce genre étaient choses fort communes au iv⁰ siècle ; si celle de la ville des Kananéotes n'a pas trouvé place dans les martyrologes, on y voit, en revanche, une fête de saint Polyeucte, à Césarée de Cappadoce, au 19 ou au 21 mai, suivant les manuscrits. Je présume qu'il s'agit du même saint. Quant aux Polyeuctes mentionnés au 8 et au 11 janvier, au 13 et au 14 février, leur multiplicité provient d'accidents paléographiques. Tous ces anniversaires se réduisent à un seul, celui de la mort du martyr, à Mélitène, le 9 janvier.

Je termine en signalant à M. Aubé deux corrections à faire à son texte grec : p. 78, l. 11, je lirais διάπυρος, en un seul mot, et non διὰ πυρός ; de même, p. 102, l. 6, au lieu de εὖ ἤδη (*sic*), il faut évidemment εὐειδῆ.

L. DUCHESNE.

————

56. — **Le musée d'Aix** (Bouches-du-Rhône), première partie, par Honoré GIBERT, 1 vol., petit in-12., XXXI-623 pages, Aix, Achille Makaire, 1882.

Dans la préface, après avoir dressé une liste bibliographique des auteurs qui se sont occupés du musée d'Aix ou des monuments qu'il

————

(1) De Rossi, Bull. 1875, p. 13 ; *C. I. L.* VIII, 6700 ; cf. un article que j'ai publié dans le *Bulletin de correspondance hellénique*, 2⁰ année, p. 295.

(2) De Rossi, *Inscr. chr.* I, p. VI ; *C. I. L.* VIII, 8630 ; *Bull. hellén.*, l. c.

renferme, M. Gibert raconte l'histoire du musée et des principales acquisitions ou donations qui l'ont successivement enrichi (fonds Fauris Saint-Vincens, Sallier, Constantin, du Louvre, doubles de la collection Campana, fouilles d'Aix (1841-1844), legs Granet, Frégier, Bourguignon).

Les monuments égyptiens qui ouvrent le catalogue comprennent 91 numéros. Parmi les inscriptions grecques (92-102), nous remarquons une dédicace à l'empereur Alexandre Sévère et à Julia Mammaea, et la curieuse épitaphe métrique d'un jeune matelot, trouvée à Marseille, si l'on en croit le manuscrit de Peiresc. L'épigraphie romaine (103-197) se recommande par un important et célèbre fragment de l'édit de Dioclétien, rapporté d'Égypte en 1807, par une curieuse inscription votive à Esculape, par les inscriptions métriques de Sex. Julius Félix et du chrétien Dextrianus... etc.., et par les moulages de quelques inscriptions célèbres. L'épigraphie du moyen âge, moderne, arabe et hébraïque n'est représentée que par un petit nombre de pierres (192-208). Le monument le plus intéressant de la sculpture antique du musée d'Aix (209-350) est, sans contredit, le bas-relief gaulois d'Entremont. Les mosaïques (351-372) reproduisent généralement de simples dessins d'ornementation, et, à part celle d'Orphée, offrent un intérêt fort restreint. Une riche collection de moulages et de copies complète la section consacrée à la sculpture antique (373-593). La sculpture moderne (594-858) est représentée par des noms illustres : Michel Clodion, David d'Angers, Jean Goujon, Houdon, Pradier, Puget, Germain-Pilon....., etc. Les bronzes (859-1120) nous ramènent à l'antiquité, pour nous conduire jusqu'au XVIIIe siècle, en passant par le moyen âge et la Renaissance. La ferronnerie (1121-1179) se compose surtout d'armes offrant quelques spécimens intéressants au point de vue de l'art; la céramique antique (1180-1606) forme une collection assez complète pour l'étude. La céramique moderne (1607-1629), les émaux, vitraux, ivoires, bois, pierres gravées, meubles..., etc. (1630-1810), précèdent la description des médailles, jetons, sceaux, anneaux (1811-2009), dont les plus anciens appartiennent au XVe siècle. Un supplément aux différentes parties (2010-2023), des additions et corrections et des tables bien faites terminent le volume.

La deuxième partie : peintures, dessins, estampes, est sous presse.

Si nous avons tenu à rendre compte de ce volume, c'est qu'il a une valeur scientifique réelle qui le distingue de bon nombre des autres travaux de ce genre. M. Gibert n'a pas entrepris son catalogue sans s'y être préparé par de longues et sérieuses études. L'origine des monuments, leur entrée au musée sont soigneusement notées. Le texte, la lecture, la bibliographie des inscriptions sont établis avec conscience et exactitude. Ce catalogue n'est pas fait seulement pour les curieux qui visitent le musée; il est non moins utile pour les travailleurs. Il serait désirable que tous nos musées fussent l'objet d'un travail semblable. Que de richesses cachées pourraient alors être utilisées pour la science! Puisse M. Gibert trouver parmi ses collègues de nombreux imitateurs!

Nous devons toutefois signaler, dans la partie épigraphique, quelques imperfections qu'il sera facile de faire disparaître dans la prochaine édition : l'auteur n'est pas assez au courant des prénoms romains : ainsi nᵒˢ 109, 184, P. doit se lire P(ublius); nᵒ 123, M. F. doit se lire M(arci) f(ilio); (nᵒ 136), L. doit se lire L(ucio); (nᵒ 138), M. doit se lire M(arcus) Sex., Sex(tus) nᵒ 139), Q., Q(uintus) nᵒ (143), sans qu'il soit utile de mettre un point d'interrogation après ces lectures absolument certaines. On peut aussi signaler dans le commentaire quelques longueurs et quelques inutilités, etc. Somme toute, il y a peu de critiques à faire à cet ouvrage, dont on doit être très reconnaissant à M. Gibert.

Si l'auteur mérite tous les éloges et tous les encouragements, on ne peut s'empêcher de faire quelques reproches à l'éditeur. D'où a-t-il pu tirer l'affreux papier qui afflige les possesseurs de ce livre ? Je n'ai pas pu couper les feuilles de mon exemplaire sans déchirer bon nombre de pages, et pourtant, toute fausse modestie à part, je ne suis pas plus maladroit qu'un autre.

H. Thédenat.

---

57. — **Histoire universelle de l'Église**, par le Dʳ Alzog, traduite par l'abbé Goschler et Audley, 5ᵉ édition. Paris, Sarlit, 1881, 4 vol. in-12 de xiv-532, 636, 409 et 485 pages. Prix 12 francs.

Qu'on ne s'y trompe pas : cette cinquième édition, comme les précédentes, n'est autre chose qu'un nouveau tirage sur clichés. Déplorable système, qui galvanise, pour ainsi dire, les erreurs et les fautes, même les fautes d'impression, et renonce à priori à toute amélioration. Déplorable surtout pour un manuel d'histoire qu'il est indispensable de tenir toujours au courant des découvertes et des progrès de la science. Aussi retrouve-t-on dans ces quatre volumes les fautes qui émaillaient les tirages précédents, fautes habituelles malheureusement à la plupart des traductions allemandes faites en France ces derniers temps et que le *Bulletin critique* a stigmatisées comme il convenait. Reconnaissons cependant que ceci est meilleur que du Belet : Goschler du moins savait l'allemand, étant Alsacien. Ajoutons aussi que l'on a essayé de rendre ce tirage un peu meilleur et que quelques fautes par trop grossières ont disparu. (Par ex. Alain de *Ryssel* est redevenu Alain de Lille, sauf cependant dans la table, où il garde son nom allemand et où on l'appelle encore fort agréablement (Monsieur) des Iles). Mais ce moyen ne suffit pas, et nous engageons vivement l'éditeur, ce tirage écoulé, à ne plus se contenter de l'emporte-pièce, mais à refondre ses clichés, pour nous donner une belle et bonne traduction d'Alzog, faite sur la nouvelle édition allemande.

Nous l'y engageons d'autant plus vivement qu'il a sous la main celui qui pourra mener à très bonne fin cette utile entreprise, nous voulons parler du savant traducteur de la dernière partie du livre, celle qui relate l'histoire du concile du Vatican. Cette traduction mérite autant d'éloges que le reste de sévérité. Non seulement elle est exacte, mais claire et parfois fort élégante. C'est la meilleure partie de ces quatre volumes, celle qui nous permet de les recommander malgré ce que nous venons de dire. Sans doute une nouvelle traduction ne sera pas une petite besogne, mais auteur et éditeur en seront récompensés, car on sait la valeur du manuel d'Alzog. L'éloge n'en est plus à faire, dit avec raison l'éditeur, et nous nous bornerons comme lui à répéter deux jugements émanés de « deux prêtres éminents (1) de la trempe du docteur Alzog et ayant comme lui consumé leur vie au service de la science catholique : « Il y a plus de vraie science dans ces quatre modestes volumes que dans les 12 in-4° de tel de nos historiens. — Je trouve dans ce manuel un ensemble de vues originales et profondes, qui le met bien au-dessus de tous nos auteurs modernes. »   A. I.

---

58. — **Jus primae noctis**, eine geschichtliche untersuchung, von Dr Karl Schmidt. — Freiburg im Breisgau, 1881, in-8° de LXIII-397 pages.

L'auteur de cet ouvrage s'est donné pour tâche de recueillir toutes les opinions qui ont été soutenues, de présenter tous les arguments qui ont été invoqués de part et d'autre à l'occasion de la question célèbre du *jus primæ noctis*. Il cite consciencieusement tous les textes produits au débat, et met le lecteur en état de se prononcer en connaissance de cause.

Jamais enquête plus vaste n'a été entreprise. M. Schmidt ne se borne pas à l'étude du moyen âge, il porte son attention sur le *jus primæ noctis* dans l'antiquité et dans les temps modernes. Non content de s'occuper de l'Europe occidentale, il recueille les témoignages que peuvent lui fournir l'Orient, l'Amérique et l'Australie; il signale tous les usages qui présentent quelque analogie avec le *jus primæ noctis*. C'est après cette

---

(1) L'éditeur, on ne sait pourquoi, ne les nomme que par leurs initiales, le P. de V. et M. G. Ces initiales désignent, croyons-nous, le P. de Valroger et M. Gillet.

investigation complète que M. Schmidt arrive à la conclusion suivante, très nettement exprimée dans son dernier chapitre :

Le droit du seigneur n'a jamais existé. Diverses causes en ont créé et développé la légende à la fin du xv⁰ siècle et au commencement du xvi⁰ siècle. Il faut ranger parmi ces causes, d'abord le besoin d'expliquer les droits fiscaux perçus à l'occasion du mariage, droits dont on avait oublié l'origine féodale ou canonique, puis l'impression produite par quelques passages d'écrivains de l'antiquité qui flétrissaient les excès de certains tyrans, enfin les récits exagérés, erronés ou mal interprétés des voyageurs auxquels les découvertes récentes avaient offert une carrière sans limites.

Depuis lors la croyance au *jus primœ noctis* n'a point complètement disparu. Quelques écrivains modernes y ajoutent foi ; l'un d'eux affirmait récemment qu'il y fallait voir « un des débris, un des témoins du droit ancien » (1). Je crois, avec M. Schmidt, que c'est là une véritable superstition de certains savants. Telle est d'ailleurs l'opinion de M. Sumner-Maine, dont nul ne pourra contester l'autorité en matière d'ancien droit (2).

M. Schmidt montre avec raison qu'un grand nombre de textes invoqués à l'appui du *jus primœ noctis* n'ont nullement trait à la question. De nombreux documents, sans faire allusion à ce prétendu droit, règlent les redevances dues à l'occasion du mariage. En effet, l'homme de condition servile ne peut se marier sans le consentement de son maître. Mais, le plus souvent, la seule conséquence qui en subsiste au moyen âge, c'est le paiement d'une indemnité lors du mariage du serf. Parfois, en vertu d'une réserve expresse, cette indemnité est due même après l'affranchissement. Telle est l'origine de nombreuses redevances qui se perpétuèrent dans les temps modernes jusqu'à une époque assez avancée. D'autre part, une prescription ecclésiastique, fondée sur un passage du livre de Tobie, retardait de deux ou trois jours la consommation du mariage. On demanda à être dispensé de cette loi, comme d'autres lois de l'Église : l'observation en fut remplacée en quelques endroits par une aumône perçue à l'occasion du mariage.

Le plus souvent les redevances dues par les mariés sont d'origine féodale. Au xv⁰ et au xvi⁰ siècle, lors de la rédaction des coutumes, les seigneurs durent énumérer leurs droits. Dans quelques textes de cette époque, ils ne se bornèrent pas à mentionner la redevance à laquelle la coutume leur donnait droit ; ils déclarèrent que les nouveaux mariés se trouvaient dans l'alternative ou de payer cette redevance, ou de se soumettre à l'ignominie du *jus primœ noctis*. C'était là une déclaration

(1) Voir le compte rendu du même ouvrage, par M. Viollet, dans la *Revue critique d'Histoire et de Littérature*, 30 janvier 1882.

(2) *Les Institutions primitives* (traduction française), p. 275.

purement comminatoire. Ignorant l'origine des droits fiscaux dus en cas de mariage, les rédacteurs de coutumes empruntaient la version due à l'imagination populaire, d'après laquelle la femme nouvellement mariée, jadis à la disposition du seigneur, se libérait maintenant par le paiement d'une somme d'argent (1).

Telle est la vieille explication déjà consignée dans le conte des vilains de Verson cité par M. Delisle :

> III sols en a (le seignor) del mariag
> III sols en a reison por quei
> Sire, je l'vos dis par ma fei :
> Jadis avint que le vilein
> Ballout sa fille par la mein
> Et la livrout à son seignor (2).

C'est la redevance due pour mariage, tant de fois exprimée par les chartes : *excepto quod solvant in conjugio quatuor denarios.* Voilà comment les légendes se forment : il est surprenant de voir avec quelle vigilance quelques critiques prennent soin de les conserver.

Ces considérations expliquent les textes, si positifs en apparence, qui ont fait illusion aux érudits. Trop souvent, des excès et des désordres se sont produits ; mais ils n'ont pu se couvrir de la sanction du droit. Aussi je m'associe à la conclusion de M. Schmidt. Au surplus si le droit du seigneur eût existé, notre littérature du moyen âge, si friande de sujets grivois, n'eût pas manqué d'y faire de fréquentes allusions. Le silence de nos vieux auteurs constitue un argument de la plus haute valeur contre l'existence du *jus primæ noctis.*

La lecture de l'ouvrage de M. Schmidt ne fera que confirmer ces idées. Les textes y sont cités avec conscience ; l'auteur reproduit intégralement même ceux qui, en apparence, lui sont défavorables (3). Malgré l'appareil

---

(1) Je trouve dans des textes normands du xv° siècle, dont je dois la communication à l'obligeance de mon ami M. Joseph Tardif, le droit de culage confondu sans hésitation avec les autres droits fiscaux perçus par le seigneur. En voici un exemple tiré du grand terrier de l'abbaye de Montebourg (Manche) : « *Et debet dictus Antenatus... tres solidos pro culagio et servicio quadrige et carusce.* »

(2) Ce texte est du milieu du xiii° siècle. L. Delisle, *Classes agricoles en Normandie,* p. 671. Voir d'ailleurs un passage décisif dans M. Delisle, *op. cit.,* p. 68-75.

(3) Les textes les plus favorables à l'existence du droit du seigneur sont :

1° Un texte de 1419, publié par M. Delisle (droit du seigneur de Larivière-Bourdet, en Normandie). Schmidt, p. 253.

2° Le jugement de Ferdinand le Catholique en 1486. Schmidt. p. 294.

3° La coutume de Drucat au bailliage d'Amiens (1507). Schmidt, p. 325.

4° Deux textes du Béarn (1538). Schmidt, p. 330 et suivantes.

5° Deux textes de Suisse (1538 et 1543). Schmidt, p. 353 et suivantes.

Ajoutez-y un texte du xv° siècle publié par M. Dareste (*Revue historique.*

d'érudition qu'il invoque, la discussion est toujours claire. On lira avec un vif intérêt les chapitres qui concernent les droits fiscaux prélevés à l'occasion du mariage. M. Schmidt y décrit toutes les exigences auxquelles était soumis le nouveau marié, soit de la part du seigneur, soit de la part de ses amis. Les usages de nos campagnes en gardent encore le souvenir : il est des régions du nord de la France où des barrières élevées sur le passage des nouveaux mariés ne s'abaissent devant eux que moyennant le paiement d'une légère somme d'argent.

En résumé, nous sommes heureux de recommander au public lettré un ouvrage clair, consciencieux et érudit.

P. FOURNIER.

59. — **Pirké Aboth, Die Sprüche der Vater**, ein ethischer Mischna-Traktat, mit kurzer Einleitung, Anmerkungen und einem Wortregister, von Lic. Dr. Herm. L. STRACK. 1882, Reuther, Karlsrühe, Paris, Maisonneuve.

C'est le 9e traité de la 4e partie de la Mischna ; il a pour but de montrer la continuité, et par suite l'autorité de la tradition doctrinale chez le peuple juif, et d'enseigner les règles de la sagesse : on y a recueilli les leçons des anciens rabbins, et de là vient son nom.

Bien qu'il y ait eu déjà plusieurs éditions de ce livre, M. Strack nous en donne une nouvelle, afin de procurer à ceux qui veulent s'initier à la littérature rabbinique un ouvrage d'une intelligence facile et d'un véritable intérêt, dans un format commode et peu coûteux. Une courte introduction contient les notions indispensables sur la nature et la composition du *Pirké aboth*, ainsi que sur les éditions antérieures. Le texte a été soigneusement vocalisé et imprimé en caractères très nets. Pas de traduction, mais de nombreuses notes au bas des pages. Ces notes ne forment pas, à proprement parler, un commentaire, le savant éditeur ayant voulu seulement signaler à ceux qui connaissent déjà la langue de l'Ancien Testament, les particularités de l'hébreu rabbinique ; aussi ne sort-on presque pas du lexique et de la grammaire. Mais dans ces limites qu'il s'est lui-même imposées, M. Strack est complet. Le petit dictionnaire qui est à la fin indique les mots expliqués, avec l'endroit du texte où ils se sont rencontrés pour la première fois et où se trouve la note qui les concerne.

Il est permis de regretter qu'on se soit contenté de reproduire le texte des précédentes éditions ; le temps n'est pas encore venu, dit M. Strack,

du droit français et étranger, VIII, p. 681). M. Schmidt a omis de le signaler. On remarquera que tous ces textes appartiennent au xve et au xvie siècle.

d'en donner une édition critique ; mais ne pouvait-on, du moins, l'améliorer ? Toutefois, vu sa destination particulière, l'œuvre de M. Strack ne perd guère pour cela de son utilité, et elle mérite d'être proposée à l'attention des gens, nombreux ou non, qui s'intéressent parmi nous à ce genre d'études.   A. L.

---

60. — **Théâtre choisi de Rotrou**, avec une Étude par Louis de Ronchaud : 2 vol. in-12, de LV-248 pp. et 260 p., Paris, Librairie des Bibliophiles, 1882.

On sait que la collection des *Petits Classiques* est ouverte aux principaux écrivains du second ordre qui méritent d'être mieux connus que par de simples extraits ou une seule œuvre détachée. A côté de Boufflers, de Voiture et de Saint-Évremond, qui y figuraient déjà, Rotrou vient justement prendre sa place. Ses *Œuvres complètes*, publiées par Viollet-Leduc en cinq volumes in-8° (Desoer, 1820-1822), intimidaient plus d'un lettré : nous avions besoin d'une édition plus modeste qui réunît seulement ses pièces les plus importantes et les plus connues. C'est ce *Théâtre choisi* que vient de nous donner la librairie des Bibliophiles. Il comprend six pièces : *Hercule mourant; Antigone*, que Racine n'a pas fait scrupule d'imiter et qu'il trouvait « remplie de quantité de beaux endroits » ; *Le véritable Saint-Genest*, que Sainte-Beuve appelait « le second de Polyeucte » ; *Don Bernard de Cabrère ; Venceslas*, qui est resté à la scène et qu'on s'accorde à considérer comme le chef-d'œuvre de Rotrou ; enfin *Cosroès*, tragédie originale et puissante dont la saisissante exposition a pu suggérer à Corneille l'idée de quelques scènes de son Nicomède (1). Le texte a été réimprimé sur les éditions publiées chez Toussainct Quinet et Antoine de Sommaville. On y a joint quelques documents intéressants que les curieux liront avec plaisir : d'abord les dédicaces d'*Hercule*, d'*Antigone* et de *Venceslas;* puis une ode, dans le genre de Malherbe, à la louange du cardinal de Richelieu, et une assez longue élégie adressée à Mazarin. Mentionnons aussi un portrait authentique emprunté par Lalauze à un graveur du XVIII° siècle et que les éditeurs ont préféré non sans raison au buste plus connu de Caffieri. Pas n'est besoin, du reste, de vanter l'élégance typographique de ces deux volumes : ils sortent des presses Jouaust, c'est tout dire.

Ce *Théâtre choisi* est précédé d'une « Esquisse biographique et cri-

---

(1) On aurait dû peut-être ajouter la tragi-comédie de *Laure persécutée* qui, malgré de fortes invraisemblances et quelques puérilités, a le mérite d'être écrite dans un style alerte et coloré, et renferme quelques fort jolies scènes (I, 1 ; IV, 2 ; V, 8).

tique » où M. Louis de Ronchaud analyse les principales pièces de Rotrou et étudie le caractère de son génie dramatique. Il voit en lui avec
raison « le disciple le plus brillant de cette école dramatique espagnole
dont l'influence fut grande sur les débuts de notre théâtre » (p. II), et il
apprécie avec justesse (bien qu'un peu sévèrement) son style tragique
où abondent les « vers qui peignent » (p. XLIV) ou, comme disait Sainte-
Beuve, les « vers pleins, tout d'une venue..... qui emportent la pièce ».
Mais pourquoi « douter que ce génie, fécond de bonne heure et un peu
alangui (?) par sa facilité même, eût jamais eu les retours généreux par
lesquels a signalé sa vieillesse l'auteur de Nicomède et de Sertorius »
(p. III)? La vérité, au contraire, c'est que la mort l'a arrêté en plein perfectionnement et en plein succès : Saint-Genest, Venceslas, Don Bernard
de Cabrère et surtout Cosroès sont là pour l'attester. M. de Ronchaud est
plus heureux quand il dit dans sa conclusion (p. LIV) : « Rotrou disparaît
d'autant moins devant Corneille, qu'il s'est lui-même incliné devant lui :
son admiration enthousiaste ne nous semble pas seulement un trait de
son caractère généreux, mais encore un trait de son génie qui le rapproche du génie de Corneille. » — L'intérêt qu'on éprouve à lire cette
Étude ingénieuse et finement écrite ne doit pas nous fermer les yeux
sur les inexactitudes qu'elle renferme : le chapitre en est malheureusement assez long. Il n'est guère surprenant que l'auteur ait mal connu le
nom de la femme de Rotrou et le nombre de ses enfants (pp. III, XXVIII),
qu'il se soit trompé sur l'état actuel de sa famille (p. III, note), qu'il ait
placé Rotrou à Paris aux débuts de la peste et qu'il ait mal transcrit la
fameuse lettre adressée à son frère (p. LI) : ce sont autant d'erreurs
traditionnelles qui se transmettaient pieusement de notices en notices
et qui n'ont été dissipées que tout récemment par les savantes *Notes* de
M. Person. Mais on peut relever d'autres méprises beaucoup moins excu-
sables. En se reportant à l'*Année littéraire* de Fréron, M. de Ronchaud
aurait pu voir que, dans la reprise du *Venceslas*, en 1759, Le Kain n'avait
pas « rétabli tout à coup le texte original et fait ainsi manquer la réplique »
(p. L), mais avait en réalité demandé quelques corrections à Colardeau,
en le priant précisément de lui *conserver ses répliques*. S'il avait pris
la peine de relire l'*Examen* du Menteur, il y eût trouvé que la *Sos-
pechosa Verdad* n'est pas de Lope de Véga (p. VI, note), mais bien de
Alarcon ; et, s'il avait vérifié la biographie de Michel de Rotrou, il n'en
eût pas fait (p. XXVII) un maire de Montreuil en 1779, c'est-à-dire
quelque vingt ans avant sa naissance (15 décembre 1797). Je me demande
aussi si l'auteur est bien fidèle à la chronologie et à la logique, quand il
écrit (p. LI, note) que la tragédie de Cosroès « eut son Marmontel dans
le marquis d'Ussé » : n'est-ce pas renverser les rôles, puisque les corrections du marquis d'Ussé sont de 1704 et celles de Marmontel de 1759? Il

n'est guère plus aisé d'expliquer pourquoi il insinue si timidement (p. XXXI) que *les Deux Pucelles* « sont *données* comme une imitation de Cervantes » et pourquoi il reproche (p. XXIII) à Viollet-Leduc d'avoir « placé à tort en 1635 » la *Florimonde*, alors que cette date paraît être en effet la vraie. Enfin j'ignore quels documents secrets ont pu l'autoriser à modifier quelques dates, discutables sans doute, mais généralement adoptées, et à faire jouer *l'Hypocondriaque* en 1626 (1) au lieu de 1628, et *Laure persécutée* en 1639 au lieu de 1637. Ajoutons, pour terminer, que M. de R. a oublié dans sa nomenclature des pièces de Rotrou le *Bélisaire*, la *Célie*, *Don Lope de Cardonne*, et qu'il a fort lestement glissé sur le *Cosroès* (2), dont les « fortes beautés » méritaient mieux qu'une maigre note (p. LI). Ces omissions et ces erreurs sont vraiment regrettables : elles arrêtent malencontreusement le lecteur au cours de ces pages attrayantes et spirituelles qu'on aimerait à lire tout d'un trait.

G. PAULET.

---

61. — **Etudes littéraires sur les classiques français** des classes supérieures, par Gustave MERLET. — 2 vol. in-12, de 490 et 583 pages. — Paris, Hachette, 1882.

M. Merlet avait publié, il y a quelques années déjà, un petit volume d'études littéraires sur les auteurs français des classes supérieures ; mais cet excellent petit livre était devenu insuffisant, par suite de la transformation des programmes. M. Merlet n'aime pas les almanachs de l'an passé ; il a donc repris son livre : les études sur le *Théâtre classique* sont devenues trois morceaux considérables sur le théâtre de Corneille, de Racine et sur les maîtresses pièces de Molière ; les chapitres sur Bossuet, sur Pascal, sur Voltaire, ont été refondus et complétés ; des chapitres tout nouveaux sur la Chanson de Roland, sur Joinville, sur Montaigne ont été ajoutés, et l'ouvrage se compose aujourd'hui de deux volumes.

Il y aurait bien çà et là à relever quelques imperfections, et à faire des restrictions sur plus d'un jugement particulier. Le portrait de la Bruyère (II, 423 sq.) n'est plus admissible aujourd'hui, tout ingénieux qu'il soit ; la note 1 (II, 137) n'a pas grand sens, si elle en a un ; le rapprochement entre le mot si touchant de Joinville et le vers de Dante (II, 54) n'est vraiment pas heureux ; toute la page sur le molinisme et le jansénisme est à refaire, etc. Mais malgré les reproches de détail qu'on

---

(1) M. de Ronchaud n'imprime pas cette date de 1626 ; mais il dit, p. VI, que Rotrou (né en 1609) fit jouer cette pièce à *dix-sept ans.*

(2) Cette orthographe paraît la bonne, et l'auteur l'adopte lui-même page I : pourquoi alors écrire *Chosroès* page LI, à la note ?

peut lui faire, l'ouvrage de M. Merlet est peut-être le mieux fait des ouvrages de ce genre. Nous avons aimé à retrouver dans ces pages au style dégagé, clair et ferme, quelque chose du brillant professeur de rhétorique de Louis-le-Grand; surtout quelque chose de ce don qu'il a à un très haut degré de tenir l'intérêt en éveil, d'exciter et de provoquer l'esprit. Un titre piquant, un rapprochement imprévu qui n'est qu'indiqué, une idée ingénieusement soulignée, un mot, lui suffisent à éveiller les réflexions ou la curiosité. De plus, M. Merlet sait oublier qu'il est lui aussi critique à ses heures, pour se contenter de donner à ses élèves le meilleur des maîtres livres, comme ceux de Sainte-Beuve ou de Nisard, mais en se l'appropriant et en le fondant dans sa propre pensée et jusque dans son style avec infiniment d'adresse. Avec cela, et tout en étant au courant des travaux récents, il n'a rien de « livresque ni de pédantesque »; il gagnerait même peut-être à fournir plus d'indications bibliographiques, à signaler des lectures à faire, des points de vue et des appréciations différentes. M. Merlet est un peu autoritaire en matière de critique littéraire. — Dans un livre destiné aux jeunes gens, l'admiration continue a du bon; pourtant cette admiration aurait dû être tempérée çà et là de quelque réserve : pour Voltaire on doit faire autre chose que de plaider les circonstances atténuantes; la philosophie de Montaigne, surtout aujourd'hui, demande à être examinée plus sévèrement, et on ne l'absout pas sur cette raison que « ses erreurs n'ont rien de contagieux »; on voudrait voir relever plus franchement le *libertinage* de Molière; et je ne parle pas des *Provinciales*. M. Merlet a écrit un bien joli chapitre sur « l'humanité dans le moraliste » chez Montaigne; on voudrait voir davantage le moraliste dans l'humaniste chez M. Merlet : quelque chose de plus recueilli, de plus pénétrant, peut-être aussi de plus indépendant. Vous rappelez-vous Vinet ?

Sous ces réserves, nous souhaitons la bienvenue aux *Études littéraires*, et nous faisons des vœux pour qu'elles se répandent le plus possible parmi nos maîtres et nos élèves.　　　　　　　　　P. B.

CHRONIQUE

Le troisième fascicule des *Analecta Bollandiana* vient de paraître. Il contient : 1° la fin des documents sur le B. Odon de Novare, dont la publication avait été commencée dans le fascicule précédent; — 2° les vies des BB. Vital et Geoffroy, premiers abbés de Savigny, éditées par l'abbé Sauvage, du diocèse de Rouen; — 3° un recueil de miracles de saint Martial de Limoges, de l'année 1388, publié par l'abbé Arbellot; — 4° une passion grecque de saint Quadratus de Nicomédie; — 5° la rédaction arménienne (traduction latine) des actes de saint Étienne, pape et martyr : la traduction est de l'abbé P. Martin;

— 6° un catalogue détaillé des manuscrits hagiographiques de la bibliothèque de Namur. — L'idée de dépouiller, au point de vue des vies de saints, les lectionnaires des différentes bibliothèques, est on ne peut plus heureuse ; on fera certainement ainsi de bonnes trouvailles. Il est inutile de dire que personne n'est mieux préparé que les Bollandistes pour exécuter rapidement et utilement ce travail. Il serait même à désirer qu'ils eussent les ressources nécessaires pour l'entreprendre sur une vaste échelle. C'est par là que l'on commencerait, en notre siècle, une publication comme celle dont ils sont les continuateurs. — La passion de saint Quadratus n'est pas tout à fait originale, mais c'est un document important ; on y trouve un proconsul Perennis, du temps de Dèce, et diverses indications géographiques qui seront appréciées, même des personnes qui ne s'occupent pas spécialement d'hagiographie. L. D.

— L'abbé Robert CHARLES, vice-président de la Société historique et archéologique du Maine, vient de publier le premier fascicule d'une étude sur *le Vieux Mans*. Ce fascicule, qui est accompagné de planches et de figures, est consacré à l'enceinte gallo-romaine.

— M. l'abbé PAGUELLE DE FOLLENAY, supérieur du petit séminaire de Saint-Nicolas, à Paris, a publié la vie de M. Tesseyre, ancien élève de l'Ecole polytechnique et prêtre de Saint-Sulpice. Par sa nature, cet ouvrage ne rentre pas dans le nombre de ceux dont nous rendons compte, sans cela nous rendrions hommage aux pensées élevées qui y sont exprimées ; nous tenons à signaler toutefois plusieurs chapitres qui intéressent l'histoire du commencement de ce siècle. Ainsi les chapitres II à VII, qui nous font connaître les premiers temps de l'Ecole polytechnique, et les chapitres XIV et XV, où l'auteur nous donne des détails intéressants relatifs à la vie de Lamennais, de MM. de Genoude, de Rohan, de Salinis.

— M. AMÉDÉE LEBLANC, professeur de l'Université en congé, vient de publier une traduction nouvelle du poème du cardinal NEWMAN qui a pour titre *le Songe de Gérontius*. Déjà le bibliothécaire de Caen, TRÉBUTIEN, en avait publié une traduction dans le genre de celle du *Paradis perdu*, par Chateaubriand. La nouvelle traduction, moins littérale, quoique aussi exacte, sacrifie moins la langue française que la première. Le traducteur aurait gagné encore à ne pas marquer par un *alinea* chaque vers. Cette coupure de la phrase, sans interruption du sens, ne laisse pas d'être désagréable.

— Voici, d'après le rapport de M. Durand député (Budget de 1883), l'état actuel des catalogues de la Bibliothèque nationale. L'impression de la table alphabétique du catalogue de l'histoire de France se continue. La partie imprimée au 1er janvier dernier comprenait environ 30,000 mentions. Les articles compris dans trois divisions historiques (G histoire générale, J histoire ancienne et K histoire d'Italie) ont été numérotés et les titres en ont été relevés avec des cartes qui forment des répertoires alphabétiques, et qui pourront être transformées en catalogues méthodiques. Un travail de même nature se fait sur la division Q (bibliographie) et sur la division X (linguistique et rhétorique). Le numérotage et le catalogue de 53,700 pièces judiciaires, telles que factums, mémoires et jugements divers, la plupart du XVIIe et du XVIIIe siècle, ont été achevés. Une collection précieuse, à plus d'un titre, est celle des impressions faites au XVIIe siècle et au XVIIIe, à l'occasion des procès de canonisation qui ont été instruits en cour de Rome. On est porté à penser qu'elle est unique ; c'est en 1862 qu'elle est entrée à la Bibliothèque, à la suite d'un échange conclu avec la Direction des Archives. Le classement et la reliure en seront prochainement terminés. Le département des manuscrits a publié le tome III du catalogue des manuscrits français, qui comprend 820 manuscrits, et achevé le rangement de la collection Joly et Fleury. Cette collection, si riche en informations sur l'histoire de France et sur l'administration française au XVIIIe siècle, ne forme pas moins de 2,555 volumes, dont l'inventaire vient d'être imprimé. Le classement et le numérotage des pièces originales du cabinet des titres, commencés en 1876, se sont poursuivis avec activité. A la fin de 1881, 51,362 dossiers, renfermant environ 600,000 pièces, étaient constitués et répartis en 2,271 gros volumes. L'inventaire général des médailles a été continué ; au 1er janvier 1882, il comprenait 145,648 articles. Le département des estampes, entre autres travaux, a enfin entrepris la rédaction d'un catalogue raisonné des portraits dessinés du

XVIᵉ et de la première moitié du XVIIᵉ siècle. Près de 2,000 portraits ont pu déjà être étudiés, classés et identifiés. L'ouvrage dans lequel sont consignés ces importants résultats forme un vol. in-8° qui peut, dès à présent, être remis à l'impression.

— M. Albert Babeau prépare, pour faire suite au *Village sous l'ancien régime*, un ouvrage sur *la Vie rurale dans l'ancienne France* qui paraîtra avant la fin de l'année. Il vient de trouver le sujet d'une intéressante plaquette dans un état des lieux dressé en 1677 pour la location de la terre de Chappes (Aube) appartenant au duc d'Aumont, état qui permet de se faire une idée de ce que pouvait être *un Château et une ferme sous Louis XIV* (Bar-sur-Seine, typog. Saillard, 1882, in-12 de 8 p.).

— L'Université catholique de Louvain a récemment décerné le titre de docteur en sciences politiques à M. Claudio Jannet, professeur d'économie politique à l'Institut catholique de Paris.

— Dans le dernier cahier de son *Bulletin d'archéologie chrétienne* (1882, fasc. I-II), M. de Rossi traite au long du cimetière de Saint-Hippolyte où se font en ce moment des fouilles méthodiques. Examinant d'abord les documents relatifs à cette nécropole, M. de Rossi en détermine l'emplacement précis, le nom primitif (*coemeterium Hippolyti*), les sanctuaires principaux. Il établit que le prêtre Hippolyte, dont le tombeau était vénéré en cet endroit au IVᵉ et au Vᵉ siècle n'est pas un personnage distinct du martyr homonyme dont la légende de saint Laurent a fait un officier de la milice palatine du temps de l'empereur Dèce. C'est une transformation de personnes, comme il y en a tant d'exemples dans la littérature hagiographique. — La célèbre crypte d'Hippolyte, visitée et minutieusement décrite par Prudence (*Perist.* XI), a été retrouvée, en ruines, bien entendu, et dépouillée de tous ses ornements. Elle avait du reste été entièrement dévastée à deux reprises pendant la guerre des Goths, au VIᵉ siècle ; des fragments d'inscriptions damasiennes ont été recueillis dans les décombres, mais ils sont trop menus pour donner un sens. Ce que l'on a trouvé de plus important, ce sont des fragments d'une inscription du VIᵉ siècle, commémorative des restaurations exécutées par un prêtre André, sous le pape Vigile, après les ravages des Goths. M. de Rossi, avec sa sagacité habituelle et son expérience consommée du style épigraphique de ce temps, est parvenu à la restituer à peu près complètement. — Une vue de la crypte est jointe à cet intéressant mémoire. — Le cahier se termine par un petit article sur l'inscription d'Hiéropolis en Phrygie dont j'ai déjà parlé dans le *Bulletin critique* du 15 août dernier. — La traduction française de ce double fascicule est en ce moment sur lepoint de paraître. **L. D.**

— Notre collaborateur, M. T. de Larroque vient de publier deux plaquettes qui méritent d'être signalées. La première, tirage à part à 75 exemplaires de la *Revue des Bibliophiles*, est la reproduction, avec une savante préface, d'une relation « d'une insigne rareté », non signalée par Lelong, ni Brunet, ni personne. C'est l'*Entrée du Roy Charles IX à Bordeaux, avec les Carmes latins qui lui ont esté présentes et au Chancelier*, imprimée en 1565. Outre le curieux avertissement on remarquera les notes : M. T. de Larroque nous a habitué depuis longtemps en ce genre à la perfection. Aussi cette plaquette contentera non seulement les « curieux du Sud-Ouest », mais tous les amateurs de raretés historico-bibliographiques, et, ajoutons-le, tous les bibliophiles ; car rarement une plaquette a été imprimée avec un soin, une élégance, un luxe de meilleur goût, toutes choses qui font honneur à l'éditeur et à l'auteur.

— La seconde pièce que vient de donner M. T. de Larroque est l'*Oraison funèbre du P. Gassendi, par N. Taxil...* publiée avec divers documents inédits, tirage à part des *Annales des Basses-Alpes*. M. T. de Larroque, on le sait, prépare depuis des années, une importante publication sur le célèbre Peiresc. Mais les amis du grand humaniste d'Aix ne sont point oubliés, et font l'objet de toute une série d'études de moindre importance qui se grouperont autour du travail principal. Plusieurs ont déjà paru, que nous avons signalées à leurs dates. Celle que nous faisons connaître aujourd'hui est sans contredit l'une des plus curieuses. Outre l'oraison funèbre elle-même, « d'une touchante naïveté, » outre les savantes notes de M. T. de Larroque et de quelques collaborateurs dignes de lui, on y trouvera huit lettres de Gassendi relatives aux procès qu'il soutint au nom du chapitre dont il faisait partie, et quelques autres documents *Gassendistes* fort intéressants. Nous en avons assez dit pour attirer sur cette nouvelle publication de notre savant collaborateur l'attention de nos lecteurs.

— M. l'abbé Arbellot, connu par d'estimables travaux historiques, a publié récemment une brochure sur le P. Gabriel Ruben de l'Oratoire. (Paris, Haton, in-8° de 20 pages.) Le P. Ruben (1620-1693) fut un disciple du P. Lejeune, dont il prononça l'Oraison funèbre. Il passa sa vie, comme son maître, à donner des missions aux nouveaux convertis, lesquels, comme le remarque exactement M. Arbellot, « avaient plus de confiance aux missionnaires de l'Oratoire qu'à ceux des autres corps. »

— On nous signale une singulière coïncidence. Le numéro de septembre dernier du *Contemporain* publie, par un M. J. V., une lettre de Godeau, tirée d'un manuscrit « *complètement inédit* » du P. Bougerel, de l'Oratoire. Or, dans la *Notice biographique et bibliographique* du P. Bougerel, parue il y a *trois mois*, — ouvrage curieux dont l'auteur se cache derrière une devise où nous croyons reconnaître le P. Ingold, — cette lettre « complètement inédite » pour M. J. V., se trouve reproduite tout au long, pages 147-149. Publier de l'inédit est fort à la mode, mais gare à de pareilles surprises.

— Le tome II de l'*Histoire de Charles VII*, par M. de Beaucourt, paraîtra dans la dernière quinzaine d'octobre ; il contiendra l'exposé des événements jusqu'à la conclusion du traité d'Arras, en 1435.

— La librairie Firmin-Didot vient de faire paraître la troisième édition de *Geoffroi de Ville-Hardouin, conquête de Constantinople*, avec la continuation de Henri de Valenciennes, texte original, accompagné d'une traduction par M. Natalis de Wailly, membre de l'Institut.

— Le professeur Kovaleski, de Moscou, a trouvé au *British museum* des documents, inconnus en Russie, sur les relations entre l'Angleterre et la Russie, à l'époque de Pierre le Grand. Il a complété son travail de recherches en Espagne. Il compte le publier bientôt.

— La *Revue d'histoire nobiliaire et d'archéologie héraldique* vient de faire paraître sa troisième livraison. Les titres des principaux articles qui ont paru dans les premières livraisons, donneront une idée exacte du plan et du but adoptés par la direction : *Epigraphie héraldique de deux cantons de la Nièvre*, par le comte de Sornay. — *La maison de Dampierre en Astenois*, par M. A. de Barthélemy. — *Un procès-verbal d'information pour l'ordre de Malte.* — *Une bibliothèque de ministre*, par M. le comte de Marsy. — *L'Ordre de Saint-Michel.* — *La chapelle du château de Tallard*, par M. J. Roman. — *Le marquisat de Bréval*, par M. L. Sandret. — *Ch.-N. Lecat*, par M. Pawlowki. — *Usages nobiliaires*, par M. le comte de Marsy. — *Domaine de Calais.* — *Droits féodaux d'Echénay*, par M. le marquis de Pimodan.

— Une revue mensuelle, intitulée *Gallia*, et dirigée par le docteur Adolf Kressner, s'est fondée à Cassell. *Gallia* s'occupera exclusivement de la littérature française ancienne et moderne.

— Il vient de paraître, à Berlin, une histoire du livre chez les anciens, par M. Theod. Birt.

— On publie à Londres un nouvel ouvrage de M. Munro, qui intéresse les études grecques. C'est une *Grammaire du dialecte d'Homère:* l'auteur y fait voir les différences avec la syntaxe attique, et étudie spécialement le vers hexamètre, et les règles de la quantité des syllabes.

— ACADÉMIE DES INSCRIPTIONS ET BELLES-LETTRES. — *Séance du 18 août.* — M. DE LA BLANCHÈRE, professeur à l'école supérieure des lettres d'Alger, expose les résultats de sa mission dans le sud de la province d'Oran. Il a exploré les *Djedar*, pyramides quadrangulaires, reposant sur un soubassement carré, et qui existent au nombre de dix, à la limite des hauts plateaux et du Tell. Une porte, s'ouvrant dans la façade, donne accès à des couloirs et à des chambres dont la distribution est assez compliquée ; les chambres sont fermées par des pierres qui glissent ou roulent dans des rainures. Des matériaux enlevés à d'autres monuments ont servi à la construction de plusieurs *Djedar*; sur un fragment, on lit : ADIABENICVS PARTHICVSM. A l'intérieur sont des sculptures et des peintures très imparfaites, dont les emblèmes chrétiens rappellent les monuments des Ostrogoths et des Lombards en Italie. Les *Djedar* sont, suivant M. de la Blanchère, les tombeaux, construits du vᵉ au viiᵉ siècle de notre ère, pour une dynastie chrétienne indigène, qui aurait régné en Mauritanie entre les dominations romaine et musulmane. M. Heuzey, développant ce qu'il avait seulement indiqué dans sa lettre à l'Académie, démontre que, antérieurement à Goudea, *gouverneur* de Sirtella, cette ville avait été gouvernée par une dynastie de *rois* autonomes dont une liste chronologique a pu être dressée : 1° Hal-Dou, père du roi, peut-être roi ; Our-Nina, fils de Hal-Dou ; 3° Kour-Gal, fils de Our-Nina. M. Heuzey fait circuler des monuments, à l'aide desquels il détermine les caractères distinctifs d'un art archaïque, correspondant à cette dynastie. — *Séance du 25 août.* — L'Académie est invitée à se faire représenter à l'inauguration de la statue de Lakanal, cérémonie qui aura lieu à Foix (Ariège) le 7 septembre. M. Deloche lit, en seconde lecture, son mémoire sur les monnaies frappées au nom de Maurice Tibère, dans plusieurs villes du midi de la Gaule. M. Ferdinand Delaunay lit un mémoire de M. Romanet du Caillaud, avocat à Limoges, sur l'origine et la date de la *lex Junia Norbana* Cette loi avait pour but de légaliser la situation d'esclaves affranchis d'une façon irrégulière, par suite d'un vice de forme dans l'affranchissement. Sans les rendre à l'esclavage, elle leur créait une condition intermédiaire, à peu près semblable à celle des latins des colonies, qui les fit appeler *latins Juniens*, du nom de l'auteur de la loi. Jusqu'à ce jour on attribuait cette loi, soit à C. Junius Norbanus, consul en 670 (= 82 av. J.-C.), soit à M. Junius Silanus et à L. Norbanus Flaccus, consuls de l'an 771. L'auteur pense, au contraire, que la loi, votée sur la proposition de M. Junius Silanus, collègue d'Auguste en 728 (= 24 av. J.-C.), fut modifiée ensuite sur la proposition de C. Norbanus Flaccus, collègue d'Auguste l'année suivante. Auguste serait, en réalité, l'auteur de la loi et l'aurait fait proposer par ses collègues. H. Thédenat.

Publications de la Quinzaine. — Catalogue des livres classiques pour la rentrée des classes 1882, in-8°. Au cercle de la librairie, 1 fr. — A. Maquet. Les Seigneurs de Marly, recherches historiques et archéologiques sur la ville et la seigneurie de Marly-le-Roi, Paris, Librairie universelle, 15 fr. — Gabriel de Mortillet. Le Préhistorique, in-12, Paris, Reinwald, 5 fr. — F. Corréard. Choix de textes pour servir à l'histoire des institutions de France, in-12, Paris, Delalain, 4 fr. — A. Baron. Le Paupérisme, ses causes et ses remèdes, in-8°, Paris, Sandoz et Thuillier, 6 fr. — J. Halévy. Essai sur les inscriptions de Safa, in-8°, Paris, Maisonneuve, 15 fr. — J. Halévy. Documents religieux de l'Assyrie et de la Babylonie. Texte assyrien en caractères hébreux, traduction et commentaire. 1ʳᵉ partie, texte complet et une partie de la traduction et du commentaire, in-8°, Paris, Maisonneuve, 12 fr. — Napoléon Peyrat. Histoire des Albigeois. I. La civilisation romane. II et III. La croisade, 2 vol. in-8°, Paris, Fischbacher, 15 fr. — Jules Lepetit. Bibliographie des éditions originales d'auteurs français du xvᵉ au xviiiᵉ siècle, contenant la reproduction en fac-similé des titres de leurs principaux ouvrages, in-8°, Paris, E. Maillet, 30 fr. — J. Vianney. Sermons, 4 vol. in-12. Lyon, Vitte et Perrussel. — Duncker, M., Geschichte d. Alterthums. 6. Bd. 3-5. Aufl. Leipzig, Duncker et Humblot. 13 m. — Ebrard. A., Bonifatius, der Zerstörer d. columbanischen Kirchentums auf dem Festlande. Gütersloh, Bertelsmann. 4 m. — Destinon. J. v., die Quellen d. Flavius Josephus. I. Die Quellen der Archäologie Buch XII-XVII = Jüd. Krieg B. I. Kiel, Lipsius et Tischer. 3 m. — Scholz. A., Commentar zum Buche d. Propheten Hoseas. Würzburg, Woerl. 4 m. — Marquardt, J., S. Cyrillus Hierosolymitanus, baptismi, chrismatis, eucharistiae mysteriorum interpres. Leipzig, Peter. 2 m. — Corpus scriptorum ecclesiasticorum, editum consilio et impensis academiae litterarum caesareae Vindobonensis. Vol. VI. Wien (Gerold's Sohn), 15 m. Magni Felicicis Ennodii opera omnia recensuit et commentario critico instruxit W. Hartel. — Krones R. v. Marchland. F., Grundriss der österreichischen Geschichte m. besond. Rücksicht auf Quellen- u. Literaturkunde. Wien, Hölder. 14 m. 40. — Vivenot. A. Ritter v., Quellen zur Geschichte der deutschen Kaiserpolitik während der französischen Revolutionskriege 1790-1801. Fortgesetzt v. der kaiserl, Akademie der Wissenschaften durch H. Ritterv. Zeissberg. 3. Bd. [1793-1797]. 1. Bd. Anfänge d. Ministeriums Thugut [Mai bis Decbr. 1793] Wien, Braumüller. 12 m. — Evers. G. F. C., Analecta ad fratrum minorum historiam. Leipzig, Böhme. 2 m. 40. — Horatii Flacci, Q., carmina. Oden u. Epoden, Mit

Anmerkgn. v. L. Mueller. Giessen. Ricker. 2 m. 40.—PLAUTI. T. M., comoediae. Rec. et ennarravit. J. L. Ussing. Vol. IV. pars 1, Militem gloriosum et Mercatorem continens. Havniae (Leipzig, T. O. Weigel), 10 m. —RING. M., altlateinische Studien. Pressburg, Steiner. 4 m. — FRICKE, Metaphysik u. Dogmatik in ihrem gegenseitigen Verhältnisse, unter besond. Beziehg. auf die Ritschl'sche Theologie. Vortrag. Leipzig, Hinrich's Verl. 80 pf. — DIEZ. F., Leben u. Werke der Troubadours. Ein Beitrag zur nähern Kenntniss d. Mittelalters. 2. Aufl. v. K. Bartsch. Leipzig, Barth. 10 m. — GRAETZ. H., kritischer Commentar zu den Psalmen, nebst Text u. Uebersetzg. 1. Bd. Breslau, Schottländer. 12. —; geb. 13 m. 50. — NEUMANN. C., Bernhard v. Clairvaux u. die Anfänge des 2. Kreuzzuges. Heidelberg, C. Winter. 1 m. 20. — BRAUTIGAM, L., Leibniz u. Herbart üb. die Freiheit d. menschlichen Willens. Heidelberg, Weiss' Verl. 1 m. 20. — DACHSEL, A., die Epistel St. Pauli an die Römer, ausgelegt. 2. Aufl. Leipzig, J. Nauman. 2 m. — BOOK OF ADAM AND EVE, also called the Conflict of Adam and Eve with Satan : a Book of the Early Eastern Church. Translated from the Ethiopic with Notes from the Kufale Talmud, Midrashim, and other Eastern Works. by the Rev. S. C. Malan. London Longmanns, in-8°, 7 s. 6 d. — DALE (A. W. W.) The Synod of Elvira and Christian Life in the Fourth Century : an Historical Essay, in-8°, ibid. 10 s. 6 d. — BEDFORD (W. K. R.) — The Regulations of the Old Hospital of the Knigts of St. John at Valetta. From a copy printed at Rome and preserved in the Archives of Malta. With a Translation, Introduction, and Notes explanatory of the Hospital Work of the Order, in-8°, ibid. 7 s. 6 d. — CHRONICLES OF THE REIGNS OF EDWARD I. AND EDWARD II. — Vol. I. *Annales Londinenses* and *Annales Paulini.* Edited by William Stubbs, D. D. LL. D., in-8°, ibid, 10 s. — GWATKIN (H. M.) — Studies of Arianism. Chiefly Referring to the Character and Chronology of the re-action which followed the Council of Nicaea, in-8°, ibid. 10 s. 6 d.

REVUE DES REVUES

COMPTES RENDUS

SCHEGG. *Das Todesjahr der Königs Herodes und das Todesjahr Jesu Christi* (Schenz, Literarische Rundschau, 1er septembre : l'auteur maintient, avec raison, contre le P. Riess, la date de l'an 750 U. C. comme celle de la mort d'Hérode).

LIPPERT. *Die religionen der europäischen Culturvölker* (Baudissin, Theol. Literaturzeitung, 26 août : ouvrage évhémériste).

BRUSTON. *Histoire critique de la littérature prophétique des Hébreux* (Baudissin, Theol. Literaturzeitung ; 26 août : compte rendu favorable).

DESTINON. *Die Quellen der Flavius Josephus* (Schürer, Theol. Literaturzeitung, 26 août : étude sur les livres XII-XVII des *Antiquités hébraïques* ; bon travail ; quelques résultats contestables).

DAVIDSON. *An Introduction to the study of the New Testament* (Schürer, Theol. Literaturzeitung, 26 août, refonte, dans le sens *critique*, d'un livre composé d'abord dans le sens traditionnel).

GOLUBINSKY. *Histoire de l'Église russe* [en russe] Bonwetsch, Theol. Literaturzeitung, 26 août : ouvrage important; c'est le 1er volume; il comprend la période antérieure aux Mongols).

KONIG. *Der offenbarungsbegriff der Alten Testaments* (Kautzsch, Theol. Literaturzeitung, 12 août : compte rendu défavorable).

SCHULTZE. *Die Katacomben* (A. Harnack, Theol. Literaturzeitung, 12 août : l'auteur du compte rendu n'a pas une haute idée du livre, ni, en général, des services qu'on peut attendre de l'archéologie chrétienne).

J. MARTHA. *Les Sacerdoces Athéniens* (Ch. Huit. Lettres chrétiennes, juillet-août).

Cte DE LUÇAY. *Des origines du pouvoir ministériel en France. — Les secrétaires *d'État depuis leur institution jusqu'à la mort de Louis XV.* (E. Allain. Lettres chrét., juillet-août : excellent ouvrage, rempli de faits, tres savant et très intéressant.)

FUNK. *Opera patrum apostolicorum.* — O. DE GEBHARDT, A. HARNACK, TH. ZAHN, *Patrum apostolicorum opera,* ed. maj. et minor. (E. Misset. Lett. chrét., juillet-août.)

HILD. *Aristophanes impietatis reus.* (A Martin, Revue crit., 10 juillet).

R. CAGNAT *Étude historique sur les impôts indirects chez les Romains jusqu'aux invasions des barbares.* (E. Fernique, Revue crit., 10 juillet. Excellent ouvrage.)

B. KUGLER. *Geschichte der Kreuzzüge.* (Revue crit., 17 juillet. Il serait à souhaiter que quelque érudit français fît de même un bon résumé de l'histoire des croisades pour remplacer la mauvaise compilation de Michaud. M. Kugler diffère sur quelques points de détail de l'opinion de M. Riant).

C. DOUAIS. *Les Sources de l'histoire de l'Inquisition dans le midi de la France aux XIIIe et XIVe siècles.* (A. Molinier. Revue critique, 17 juillet. Rien de nouveau, erreurs et bévues de toute espèce, à chaque page.)

J. LAIR. *Louise de la Vallière et la jeunesse de Louis XIV.* (T. de L., Revue critique, 17 juillet. Ouvrage presque sans défauts, biographie exacte et bien écrite. Quelques corrections à faire à la prochaine édition.)

FELIX ROCQUAIN. *La Papauté au moyen âge Nicolas Ier, Grégoire VII, Innocent III, Boniface VIII.* (Paul Viollet, Revue critique, 24 juill. Œuvre historique de bon aloi. Quelques passages sont discutés par le critique).

E. GIRAUDET. *Les Origines de l'imprimerie à Tours (1467-1550).* (E. Picot, Revue crit., 31 juill. Éloge du livre.)

G. PERROT ET C. CHIPIEZ. *Histoire de l'art dans l'antiquité.* I. (P. Decharme. Revue crit., 7 août. Le premier volume annonce une œuvre capitale. Cf. Bulletin critique, II, p. 155 et 427.)

I. N. MADVIG. *Die Verfassung und Verwaltung des roemischen Staats,* tome I. (C. Jullian, Revue crit : 7 août. Ce livre s'adresse surtout aux philologues, et a pour but de faciliter la lecture des textes classiques. Madvig combat Mommsen sur un grand nombre de points. Le rapporteur cherche à concilier la *dyarchie* de Mommsen avec la *monarchie* de Madvig.)

F. GODEFROY. *Dictionnaire de l'ancienne langue française et de tous ses dialectes du IXe au XVe siècle* (A. Thomas. Revue critique, 7 août. Plan défectueux, mais travail considérable.)

CORRESPONDANCE DE L'ABBÉ GALIANI, éd. PEREY ET MAUGRAS et édit. E. ASSE. (Maurice Tourneux. Revue critique, 14 août.)

Archives de l'Orient latin, I. (A Molinier, Revue crit., 21 août. Le rapp. donne tout au long la table des matières.)

A. SCHAEFER. *Abriss der Quellenkunde der griechischen und roemischen Geschichte.* 2e Abth. *Die periode des roemischen Reichs.* (C. Jullian, Revue crit., 28 août. Livre utile. Au lieu de suivre l'ordre chronologique de la vie des écrivains, il eût mieux valu suivre l'ordre des époques qu'ils racontent. Quelques omissions.)

H. JADART. *Jean de Gerson, recherches sur son origine, son village natal et sa famille.* (Revue crit., 28 août. Livre de vulgarisation.)

A. FABRE. *La jeunesse de Fléchier.* (T. de L. Revue crit., 4 sept. Par l'intérêt du récit et la richesse des documents, les deux volumes de l'abbé Fabre méritent d'être rapprochés des deux volumes de V. Cousin sur la société au XVIIe siècle.)

Le Gérant : E. THORIN.

BULLETIN CRITIQUE

DE LITTÉRATURE, D'HISTOIRE ET DE THÉOLOGIE

62. — Excursions pédagogiques, par Michel Bréal, membre de l'Institut ; in-12, 364 p. Paris, chez Hachette.

Sous ce titre, M. Bréal publie des notes qu'il a prises lors d'un voyage scolaire en Allemagne, et où il passe successivement en revue le *Gymnase*, les *Études classiques*, l'*Examen de maturité*, l'*Éducation allemande*, les *Exercices physiques*, l'*École réale* ; suit une *Excursion en Belgique* : le livre se termine par des *Excursions en France*, qui permettent à M. Bréal de traiter de l'*Enseignement secondaire spécial*, de l'*Enseignement supérieur*, des *Réformes de 1880*, et des *Facultés des lettres*.

A cette simple énumération, nos lecteurs auront pu déjà juger comme ce livre est intéressant et combien de questions pleines d'actualité il soulève. A l'heure qu'il est, les choses d'instruction et d'éducation passionnent la France entière. Sur beaucoup des problèmes qui la divisent en cette matière, le livre de M. Bréal donne une solution. On ne peut dire que ce livre vient d'un homme incompétent. Ancien élève de l'École normale supérieure, M. Bréal n'a fait que traverser l'enseignement secondaire pour arriver enfin à cette chaire du Collège de France, où il a si brillamment créé l'étude de la grammaire comparée. Depuis quelques années M. Bréal est inspecteur de l'Enseignement supérieur. J'ajouterai que, né à Metz, il doit à son origine une grande connaissance de la langue allemande ; en racontant ce qu'il a vu dans les écoles d'Allemagne, il parle avec l'autorité d'un témoin qui sait et qui contrôle.

Sous sa plume, en effet, très habile et très souple, on voit vivre, pour ainsi dire, les *Gymnases* et les *Écoles réales* d'outre-Rhin. Le *Gymnase* est presque toujours un externat, où l'on donne la culture intellectuelle. Au lieu du proviseur qui régit nos lycées, le Gymnase a un directeur d'une valeur scientifique éprouvée, et dont la tâche administrative se rapporte surtout au maintien des études et des bonnes méthodes. Éclairé par le conseil professoral, qui fixe le choix des livres classiques et arrête le nombre et la nature des devoirs, le directeur du Gymnase est le centre de la formation intellectuelle dans sa maison. Les soucis de pur intérêt matériel ne lui incombent pas uniquement. Il veille surtout au recrutement de ses professeurs, et la situation de ceux-ci est supérieure à celle qu'on leur fait en France, soit au point de vue de leur développement intellectuel, soit au point de vue pécuniaire.

Ce qui a frappé surtout M. Bréal aux classes du Gymnase, c'est l'*extemporale*, ou le devoir fait, presque d'improvisation, en classe, sans livre ni dictionnaire. Le résultat en est une grande intelligence du grec et du latin : il est vrai que l'élégance et la pureté de l'expression en souffrent. L'*extemporale* est le triomphe de la pédagogie allemande. Aux examens du volontariat comme à l'*Abiturien-Examen*, il joue un rôle considérable.

Tout ce que dit M. Bréal sur la *Realschule* offre aussi beaucoup d'intérêt; mais son chapitre sur l'*Examen de maturité*, —qui correspond à peu près à notre baccalauréat, — est à refaire depuis le nouveau programme, qui a paru en mai dernier, programme qui soulève beaucoup d'oppositions, particulièrement en Saxe (1).

M. Bréal est évidemment très sympathique au système allemand : il en admire le plan d'études, l'organisation, l'esprit, les méthodes. Il voudrait l'importer en France. La chose est-elle possible ? Il faut l'avouer : le système a du bon, et beaucoup de bon. L'écolier allemand, à la fin de ses classes, lit couramment les auteurs grecs, même Platon et Aristote : il se joue avec les difficultés de la langue latine. Il connaît suffisamment les mœurs et les habitudes des anciens. Pour lui, l'antiquité est un monde où il a vraiment vécu, et les connaissances historiques et artistiques qu'il emporte du Gymnase lui rendent facile l'appréciation des monuments que nous ont laissés les Grecs et les Romains.

A ce bagage, qui n'est point sans valeur, se joint l'usage ou la connaissance de plusieurs langues vivantes, surtout du français et de l'anglais, et la langue allemande a été aussi étudiée dans ses œuvres et son développement historique.

Ces résultats sont immenses, et pourtant je ne fais point ici un roman ; ce sont des choses que j'ai souvent constatées en Allemagne. Mais pouvons-nous et devons-nous donner à notre système d'études la direction dont l'Allemagne est aujourd'hui si fière, et que M. Bréal prône presque sans restriction ?

(1) Cf. la *Philologische Wochenschrift*, nᵒˢ 27 et 28. — Voyez aussi l'*Athenæum* du 10 juin.

Un peuple est comme un individu : il a son tempérament et son caractère. Si la première loi de l'hygiène est d'approprier à la constitution physique de l'individu les conditions de milieu, de nourriture et de travail, il en est de même pour la santé intellectuelle et morale d'une nation ; d'autant plus qu'un peuple doit compter avec ses traditions. Or, en consultant l'histoire, on arrive bientôt à se convaincre que l'Allemagne est surtout un pays *utilitaire,* et la France une nation *artistique.*

En Allemagne, on élève les enfants pour en faire un jour des hommes qui apportent du *profit* au pays : chez nous, jusqu'ici, on les dressait pour augmenter l'honneur et la gloire de la France ; car ce n'est pas impunément qu'on est le fils d'un xviiᵉ et d'un xviiiᵉ siècle ; et ce n'est pas impunément que l'on compte parmi ses ancêtres Pascal, Bossuet, Corneille, Racine, La Fontaine, Chateaubriand. Qu'arrive-t-il ? C'est que l'Allemand qui écrit n'a point *de style.* On cite quelques poètes modernes : mais où sont les prosateurs ? La langue allemande, depuis trente ans, n'a point produit d'œuvre durable, ni même remarquable. La lecture des ouvrages les plus recommandables par les connaissances historiques, ou par la critique, ou par l'exégèse, a quelque chose de pénible. Véritable caméléon, cette langue se transforme au gré de chaque écrivain qui peut créer, forger des mots nouveaux, en emprunter aux idiomes voisins. Aujourd'hui les Allemands eux-mêmes — j'ai entendu à ce sujet des aveux précieux — ne lisent que difficilement certaines de leurs revues les plus estimées.

Croit-on que nous gagnerons beaucoup à changer nos qualités d'esprit ? Jusqu'alors le but suprême d'études bien faites, chez nous, était de mieux connaître notre langue et notre littérature. Français, enfants du xixᵉ siècle, il ne nous était point permis d'ignorer les Grecs et les Romains. Mais on pensait qu'avant de familiariser nos élèves avec les mille détails de la vie des anciens, avec les lois morphologiques et syntactiques des langues de Rome et d'Athènes, on devait affiner leur goût, développer leur sentiment du beau, diriger leur imagination, rendre leur âme sensible aux nuances les plus délicates de la pensée. J'admets que nous connaissions moins bien Platon, Aristote, Thucydide, Plaute ou Tacite ; mais, comme nous étions nourris de nos maîtres du xviiᵉ et du xviiiᵉ siècle, nous retrouvions en eux et par eux l'héritage de la pensée antique, qu'ils avaient comme absorbée. En fréquentant Descartes, Bossuet et Malebranche, je rencontre Platon, Aristote, saint Augustin. Dans Racine, je reconnais Euripide et Virgile ; Sophocle dans Corneille ; Aristophane, Plaute et Térence dans Molière. La belle conquête que nous aurons faite, lorsque nos rhétoriciens sauront distinguer les différences qui séparent la sculpture de Kalamis de celle de Polyclète, et diront quand un temple est *prostyle* ou *amphiprostyle, systyle ou diastyle,* mais ne distingueront plus le vers de Racine de l'hexamètre de Voltaire ! D'autant plus qu'aux beaux jours de la véritable éducation française, le souci de l'archéologie allait de front avec les préoccupations littéraires. C'est la Révolution qui a jeté le trouble dans notre culture. Avant 1790, notre Académie des Inscriptions était sans rivale en Europe pour la connaissance de l'antiquité. Qu'on ne s'y trompe pas : la plupart des découvertes que l'Allemagne croit être siennes, sont à nous. C'est dans les *Mémoires* de nos Académies que ses savants ont trouvé l'idée inspiratrice de leurs travaux. Wolf, Bœckh, Brunck, Hermann, Ernesti ne sont que les continuateurs des Dacier, des La Rue, des Anselme et de tant d'autres. Les progrès philologiques en France n'ont pu triompher de la proscription, ni de l'échafaud, ni de l'anarchie qui s'ensuivit. C'est alors que l'Allemagne a hérité de nos académiciens, et nous a surpassés.

La question est donc celle-ci : veut-on que les jeunes Français soient vraiment des *Français ?* Il faut maintenir les anciennes méthodes dans leur ensemble. Trop innover en ce sens, c'est mentir au caractère national, briser avec un passé glorieux, fausser nos qualités intellectuelles ; rompre avec une tradition qui a bientôt trois siècles, — tradition qui fait que nos artistes, poètes, prosateurs, peintres, sculpteurs, règnent en Europe et sur le monde. A Munich, à Vienne, par exemple, on ne joue guère que les pièces de nos dramaturges. « La littérature, a dit Mérimée, donne des goûts nobles. » Si l'on substitue une éducation scientifique et utilitaire à notre traditionnelle éducation littéraire, on prépare des générations qui ne seront plus de vraies filles de la France.

Que M. Bréal et ses partisans — ils font nombre aujourd'hui dans l'Université — prennent donc garde. La jeune école philologique va déjà trop loin. Un esprit de sécheresse tout mathématique a déjà inspiré plus d'une thèse de doctorat présentée en Sorbonne. C'est l'agrégation de grammaire qui attire le plus de candidats : celle des lettres est presque abandonnée. Qu'on ne dise pas que cette dernière soit plus difficile. L'agrégation de grammaire est aujourd'hui un concours de haute philologie. Je crains seulement que cette préférence donnée à la science des mots n'indique un certain dédain pour le culte des choses de la pensée et de l'art. La morphologie étouffe l'idéal. M. Bréal est un de ceux qui ont le plus travaillé à la diffusion de ces études quelque peu sévères. Son œuvre a du succès. Pourtant la grammaire comparée ne me paraît point le dernier mot des choses humaines. Et le dirai-je ? En vantant si chaudement les institutions pédagogiques de l'Allemagne, M. Bréal obéit — inconsciemment sans doute — à son peu de sympathie pour l'Église catholique. D'où vient qu'il se tait sur l'enseignement religieux, qui pourtant est inscrit au programme officiel de chaque école allemande ? L'Université de Napoléon Iᵉʳ était l'héritière des nombreuses corporations religieuses de l'ancienne France : elle se montra très franchement idéaliste. Avec Villemain, Guizot, Salvandy et Cousin, l'Université demeura fidèle à la pensée primitive.

Ce goût des élégances, des délicatesses et des finesses du beau langage, cet effort continuel pour arriver au style, sont des fruits de l'éducation chrétienne; à travers la forme, il faut saisir et faire paraître l'idée. Si le monde intellectuel et moral est voilé, si on le supprime, l'art d'écrire devient un métier, quelque chose comme une pratique de photographe, qui reproduira les objets purement sensibles.

M. Bréal se montre franchement hostile aux écoles catholiques, dans la partie de son livre qu'il consacre à ses « Excursions en France ». Il réédite tous les lieux communs de la presse révolutionnaire contre les universités libres. « L'Université, dit-il, enseigne pour enseigner, tandis que le clergé... poursuit un autre but, qui est de consolider sa situation dans le pays et d'assurer son empire sur les esprits : il n'est donc pas surprenant qu'il vise avant tout les succès à enregistrer dans les journaux. » (P. 209 et 210.) Pourquoi M. Bréal ne permettrait-il pas aux universités catholiques de publier la statistique de leurs candidats? Est-ce que la Sorbonne, est-ce que chaque faculté de province n'envoie pas, tous les ans, au Ministre de l'Instruction publique, la liste officielle des boursiers qui ont obtenu tel ou tel grade ? M. Bréal dit : « Cette sorte de publicité... n'avait pas encore franchi l'enseignement secondaire. » M. Bréal s'imaginerait-il que l'*Institution* à laquelle la *Revue des Deux-Mondes* ouvre ses colonnes pour proclamer les candidats reçus bacheliers, admis à Saint-Cyr, etc., est dirigée par les Pères Jésuites? Croirait-il que c'est aussi en faveur d'une *Institution* ecclésiastique qu'au lendemain du Concours général, le *Figaro* et quelques autres journaux de Paris annoncent combien cette institution a remporté de prix, soit à tel lycée. soit au concours? — Le clergé, lui aussi, enseigne pour enseigner, ou plutôt pour *élever :* il fait œuvre d'éducation et d'instruction.

M. Bréal se trompe quand il nous accuse de vouloir assurer notre empire sur les esprits. Nous travaillons à des âmes, comme disait Mme de Sévigné; or l'âme est indivisible. L'Université ne s'adresse qu'à quelques-unes des facultés de l'enfant. Nous avons la prétention de façonner son âme entière : telle est la différence qui sépare les deux systèmes d'éducation.

C'est surtout contre la loi de 1850 que M. Bréal dirige ses attaques. Si le niveau des études a baissé, cette loi en est la cause. A l'heure qu'il est, la loi de 1850, qu'on n'a pas osé supprimer, n'existe plus en fait. Nous verrons donc si les études vont devenir plus fortes, si l'enseignement secondaire gagnera à la fermeture de tant de collèges libres, aux entraves que la loi sur les grades, déjà votée par la Chambre des députés,

apporte aux autres établissements qu'on a conservés. M. Bréal se promet
des merveilles des nouveaux programmes, qu'il a, pour une si grande
part, formulés et fait adopter. Un prochain avenir montrera les tristes
résultats du plan d'études actuel. Il n'est pas, dans l'Université, un
seul esprit sérieux qui n'ait déjà constaté combien, depuis la réforme de
M. Ferry, nos élèves ont perdu, sans qu'il soit possible de préciser ce
qu'ils ont gagné.

Est-ce à dire que M. Bréal n'ait pas souvent raison dans ses appréciations? Je me rallie à lui quand il demande la réforme du baccalauréat,
la suppression des internats, l'achèvement de la réorganisation de nos
facultés de lettres ?

En tout cas, son livre doit être lu et médité par tous les hommes qui
ont à cœur l'éducation nationale.

Je terminerai en exprimant un regret : c'est qu'il ne se crée pas assez
de revues catholiques pour les questions d'enseignement. Dans l'Université, on a la *Revue internationale de l'Enseignement supérieur*,
où il y a souvent de bonnes choses à prendre ; on a les *Bulletins*,
publiés par la librairie Dupont. En Allemagne, les journaux de pédagogie
sont nombreux. Nous n'avons, en France, que le *Bulletin de la Société
d'Éducation* ; c'est insuffisant. Au XVIIe et au XVIIIe siècle, les *Méthodes,*
les *Traités des études* ont presque universellement des prêtres ou des
religieux pour auteurs.

Dans ces œuvres, si oubliées, que de renseignements, que d'aperçus
qu'il serait utile de mettre en lumière ! La *Revue internationale* ne
publiait-elle pas dernièrement quelques pages d'un livre excellent du
P. Lami ? C'est à nous catholiques, que revient de droit cette tâche.

PAUL LALLEMAND.

---

63. — **Cyprian von Antiochien**, und die deutsche Faustsage, von
   Th. Zahn. Erlangen, Deichert, 1882 ; in-8° de 153 pages.

Le travail de M. Th. Zahn présente une certaine analogie avec celui de
M. Aubé sur saint Polyeucte. Dans l'un comme dans l'autre il s'agit d'une
ancienne légende chrétienne appropriée au théâtre moderne. L'appropria-
tion est évidente et immédiate dans le *Magico prodigioso* de Calderon,
qui a travaillé sur le texte de la *Légende dorée*. Quant au *Faust* de Gœthe,
s'il a réellement quelque parenté avec le magicien converti d'Antioche,
c'est une parenté fort éloignée. M. Zahn remarque avec raison que, dans
la légende du XVIe siècle, le docteur Faust finit tout autrement que
Cyprien : l'un va en enfer, l'autre en paradis. Gœthe, il est vrai, modifiant ici son thème, est parvenu à sauver le héros ; mais c'est un salut
sans repentir et sans expiation ; il s'en faut bien que cette variante soit

un retour au vrai sens de la légende antique. Mais laissons ces considérations de critique littéraire et abordons les questions plus positives qui regardent le texte de la légende et sa valeur historique. Aussi bien c'est la partie principale du livre.

Au delà des remaniements de la *Légende dorée* et de Métaphraste, au delà des traductions en latin et en syriaque, nous rencontrons, vers le milieu du v⁰ siècle, une rédaction grecque, divisée en trois livres. Dans le premier, on raconte comment le magicien Cyprien chercha, par l'intermédiaire des démons, à séduire le cœur de la vierge Justine, comment celle-ci triompha des artifices du malin par la prière et le signe de la croix, comment Cyprien, scandalisé de l'impuissance des esprits mauvais, se convertit, reçut le baptême et finit par devenir évêque. Le second livre n'est autre chose qu'un long récit de sa vie passée, adressé aux fidèles, en forme de confession publique, la nuit de son baptême. Le troisième est l'histoire de son martyre. Ces trois livres furent paraphrasés en vers par la célèbre, savante et romanesque Athénaïs-Eudoxie, femme de l'empereur Théodose II, vers le milieu du v⁰ siècle. Le premier et le troisième forment une histoire à peu près continue. Le second se tient tout seul ; certains détails indiquent un auteur différent de celui des deux autres ; il a d'ailleurs circulé isolément, même en latin ; c'est ainsi qu'on le trouve au catalogue des apocryphes, dans le décret, dit de Gélase, *de recipiendis et non recipiendis libris*. En somme, on peut distinguer deux rédactions, celle du livre II, qui devait être accompagnée d'un petit texte narratif, et celle des livres I et III, un peu postérieure à la première.

Pour le fond des choses, la légende est antérieure à l'année 379, car on la trouve déjà citée, comme texte écrit, dans un discours de saint Grégoire de Nazianze prononcé cette année à Constantinople. C'est dans ce discours que se rencontre la fameuse confusion entre saint Cyprien de Carthage et saint Cyprien d'Antioche. Cette confusion a été faite aussi par Prudence. Deux auteurs graves et anciens s'accordant sur une identification comme celle-ci, on est tenté de se demander si cette identification ne leur est pas antérieure, et si le magicien converti d'Antioche n'est pas une simple transformation du grand évêque africain. Celui-ci, on le sait, s'accuse lui-même d'avoir été un ennemi de l'Église jusqu'au moment de sa conversion. N'est-il pas possible que l'imagination ait transformé la simple attitude hostile d'un rhéteur païen à l'égard de l'Église chrétienne en une vie passée à servir le démon et à rechercher, sous sa conduite, le secret des choses de ce monde ? D'ailleurs si le livre II de la légende, la Confession de Cyprien, ne présente aucune trace de cette identification, le livre III et même le livre I contiennent des traits empruntés à la vie de l'évêque de Carthage. On donne à Cyprien d'Antioche un évêque Optat pour prédécesseur; on le représente comme un adversaire de Novatus; on parle de ses lettres, etc. Il y a même quelque chose de plus. L'Église grecque n'a jamais fêté qu'un seul Cyprien; c'est assez dire qu'elle n'a pas distingué deux saints, l'un de Carthage, l'autre d'Antioche. On ne sait à quel jour de l'année les fidèles de Constantinople célébraient cet anniversaire au temps de saint Grégoire de Nazianze; plus tard, ce fut le 26 septembre; plus tard encore, ce jour étant occupé par une des fêtes de saint Jean l'Évangéliste, saint Cyprien fut reporté au 2 octobre. De même, en Occident, le *natale Cornelii et Cypriani* a été transféré du 14 au 16 septembre à cause de la fête de l'Exaltation de la sainte Croix. Qui sait si cette fête, orientale d'origine, n'avait pas donné lieu aux Grecs eux-mêmes de transférer saint Cyprien du 14 au 26 ?

Cependant M. Zahn maintient la différence des deux Cypriens. Suivant lui, la légende du magicien s'est formée indépendamment du souvenir de l'évêque de Carthage, et ce n'est que plus tard qu'on l'y a rattachée. Une histoire de séduction par la magie, que rapporte Théodoret (*Hist. relig.* 13) et qui s'est passée à Antioche vers le milieu du IV⁰ siècle, lui paraît être le point d'appui de toute la légende. Le magicien Cyprien lui rappelle les théurges néoplatoniciens de l'école de Jamblique. Les noms mêmes des héros du drame disent quelque chose à son esprit toujours si complaisant aux conjectures.

Avant de le suivre sur ce terrain et d'admettre la distinction des deux Cypriens, je voudrais voir étudiée la question du tombeau. Il est assez rare que les légendes, même les plus invraisemblables, ne soient pas exactes sur la topographie des sépultures. Comme elles sont nées, pour la plupart, autour des tombes saintes, il est naturel qu'elles en indiquent sûrement la place. Ici, rien de pareil. Cyprien, évêque d'Antioche, est martyrisé à Nicomédie. Des marins romains se trouvent là par hasard : ils réussissent à s'emparer de son corps et le transportent à Rome. Là, une matrone appelée Rufina l'enterre au forum de Claude, situé sur une hauteur, au milieu de la ville. Cette topographie est absolument fantastique. Il n'y a jamais eu à Rome de forum de Claude, et on n'y a jamais eu conscience, du moins avant le milieu du XII⁰ siècle, de posséder le corps de saint Cyprien. On peut donc soupçonner que le légendaire, embarrassé d'indiquer en Orient le tombeau du martyr, aura imaginé cette translation en Occident.

Dépourvue de toute attache monumentale, l'histoire de Cyprien d'Antioche flotte un peu en l'air, il faut bien l'avouer. Vraisemblable, elle l'est assurément. Le III⁰ et le IV⁰ siècle sont remplis de magiciens : c'est dans la magie que se réfugie le polythéisme aux abois, et avec lui la philosophie mystique des platoniciens. Ces gens là ont fini par se convertir comme les autres. Ils ont pu faire de bons chrétiens, même de bons évêques. La légende de Cyprien symbolise, selon le goût et les croyances du temps, ces conquêtes spéciales de la grâce du Christ. Mais c'est précisément la vraisemblance qui excite ici mes doutes ; je crains d'avoir affaire à un de ces universaux qui n'ont point d'existence concrète. Sans exiger qu'on me montre la place de saint Cyprien dans le catalogue épiscopal d'Antioche, je serais plus rassuré si on le signalait dans quelque ancien calendrier et surtout si l'on retrouvait son tombeau. Sa légende toute seule était trop facile à trouver ; l'attraction exercée sur elle par le grand nom de Cyprien de Carthage s'explique trop aisément. Quant à la rattacher à l'histoire du moine Macédonius dont parle Théodoret, c'est une conjecture plus que hardie. Peu de personnes admettront, je crois, qu'un fait postérieur à l'année 350 ait pu donner lieu, moins de trente ans après, à une légende aussi développée que celle que saint Grégoire de Nazianze eut sous les yeux.

En finissant, je ferai remarquer combien il est juste que ces vieilles légendes des saints intéressent les savants en apparence les moins disposés à les accepter et à leur rendre un culte. Ces histoires merveilleuses ont eu, sur l'instruction religieuse et morale du peuple, depuis l'antiquité jusqu'à ces derniers siècles, une influence plus directe et souvent plus profonde que les grandes œuvres des docteurs et des théologiens. Elles mériteraient d'être l'objet, non pas seulement de monographies isolées, comme celles de M. Usener, de M. Aubé, de M. Zahn, mais d'études générales et comparatives. Du rapprochement jaillirait la lumière ; on verrait se révéler bien des expressions peu connues de l'idéal chrétien, bien des sources de poésie. L'histoire, la sévère histoire, aurait elle-même un grand profit à tirer de ces légendes, désormais classées, ramenées à leurs dates et à leurs lieux d'origine. Quelques saints rentreraient peut-être les uns dans les autres, comme les saints Cyprien et les saints Hippolyte ; mais d'autres se dédoubleraient ; et d'ailleurs, du moment où la vérité y gagnerait quelque chose, le diable arriverait difficilement à n'y perdre rien.

M. Zahn publie en appendice le texte grec, jusqu'ici inédit, du premier livre de la légende. Les trois parties sont réunies dans une traduction allemande de l'ensemble, accompagnée de notes critiques et exégétiques. L. DUCHESNE.

64. — **Histoire du Véritable Saint-Genest**, par Léonce Person, 1 vol. in-12, 103 pages, Léopold Cerf, 1882.

65. — **Histoire du Venceslas**, par Léonce Person, 1 vol. in-12, 148 pages, Léopold Cerf, 1882.

« Les sources où a puisé Rotrou sont si nombreuses et si variées, disait Guizot, les originaux qu'il a imités nous sont devenus si étrangers qu'on ne peut prétendre à les découvrir tous, et à démêler dans les ouvrages du poète français ce qui lui appartient réellement ». Ces difficultés n'ont pas découragé un professeur distingué, M. Person, qui a essayé de soulever le voile au moins sur quelques points, et s'est attaché à éclaircir les origines et l'histoire du *Saint-Genest* et du *Venceslas*.

C'est dans les martyrologes qu'on trouve d'abord rapportée la conversion subite d'un comédien païen devenu martyr, et canonisé au VIIIe siècle sous le nom de *sanctus Genesius*. Déjà très populaire au moyen âge, ce saint avait fait le sujet d'un mystère, dont M. Person nous donne d'intéressants extraits (1). Lope de Véga à son tour s'était emparé de ce thème et en avait tiré *Lo Fingido Verdadero* (2)... *muerte y martirio de san Gines* : c'était « un vaste tableau d'histoire romaine » où le vrai et l'imaginaire, le naïf et le raffiné, le profane et le sacré se mêlaient avec une liberté tout espagnole ; M. Person en fait d'ailleurs une rapide analyse et en cite d'assez nombreux extraits (texte et traduction). Enfin en 1645 Desfontaines avait fait paraître l'*Illustre comédien, ou le Martyre de Saint-Genest*, pièce assez faible qui rappelle par trop indiscrètement quelques scènes de *Polyeucte*, et dont le dénouement bizarre ne relève pas la médiocrité. — Il est peu probable que Rotrou ait connu le mystère de *Saint-Genis*, et il ne s'est guère servi de Desfontaines : c'est aux hagiographes et surtout à Lope de Véga qu'il a demandé le plan de sa tragédie. Mais, tout en empruntant la conception générale et de nombreux détails, il a su rester lui-même. Ainsi il rejette toute la partie profane qui ouvre la tragi-comédie espagnole ; plus réservé même que Corneille dans *Polyeucte,* il ne laisse place dans sa pièce à aucune intrigue amoureuse ; enfin il concentre l'intérêt non plus, comme dans Lope de Véga, sur le baptême du néophyte, mais sur son martyre et sur les épreuves morales qui traversent sa con-

(1) *Lystoire du glorieux corps saint Genis,* à XLIII personnages, Bibliothèque nationale, fonds français, n° 12537.

(2) Littéralement *Le simulateur véridique.* Cette opposition entre les sentiments *joués* et les sentiments *réels* avait déjà été indiquée par Baronius (Verum repraesentat ex ficto) et par le Mystère : « Nous cuydions que ce feust à feintise, mais il le fait à bonnes certes. » Elle revient à chaque instant sous la plume de Rotrou :

> D'*effet* comme de *nom* je me trouve estre un autre,
> Je *feints* moins Adrian que je ne le *deviens*. (II, 4.)
> Il s'agit d'*imiter* et non de *devenir*. (II, 4.)
> Sa *feinte* passeroit pour la *vérité* mesme. (IV, 7.)
> Ce *jeu* n'est plus un jeu, mais une *vérité* (IV, 7.)
> D'une *feinte* en mourant faire une *vérité*. (V, 7.)

Cette idée entre-t-elle pour quelque chose dans le choix du titre : *Véritable saint Genest?* C'est tout à fait improbable : j'aime mieux croire, avec M. Person, que Rotrou s'est tout simplement conformé à l'usage qui avait cours alors, d'accoler cet adjectif aux titres de pièces qui avaient déjà et récemment servi.

version et précèdent le suprême sacrifice. On voit que *son imitation n'est pas un esclavage*, et que son œuvre est bien à lui (1).

« L'histoire du *Venceslas* est plus connue mais en revanche plus longue que celle du *Véritable saint Genest* » (p. 9.). Dès 1722, le *Mercure de France* avait publié une lettre anonyme qui signalait la pièce espagnole de Don Francisco de Rojas *No ay ser padre siendo rey* (2), et en 1823 le savant philologue Raynouard en donna une brève analyse dans le *Journal des savants*. Après avoir montré que ce sujet compliqué convenait merveilleusement au génie de Rotrou, qui affectionnait singulièrement « les incidents, les péripéties, les intrigues amenées par un déguisement des personnages » et « une erreur sur la personne » (p. 22), M. Person analyse la pièce espagnole (p. 29-48), fait ressortir les imitations et les divergences, et compare scène par scène la *Troisième journée* aux actes IV et V de la tragédie française (p. 49-63). Il termine par de « courtes réflexions » sur les caractères et rend pleine justice à cette fière « création de Rotrou » qui a nom Ladislas, ce prince « terrible en ses colères comme un comte de Charolais, ou comme un duc de Bourgogne qui n'aurait pas eu son Beauvillier ou son Fénelon » (p. 64). A cette étude purement littéraire M. Person a joint un *historique* qui ne manque pas d'attrait : série des représentations au XVIIᵉ siècle (p. 66); reprise du *Venceslas* en 1759, et lutte de corrections entre Marmontel et Colardeau (p. 70-78); nouvelle reprise sous l'empire avec Talma dans le rôle de Ladislas, et critiques du terrible Geoffroy (3) contre Rotrou et la prétendue *immoralité* de sa pièce (p. 79-89), etc... — Dans un appendice final M. Person a eu l'heureuse idée de réimprimer les *Notes critiques et biographiques* qu'il avait récemment publiées sans les mettre dans le commerce. Ces Notes, *revues et augmentées*, rétablissent les faits avec une rigoureuse précision : le ch. I fixe le nombre des enfants de Rotrou, la date de son inhumation et la généalogie de sa famille ; les ch. II et III sont consacrés à la critique des « légendes se rapportant à la vie privée de Rotrou » et des écrits apocryphes qu'on lui attribuait. Mentionnons aussi des pages instructives sur les « œuvres

(1) Signalons encore dans ce volume quelques pages intéressantes, mais peu à leur place, sur la tragédie de *Cosroès* (p. 19 sq.) et sur l'origine probable du *trafic* de Corneille avec les Espagnols (pp. 12, 13).

(2) « On ne peut être père et roi » ou, comme traduit M. Alphonse Royer, « Il n'y a pas à être père quand on est roi ». Rotrou semble avoir adopté le premier sens quand il met ce vers dans la bouche de Ladislas :

Si vous ne pouvés estre et mon père et mon roy (v, 9).

(3) Geoffroy osait résumer ainsi son opinion : « Venceslas a des grâces à rendre à sa vieillesse : s'il était né de nos jours, il eût été berné... Quelques belles situations qui sortent d'un amas de folies ; un beau caractère, encore difforme et grossier ; quelques vers pleins d'énergie et même de sentiment, semés comme des perles sur du fumier : tel est *Venceslas* de Rotrou ». *Journal des Débats*. 8 frimaire an XI : cité par M. Person, page 81.

diverses » de Rotrou et son style tragique (ch. VIII, IX), sur le « nombre de ses pièces » (ch. VI), et sur « le manuscrit de Laurent Mahelot, machiniste et décorateur du temps » (ch. V).

Je ne me flatte pas d'avoir complètement résumé ces deux opuscules : leur *beau désordre* ne favorise pas l'analyse. Malgré cette regrettable négligence de composition (1), on lit avec un vif plaisir ces pages spirituellement écrites, pleines de renseignements exacts et pris aux sources. J'aime à croire que M. Person ne s'arrêtera pas en si beau chemin et qu'il mettra quelque jour à profit ses recherches isolées, et un peu confuses, pour nous donner un travail d'ensemble sur Rotrou et son théâtre. G. PAULET.

66. — **Sonnets des vieux maistres françois** : 1 vol. in-16, 164 pages, Plon, 1882.

Ce recueil comprend les sonnets les plus caractéristiques parus de 1520 à 1670. Il en compte quatre-vingts, empruntés à Saint-Gelais, Du Bellay, Ronsard, Bertaut, Desportes, Racan, Théophile, Saint-Amant, Corneille, Molière, etc... Dans le nombre il y en a quelques-uns de *classiques* et que tout le monde connaît, mais qu'on aime toujours à relire. Il y en a d'autres que j'appellerais volontiers *historiques*, tels que les trois sonnets de Baïf, de Pasquier et de Ronsard « Sur la blessure », celui de Malleville sur « La mort du cardinal de Richelieu », ceux de Voiture et de Malleville sur « La belle matineuse », et enfin ceux de Voiture et de Benserade sur « Uranie » et sur « Job », avec le « petit jugement » de Corneille ; il y en a enfin de *fantaisistes*, par exemple le « sonnet symétrique » de Du Bellay et le « sonnet quadruple » d'Etienne Pasquier. A côté de ces pièces, toutes plus ou moins connues, on en trouve d'autres beaucoup plus ignorées et qui piquent davantage la curiosité : quelques-unes même, comme le « sonnet de La Vallière » de Benserade et le « sonnet à une Dame » de François Le Poulchre, sont vraiment fort jolies ; mais on aurait très-bien pu nous faire grâce du sonnet de Laffemas sur « La belle impie » et de celui de Fourcroy sur « La Rougeole ». Il en est d'autres, en revanche, dont on se prend à regretter l'absence : sur ce

(1) Il y a aussi quelques passages tronqués ou superficiels. Pour ne parler que du second volume, M. Person me permettra de trouver bien incomplets les chapitres sur « les idées politiques » et « le romanesque » dans les pièces de Rotrou (pp. 96; 116), et de n'accepter que sous bénéfice d'inventaire ses considérations sur la paternité de l'*Aveugle de Smyrne* et sur les causes pour lesquelles Rotrou ne fut *pas même académicien* (pp. 117; 127). — Quelques éclaircissements sur les « trente-cinq pièces » de Rotrou (p. 132) n'eussent pas été inutiles : en tout cas la date de *Crisante*, que M. Person place d'après Viollet-le-Duc en 1639, aurait dû être corrigée, puisqu'il est déjà parlé de cette pièce dans l'acte de vente de 1637 cité dans le *Dictionnaire critique* de Jal.

point, d'ailleurs, chacun pourrait mettre en avant ses préférences personnelles, et j'avoue que les éditeurs auraient fort à faire pour contenter tout le monde. Mieux vaut les féliciter de l'élégante exécution typographique qui donne à leur petit recueil un aspect des plus coquets et semble rajeunir tous ces sonnets un peu vieillis (1).   P.

---

67. — **La vie de la R. M. Thérèse de Jésus** (Xavérine de Maistre), par M. l'abbé HOUSSAYE et Mgr GAY. Paris et Poitiers, Oudin, 1882. In-12 de x-518 pages. Prix : 3 fr.

La vie de Xavérine de Maistre, petite-fille du grand écrivain de ce nom, en religion sœur Thérèse de Jésus, est plutôt un livre d'édification qu'un ouvrage historique. Bien que le *Bulletin critique* ne rende pas compte habituellement de ce genre d'ouvrages, celui-ci dépasse tellement le niveau ordinaire, que nous croyons devoir lui accorder une mention.

Les noms seuls des auteurs suffiraient pour le recommander. Commencé par le si regretté M. Houssaye, l'auteur de l'admirable et définitive histoire du cardinal de Bérulle, l'ouvrage a été continué par la plume, plus compétente encore en matière de spiritualité, de Mgr Gay, auxiliaire du cardinal Pie. Le livre sorti d'une telle collaboration devait être parfait. C'est, du reste, l'histoire d'une sainte, dans toute la vérité du terme, et il n'y a qu'à la laisser parler, qu'à citer ses lettres et ses écrits, ce qu'ont fait le plus souvent les auteurs, pour faire de ce livre la plus attachante, la plus émouvante, la plus édifiante lecture.

La première partie de l'ouvrage contient la vie de Mlle de Maistre *avant le cloître*. On y verra avec quelle générosité cette courageuse chrétienne, évidemment prédestinée au Carmel, se prépara, par un renoncement total à toutes les joies de cette terre, à partager la vie si sévère des filles de sainte Thérèse. Citons un mot admirable qui la peindra à cette époque. Elle se rendait au Carmel. « Durant son trajet de Nice à Poitiers, un « ecclésiastique, instruit du but de son voyage, lui avait posé cette « question assez singulière : Qu'allez-vous chercher au Carmel ? « — La souffrance », avait répondu sans hésiter la jeune postulante. » (P. 175.)

La seconde partie du livre, *la vie religieuse*, est plus considérable. Nous ne pouvons nous arrêter à citer tous les admirables traits qui remplissent ces pages. Voici du moins quelques phrases. Elle écrivait à sa sœur : « ...Si nous gardons le silence (au Carmel), c'est pour que les « amis de Jésus sachent parler de lui ; si nous nous cachons, c'est pour

---

(1) Il a été tiré 80 exemplaires numérotés sur papier de Hollande, 20 sur papier de Chine et 20 sur papier du Japon.

« que ses enfants le manifestent ; si nous ne faisons rien, c'est pour qu'ils
« aient la force de faire les œuvres de Dieu ; si nous prions longuement,
« c'est pour que les enfants de Dieu, qui ont peu de temps à donner à la
« prière, et qui ont cependant grand besoin de la vie de Jésus, trouvent
« dans un quart d'heure ce que nous n'avons pas après des heures de
« labeur. » (P. 269.) Ces quelques lignes ne suffisent-elles pas pour ouvrir
les yeux à ceux qui ne comprennent pas l'utilité de cette vie austère et
mortifiée du Carmel ? Mais la lecture de tout l'ouvrage les éclairerait bien
davantage. Nous voudrions enfin pouvoir citer un admirable passage sur
la virginité ; Mgr Gay dit avec raison « n'avoir rien trouvé de plus beau,
« de plus divinement éclairé dans les Pères et dans les Saints. » (P. 416-
17). Nous y renvoyons les lecteurs, qui seront du même avis. Ne recon-
naîtront-ils pas également, après cette lecture, que sœur Thérèse de Jésus
ne portait pas en vain le grand nom de Maistre, et qu'on retrouve
dans cette superbe page et bien souvent dans ce livre, le style mâle,
sobre, fier parfois, de l'immortel écrivain qui fut son grand-père.

C'est assez, croyons-nous, avoir fait l'éloge de ce livre, après en avoir
nommé les auteurs, que d'avoir signalé ces passages.

A. INGOLD.

VARIÉTÉS

—

LETTRES INÉDITES DE QUELQUES ORATORIENS

La bibliothèque de Carpentras possède, parmi ses nombreux et précieux recueils manuscrits, deux volumes de lettres autographes écrites,
de 1669 à 1712, par divers savants au célèbre magistrat bibliophile
Louis de Thomassin, seigneur de Mazaugues (1). Dans ces volumes, qui
sont classés sous le n° 435, ont été réunies (tome 1) sept lettres du
P. Thomassin, une du P. Le Brun, une du P. Lelong et (tome II) diverses
lettres du P. Bouret, du P. Mignot et du P. Vinot. Comme les lettres du
P. Thomassin à son parent — ou plutôt à ses parents, — car une lettre

(1) Baptisé à Aix le 29 mai 1647, mort en cette ville le 11 avril 1712, selon
Lambert (*Catalogue descriptif et raisonné de la bibliothèque de Carpentras*, 1862,
t. I, p. VI, note 3), le 20 du même mois, selon Roux-Alphéran (*Les rues d'Aix*,
1847, t. I, p. 75). Louis de Thomassin ne mourut ni le 11 ni le 20 avril, mais
bien le 19, comme me l'apprend M. le marquis de Boisgelin, si profondément
versé dans la connaissance de l'histoire de la noblesse provençale, et auquel
je dois bien d'autres précieux renseignements. « Je me suis assuré moi-même, »
m'écrit mon aimable correspondant, « de la date de la mort de Louis Thomassin
de Mazaugues. Roux-Alphéran, ordinairement si exact, n'a vu que la date de
la sépulture, sans faire attention à la mention *mort hier.* »

au père de Louis (1) se trouve mêlée à celles qui sont adressées à Louis lui-même, — ne présentent pas toutes un égal intérêt, je me suis contenté d'en reproduire trois en entier, et j'ai choisi quelques passages seulement des quatre autres. Je n'ai cru devoir accorder les honneurs de l'*in extenso* qu'à une seule des lettres du tome II, laquelle renferme quelques renseignements bibliographiques dignes d'attention. Parmi les lettres des confrères de l'auteur de l'*Ancienne et Nouvelle discipline de l'Église*, on remarquera celle du savant père Lelong, qui paraîtra surtout importante aux philologues. A la suite de la correspondance des prêtres de l'Oratoire avec MM. de Mazaugues, on trouvera un petit billet d'un autre Oratorien, l'abbé Papon, l'historien de la Provence, billet adressé à l'abbé de Saint-Véran, qui fut le premier conservateur de la magnifique bibliothèque donnée par son oncle, Mgr d'Inguimbert, à la ville de Carpentras.

PH. TAMIZEY DE LARROQUE.

I

A Monsieur, Monsieur Thomassin, sieur de Mazaugue, conseiller en la chambre des comptes d'Aix

A Paris, ce 12 septembre (2).

MONSIEUR MON COUSIN,

La grace de nostre Seigneur à jamais. C'est par là que nous commençons toutes nos lettres, et dans cette rencontre, il est difficile de commencer autrement. Car dans une si extreme affliction, et dans une si estrange perte, quelle consolation hors de la grace de Dieu, qui nous a faict jouyr si long temps d'un si grand bien, et qui ne nous en a privez, que pour nous apprendre à ne rien aimer dans le monde que par rapport au ciel et dans les veües de l'eternité! Il est de vostre bonté, Monsieur mon cousin, de continuer aux enfans du defunct (3) la mesme

(1) Le père de Louis s'appelait Alphonse Thomassin de Mazaugues. Il fut conseiller en la cour des comptes, aydes et finances de Provence, et fut enseveli le 28 juillet 1679, dans le tombeau de sa famille, en l'église des Capucins d'Aix, tombeau où devait être aussi enseveli Louis de Thomassin.

(2) Le millésime manque, comme à toutes les autres lettres, moins une, du P. Thomassin. Je place celle-ci en tête du petit recueil, d'abord parce qu'elle est adressée au père du futur conseiller au parlement de Provence; ensuite parce que, comme nous l'apprend la date du décès dont il y est question, (voir la note suivante), elle est de 1670, par conséquent antérieure aux lettres II et III.

(3) Ce défunt, qui est appelé plus loin le *président de Lagarde*, était François de Thomassin, seigneur de Lagarde, conseiller, puis président aux enquêtes du parlement de Provence. Il fut enseveli à l'église de l'Oratoire d'Aix, le 26 août 1670. Il était fils de Joseph de Thomassin, dont le frère, Alexandre, était père d'Alphonse, seigneur de Mazaugues. Par conséquent, le président de Lagarde était le cousin germain de celui à qui la présente lettre est adressée.

charité et la mesme amitié, que nous avions pour luy, et à apprendre par vostre exemple à messieurs vos enfans à regarder tous leurs cousins et tous ceux de la famille, comme leurs freres. C'est ceste amitié chrestienne qui faict la meilleure partie du bonheur de la vie presente, et qui nous fait le plus meriter la felicité de l'autre vie. Messieurs vos enfans ne m'ont aucune obligation de l'amitié et de l'estime que j'ay pour eux. C'est un pur effect de la justice que je leur dois, et de mon inclination pour des personnes aussi aymables et aussi accomplies qu'ils sont. Le cousin Henry porte sur le visage une partie de la douceur et de la beauté de son esprit (1). Monsieur de Mazaugues a toutes les inclinations si réglées, et une maturité d'esprit si grande, qu'il n'est pas possible [de le connaître] sans l'estimer et l'aimer beaucoup (2). Le cousin d'Espin est bien né, mais il est à plaindre dans une profession qui l'engage avec de la jeunesse tres corrompue (3). Les querelles où il est souvent embarrassé nous donnent un peu de sujet de craindre pour sa vie et pour son salut. Vous estes pere, Monsieur mon cousin, et vous estes un pere chrestien. Le premier compte que Dieu vous demandera, ce sera de l'education de vos enfans, et des professions que vous leur aurez procurées, propres à leur salut eternel. Car nous ne vivons que pour mourir, et par la mort entrer dans une felicité ou une peine eternelle. M. le president de la Garde ne jouit a présent que de ce qu'il a fait pour Dieu et pour l'eternité. Pardonnez l'excez de mon amour pour vos enfans, qui m'a peut estre fait perdre le respect pour vous. Ce n'a pas esté mon dessein, mais bien de vous tesmoigner avec sincerité que je suis, Monsieur mon cousin, vostre tres humble et obeissant serviteur et cousin.   L. THOMASSIN (4).

(1) Le *cousin Henri* était un frère de Louis de Thomassin, seigneur de Mazaugues. Les généalogistes ne le connaissent pas et ils ne mentionnent, parmi les enfants du conseiller à la cour des comptes, que : 1° Louis ; 2° Jean-Baptiste, officier aux gardes françaises, qui fut consul d'Aix en 1701 ; 3° Louise (*alias* Françoise), qui épousa Louis Esmur de Moissac ; 4° Honorée, qui épousa Antoine Maurel de Volonne.

(2) Il s'agit là de Louis de Thomassin, le correspondant de notre Oratorien.

(3) Ce *cousin d'Espin* ne serait-il pas Jean-Baptiste de Thomassin, mentionné sous le n° 2 dans la liste que l'on vient de voir des enfants du conseiller à la cour des comptes ? Ce qui m'enhardirait à le croire, c'est que le docte Oratorien a bien l'air de faire allusion à la profession militaire, quand il parle d'une profession féconde en querelles et en autres dangers. Le nom d'*Espin*, que l'on trouve parfois écrit *des Pins*, devait être un nom de terre, ou plutôt d'une portion de terre, car M. le marquis de Boisgelin ne connaît en Provence aucune seigneurerie d'*Espin* ou *des Pins*, et il présume que c'était quelque ferme dépendant de la terre de Mazaugues, aujourd'hui commune du département du Var, arrondissement de Brignoles, canton de Roquebrussanne.

(4) Sur l'éminent théologien qui, comme son cousin, s'appelait Louis de Thomassin, et qui, né à Aix le 28 août 1619, mourut à Paris le 24 décembre 1695, on peut consulter tous les recueils biographiques, et on pourra consulter bientôt le cinquième et dernier fascicule de l'excellent *Essai de bibliographie Oratorienne* par le P. INGOLD. En attendant, indiquons les *Remarques sur les conciles* par le P. THOMASSIN que possède la bibliothèque de Carpentras en quatre volumes in-4° manuscrits (n° 168).

CHRONIQUE

Notre collaborateur le R. P. THÉDENAT a été élu membre résidant de la Société des Antiquaires de France, dans la séance du 8 novembre.

— On nous communique une traduction française du mémoire du P. Mir, S. J., sur l'*Accord de la science et de la foi*; c'est une réfutation de l'ouvrage de Draper. — Peut-être en France le factum américain ne demandait-il pas à être réfuté; peut-être aussi aurait-on, de ce côté des Pyrénées, posé autrement la question des conflits et de l'accord des sciences et de la religion? Quoi qu'il en soit, le travail du P. Mir n'en est pas moins méritoire : nous y avons retrouvé avec plaisir la méthode et les puissantes allures de la théologie scolastique. Dans les temps malheureux où nous avons à vivre, au milieu du désarroi scientifique, on est heureux de voir encore de vigoureux champions se servir ainsi de la lance des vieux Campeadores.

— Mgr PERRAUD, évêque d'Autun, membre de l'Académie française, vient de publier en brochure (Paris, Gervais, in-8°, 77 p.) le discours prononcé par lui le 15 décembre 1866, lors de la réintégration du chef de Richelieu dans son tombeau. L'auteur étudie surtout le cardinal comme évêque, théologien et protecteur des lettres.

— M. BILCO, ancien élève de l'Ecole normale, membre de l'Ecole d'Athènes. a été enlevé, par une fièvre pernicieuse, à la science et à ses amis. Il venait d'arriver à Lamia le 7 septembre pour y faire des fouilles. M. Bilco n'avait pas 24 ans.

— M. TAMIZEY DE LARROQUE publie, dans la *Revue critique* du 9 octobre, une addition à son article sur la *Jeunesse de Fléchier*, de l'abbé Fabre. Il établit définitivement, d'après M. de Joannis et l'abbé Delacroix, que Fléchier est né le 18 juin 1632 et non le 10 juin.

— Le *Neues Archiv der Gesellschaft für ältere deutsche Geschichtskunde*, t. VIII, 1er cahier, contient un compte rendu de la réunion plénière tenue les 4-6 avril dernier par le conseil des *Monumenta Germaniae*. Les ouvrages publiés pendant l'année qui venait alors de s'écouler sont : 1° Jordanes, par Mommsen, dans les *Auctores antiquissimi*, t. V. p. 1. — 2° Widukind, *Saxonica*, par Waitz, t. XIII des *Scriptores* ; 3° les *Capitularia regum francorum*, par Borelius, dans les *Leges*, t. I, p. 1 ; — 4° Les diplômes du roi Othon Ier, par Sickel, dans les *Diplomata*, t. I, p. 2 ; — 5° Les poètes latins de l'âge carlovingien, par Dümmler, dans les *Antiquitates*, t. I, p. 2. — Parmi les ouvrages dont la publication est annoncée comme prochaine, nous remarquons ceux d'Avitus, d'Ausone, de Symmaque, de Fortunat (œuvres en prose), de Sidoine Apollinaire, le *Chronicon Altinate*, l'*Historia Francorum* de Grégoire de Tours avec Frédégaire et ses continuateurs, les lettres de saint Grégoire le Grand, les recueils de formules des temps mérovingiens. — Ce dernier ouvrage a paru depuis la réunion du conseil.

— M. l'abbé AMELLI, docteur de l'Ambrosienne, vient de faire de précieuses découvertes dans un *Codex canonum* de la bibliothèque capitulaire de Novare, dont l'importance avait échappé à Reifferscheid et à Maassen. Cette collection canonique comprend d'abord un grand nombre de pièces relatives au concile de Chalcédoine. Voici celles qui sont inédites : 1° Le manifeste (*libellus contestationis*) d'Eutychès au peuple de Constantinople; 2° le recueil de témoignages des Pères adressé par le même hérétique au pape saint Léon; 3° et 4° le texte des appels adressés au pape après le brigandage d'Ephèse par Flavien de Constantinople et Eusèbe de Dorylée. — Vient ensuite le *libellus quem dederunt presbyteri LX post mortem Dioscori Bonifacio papae*, document de grande importance sur le schisme romain de l'année 530. Le *Liber Pontificalis* mentionne son entrée dans les archives du Saint-Siège et sa destruction cinq ans après: il y avait bien des raisons de croire qu'il avait disparu. Sa présence dans la collection de Novare donne lieu de penser que les archives pontificales ont été consultées pour cette collection entre 530 et 535. — Citons encore une lettre dogmatique inédite de saint Proclus de Constantinople (v. 436) et une autre d'Innocent, évêque de Maronia, en Thrace (et non en Palestine, comme dit M. Amelli), du temps de Justinien. — Le choix des pièces, le texte des versions, la date de la collection, permettent à M. Amelli de conclure que l'auteur n'en est pas autre que Denys le Petit. Il a communiqué ses découvertes à l'Académie de religion catholique, à Rome, le 15 juin 1882, dans un discours éloquent et enthousiaste, publié depuis sous le titre : *S. Leone e l'Oriente*, Rome, imprimerie Monaldini. — Le texte des appels de Flavien et d'Eusèbe est imprimé en appendice.

— Voici le programme arrêté par le Ministre de l'instruction publique pour les deux sections d'histoire et de philologie et d'archéologie pour le congrès des sociétés savantes en 1883. Le programme de la section des sciences morales et politiques sera donné plus tard.

Section d'histoire et de philologie. — 1° Quelle méthode faut-il suivre pour rechercher l'origine des noms de lieu en France? Quelle est la valeur des résultats déjà obtenus dans cette recherche? — 2° A quelles époques, dans quelles provinces et sous quelles influences les villes neuves et les bastides ont-elles été fondées? 3° *Histoire des milices communales au moyen âge* : Date de l'organisation des milices communales et de l'introduction du tiers état dans les armées royales. — Autorité des magistrats municipaux sur ces milices et conditions de leur recrutement. — Mode de convocation, nature et durée du service auquel elles étaient assujetties. — Transformation des milices communales au commencement du quatorzième siècle : levées en masse ou appel de l'arrière-ban ; substitution de l'impôt à la prestation des sergents. — Origine et organisation des confréries d'archers et d'arbalétriers. — Institution, organisation, recrutement et rôle militaire des francs-archers de Charles VII à François Ier (1448-1521). — Faire connaître par les documents dans quelles conditions se firent la levée et l'organisation des milices provinciales à partir de 1668 et quel rôle ces milices eurent dans les guerres du règne de Louis XIV et de Louis XV. — 4° *Pèlerinages* : Quelles routes suivaient ordinairement les pèlerins français qui se rendaient en Italie ou en Terre-Sainte? — 5° Signaler les documents antérieurs à la fin du quinzième siècle qui peuvent faire connaître l'origine, le caractère, l'organisation et le but des confréries religieuses et des corporations industrielles. 6° *Rédaction des coutumes* : Documents sur les assemblées qui ont procédé à cette rédaction, soit pour les coutumes générales, soit pour les coutumes locales, et sur les débats qui se sont élevés dans les Parlements à l'occasion de l'homologation desdites coutumes. — Rechercher dans les archives communales ou dans les greffes les coutumes locales qui sont restées inédites. — 7° *États provinciaux* : Documents inédits sur les élections des députés et l'efficacité de leur action. — 8° Conditions de l'éligibilité et de l'électorat dans les communes, les communautés et les paroisses, soit à l'occasion des officiers municipaux, soit pour la nomination des délégués chargés des cahiers des doléances. — 9° Quelles additions les recherches poursuivies dans les archives et dans les bibliothèques locales permettent-elles de faire aux ouvrages généraux qui ont été publiés sur les origines et le développement de l'art dramatique en France jusqu'au seizième siècle inclusivement? — 10° Signaler les documents importants pour l'histoire que renferment les anciens greffes, les registres paroissiaux, et les minutes des notaires. — 1° Histoire des petites écoles avant 1789. Principales sources manuscrites ou imprimées de cette histoire. Statistique des petites écoles aux différents siècles ; leur origine, leur développement, leur nombre dans chaque diocèse et dans chaque paroisse. — Recrutement et honoraires des maîtres et des maîtres adjoints. — Condition matérielle, discipline, programme et fréquentation des petites écoles. — Gratuité et fondations scolaires ; rapports entre la gratuité dans les petites écoles et la gratuité dans les Universités. — Livres employés dans les petites écoles. — 12° Quelles villes de France ont possédé des ateliers typographiques avant le milieu du seizième siècle? Dans quelles circonstances ces ateliers ont-ils été établis et ont-ils fonctionné?

Section d'archéologie. — 1° Signaler les documents épigraphiques de l'antiquité et du moyen âge, en France et en Algérie, qui ont été récemment découverts et dont la lecture comporte des rectifications. — 2° Quels sont les monuments qui, par l'authenticité de leur date, peuvent être considérés comme des types certains de l'architecture en France avant le milieu du douzième siècle? 3° Etudier les caractères qui distinguent les diverses écoles d'architecture religieuse à l'époque romane, en s'attachant à mettre en relief les éléments constitutifs des monuments (plan, voûtes, etc.). — 4° Quels sont les monuments dont la date attestée par des documents historiques, peut servir à déterminer l'état précis de l'architecture militaire en France aux différents siècles du moyen âge? — 5° Signaler les œuvres de la sculpture française antérieures au seizième siècle qui se recommandent, soit par la certitude de leur date, soit par des signatures d'artistes. — 6° Signaler et décrire les peintures murales antérieures au seizième siècle existant encore dans les édifices de la France. — 7° Etudier les produits des principaux centres de fabrication de l'orfévrerie en France pendant le moyen âge et signaler les caractères qui permettent de les distinguer. — 8° Quels sont les monuments aujourd'hui connus de l'émaillerie française antérieurs au dix-huitième siècle.

— Voici, d'après le rapport de M. de Ronchaud, administrateur du Musée du Louvre, à M. le directeur des Beaux-Arts, l'état actuel des catalogues du Musée. — Le Catalogue de la Sculpture vient d'être refait entièrement après travail préparatoire, consistant à faire le départ des restaurations et imitations, savoir : 1° Les bas-reliefs, cippes, autels, vases, sièges, etc., par M. Félix Ravaisson-Mollien, conservateur; 2° les statues et bustes, par M. Charles Ravaisson-Mollien, attaché. Le double catalogue est terminé. Il va être mis sous presse et pourra paraître à la fin de cette année.

Le Catalogue des antiquités chrétiennes a été rédigé par M. Antoine Héron de Villefosse, conservateur-adjoint. Il paraîtra en 1883. Le Catalogue des inscriptions latines a été également confié à M. de Villefosse : il doit paraître en 1884. Restent les Catalogues des vases (très importants), ceux de lampes, verres, ainsi que de quelques ivoires, ambres, camées et pierres gravées que possède le Louvre. Tout est à faire, et le travail sera long.

Département des Antiquités orientales : — La Conservation prépare en ce moment, par les soins de MM. Heuzey et Ledrain, une *Notice générale* divisée en trois parties : 1° Antiquités chaldéennes qui paraîtra au moment de l'ouverture des nouvelles salles ; — 2° Antiquités assyriennes; — 3° Antiquités phéniciennes. Les Antiquités orientales du Louvre avaient été décrites par M. de Longpérier dans un *Catalogue* qui a eu trois éditions. Le *Catalogue des Antiquités judaïques* a été rédigé par M. de Villefosse. Il en est à sa deuxième édition. Celui des *terres cuites orientales*, par M. Heuzey, est complètement imprimé et paraîtra sous peu.

Département des Antiquités égyptiennes : — Les conservateurs de ce département ont publié quatre catalogues : 1° Notice sommaire de la collection; — 2° Grands monuments du rez-de-chaussée et de l'escalier; — 3° Salle historique: — 4° Catalogue général des papyrus. La *Notice sommaire* rédigée par M. de Rougé, a été complétée en 1873 par le conservateur actuel, M. Pierret. Le manuscrit d'une nouvelle édition du catalogue des monuments de la salle historique a été remis, au mois d'avril dernier, entre les mains des imprimeurs. M. Revillout, conservateur-adjoint, prépare en ce moment un savant catalogue des manuscrits grecs, coptes, démotiques et orientaux, tracés sur papyrus ou sur terre cuite (ostraca) que renferme la collection égyptienne.

Département du moyen âge et de la Renaissance : — Toutes les collections de ce département ont leurs catalogues. Il n'y en a pas moins de dix qui sont sans cesse tenus au courant par des réimpressions soigneusement révisées et pourvus des additions nécessaires par M. Saglio, conservateur, et M. Courajod, conservateur-adjoint. Le bon à tirer vient d'être donné pour des catalogues des faïences françaises, des verreries, des objets de bronze et d'étain. On réimprime le catalogue de l'orfévrerie et des émaux et des faïences italiennes, ainsi que ceux des gemmes et joyaux et des bois sculptés, terres cuites, grès, miniatures et objets divers, qui pourront être livrés au public dans le courant de l'année.

ACADÉMIE DES INSCRIPTIONS ET BELLES-LETTRES. — *Séance du 1ᵉʳ septembre.* — M. FR. LENORMANT présente à l'Académie les photographies des cathédrales de Siponto et de Termoli, dans la Pouille. La première, datant de la fin du Xᵉ siècle, offre un curieux mélange des influences arabe et byzantine. La seconde, datée par le nom du pape Pascal II (1099-1118), porte le nom de son architecte Johannes Grimaldi. Elle appartient donc au commencement du XIIᵉ siècle. Son architecture accuse l'influence de l'art roman, français et particulièrement bourguignon. M. CH. ROBERT fait une seconde lecture de son mémoire sur les monnaies de Maurice Tibère dans la Gaule méridionale. M. HALÉVY lit un mémoire sur la croyance à l'*Immortalité de l'âme chez les*

Sémites. Les textes en caractères cunéiformes font de fréquentes allusions à cette croyance, et aussi à une resurrection. Il en est de même chez les Juifs, quoique la Bible ne contienne pas de textes aussi explicites. Chez les Grecs, le pays des morts se nommait l'*Hadès* ; chez les Hébreux il s'appelait le *Schéol*. — *Séance du 8 septembre*. — M. CH. NISARD est désigné par l'Académie pour lire, à la séance trimestrielle du 4 octobre, une partie de son mémoire sur l'état incertain et précaire de la propriété littéraire au XVIᵉ siècle. M. Delaunay achève, pour M. CH. ROBERT, la seconde lecture du mémoire sur Gondovald et les monnaies de Maurice Tibère frappées dans la Gaule méridionale. M. DELOCHE présente quelques observations : 1° Gondovald, soutenu par l'empereur de Byzance, agissait au nom de ce dernier. Sans cette assistance les ressources lui auraient manqué. 2° Gondovald, une fois maître d'une ville, substituait son autorité à celle des rois mérovingiens, et frappait monnaie. 3° L'usage de frapper des monnaies portant un type connu et en possession de la confiance publique, ne suffit pas pour expliquer la grande abondance des monnaies de Maurice Tibère ; d'ailleurs, à l'époque dont il s'agit, cet usage était presque tombé en désuétude, car on en frappa très peu sous Justin II, et pas une seule au nom de Tibère Constantin. La réapparition de ces monnaies sous leur successeur Maurice Tibère, ne peut être expliquée que par des circonstances extraordinaires.

H. THÉDENAT.

PUBLICATIONS DE LA QUINZAINE. — A. DESTREMAN. Manuel d'histoire de l'art, architecture, peinture, sculpture, depuis les temps les plus reculés jusqu'à nos jours, in-18. Paris, Renouard, 2 fr. — GEORGES LAFENESTRE. Maîtres anciens, études d'histoire et d'art, in-8°, ibid., 10 fr. — E. MICHAUD. Louis XIV et Innocent XI, tome I. in-8°. Paris, Charpentier, 7 fr. 50. — MOTLEY. La révolution des Pays-Bas au XVIᵐᵉ siècle, tome VI, in-8°, Paris, Flammarion, 3 fr. 50. — J. LOISELEUR. Trois énigmes historiques. La Saint-Barthélemy. L'affaire des poisons. Le masque de fer, in-18. Paris, Plon, 3 fr. 50. — MGR RICARD. L'école Menaisienne, Lemennais, ibid, 3 fr. 50. — ASTIÉ. Pensées de Pascal, disposées suivant un plan nouveau, in-18, Paris, Fischbacher, 4 fr. 50. — DU FRESNE DE BEAUCOURT. Histoire de Charles VII, tome II. Le roi de Bourges, (1422-1435), in-8°, Paris, Tardieu, 8 fr. — CHARLES YRIARTE. Françoise de Rimini dans la légende et dans l'histoire, in-8°, Paris, Rotschild, 10 fr. — DUPEYRAT. Manuductio ad scholasticam, in primis vero Thomisticam philosophiam, tome I, in-12, Paris, Lecoffre, 3 fr. — GABRIEL CHARMES. L'avenir de la Turquie. Le Panislamisme, in-18. Paris, Calmann-Levy, 3 fr. 50.

REVUE DES REVUES

ARTICLES DE FOND.

DELBŒUF. *Déterminisme et liberté*. (Conciliation possible sans sacrifier l'un à l'autre). Revue philosophique, mai, juin, août 1882.

H. MARION. *La philosophie de Glisson*. (Leibniz n'est pas un plagiaire de Glisson ; les analogies de leurs théories sur la matière ne sont que superficielles). Rev. philos., août 1882.

PANNIER. *Le syllogisme et la connaissance*. (Nouvelle réfutation de la prétendue impossibilité psychologique du syllogisme. (Rev. phil., septembre 1882.

SECRÉTAN. *Le droit et le fait*. Rev. phil., septembre 1882.

COMPTES RENDUS

THURY. *Une hypothèse sur la succession des espèces*. (Secrétan ; rev. phil. août 1882).

LIARD. *Descartes*. (V. Brochard ; rev. phil., juillet 1882).

BASTIAN. *Le cerveau, organe de la pensée chez l'homme et les animaux*. (Anonyme ; rev. phil., juillet 1882.

Le Gérant : E. THORIN.

BULLETIN CRITIQUE

DE LITTÉRATURE, D'HISTOIRE ET DE THÉOLOGIE

68. — **Les Déistes anglais et le Christianisme**, principalement depuis Toland jusqu'à Chubb. 1696-1738, par Edouard SAYOUS, 1882, in-8°, 211 p. (Fischbacher.)

M. Sayous a traité dans ce savant et intéressant mémoire une des parties les plus ignorées, en France du moins, de l'histoire de l'incrédulité moderne. On sait que Voltaire a trouvé en Angleterre des précurseurs et des imitateurs de son rationalisme ; les noms de Shaftesbury et de Bolingbroke ont, grâce à leur notoriété politique, échappé à l'oubli. Ceux de Herbert et de Toland sont quelquefois mentionnés dans l'histoire. Ceux de Collins, Tyndall, Woolston, Morgan et Chubb, seront nouveaux pour la plus grande partie des lecteurs français.

C'est cependant dans ce groupe d'hommes si peu éclatant qu'il faut chercher la source de ce torrent destructeur qui a passé et qui passe encore sur la foi chrétienne. Ce sont eux qui ont fabriqué la plupart des armes dont leurs successeurs se sont servis ; c'est l'exemple de leur hardiesse dogmatique qui a encouragé, en Allemagne et en France, les esprits disposés à secouer le joug séculaire des traditions.

Nous ne suivrons pas M. Sayous dans le détail de sa patiente analyse de la vie et du caractère de chacun de ces écrivains, de leur mode spécial d'attaque contre la révélation et de leurs ouvrages. Nous nous contenterons d'observer que leurs objections, si elles ne témoignent pas de beaucoup d'érudition, révèlent chez quelques-uns d'entre eux un remarquable talent de polémiste. Ils se fondent principalement dans leurs attaques sur les difficultés qui naissent d'une première vue superficielle de l'humanité et du christianisme, sur cette sorte de faux bon sens qui juge si orgueilleusement des idées et des faits qu'une science et une philosophie plus profondes obligent, sinon à accepter, du moins à discuter sérieusement.

M. Sayous remarque que la plupart des objections du rationalisme contemporain se trouvent déjà dans ces auteurs et qu'elles ont été discutées et victorieusement réfutées par les apologistes de cette époque.

La thèse de Tyndall sur le *Christianisme aussi ancien que le monde* est le prélude de la profession de foi du *Vicaire Savoyard* et du syncrétisme religieux de l'*Essai sur les religions* de Max Muller. Les attaques tirées de la prétendue inutilité des mystères rappellent certaines thèses du xviiie siècle. La discussion sur la résurrection rappelle les explications modernes de ce fait, avec cette différence que les déistes du xviiie siècle paraissent s'être préoccupés plus que les incrédules modernes des vraies difficultés de la question, et que le système de Woolston, tout invraisemblable qu'il soit, est bien supérieur à « la passion d'une hallucinée, donnant au monde un Dieu ressuscité », explication qui a satisfait certains esprits, peu difficiles il est vrai, de notre époque.

La remarque faite par M. Sayous est très utile pour désabuser ceux qui croiraient que de nouvelles découvertes historiques ont ébranlé les bases de la foi. En réalité, l'érudition plus ou moins grande des divers temps ne change pas grand'chose au fond de la controverse entre les déistes et les chrétiens. Si des méthodes historiques plus rigoureuses renouvellent de part et d'autre certains arguments de détail, les grandes lignes subsistent sans être modifiées. Il reste toujours que le christianisme et son origine sont des faits transcendants et uniques dans l'histoire; qu'au lieu d'être balayé aisément par la critique comme la mythologie païenne, le surnaturel chrétien se présente avec un caractère d'authenticité exceptionnel, et que l'Évangile répond à des besoins de la nature humaine qu'aucune autre doctrine, et le déisme moins que beaucoup d'autres, ne saurait satisfaire. Il reste, d'autre part, que les desseins de Dieu sur le monde sont très mystérieux, qu'il n'a pas voulu donner aux preuves qui garantissent sa parole un éclat tel que la controverse fût impossible, qu'il a laissé les abords de la foi entourés d'objections assez plausibles et sans cesse renaissantes. Ce n'est point à l'érudition pure, ce n'est même pas exclusivement à la logique et à la philosophie, c'est plutôt à la droiture d'esprit et de cœur qu'il appartient de trancher le différend dans le sens de la vérité du christianisme.

Nous félicitons M. Sayous du service qu'il rend à l'apologétique chrétienne en faisant sortir de l'oubli ces vieilles controverses, et en montrant que beaucoup des arguments qu'on déclare invincibles de nos jours ont été depuis longtemps réfutés. Nous ne pouvons également qu'applaudir aux sentiments chrétiens qu'il manifeste dans cet écrit, et à une largeur d'esprit qui l'a porté à choisir comme ennemis à combattre ceux du christianisme tout entier.

Il est cependant un point sur lequel nous ne pouvons être d'accord avec le savant professeur de la faculté de Montauban. Remarquant que le mouvement déiste en Angleterre a avorté et a été remplacé par le mouvement wesleyen, et, comme il le dit, que l'Angleterre de Woolston est devenue l'Angleterre de Wesley, M. Sayous trouve, dans ce succès passé de la doctrine révélée, un gage de son succès futur, et demande à Dieu de donner à la société française « un Wesley français ». « Oh ! qu'il vienne, ajoute-il, et quel que soit le nom de son église, qu'il soit béni ».

Il nous semble qu'ici M. Sayous commet un anachronisme et que son zèle lui fait illusion. Sans doute nous croyons aussi fermement que lui à la durée du christianisme, et nous sommes certains qu'il résistera aux attaques violentes qu'il subit de nos jours, et qu'il en triomphera. Mais ni l'exemple cité par M. Sayous ne nous rassure, ni le moyen qu'il demande ne nous semble adapté au but qu'il s'agirait d'atteindre.

Le mouvement déiste anglais n'est nullement en proportion avec le rationalisme moderne. Nous voyons, d'après le livre même de M. Sayous, que ce mouvement n'avait atteint que très superficiellement une nation encore profondément imbue de christianisme, qu'il a rencontré comme adversaires presque toute la haute littérature, la grande science de l'époque, celle des Newton, des Boyle et des Clarke, des églises solidement établies avec leurs professions de foi et leur clergé compact, les traditions conservatrices du peuple anglais, et enfin le pouvoir civil qui prit, par des moyens coercitifs, la défense des dogmes chrétiens. Tout opposé qu'il soit personnellement à l'emploi de ces derniers moyens, M. Sayous reconnaît que les procès contre les déistes n'émouvaient nullement l'opinion en leur faveur et qu'au contraire cette répression, en les obligeant à de grands ménagements de langage, a nui à la propagation de leur opinion dans les masses populaires.

Comparer cette situation à la nôtre, c'est assimiler des choses par trop différentes. Il s'agissait alors de défendre, contre l'avant-garde de l'armée de l'incrédulité, des remparts solides, intacts et bien armés : c'est la tâche qu'ont accomplie, avec zèle et intelligence, les apologistes anglais.

Il s'agirait maintenant, pour relever la foi chrétinne dans la masse de la nation française, ou dans la généralité de la classe éclairée d'Europe, d'une œuvre toute différente. L'édifice du christianisme social a subi de bien plus profondes atteintes, et les coups portés par Voltaire, Rousseau, Strauss, Renan, Stuart Mill ont fait une toute autre brèche dans ses antiques murailles.

Cette œuvre de restauration s'accomplira sans doute ; nous comptons sur les promesses divines, et en ce qui concerne notre patrie, sur le devouement et les sacrifices des chrétiens français. Mais à quelles conditions et comment se fera-t-elle ? C'est une question que M. Sayous n'avait pas à traiter dans son étude historique, mais au sujet de laquelle cette étude même nous suggère certaines réflexions.

Ayant à définir l'adversaire qu'il veut combattre, l'école déiste, M. Sayous se sert des termes suivants :

« L'école déiste anglaise est la série des écrivains qui, pendant plus d'un siècle, depuis les querelles puritaines jusqu'au réveil wesleyen, ont opposé au christianisme *traditionnel de toutes les Églises et de toutes les écoles de théologie*, une conception plus ou moins antiévangélique de la religion naturelle. »

Historiquement parlant, cette définition est, à la rigueur, acceptable. Le déisme pur était, en effet, à l'époque que M. Sayous raconte, opposé à toutes les églises et à toutes les écoles de théologie existantes ; il aurait probablement été désavoué même par les sociniens.

Mais cette définition serait-elle encore vraie de nos jours ? Existe-t-il de nos jours un christianisme traditionnel, excluant le déisme, et qui soit admis dans toutes les églises et toutes les écoles de théologie? N'y a-t-il pas, au contraire, des églises protestantes nombreuses et des facultés de théologie où se manifestent publiquement des opinions plus éloignées de l'Évangile que le déisme, des opinions qui auraient scandalisé plusieurs de ceux que combat M. Sayous ?

D'autre part, nous voyons encore dans le livre de M. Sayous que les attaques contre la révélation étaient généralement unies à des attaques contre la hiérarchie ecclésiastique, contre le sacerdoce en général. Il en est encore ainsi de nos jours ; seulement c'est d'une manière à peu près exclusive contre le clergé catholique que ces attaques sont dirigées. Dans les pays protestants ce sont, au contraire, souvent les laïques qui sont les plus fidèles défenseurs des vieilles croyances. C'est dans certaines chaires pastorales ou doctorales que les enseignements négatifs se sont établis, s'attachant au christianisme évangélique comme la robe de Nessus à Hercule.

Enfin, au moment où M. Sayous fait appel à un Wesley français pour restaurer la foi, voici que de l'autre côté du détroit, dans ce pays qui a été l'Angleterre de Wesley, mais qu'on pourrait appeler l'Angleterre de Stuart Mill et d'Herbert Spencer, un homme qui n'est pas catholique, et à qui on ne saurait refuser une grande profondeur de pensée et une connaissance exacte et étendue de l'état des esprits, Mallock, proclame, en se plaçant à un point de vue purement humain, que le protestantisme est impuissant contre les négations modernes, et que le seul espoir de résistance contre le positivisme est dans la force supérieure que le principe de l'infaillibilité donne à l'Église catholique.

N'avons-nous pas raison de dire que cette situation est toute différente de celle du xviii° siècle, et que ce serait un anachronisme de les assimiler? Il y avait alors en Angleterre une double muraille de préjugés, de traditions et de sentiments, qui protégeait les diverses églises protestantes à la fois contre le rationalisme et contre ce qu'on appelait le papisme, qui maintenait entre ces églises une sorte d'unité factice, et permettait à Wesley et aux hauts dignitaires de l'anglicanisme de travailler à une œuvre commune. Maintenant ces deux barrières se sont écroulées. Quiconque entre dans la lice doit donner ses raisons et ses preuves en se déclarant chrétien; il doit également montrer, s'il veut défendre un christianisme traditionnel, jusqu'où remonte sa tradition et comment elle se rattache aux origines. C'est la condition *sine qua non* d'une apologétique efficace, capable de porter des coups sérieux aux adversaires vivants de la foi.

Ces réflexions, que nous a suggérées le livre de M. Sayous, ne sont point une critique de son livre. Il faisait de l'érudition avant tout, et de l'apologétique très indirectement. Il a d'ailleurs eu soin de ne pas soulever de controverse, et de diriger ses coups uniquement contre les ennemis de toute révélation. Il a donc fait une œuvre intéressante et utile. Son livre contient, résumé en un petit nombre de pages d'un excellent style, le résultat d'un immense travail : il éclaire d'une vive lumière un point très obscur, et qui risquait de le devenir chaque jour davantage, de l'histoire littéraire et religieuse de l'Angleterre. Enfin nous pouvons dire que ce livre est peut-être, sous un rapport, une des meilleures et des plus efficaces œuvres d'apologétique, puisqu'il montre dans la personne de son auteur le talent et la science unis à une ardente foi et à de profondes convictions chrétiennes.

Abbé DE BROGLIE.

---

69. — **Les institutions de la Grèce antique** exposées suivant le plan du programme de la licence ès lettres par FÉLIX ROBIOU, professeur de littérature et institutions grecques à la faculté des lettres de Rennes. Un vol. in-12, 280 p. Paris, Didier, 1882.

70. — **Manuel d'archéologie grecque**, par MAXIME COLLIGNON, ancien membre de l'Ecole française d'Athènes, professeur à la faculté des lettres de Bordeaux, in-8°, 364 p. Paris, Quantin.

M. Robiou rappelle, dans sa préface aux jeunes professeurs, qu'il est « leur vieux collègue », et que l'Académie des inscriptions a honoré plusieurs fois ses travaux de récompenses, à notre avis très méritées. Ce sont assurément des titres au respect du lecteur, mais qui sont extrinsèques au livre lui-même. Qu'il nous soit donc permis d'examiner ce petit volume sans tenir compte d'autres considérations que de la valeur de son contenu.

M. Robiou a divisé son livre en cinq parties, dont chacune a pour titre un des numéros du programme d'institutions de la licence ès lettres. Chaque partie est subdivisée en un certain nombre de chapitres correspondants aux principales questions qui peuvent être posées à propos de chaque numéro. Les questions sont bien posées et résolues de deux manières différentes. Parfois l'auteur a recours aux textes originaux, parfois à des ouvrages où la question est déjà étudiée. Quand on examine de près le livre, on voit que le départ est facile à faire. Les questions étudiées d'après les textes originaux sont surtout celles que M. Robiou a déjà traitées dans les divers mémoires qu'il a publiés (1); les autres, c'est presque tout le reste. M. Robiou dit d'ailleurs avec raison que se charger seul de l'œuvre de tous serait une tentative folle et impossible. Analyser un manuel est chose difficile, pour ne pas dire impraticable; il faut donc se résigner à des observations de détail. Notons les principales :

Page 9. « L'aréopage avait autorité sur toute matière et pouvait porter des sentences de mort ». Cela est trop général, car alors qu'auraient fait le conseil et l'assemblée du peuple ? La juridiction criminelle de l'aréopage était limitée, et son action politique probablement restreinte au plus à un droit de veto [ce qui est fort douteux], et à la surveillance des mœurs des citoyens (2).

P. 21. « Après Clisthène, les archontes ne furent plus électifs ». La date de cette réforme est fort douteuse. M. Perrot la place après la bataille de Platée, d'autres la rattachent aux réformes d'Ephialte. M. Caillemer démontre qu'elle est postérieure à la bataille de Marathon (3). M. Robiou ajoute que « le *sort* opposé à l'*élection* a été considéré en Grèce comme le mode démocratique du recrutement des charges ». Ceci est tout fait inexact. Le *sort* représente l'*élection* des dieux, et c'est par conséquent le mode employé naturellement pour les magistratures qui ont un caractère religieux comme l'archontat, de même que c'est le mode de recrutement des sacerdoces. L'*élection* par le *suffrage* est réservée aux magistratures d'ordre purement politique.

(1) *Question de droit attique*. Didier, 1880. *Questions homériques*, Paris, Vieweg. (Bibliothèque de l'école des hautes études, fascicule 27.)

(2) Voir toute la discussion du texte de Solon dans l'article *Aréopage* du *Dictionnaire des antiquités grecques et romaines*, de Saglio, p. 400.

(3) *Dictionnaire des Antiquités grecques et romaines*, p. 384.

Page 43. Νόμοι est traduit par *lois d'intérêt général*, et ψηφίσματα par *décrets.* J'aimerais mieux *lois constitutionnelles* ou *lois organiques* pour νόμοι. Le mot ψηφίσματα répond bien à ce que nous appelons simplement *lois,* c'est-à-dire actes de l'autorité législative.

Page 58. Le passage sur les *symmories* me paraît très difficile à comprendre.

Page 93. M. Robiou est de l'avis de Schoemann contre Grote dans la question de la propriété à Sparte, mais il ne mentionne même pas les travaux postérieurs de M. Claudio Jannet(1) et de M. Fustel de Coulanges (2), qui ont repris la thèse de Grote et, je crois, mis à néant les objections de Schoemann. Après ces études nouvelles, la question me semble à peu près résolue.

Page 93. « *On* a pensé que la cryptie était la sanction atroce d'une mesure de police ». *On,* c'est Schoemann.

Page 94. « Il serait injuste d'*affirmer* que tout le détail des institutions spartiates remonte jusqu'à *lui.* (Lycurgue). — *Lui ?* Mais Lycurgue est-il même un individu ? Plutarque en doute ; à plus forte raison nous en douterons.

Page 181. « La comédie des grenouilles n'est pas un tableau exact de la religion d'Eleusis. » C'est bien évident ; mais si les cérémonies sont tournées en ridicule, au moins sont-elles décrites de façon à nous les faire bien connaître.

Mais ce n'est pas par l'inexactitude que pèche surtout le livre de M. Robiou, c'est par les lacunes. Je m'explique. Lorsqu'à la page 61 il dit : « Les différentes branches du revenu public ou du moins la plupart étaient affermées au plus offrant, » le lecteur se demande de suite quels revenus étaient affermés ou au moins quelle espèce de revenus. Etaient-ce les impôts directs ? les douanes ? etc. Il est vrai que pour supplément d'informations nous sommes invités à lire le chapitre LVI du *Voyage du jeune Anacharsis* (3). Certes Barthélemy ne mérite pas l'oubli où il est tombé pendant longtemps et son livre a de grands mérites, mais M. Robiou nous a promis dans sa préface de ne citer que les livres « qui sont bien à la hauteur de la science ». Pour ma part j'aurais renvoyé de préférence à l'*Économie politique des Athéniens* de Boeckh. Ailleurs, (p. 47). « La forme matérielle des assemblées n'est pas ce qui nous intéresse le plus. » Mais si, c'est là justement ce qui nous intéresse, et

(1) CLAUDIO JANNET. *Les institutions sociales et le droit civil à Sparte.* 2ᵉ édition, Paris 1880. Cf. surtout depuis la page 46.

(2) *Journal des savants.* février, mars 1880. *Le régime de la propriété à Sparte.*

(3) M. Robiou renvoie encore au *Voyage d'Anacharsis* pour la connaissance plus détaillée du culte grec. De même page 205 pour le théâtre, encore pp. 207, 216, 218, 222, 228, 229, etc. Barthélemy est évidemment l'auteur favori de M. Robiou.

c'est grâce à la connaissance de la forme des assemblées que nous comprendrons maint passage d'Aristophane pour ne pas parler de Démosthène et des orateurs. En revanche, il eût fallu, je crois, supprimer le chapitre I de la quatrième partie, qui traite de l'origine et de la formation de l'art dramatique en Grèce. C'est un chapitre d'histoire littéraire, intéressant sans doute, mais... *non erat his locus*. D'autre part, nous ne trouvons pas un mot sur l'armée, sur la marine, sur l'éphébie, rien non plus sur la vie privée. Que de choses à dire sur tous ces points qui eussent été utiles à connaître pour les candidats à la licence !

En résumé, l'auteur a publié un livre qui peut donner aux gens du monde des notions sur les institutions grecques, les élèves des lycées y puiseront les connaissances sommaires qui peuvent leur suffire, mais ce n'est pas un *manuel d'institutions grecques*, si par manuel on entend un livre où, sous forme très résumée, on peut trouver vite la somme des renseignements dont on a besoin sur un point donné. Voici quelle doit être, à mon avis du moins, un manuel de ce genre. Il doit commencer par une indication des sources générales, tels seraient les grandes collections d'auteurs grecs, les principaux lexicographes, les recueils d'inscriptions avec les renseignements qu'on peut trouver dans chacun et leur valeur ; puis l'indication de l'usage qu'on doit faire des monuments figurés, des médailles, etc. ; après cela, la bibliographie des principaux manuels sérieux d'antiquités grecques, ceux d'Hermann, de Schoemann. le dictionnaire de Smith, celui de Saglio, etc. Cela fait, venir au détail. En tête de chaque chapitre, indiquer les ouvrages spéciaux où la question est traitée (1), diviser par paragraphes correspondant à chaque magistrature nouvelle étudiée, ne pas craindre de sacrifier le développement oratoire à la clarté méthodique ; toutes les fois qu'on rencontre le nom d'une institution ou d'un fonctionnaire, ou d'un usage, l'indiquer toujours en grec, soit en note, soit entre parenthèses. Dans le texte même ne donner que la substance de la doctrine, mais ne négliger jamais de marquer en note les passages des documents originaux, des mémoires ou des livres dans lesquels seront les preuves des affirmations contenues dans le texte. On trouve un excellent modèle du genre dans le *Manuel de droit public romain* de Willems.

Enfin, le volume devrait se terminer par deux tables, l'une des matières traitées, l'autre des mots grecs expliqués dans le texte. Il faut dire, pour être juste, que M. Robiou a mis à la fin de son *manuel* une *Table analytique et alphabétique*, qui permet de se retrouver facilement.

En un mot, le manuel utile doit être avant tout un instrument de travail. M. Robiou, qui examine de jeunes bacheliers, doit avoir l'horreur

(1) M. Collignon a fait ainsi dans son *Archéologie grecque*.

de ce qu'on appelle le *manuel du baccalauréat*. Dieu nous préserve d'avoir jamais des *manuels de licence*.

Le manuel des antiquités a un défaut qui est la cause de tous les autres, c'est d'avoir été fait trop vite. M. Robiou, s'il eût composé plus à loisir, aurait fait beaucoup mieux, ses travaux antérieurs en sont garants. Ici tout porte la trace de la hâte. Le style n'est pas toujours correct (1), les textes grecs sont accentués en dépit de toutes les règles, les fautes d'impression sont innombrables, l'errata de trois pages qui est à la fin du volume aurait pu être plus que doublé. Que n'a-t-il suivi le sage précepte de Boileau et d'Horace? Nous aurions eu l'année prochaine un excellent *manuel*.

Nous dirons quelques mots seulement de l'*Archéologie grecque* de M. Collignon. Ce livre, comme toute la collection à laquelle il appartient, est destiné aux élèves des lycées et des écoles, et à la partie du public qui s'intéresse aux choses de l'art. Il est difficile de mieux réaliser le dessein proposé. Sobriété d'exposition et en même temps exactitude, voilà les principales qualités du livre. L'auteur a su se débarrasser de l'appareil scientifique et cependant donner toujours les notions les plus vraies. Ajoutons qu'en tête de chaque chapitre et en note M. Collignon nous donne, par ses indications, le moyen d'approfondir les questions qu'il a traitées sommairement. Un grand nombre de gravures, indispensables dans un manuel d'archéologie, reproduisent les principaux monuments de l'art ancien. Voici les titres des livres qui divisent le volume : Origines de l'art grec. — Architecture. — Sculpture. — Figurines de terre cuite. — Vases peints. — Numismatique et glyptique. — Bronzes et bijoux.   E. BEURLIER.

---

71. — **L'Enseignement civique à l'École normale,** par Henri Rozy. 1 vol. in-12, XVI-531 pages, Paris, Delagrave, 1882.

Ce manuel est le résumé du cours qu'a professé M. Rozy à l'École normale d'instituteurs de la ville de Toulouse, et il s'adresse « aux professeurs des Écoles normales primaires départementales » et « aux jeunes filles élèves des Écoles normales d'institutrices ». On peut le diviser en trois parties. Dans la première (pp. 1-67) M. Rozy parle de l'ancien régime, des « principes de 89 », des Constitutions de 1848 et de 1875, du suffrage universel et de la division des pouvoirs. On devine que « l'ancien régime » et les institutions de « cette époque-là » ne sont

---

(1) Par exemple, M. Robiou dit obstinément *ressortir de* tel tribunal pour ressortir à. (Cf. pages 45-66). Tantôt il appelle les Parques les *Mœres* (p. 154), tantôt les *Mœras* (p. 125). Tantot il dit *Zeus*, tantôt *Jupiter*, etc. Ce sont là des détails, mais qui dénotent trop de précipitation dans la publication.

pas ménagés : remercions du moins l'auteur d'avouer qu' « il est infini-ment regrettable que » la monarchie « ait été emportée par un acte sanguinaire » (p. 29), et de reconnaître magnanimement que 89 n'a pas « tout créé, tout organisé, sans aucun secours emprunté au passé » (p. 13). Pardonnons-lui aussi quelques incursions intempestives sur le domaine purement politique en faveur du bon mouvement qui lui fait refuser jusqu'à nouvel ordre le droit de vote aux femmes : « si la femme ne vote pas », du reste, « ce n'est point qu'elle n'en ait pas le *droit* »; mais il faut compter avec certaines difficultés, paraît-il, pour les jeunes filles, et surtout pour les femmes mariées. Je renvoie pour les *détails* à la page 35.

La deuxième partie (pp. 67-349) traite de la commune et des autorités municipales, du canton, de l'arrondissement, du département et de l'État (pouvoirs législatif, exécutif et judiciaire). Signalons comme par-ticulièrement intéressantes les pages consacrées au Conseil municipal (131-145), aux différents modes de scrutin (192-194) et au budget (210-227). — La troisième partie (349-489) comprend les éléments de l'économie politique : on y remarquera notamment quelques considéra-tions succinctes, mais bien présentées, sur les salaires (369-373), le droit de propriété (374-386) et la rente foncière (462-465). Enfin un appendice contient les lois constitutionnelles et la loi récente sur l'En-seignement primaire.

Je m'étonne que l'auteur, qui professe un cours de droit administratif à la faculté de Toulouse (1), ait laissé échapper autant d'erreurs de détail : je n'en puis indiquer ici que quelques-unes. P. 58, il n'est pas vrai de dire que « les pouvoirs législatif et exécutif procèdent *toujours* par mesure générale, ne s'appliquant point à telle personne déterminée »: un décret qui confère un grade à un officier serait-il par hasard un acte « véritablement anonyme » ? il serait facile de multiplier les exemples. PP. 296 et 336, la Cour des comptes n'est pas un « tribunal de répres-sion » : l'auteur reconnaît lui-même (p. 318) que « tout en jugeant le compte, la Cour n'a pas à juger le comptable ». P. 9, les premiers états généraux sont de 1302, et non de 1319. P. 279, il n'y a plus de « direction des postes » au ministère des finances. P. 288, les auditeurs de deuxième

(1) Il est surprenant qu'un professeur de droit se contente d'appeler « vieille vérité » la fameuse maxime des législateurs de l'an VIII : *Agir est le fait d'un seul, délibérer le fait de plusieurs* (p. 102). — M Rozy n'est pas heureux, du reste, dans ses citations : il attribue quelque part le proverbe : *Qui trop embrasse mal étreint* à « notre fabuliste national » (p. 52). Ailleurs (p. 242) il écrit : « l'ignorant est abaissé, courbé vers la terre; il peut avoir au physique l'*os sublime* qui nous a été donné, mais il ne l'a pas encore au moral. » Je me demande ce que vont penser de cet *os sublime* les institutrices qui ne savent pas le latin.

classe au Conseil d'État doivent avoir au moins vingt et un ans, et non vingt ans (décret du 14 août 1879), et les auditeurs de première classe ne sont pas nommés au concours (loi du 13 juillet 1879, art. 2). P. 250, on peut critiquer la faveur accordée par la loi de 1872 aux engagés conditionnels d'un an ; mais il est aussi faux qu'injuste de dire que « le principe de l'égalité... est violé... devant l'impôt possible du sang », puisqu'ils marchent, en cas de guerre, avec la première partie de la classe à laquelle ils appartiennent par leur engagement. Pp. 252 et 253, les soldats de l'armée territoriale ne sont pas exercés « chaque année », ni ceux de la réserve « deux fois par an », etc... etc... — On peut relever aussi quelques assertions fort contestables : je ne suis pas sûr que « la publicité.. moralise toutes les actions » (p. 133), ni absolument convaincu des « avantages *moraux* du crédit » (p. 422) ; je ne comprends pas très bien en quoi « le système protecteur organise le mensonge » (p. 441), ni comment la connaissance du droit administratif peut contribuer à développer l'amour de la famille (p. 487). Je ne puis enfin laisser passer l'incroyable euphémisme par lequel M. Rozy qualifie les biens confisqués au clergé par l'État en 89 de « biens qui lui avaient fait retour après *certaines mesures* prises contre des personnalités morales qui n'avaient pas été suffisamment autorisées» (p. 311).

Une dernière critique. M. Rozy a eu la louable intention de mettre son livre à la portée de toutes les intelligences en « parlant un langage... simple » : mais je crains qu'il n'ait forcé la mesure et confondu parfois la simplicité avec la puérilité (1). Il annonce, par exemple, aux enfants qu' « une route doit durer plus longtemps que l'action de porter une pierre » (p. v), et aux hommes faits il donne ce conseil paterne : « *Économisons* les émeutes et les révolutions » (p. 28). On nous avertit (p. 59) que « pour être un bon juge, un véritable talent sérieux est indispensable », et on nous apprend (p. 325) qu'on peut « avoir oublié de faire ramoner sa cheminée » sans faire preuve de « grande dépravation », mais que « de pareilles actions, *non immorales peut-être en elles-mêmes,* » peuvent avoir des « suites... très fâcheuses ». J'en passe, et des meilleures. Aussi bien, M. Rozy semble espérer que « les jeunes gens qui auron reçu un enseignement quelque peu inspiré par les pages qui précèdent seront en possession de certaines vérités pratiques et utiles et de cer-

---

(1) Je ne parle que pour mémoire des expressions bizarres, qui voudraient être piquantes. « Les places ne sont que l'épanouissement de plusieurs rues » (p. 89). « On impose l'obligation de balayer les rues; on a le droit d'imposer celle de balayer les intelligences » (p. 240), etc... — Ajoutons que les fautes typographiques, fort nombreuses, compromettent quelquefois le sens et occasionnent de véritables erreurs : cf. **page 101, ligne 29; page 181, ligne 27; pp. 112, 119, etc... etc...**

taines conclusions morales, qui pourront les aider à *vivre d'une vie correcte*» : s'il en est vraiment ainsi, j'aurais mauvaise grâce à insister sur les inexactitudes et les naïvetés que peut contenir ce livre, et je n'ai qu'à lui souhaiter de nombreux lecteurs.　　　　G. PAULET.

P.-S. Ces lignes étaient imprimées et sur le point d'être publiées lorsque j'ai appris la mort subite de l'auteur. Je tiens à rappeler ici que M. Henri Rozy a été souvent plus heureux que dans le livre ci-dessus apprécié et qu'il laisse quelques ouvrages juridiques fort estimés. G. P.

VARIÉTÉS

—

LE JUGEMENT DE SALOMON DANS UNE FRESQUE DE POMPÉI.

La note qu'on va lire est extraite d'une lettre particulière. En m'autorisant à la communiquer aux lecteurs du *Bulletin critique*, M. de Rossi tient à ce que je les prévienne que ce n'est qu'une simple note écrite de souvenir, au retour de son dernier voyage à Pompéi, sans le secours d'aucun dessin.　　　　L. D.

On vient de faire à Pompéi une découverte que, comme la plupart des archéologues, j'ai accueillie avec un sentiment instinctif d'incrédulité. Mais elle n'en est pas moins un fait, que j'ai vérifié *de visu* et qu'une réflexion plus calme m'a fait comprendre et accepter. Il s'agit d'une peinture à fresque de sujet biblique. C'est le jugement de Salomon, représenté en caricature sur les parois d'une maison. Sur un tribunal sont assis trois personnages habillés à la romaine ; celui du milieu s'appuie de la main gauche sur un sceptre. Derrière les personnages assis, quelques soldats, dont je ne me rappelle pas le nombre, se tiennent debout. Ils portent aussi des costumes de soldats romains ou grecs. Devant le tribunal, sur une table, est étendu un enfant qu'un soldat s'apprête à couper en deux avec un énorme couteau ; une femme tient l'enfant par le bras et prête son concours à cette opération homicide ; une autre femme, éplorée, à genoux, lève les bras vers le juge souverain et crie miséricorde. Les figures sont traitées presque toutes dans le style de la caricature ; elles ont des têtes énormes et des jambes de grenouille. L'allusion au jugement de Salomon crève les yeux et force la persuasion, malgré l'absence de tout élément oriental et sémitique dans les détails de la représentation.

Comment croire maintenant que des Juifs aient permis dans leurs maisons une telle parodie des Livres saints? Ou bien que des païens l'aient ordonnée pour se moquer de la Bible, eux qui étaient si ignorants de l'histoire d'Israël, ainsi qu'il résulte des incroyables bévues de Tacite à l'égard des origines juives? Avant la publication des *Antiquités* de Flavius Josèphe, la connaissance des récits de l'histoire israélite a dû être très peu répandue dans le monde romain, même le meilleur. Ceci rend peu probable et peu compréhensible une caricature, car le sujet d'une caricature doit être facile à reconnaître des personnes pour qui elle est exécutée.

Certaines circonstances que j'ai relevées sur place me semblent donner le mot de l'énigme. A côté de la caricature en question, il y a un paysage de la vallée du Nil; on y voit des pygmées groupés aussi de façons burlesques, en caricature, avec des crocodiles prêts à les dévorer. Cette réminiscence de l'Égypte, qui n'est pas rare dans les paysages de Pompéi, nous transporte dans le monde de l'hellénisme alexandrin. Les commerçants d'Alexandrie étaient nombreux à Pompéi. La version grecque dite des Septante, si connue à Alexandrie, a dû répandre, même chez les païens de cette ville éclectique, la connaissance des principaux traits de l'histoire juive. Dans la maison d'un Alexandrin à Pompéi la caricature que je viens de décrire est moins étrange qu'elle ne le serait dans celle d'un Campanien ou d'un Romain. Cette remarque facilitera, je crois, l'intelligence d'une découverte bien inattendue et jusqu'à ce jour tout à fait unique à Pompéi.   J.-B. DE ROSSI.

CHRONIQUE

Le P. Ingold, notre collaborateur et collègue, a protesté dans un de ses derniers comptes rendus (*Bull. crit.*, 15 octobre) contre les accusations dont M. l'abbé Jauffret, du clergé de Marseille, a cru devoir charger la congrégation de l'Oratoire, sous prétexte de défendre la mémoire de Mgr de Belzunce. L'article du Bulletin a été ensuite tiré à part et répandu à Marseille sous le titre de : *Protestation d'un Père de l'Oratoire contre les accusations de M. l'abbé Jauffret.* Paris, Poussielgue. Ce tirage à part ne porte pas de nom d'auteur. Il est placé directement sous la responsabilité de la congrégation attaquée. M. Jauffret riposte par une nouvelle brochure intitulée : *Réponse à la protestation d'un Père de l'Oratoire,* etc. Il en demande l'insertion au *Bulletin critique,* bien que son écrit ne vise que la protestation anonyme et non point l'article de notre revue. Lecture faite de cette riposte, on n'y trouve rien de nouveau, si ce n'est l'assertion « qu'il existe encore à Paris plusieurs mil- « liers d'adhérents au jansénisme, qu'ils détiennent les manuscrits de la « secte et puisent, pour lui procurer un regain de vie, dans cette fameuse « *boîte à Perrette* dont ils ont retrouvé quelque chose (p. 7). » En rapprochant de ces lignes, empreintes d'une certaine verve provençale, un passage qui se trouve un peu plus loin, p. 12, il en ressort une insinuation claire, mais perfide : le P. Ingold est janséniste *in petto,* et c'est la boîte à Perrette qui fait les frais des publications qu'il consacre, avec autant d'érudition que de zèle, à la défense de sa congrégation. Ce procédé de discussion interdit à la *Réponse* de M. Jauffret l'entrée du *Bulletin critique.* Le bon abbé pourra d'ailleurs se consoler en relisant les nombreux articles où la presse marseillaise a pris spontanément sa défense contre les Oratoriens. Les journaux sont aussi divisés à Marseille qu'ailleurs sur toutes les questions, politiques ou religieuses. Mais quand il s'agit de l'abbé Jauffret, c'est un concert unanime. Non seulement ils disent tous la même chose, et à peu près dans les mêmes termes, mais ils s'accordent encore à envoyer leur prose au *Bulletin critique*. Donnons une note spéciale au *Petit Marseillais*, organe de M. Alfred Naquet. Ses rédacteurs. habitués à traiter de haut les querelles de moines. auraient, en d'autres circonstances, raisonné ainsi : « Il y avait à Marseille deux colleges, l'un d'Oratoriens, l'autre de Jésuites. Le premier est devenu hérétique et s'est mis dans le cas d'être fermé par l'autorité. C'était à prévoir » Du tout : le *Petit Marseillais* est aussi sage que le *Citoyen*, organe légitimiste. Heureux abbé Jauffret !

—M. l'abbé Jean-Baptiste CHRISTOPHE, né à Thizy (Rhône). en 1809, est mort à Lyon le 11 septembre. Vicaire de la paroisse Saint-Pierre à Lyon, curé de Fontaine-sur-Saône en 1848. il consacrait aux recherches historiques tous les loisirs que lui laissait le ministère et recueillait les matériaux qu'il devait utiliser plus tard dans ses ouvrages. Le cardinal de Bonald lui donna, en 1867, une place dans le chapitre primatial de Lyon ; le cardinal Caverot l'avait nommé chancelier de l'archevêché, et, en 1880, vicaire général. Il fut un des fondateurs et des membres les plus zélés de la Société de géographie de Lyon. Ses principaux ouvrages sont : l'*Histoire de la Papauté dans le* XIVᵉ *siècle* (1853, 3 vol. in-8°), l'*Histoire de la Papauté pendant le* XVᵉ *siècle* (1863, 2 vol. in-8°), et la *Géographie d'Ammien Marcellin* (1880).

—Nous empruntons au *Polybiblion* (octobre) la note suivante, signée T. de L. M. Gustave Brunet a tout récemment donné aux *Annales de la Faculté des lettres de Bordeaux* un remarquable article, dont il a été fait un tirage à part (*Essais des études bibliographiques sur Rabelais, Allemagne et Angleterre*. Bordeaux, Gounouilhou, 12 p. grand in-8°.) Après avoir rappelé les travaux dont Rabelais a été l'objet en France, de la part de Charles Nodier, Sainte-Beuve, Saint-Marc Girardin, Philarète Chasles, Jacques-Charles Brunet, Littré, MM. Paul Lacroix, Burgaud des Maretz, Rathery, Pierre Jannet, Marty-Laveaux, Sardou, Favre, etc., l'académicien de Bordeaux nous fournit en abondance des détails fort peu connus chez nous sur les écrivains qui, étrangers à notre pays, se sont occupés de maître François. Parmi les écrivains allemands, il mentionne, au XVIᵉ siècle, le satirique Jean Fischart, qui paraphrasa *Gargantua*, et, au XIXᵉ, le docteur Gottlob Regis, qui a donné du roman de Rabelais une excellente traduction, avec de riches commentaires dans lesquels le docte critique a le premier fait connaître les *Chronicques du grant rey Gargantua* (Leipzig, 1839, 2 vol. in-8°). Parmi les écrivains anglais, M. G. Brunet mentionne sir Thomas Urquart, qui publia (Londres, 1653-1664) une traduction des deux premiers livres de Rabelais, laquelle fut achevée par Motteux. Après Urquart défilent devant nous Horace Walpole, Hallam, Coleridge, qui ont rendu un enthousiaste hommage au génie de l'Homère bouffon, enfin les membres du *Rabelais-Club*, fondé en 1879, qui ont publié, en l'honneur de l'auteur de *Pantagruel*, un vol. de *Récréations* (1880-81. in-4°), où l'on remarque une notice de M. Leland sur les analogies qu'offrent, à propos de tempête, deux récits de Rabelais et de Shakespeare. Le trop court mémoire de M. Brunet est des plus curieux, et l'on ne se console d'en avoir si vite achevé la lecture qu'en prenant acte de cette demi-promesse finale de l'auteur : « Il reste encore à l'égard de l'œuvre rabelaisienne bien des points que nous pourrions chercher à élucider; nous les aborderons peut-être un autre jour. »

—La livraison de septembre du *Bibliographer* contient. entre autres articles, une notice sur la bibliothèque de l'université de Cambridge; elle est due à M. H. Bradshaw, bibliothécaire. Dès le commencement du XVᵉ siècle, l'Université possédait déjà divers manuscrits; sous ce rapport. la collection actuelle est des plus importante, et M. Luall en a publié, de 1859 à 1867, un catalogue rédigé avec beaucoup de soin et composé de trois volumes. Nous trouvons également dans le *Bibliographer* des articles sur la bibliographie du Devonshire, sur la Bible dite de Genève (*Genevan Bible*), traduction anglaise publiée en 1560 et souvent réimprimée; une liste raisonnée des traductions et éditions anglaises du *Faust* de Gœthe; une étude sur les graveurs sur bois dans les Pays-Bas au XVᵉ siècle (école de Haarlem); un relevé des enseignes des libraires et imprimeurs de Londres jusqu'à la fin du XVIIᵉ siècle. Voici quelques-unes de ces enseignes : Adam et Eve, l'Ancre, l'Ancre et la Bible, l'Ange, la Bible et la Couronne, le Castor, la Cloche, le Cygne, l'Ours, etc.

— M. Ernest Babelon vient de traduire une brochure de M. F. Hommel, privat-docent à Munich, que M. Oppert a présentée à l'Académie des Inscriptions et Belles-Lettres dans sa séance du 8 septembre. Dans ce travail, intitulé *Sumir et Accad*, l'auteur affirme l'existence non seulement de la langue sumérienne, mais encore de deux dialectes dans cette langue. Le traducteur combat, dans sa préface, l'opinion de ceux qui nient l'existence de ces deux dialectes.

SOUTENANCE DE THÈSES. Le samedi 4 novembre, M. Georges Pellissier, professeur de rhétorique au lycée de Nancy, a soutenu devant la faculté des lettres de Paris les deux thèses suivantes : *De sexti decimi sæculi in Francia artibus poeticis. — La vie et les œuvres de du Bartas.*

La discussion de la thèse latine est intéressante. L'exposition orale du candidat est claire, bien ordonnée, bien suivie : M. Crouslé constate qu'elle est, pour le travail écrit, un complément précieux.

Parallèlement aux trois écoles poétiques de Crétin, de Marot et de Ronsard, M. Pellissier a étudié les trois arts poétiques de « Fabri » (mais le nom est-il Fabri, ou Faber, ou Lefebvre ? Comment l'appelait sa cuisinière? demande M. Himly), de Sébilet, de Vauquelin de la Fresnaye. Ajoutez à cela quelques autres questions; ainsi, les poèmes renouvelés des anciens par Ronsard et la Pléiade; les documents que fournit Vauquelin de la Fresnaye sur l'histoire de notre poésie nationale; Vauquelin disciple de Ronsard, et dans quelle mesure; l'art poétique de Vauquelin comparé à celui de Boileau. Le candidat sait parfaitement que la Renaissance n'a pas éclaté tout d'un coup et sans préparation; il se plaît à rappeler que notre XVIIᵉ siècle littéraire se rattache étroitement au XVIᵉ, et que la poésie française du XVIIᵉ siècle est bien la fille de la poésie française du XVIᵉ. Ronsard, en particulier, selon le mot de Balzac, Ronsard est une grande source.

La thèse française est consacrée au seigneur du Bartas. Elle ajoute peu à l'étude de Sainte-Beuve sur ce poète, et M. Lenient aurait désiré plus de faits et d'aperçus nouveaux. Tous les documents consultés par le candidat, Sainte-Beuve les avait consultés avant lui. Mais aussi, où retrouver la correspondance de du Bartas ? Qui sait? Peut-être M. Pellissier ne l'a-t-il point assez cherchée; peut-être à la bibliothèque de l'Arsenal, si riche et si curieuse pour la correspondance du XVIᵉ siècle, peut-être à la bibliothèque d'Auch, dans le pays du poète, aurait-on pu découvrir un du Bartas inédit. Au reste, M. Lenient est d'avis que le candidat ressemble à son héros : du Bartas est un poète consciencieux, M. Pellissier a fait une thèse honnête; du Bartas est inégal, M. Pellissier ne satisfait parfois qu'à moitié son lecteur. Il est vrai que M. Lenient est un lecteur difficile à satisfaire : c'est ainsi qu'il lui faudrait, à chaque page de la thèse, d'abord de longues citations de du Bartas, et puis, des rapprochements avec tous les poètes anciens et modernes. Exiger que le candidat compare à du Bartas saint Avit et Milton, qu'il mentionne les grands poèmes naturalistes ou les essais encyclopédiques du moyen âge, qu'il n'oublie pas de citer Vincent de Beauvais, par exemple, rien de plus naturel; mais, en vérité, pourquoi vouloir à chaque instant confronter ce pauvre du Bartas avec Soumet, avec Alfred de Vigny, avec Victor Hugo ? Le candidat insinue timidement que tous les poètes contemporains, dans toutes leurs œuvres, ne sont peut-être pas devenus des classiques. — Mais Monsieur, répond M. Lenient étonné, j'ai fait une dizaine de cours sur Victor Hugo : Victor Hugo est un classique. Et telle page de du Bartas pourrait être comparée à telle page des *Contemplations*, à telle page des *Chansons des rues et des bois*. du Bartas, poursuit M. Lenient, a eu les ambitions de Victor Hugo, il a eu sa passion du gigantesque, il a eu ses enfantillages. Du Bartas regarde le poète comme un missionnaire, comme un apôtre de la morale publique; il déclare que le poète a charge d'âmes : or la même idée se retrouve dans la plupart des préfaces de Victor Hugo, peut-être bien dans celle du *Roi s'amuse*. Enfin, M. Lenient laisse Victor Hugo pour revenir au vrai du Bartas, à celui qu'a étudié le candidat. Dans l'œuvre de du Bartas, et à travers tout ce récit gascon de la création du monde, on trouve du moins une haute inspiration morale; du Bartas est un moraliste. Chez lui, point de poésies licencieuses, chez lui, point de mignardises. De plus, du Bartas est un chrétien, avant d'être un huguenot;

que dis-je, un chrétien ? même un théologien, et il faut bien l'avouer, un théologien ennuyeux. En tous cas, ce trait le sépare des poètes de la Pléiade, qui sont des païens d'imagination. Où le huguenot se reconnaît, c'est à la haine de « la grande Babylone ». Quant au talent de du Bartas, chacun rappelle au candidat le mot de Sainte-Beuve : « Il ne m'a jamais paru un bon poète. » Il appartient à la grosse cavalerie poétique, dit encore M. Lenient. Son Pégase est plutôt un Bucéphale, et ce Bucéphale, on pourrait sans scrupule l'atteler à la charrue. — Tout à l'heure M. Lenient prodiguait à plaisir les rapprochements entre du Bartas et Victor Hugo ; plus délicat et plus discret, plus respectueux du génie, M. Crouslé se trouve blessé de toute comparaison entre du Bartas et Corneille ; il souffre de voir çà et là qualifiés de cornéliens quelques vers de du Bartas. Du Bartas est un honnête homme, dit à son tour M. Petit de Julleville, mais c'est un mauvais poète. Non seulement il manque de goût et le sentiment de l'art lui est étranger, mais il ne connaît pas davantage l'inspiration vraie, le souffle naturel du génie : il n'a que la fièvre et le frisson. Gœthe, grand admirateur de du Bartas, s'est trompé sur le mérite du poète français : Gœthe est un étranger. Le candidat veut faire entrer du Bartas dans notre « panthéon poétique » ; c'est de toute justice, en effet, si par ce panthéon il entend une nécropole.   B. D.

SOCIÉTÉ NATIONALE DES ANTIQUAIRES DE FRANCE. — *Séance du 4 octobre.* — Présidence de M. Al. Bertrand. M. GUILLAUME informe la Société qu'il a découvert des substructions sous la salle des Cariatides au Louvre ; ces substructions paraissent remonter à Charles V. M. FLOUEST, associé correspondant, communique, de la part de M. COURNAULT, ass. corr., le dessin d'un casque et d'une boucle d'oreille de l'époque gauloise ; ces objets ont été trouvés à Breuvannes (Haute-Marne). M. DE MARSY, associé correspondant, lit une note de M. HUGO LOERSCH, professeur à l'université de Bonn, sur une cloche municipale d'Aix-la-Chapelle. Cette cloche est datée du 18 février 1251 ; elle est sortie des ateliers de Jacques de Croiselles, fondeur artésien.—*Séance du 11 octobre.* — Présidence de M. G. Perrot. La Société consacre la séance à l'étude de questions administratives. — *Séance du 18 octobre.* — Présidence de M. G. Perrot. M. LE BLANT donne des détails sur les fouilles entreprises près de Pompéi, sur la rive droite du Sarno. Ce ruisseau fougueux et profond arrêta dans leur fuite les habitants de Pompéi qui périrent avant d'avoir pu le traverser. Ces fugitifs, dont on trouve les cadavres en grand nombre, étaient chargés de bijoux d'or, de pièces de monnaies et d'autres objets précieux. M. GUILLAUME entretient la Société des restes de constructions anciennes découvertes pendant les travaux qui s'exécutent sous la salle des Cariatides au Louvre. Sous la salle moderne, construite par Pierre Lescot et achevée par Percier et Fontaine, subsistent les ruines de salles ogivales, jadis carrelées avec des carreaux émaillés, qui paraissent dater du règne de Philippe-Auguste. Les retombées de voûtes sont encore en place, et dans les déblais se rencontrent des fragments de culs-de-lampe ornés de figures.

ACADÉMIE DES INSCRIPTIONS ET BELLES-LETTRES. — *Séance du 15 septembre.* — M. DE WAILLY lit une note additionnelle à son *Mémoire sur la langue de Joinville* publié il y a quelques années. Il explique pourquoi il n'a pas cherché à établir dans le texte de Joinville une orthographe uniforme, qui n'existe pas sur les manuscrits. Les clercs de la chancellerie de Joinville s'entendaient sur l'orthographe grammaticale, mais n'avaient aucune règle fixe pour l'orthographe usuelle ; dans leurs chartes on rencontre souvent, à quelques lignes de distance, le même mot écrit de deux façons différentes. M. BARBIER DE MEYNARD lit, au nom de M. DEREMBOURG, un mémoire sur l'*Immortalité de l'âme chez les Juifs.* L'auteur refuse d'admettre, comme M. Halévy, que les Juifs aient cru, dès l'antiquité, à l'immortalité de l'âme. Il y avait des Juifs qui croyaient à une existence ultérieure, mais ne ressemblant en rien à ce que nous entendons par l'immortalité; cette existence, sans peine ni récompense, n'est qu'une vie apparente. Et encore faut-il distinguer les croyances populaires du dogme dont les prophètes sont les représentants. Or ces derniers sont absolument étrangers dans leurs écrits à la notion d'une vie future, dont l'idée, empruntée à la philosophie de Platon, naquit, selon M. Derembourg, chez les Juifs d'Egypte, après les conquêtes d'Alexandre. M. DELAUNAY lit, au nom de M. AMÉLINEAU, une étude sur un manuscrit copte, malheureusement en très mauvais état, conservé à la bibliothèque d'Oxford, où il a été apporté au siècle dernier par le voyageur Bruce. Il se compose de deux ouvrages gnostiques : le *Livre des gnoses invisibles* et le *Livre du grand Logos*. Ces livres ont probablement été connus par Clément d'Alexandrie et ne peuvent être postérieurs à la première moitié du IIe siècle. M. Amélineau se propose de les publier. M. DIEULAFOY continue sa communication sur le monument de Meched-Mourghâb, appelé en Perse tombeau de la mère de Salomon. C'est, suivant M. Dieulafoy, le tombeau de la mère de Cyrus, Mandane. C'est Fessa, au sud-est de Persépolis, qui occupe l'emplacement de l'ancienne Pasargade. On ne pourrait autrement se rendre compte de l'itinéraire d'Alexandre qui traversa cette ville en allant de l'Inde à Persépolis. L'architecture du tombeau de Mandane se ressent de l'influence grecque. M. OPPERT dit que depuis longtemps il refusait de reconnaître dans Meched-Mourghâb, l'emplacement de Pasargade. Il est heureux de voir cette opinion confirmée par les observations de M. Dieulafoy. — *Séance du 22 septembre.* — Une lettre de M. MICKIEWICZ informe l'Académie que, dans la maison n° 177 de la rue d'Allemagne, il existe deux dalles portant des inscriptions, et situées, l'une dans le couloir d'entrée, l'autre dans la cour. Elles ont été trouvées, il y a quelques années, dans le sol en face de la maison. La première porte des chiffres disposés comme une table de Pythagore, la seconde des traces de lettres. M. Mickiewicz les signale sans en apprécier la nature ni l'importance. M. HUSSENET envoie d'El-Kantara (Tunisie) le dessin des restes d'une église byzantine située à Menina et une note sur cette église. M. OPPERT commence la lecture d'une note sur *Le prétendu tombeau de Cyrus*. C'est le monument situé à Mourghâb au nord de Persépolis, et dont M. Dieulafoy a entretenu l'Académie. On a voulu faire de ce tombeau celui de Cyrus, et, par suite, de Mourghâb, l'ancienne Pasargade, ville où, suivant les historiens, avait été élevé le tombeau de Cyrus. La présence, dans cette localité, de cinq piliers, contemporains du tombeau, et portant, en trois langues, l'inscription : « Je suis Cyrus, roi achéménide » fournit le principal argument. Or ces piliers prouvent seulement que le tombeau a été élevé par ordre de Cyrus. Ce tombeau est terminé en forme de dos d'âne, ce qui, en Orient, est la preuve certaine que c'était celui d'une femme. M. Oppert ne trouve pas assez fondée l'opinion de M. Dieulafoy qui pense que cette sépulture est celle de Mandane, mère de Cyrus; pour lui, il penserait plutôt à Cassandane, femme de Cyrus. En tout cas M. Dieulafoy a apporté un nouvel argument contre l'identification du monument avec le tombeau de Cyrus. De plus, le monument de Mourghâb ne répond en rien à la description qu'Arrien et Strabon ont laissée du tombeau de Cyrus. M. Oppert démontrera que Pasargade ne pouvait pas occuper l'endroit où se trouve aujourd'hui Mourghâb. M. ERNEST DESJARDINS communique une lettre de M. Monceaux, membre de l'école d'Athènes. Cette lettre annonce la mort d'un des plus jeunes membres de l'école, M. BILCO, qui a succombé, le 10 septembre, à un accès de fièvre pernicieuse. M. Bilco faisait des fouilles archéologiques en Thessalie. M. MASPÉRO rend compte à l'Académie des fouilles qu'il a exécutées en Egypte, pendant l'année, par ordre du gouvernement du khédive. On a exploré deux pyramides situées au sud de celles de Gizeh, non loin de la cachette où ont été trouvées les momies royales. Ces pyramides, démolies en partie, à une époque ancienne, devaient égaler les dimensions de la plus grande pyramide de Gizeh. La solidité exceptionnelle de la maçonnerie, entièrement composée de blocs longs de douze à quinze mètres, n'a pas encore permis d'atteindre la chambre sépulcrale; on n'est encore parvenu qu'u tiers de la distance à parcourir pour pénétrer à l'intérieur. — Plus au sud, une pyramide de briques, ouverte du haut en bas, a été trouvée complètement massive; la sépulture est probablement au-dessous. — A Kafrlitch est une pyramide détruite en partie par les Romains, qui y ont pris des matériaux pour construire un fort dans le voisinage. M. Maspero en a découvert l'entrée. Un couloir conduit à une première chambre contenant des débris. — A Meydour, plus au sud, on a trouvé l'entrée d'une pyramide composée d'un bloc de rocher naturel recouvert d'un revêtement en maçonnerie; le couloir conduit à un réduit dans lequel il n'y avait pas de sarcophage mais des poutres et des cordes qui semblaient disposées pour hisser le sarcophage. Autour de la pyramide sont des tombeaux vides et inachevés pour la plupart. M. Maspéro suppose qu'un roi ayant fait construire la pyramide pour y être inhumé, ses courtisans choisirent le même endroit pour leur sépulture. Mais le successeur de ce roi choisit un autre emplacement et les courtisans l'y suivirent. On a un exemple analogue : un fonctionnaire d'Aménophis IV nommé Aï s'était fait construire un tombeau près de celui de son maître. Devenu roi, ce même Aï choisit un autre emplacement. — On reprend le déblayement du temple de Louqsor, opération difficile, les ruines étant couvertes par un village de trois mille habitants. — A Thèbes, non loin de la cachette de Deïr-el-Bahri, M. Maspero a rencontré environ quatre-vingts puits sans sépultures; ils ont été creusés sans doute pour dépister les chercheurs et protéger ainsi la cachette des sarcophages royaux retrouvée l'année dernière. S'étant fait descendre au bout d'une corde au fond d'un puits de trente-cinq mètres, M. Maspéro a trouvé le beau sarcophage en albâtre, couvert d'hiéroglyphes, de la reine Nitocris, de la xxvi° dynastie. Des fouilles d'ensemble pourraient seules, à Thèbes, donner des résultats satisfaisants; vu la modicité des ressources disponibles, il vaut mieux fouiller ailleurs. — A l'entrée de quelques tombes royales, on a trouvé les procès-verbaux de scellage de ces tombes et les sceaux eux-mêmes. Ces procès-verbaux sont datés de l'année du règne du roi dont ils mentionnent la sépulture; le roi était donc censé régner encore pendant la période, longue parfois de plusieurs mois, qui s'écoulait entre leur décès et leur sépulture. Il faudra tenir compte de ce fait en établissant la chronologie des rois égyptiens. — En explorant plusieurs villages situés sur les bords du Nil, M. Maspéro a remarqué des restes appartenant aux plus anciennes dynasties et des débris des époques grecque, romaine, byzantine. Dans la construction d'une église chrétienne du VI° siècle située dans l'île de Philoe, il a vu des débris et des inscriptions ayant appartenu au temple d'Isis. — A Alexandrie, des fouilles entreprises sur de faux renseignements fournis par deux marchands d'antiquités européens n'ont donné aucun résultat. Ces individus essaient, par tous les moyens, de faire pratiquer des fouilles d'où ils retirent de petits objets qu'on trouve à Alexandrie partout où on remue le sol, et dont ils font commerce. — *Séance du 29 septembre.* — M. OPPERT continue la lecture de son mémoire sur *Le prétendu tombeau de Cyrus*; il réfute les opinions de Herren et de Hoeck concernant les emplacements de Persépolis et de Pasargade et démontre, par des raisons géographiques et par l'étude de l'itinéraire d'Alexandre d'après les historiens, que Pasargade était située au sud-est de Persépolis (auj. Istâkhr), et non pas au nord ; par conséquent Mourghâb ne peut être identifiée avec Pasargade. M. GERMAIN communique un chapitre encore inédit de son *Histoire de l'Université de Montpellier.* Il y est traité de la faculté de théologie de cette ville. Cette faculté ne figure pas dans la bulle d'érection des écoles de Montpellier en université par le pape Nicolas IV. La bulle, datée du 26 octobre 1289, ne comprend que les facultés de droit, de médecine et des arts. La théologie n'en était pas moins enseignée dans les cloîtres et particulièrement dans ceux des ordres mendiants. Le pape Martin V. afin de contrebalancer l'influence de l'hérésie albigeoise, plus dangereuse dans une ville où la présence de l'université entretenait une grande activité intellectuelle, donna l'institution canonique à la faculté de théologie par bulle du 27 décembre 1421. Le roi Jean avait été, en 1321, le premier protecteur de cette faculté. Le pape, en instituant officiellement cette faculté, l'incorpora à l'école de droit, fondée à Montpellier par le jurisconsulte Placentin; par un privilège dont ne jouissait pas encore l'université de Paris, la faculté de droit de Montpellier enseignait à la fois le droit civil et le droit canonique. Légistes et décrétistes devaient trouver profit à cette union, à une époque où le clergé mêlait les études juridiques aux études théologiques : « Nous ordonnons, dit la bulle, « que ladite faculté de théologie ne fasse qu'une seule et même université « avec les facultés de droit civil et droit canonique de Montpellier, un seul « et même corps, ayant pour chef un recteur, dont l'élection continuera « d'avoir lieu conformément aux anciens statuts universitaires. Nous prescri- « vons également que les maîtres, docteurs, licenciés, bacheliers et étudiants « de la faculté de théologie soient soumis à la juridiction que confèrent au « recteur les statuts et coutumes dûment approuvés; qu'ils obéissent à ses « monitions et mandements, comme les docteurs, les licenciés, les bacheliers « et les étudiants en droit canonique et en droit civil, et que, toutes les fois « que ladite faculté de théologie y aura intérêt, ils participent aux assemblées « et délibérations de concert avec les autres docteurs, licenciés, bacheliers et « étudiants, sous la réserve expresse néanmoins que, de même que les doc-

« teurs en droit canonique ou en droit civil ne peuvent être recteurs, les
« maîtres en théologie ne pourront le devenir à leur tour, non plus que les
« religieux des ordres mendiants, de quelque grade ou condition qu'ils
« soient... Donné à Rome, à Saint-Pierre, le seizième jour avant les calendes
« de janvier, la cinquième année de notre pontificat. » Il est piquant de voir,
contrairement à ce qui se passait ailleurs en France, une faculté de droit
primer une faculté de théologie, et cela de par le pape lui-même. Dans les
premiers temps, théologiens et juristes firent assez bon ménage universi-
taire, mais cela ne dura pas, et, dans l'intérêt des études, on en vint à un
arrangement. On établit des statuts : la faculté de théologie était représentée
par un doyen, lequel, une fois élu, prêtait serment au recteur de l'université
de droit ; il veillait sur les privilèges, libertés et honneurs de sa faculté, et y
exerçait en outre une censure dogmatique. Il avait le pas sur le prieur de la
faculté de droit dans tous les actes concernant la faculté de théologie, mais
le prieur de la faculté de droit primait à son tour dans tous les exercices de la
faculté de droit. Dans les solennités universitaires ou autres, le prieur de la
faculté de droit et le doyen de la faculté de théologie alternaient, chaque
année, pour la préséance. Les provinciaux des ordres mendiants ne venaient
qu'après eux. M. Germain analyse et explique le texte encore inédit de ces
statuts de 1428 ; il les regarde comme un des plus curieux règlements scolaires du moyen âge, et comme une des plus amples victoires qui aient été
alors universitairement remportées sur les ordres mendiants. M. DE WAILLY
donne une seconde lecture de son addition au mémoire sur la langue de
Joinville. — *Séance du 6 octobre.* — M. OPPERT continue la lecture de son
mémoire sur *Le prétendu tombeau de Cyrus.* Des inscriptions cunéiformes du
roi Darius et des textes d'auteur s'accordent pour représenter comme mon-
tagneux le site de Pasargade, ce qui ne convient pas à celui de Mourghâb.
Une inscription qui relate la guerre de Darius contre Oeosdates, le second faux
Smerdis, témoigne que Pasargade était située vers la frontière orientale de la
Perse, par conséquent à l'est, et non pas, comme Mourghâb, au nord de Persépolis. M. GERMAIN continue la lecture de son chapitre sur la faculté de
théologie de Montpellier. Les moines, tenus en respect par les nouveaux
statuts, gardèrent toujours l'espoir d'une revanche. Les dominicains, après
que les protestants eurent, au XVIe siècle, supprimé momentanément les institutions catholiques de la ville, rétablirent pour leur compte la faculté de théologie. Mais les jésuites se déclarèrent leurs adversaires, parvinrent à trouver
place à côté d'eux, et enfin obtinrent du roi Louis XIV, en 1686, le monopole
de l'enseignement théologique à Montpellier. En 1762, les jésuites furent
expulsés du royaume, et la faculté rendue aux dominicains par le parlement de
Toulouse. Mais l'évêque de Montpellier, après une lutte de quelques années, dé-
posséda les dominicains au profit des prêtres de son diocèse, qui occupèrent
toutes les chaires de la faculté de théologie, depuis l'année 1767 jusqu'à la révolution, époque où la faculté fut supprimée. M. DE PANGE lit une notice sur
une question relative à l'histoire de Lorraine au XIIe siècle. Le duc de Lorraine
Simon eut-il pour successeur son frère Ferri I de Bitche, ou le fils de ce dernier, son neveu Ferri II de Bitche? La deuxième opinion est celle des anciens
auteurs, Calmet seul soutient la première. M. de Pange revient à l'ancienne
opinion. Ferri I fit la guerre à son frère Simon et usurpa un instant, il est vrai,
le titre de duc de Lorraine, mais jamais, ni de droit, ni de fait, il ne regna
sur le duché. Ferri II qui se sépara de son père pour suivre le parti de son
oncle, fut le successeur immédiat de ce dernier.   H. THÉDENAT.

PUBLICATIONS DE LA QUINZAINE. — CHARLES DARWIN. L'origine des espèces,
traduction nouvelle de l'anglais par E. Barbier, in-8°, Paris, Reinwald. 8 fr. —
ALBERT SOREL Essais d'histoire et de critique, in-18, Paris, Plon, 3 fr. 50. —
R. P. MOUFAT. La pratique de l'enseignement chrétien (grammaire et littérature) in-18, Paris, Bray et Retaux. — DE BROGLIE. Frédéric II et Marie-Thérèse, d'après des documents nouveaux (1740-1742) 2 vol. in-8°, Paris, Calmann-
Levy, 15 fr. — A. LONGNON. Documents parisiens sur l'iconographie de saint
Louis, in-8°, Paris, Champion, 7 fr. 50.— ED. LEBLANT. Les Actes des martyrs,
supplément aux *Acta sincera* de Dom Ruinard, in-4° ibib., 12 fr. — BEITRÄGE
zur sächsischen Kirchengeschichte, hrsg. im Auftrage der „Gesellschaft f.
sachs. Kirchengeschichte" v. F. Dibelius u. G. Lechler. 1. Hft. Leipzig,
Barth. 4 m. — BESTAMNN, H. J., Geschichte der christlichen Sitte. 2. Tl. : Die

kathol. Sitte. 1. Lfg. [Die judenchristl. Sitte.] Nordlingen, Beck. 2 m. 80. —
KIHN, H., der Ursprung d. Briefes an Diognet. Frieburg i/Br., Herder 3 m. 50.
KUHN, R., der Octavius d. Minucius Felix. Eine heidnisch-philosoph. Auffassg.
vom Christienthum. Leipzig, Rossberg, 1 m. 60 — SCHMIDT, K., die Apostel-
geschichte, unter dem Hauptgesichtspunkte ihrer Glaubwürdigkeit kritisch-
exegetisch bearb. 1. Bd. Erlangen, Deichert, 6 m.—ARMANDI, Trattato teologico
della Peintenza moderna Tip. dell' Immac. Conc. in-16. — MARCHESI. Papa
Adriano IV, in-16, Padova Drucker et Tedeschi. — SDRALEK. De S. Nicolai,
pp. I, epistolarum codicibus quibusdam manuscriptis. Brelau Kôhler, 1 m.
— E. SMITH. Philosophie, droit, morale. Détermination par la raison du fon-
dement du droit et de la morale, in-18, Paris, Larousse, 3 fr. 50. — C. VIOX.
L'abbé Grégoire, in-16, Luneville. Imprimerie nouvelle, 1 fr.

REVUE DES REVUES

ARTICLES DE FOND.

H. JOLLY. *La psychologie des grands hommes.* (Causes qui préparent et circonstances qui accompagnent la venue du grand homme : le génie et l'inspiration.) Rev. philosophique, mai, juillet, août, novembre 1882.

A. ESPINAS. *Les études sociologiques en France.* Rev. philos., juin, octobre,
novembre 1882.

P. JANET. *Un précurseur de Maine de Biran.* (Rey-Régis. Histoire naturelle de
l'âme, Montpellier. 1789. Biran ne l'a probablement pas connu.) Rev. phil., octobre
1882.

TH RIBOT. *Les affaiblissements de la volonté.* (Avec des vues assez curieuses
sur l'attention). Rev. phil., octobre 1882.

E. ALLAIN. *L'œuvre scolaire de la Révolution d'après les travaux récents.* II. Les
écoles primaires, de l'an II à l'an X. (Lettres chrétiennes, 7 octobre.)

E. MISSET. *Essai sur Adam de Saint-Victor.* Caractère général des proses
d'Adam (ibid.)

CH. HUIT. *L'hellénisme jugé par les premiers chrétiens* (ibid.).

A. CLERVAL. *Bernard de Chartres.* (Il y a trois Bernard et non un seul.
Excellent article. L. V. Ibid.).

L. COUTURE. *Commentaire sur un fragment de Pascal* (ibid.).

COMPTES RENDUS

A. LEGOYS. *Le suicide ancien et moderne.* (A. B. Rev. philos., octobre 1882.)

OLLÉ-LAPRUNE. *Essai sur la morale d'Aristote.* (Darlu. Rev. phil., novembre
1882.)

KRANTZ. *Esthétique de Descartes.* (Fr. Bouillier. Rev. phil., novembre 1882.)

SOURIAU. *Théorie de l'invention.* (Michel. Rev. phil., novembre 1882).

HARTEL. *Corpus scriptorum ecclesiasticorum* (E. Misset. Lettres chrétiennes,
sept. octobre).

ELIE BERGER. *Les registres d'Innocent IV.* (Ulysse Chevalier. Ibid.)

KAULEN. *Einleitung in die heilige Schrift alten und neuen Testaments.* (Ameli-
neau. Ibid.)

Le Gérant : E. THORIN.

BULLETIN CRITIQUE

DE LITTÉRATURE, D'HISTOIRE ET DE THÉOLOGIE

72. — Der Ursprung des Briefes an Diognet, von Dr Heinrich Kihn, Freiburg im Breisgau, Herder 1882, xv, 168 pages.

Certains écrits, accueillis avec faveur par les contemporains, n'ont pas tardé pour une raison ou pour une autre à tomber dans l'oubli. Il en est, au contraire, qui ont passé longtemps inaperçus, mais qui, reparaissant tout à coup, ont conservé le privilège de piquer la curiosité de la postérité. Nous pouvons ranger l'Épître à Diognète dans cette dernière catégorie ; car, d'une part, elle se présente seule à nous, sans nom d'auteur et sans aucune mention dans l'histoire, et néanmoins, depuis que Henri Estienne l'imprima pour la première fois à Paris en 1592, elle a été l'objet de commentaires aussi multipliés que divers. On se proposait moins de soigner la publication du texte, connu par un manuscrit unique de la bibliothèque de Strasbourg, que de rechercher la provenance de cette composition mystérieuse dont tous s'accordaient à reconnaître la valeur. C'est cependant à l'occasion d'une édition nouvelle, préparée pour le troisième centenaire de l'Université de Würzbourg, qu'après tant d'autres, le Dr Kihn a étudié, et qu'il espère avoir élucidé d'une façon définitive son origine, en apportant précisément ce qui lui manquait, deux points d'appui dans la littérature ancienne. Les connaissances théologiques du savant professeur lui ont fourni le premier point, à l'aide duquel il supplée en grande partie au silence de la tradition. Nous sommes heureux d'apprendre qu'il a pu emprunter à une courte dissertation publiée par nous le second, en ce qui concerne du moins la date et l'auteur de l'ouvrage.

Parlons d'abord du témoignage des manuscrits : tel est le sujet des deux premiers chapitres de M. Kihn. Dans un volume ayant paru simultanément et déjà apprécié ici même (1), M. Harnack vient de traiter la ques-

(1) *Die Ueberlieferung der griechischen Apologeten des II. Jahrhunderts in der alten Kirche und im Mittelalter. V. Bulletin critique,* n° du 1er octobre 1882.

tion pour chacun des écrits qui forment le *Corpus Apologetarum*. Il formule ainsi son jugement à l'endroit de l'Épître à Diognète (1) : « Le *Codex Argentoratensis* (de Strasbourg) est l'original commun de la copie prise par Haus en 1580, de celle prise par Estienne en 1586, et enfin de celle prise par Beurer entre 1587 et 1591, laquelle, à son tour, ne saurait être indépendante de la copie de Haus. » Il faut noter que cette dernière n'est connue que depuis fort peu de temps, puisque le Dʳ Neumann en 1880 a été le premier à signaler ce manuscrit appartenant à la bibliothèque de l'Université de Tübingen (2) ; M. Otto n'a donc pu l'utiliser pour sa belle édition de 1879. La copie qui a servi à l'édition d'Estienne est conservée à présent à la bibliothèque de l'Université de Leyde. On ignore ce qu'est devenue la copie de Beurer. Quant au manuscrit de Strasbourg, il a péri dans l'incendie qui dévora la bibliothèque de la ville en 1870 ; heureusement, le manuscrit de Tübingen paraît en être, pour la partie qui nous touche, une exacte reproduction. Aussi M. Kihn a-t-il étudié ce texte de très près. Contrairement à M. Harnack, il ne croit pas que celui de Beurer en dépende : certains mots lus par Haus ne l'ont pas été par Beurer et réciproquement. Haus donne également plusieurs gloses écrites à la marge du manuscrit de Strasbourg où la dent des souris les avait fort maltraitées (3). M. Kihn a justement attiré l'attention sur deux de ces notes marginales à cause de leur importance dogmatique. A côté du chapitre 8, § 9, on lit cette réflexion : Ὅτι ἐκρύπτετο τοσούτους χρόνους τὸ μυστήριον τῆς ἁγίας Τριάδος μέχρι τοῦ βαπτίσματος ἐν Ἰορδάνῳ. Or, il se trouve que l'un des traits saillants de l'enseignement de Théodore de Mopsueste était d'insister sur le développement progressif de la révélation dans les deux Testaments et d'exclure en particulier de l'Ancien toute allusion au mystère de la Trinité (4). Cette observation n'avait frappé personne jusqu'ici, mais elle ne pouvait échapper à M. Kihn, auteur d'un travail récent, spécialement consacré à l'exégèse de Théodore de Mopsueste (5). Pareillement la scholie du chapitre 12, § 8 : Ὅτι τὴν Εὔαν μὴ φθειρομένην παρθένον ἀποκαλεῖ · φθαρεῖσαν δὲ, τῆς παρακοῆς πάντως εἰσεδέξατο τὸ ἐπιτίμιον, δηλονότι φθαρεῖσαν, qui n'avait point encore rencontré d'explication suffisante, doit être rapprochée de l'opinion bien connue du même évêque relativement au péché originel. Marius Mercator écrit en 430 que son opinion lui

(1) *Op. cit.*, p. 89.

(2) V. *Zeitschrift für Kirchengeschichte*, Gotha, 1881, fasc. IV, p. 284.

(3) Par exemple, ce qu'on avait tenté de restituer [ὅτι] ἄνδρες [οὐχ ἔγνω'σαν μυστήρια τοῦ Πατρός doit se lire : ὅτι οἱ ἅγιοι ἄνδρες ἔγνωσαν μυστήρια τοῦ Πατρός.

(4) *Com. in Zach.*, c. 1, v. 7-10 (Migne, *Patr. gr. t.* LXVI, p. 501); cf. in Agg. c. 2, v. 5, *ibid.*, p. 484.

(5) *Theodor von Mopsuestia und Junilius Africanus als Exegeten*, Freiburg im Breisgau, 1880.

survivait parmi les chrétiens de Syrie et surtout en Cilicie : « *Progenitores videlicet humani generis, Adam et Evam, mortales a Deo creatos, nec quemquam posterorum sui praevaricatione transgressi laesisse ; sed sibi tantum nocuisse, seque mandati reos apud Deum fecisse, alterum penitus nullum* (1). » Remarquons que ces deux gloses si caractéristiques sont à peine amenées par le texte de l'Épître et trahissent visiblement une préoccupation du moment chez leur auteur. Voici donc que du manuscrit de Strasbourg (xiiie s.) nous pouvons désormais remonter à son prototype daté du commencement du ve siècle. Si l'on ajoute qu'une note marginale, de la même provenance que les autres, fait mention de la lacune du chapitre 7, § 8 comme existant dans l'exemplaire que le copiste avait sous les yeux et qui était lui-même très ancien, παλαιοτάτου ὄντος, il ne sera plus permis de révoquer en doute la haute antiquité de notre document. Quant à la lacune elle-même, la teneur de la note marginale est si précise : Οὕτως καὶ ἐν τῷ ἀντιγράφῳ εὗρον συγκοπήν, qu'elle n'autorise pas à lui attribuer plus d'étendue que ne l'indique, d'après le manuscrit de Strasbourg, la fidèle copie de Haus. On avait cru, et nous avions été de cet avis, que là devait trouver place la réponse à l'une des questions énoncées au début de l'Épître : « De quelle affection les chrétiens s'aiment-ils les uns les autres (2) ; » d'autant plus, disions-nous, qu'il n'y est répondu nulle part, et que l'auteur passe immédiatement à la dernière question, celle de l'Incarnation, traitée dans les chapitres 8 et 9. Mais M. Kihn observe avec raison que le chapitre 10 n'est pas sans contenir quelques notions sur la charité chrétienne. Les réponses sont donc seulement interverties : aussi bien, l'amour de Jésus-Christ pour l'humanité, qui, dans l'ordre logique, donne la clef du plan divin, doit servir dans l'ordre pratique de modèle aux rapports des hommes entre eux. Quoi qu'il en soit, avec ce chapitre 10 finit toujours pour nous l'Épître à Diognète, malgré le plaidoyer de M. Kihn en faveur des deux paragraphes ajoutés dans le manuscrit. On lui concédera, s'il veut, que le prototype du ve siècle les faisait suivre à un très petit intervalle. Cependant l'exiguïté de la lacune, qui faciliterait le rapprochement des parties d'un même texte, ne permettra jamais de rattacher l'un à l'autre deux morceaux entièrement disparates.

Reste maintenant à définir d'une façon plus précise l'origine de notre épître, ce qui a été rendu possible, grâce à un critérium fourni il y a peu d'années par l'histoire littéraire des premiers siècles. Les conclusions

<hr/>

(1) *Praefat. libri subnotationum in verba Juliani*, Migne, *Patr. lat.*, t. **XLVIII**, p. 109.

(2) Cf. la traduction que nous avons donnée de l'*Épitre à Diognète* dans les *Annales de philosophie chrétienne*, n° de mars 1881, et en particulier la note de la page 564.

de M. Kihn relativement à ce second point, c'est-à-dire à la date, l'auteur et le destinataire de l'ouvrage, sont développées dans les deux chapitres suivants de son livre, lequel se termine par une traduction allemande de l'Épître. Il serait bien trop long d'énumérer toutes les dates mises en avant jusqu'à présent. Déjà ici (1), nous avions eu occasion de dire un mot de la date qui avait été proposée par feu le professeur Keim ; on ne sera pas surpris de la retrouver dans son grand travail sur Rome et le christianisme, œuvre posthume pub iée dernièrement par le pasteur Ziegler. Nous espérons entretenir une autre fois les lecteurs du *Bulletin critique* de ce travail intéressant sous plus d'un rapport. Aujourd'hui il suffira de faire remarquer que l'éditeur ne regarde tout au plus que comme une conjecture ingénieuse l'allusion à Marc-Aurèle et Commode que son ami avait cru apercevoir ; en revanche, il accorde une plus grande importance à la convenance générale des temps avec ceux du *Discours véritable* de Celse, écrit vers 178 environ. Nous répétons que pareille convenance s'étend à tout le second siècle. Méliton et Athénagore, il est vrai, dénoncent tous deux la persécution dont, au témoignage exprès du polémiste païen, les chrétiens sont l'objet de la part de l'empereur philosophe. Mais n'y avait-il pas eu des apologistes avant eux, et par conséquent des persécuteurs ? Saint Justin sous Antonin-le-Pieux, sous Hadrien Quadratus et Aristide n'avaient-ils pas élevé la voix pour la défense de leurs coreligionnaires ? Quant aux supplices indiqués par l'épître à Diognète, la peine du feu et celle des bêtes féroces n'avaient-elles pas été subies sous Trajan par l'évêque Ignace d'Antioche, et sous Antonin par l'évêque Polycarpe de Smyrne ? Vers le milieu du second siècle également, Publius, évêque d'Athènes, souffrit le martyre, et son église, ainsi que le rapporte un contemporain, Denys de Corinthe, fut si fortement éprouvée qu'elle sembla un instant presque entièrement détruite. Toutes ces considérations méritent d'entrer en ligne de compte, et ne laissent à la date de 178 aucun titre spécial à la préférence. Ainsi ont pensé ceux qui, comme M. Kihn et nous-même, fondés sur des motifs que Keim n'a pu connaître, retrouvent l'auteur de l'épître à Diognète chez l'athénien Aristide.

On sait que ce philosophe chrétien présenta à l'empereur Hadrien, lors de son séjour à Athènes pendant l'hiver 125-126, une apologie dont il existe un fragment récemment découvert en arménien. Au ive siècle on la possédait encore en grec ; elle ne se trouvait pas toutefois dans la bibliothèque d'Eusèbe à Césarée, tandis que saint Jérôme l'a eue entre les mains. Nous insistons sur ce point, car il a été nié récemment

---

(1) *Bulletin critique* du 1er janvier 1882, p. 311 : compte rendu des articles du Dr Dräseke sur l'*Épître à Diognète.*

par M. Harnack. Autre chose est le succès attribué à la démarche d'Aristide par saint Jérôme dans sa chronique, succès sur lequel ce dernier s'est mépris (1); autre chose est la valeur intrinsèque d'une apologie : la seule lecture peut mettre quelqu'un à même de la juger. Le célèbre docteur latin, incriminé par l'orateur Magnus à l'instigation de Rufin sur ce qu'il introduisait des passages d'auteurs profanes dans ses ouvrages, lui répond en énumérant toute une série d'auteurs chrétiens qui l'avaient précédés dans cette voie, et il lui oppose, entre autres, l'exemple d'Aristide et de saint Justin (2) : « *Aristides philosophus, vir eloquentissimus, eidem principi (Hadriano) apologeticum pro christianis dedit contextum philosophorum sententiis; quem imitatus postea Justinus et ipse philosophus, Antonino Pio et filiis ejus senatuique librum contra gentiles tradidit, defendens ignominiam crucis et resurrectionem Christi tota praedicans libertate.* » — Voici deux apologistes qui s'adressaient à des princes païens : Aristide a rempli son livre de pensées empruntées aux philosophes, saint Justin l'a imité, cela ne les a point empêchés de rendre à leur foi un courageux témoignage. Tel est en substance l'argument. Il n'est cependant question de rien de pareil chez Eusèbe, qui, pour Aristide, se borne à mentionner l'apologie comme existant dans un grand nombre de bibliothèques de son temps. Si saint Jérôme n'avait pas pris lui-même connaissance de cette apologie, aurait-il pu s'exprimer ainsi qu'il l'a fait? Il eût été vraiment trop facile à son adversaire de le convaincre de fausseté. Or, nous sommes aujourd'hui en présence d'un fragment de l'œuvre d'Aristide qui correspond à la description de la lettre à Magnus. Ce n'est pas ici le lieu de répéter les citations de Platon que nous avons signalées (3), ni de reprendre un à un les parallèles qu'il a été facile d'établir avec les différents apologistes du second siècle. Nous nous contenterons de produire un nouveau rapprochement entre Aristide et saint Justin (4). La traduction latine du premier est ainsi conçue : « Ipse (Deus) sine nomine, quod quicumque nomine appellatur creatus est factusque ab alio. » Le texte grec du second porte : Ὄνομα δὲ τῷ πάντων πατρὶ θετόν, ἀγεννήτῳ ὄντι, οὐκ ἔστι 'ἔστι'ῷ ῷ γὰρ ἂν ὀνόματι

_____

(1) P. 100. — Le rescrit de l'empereur à Minicius Fundanus, qui n'est à proprement parler qu'une interprétation de celui de Trajan, est antérieur à l'apologie d'Aristide.

(2) *Ep. ad Magnum.* Migne, *Patr. lat.*, t. XXII, p. 665 : « Quod autem quaeris in calce epistolae tuae, cur in opusculis nostris saecularium litterarum ponamus exempla, et candorem ecclesiae ethnicorum sordibus polluamus : breviter responsum habeto. »

(3) *Revue des questions historiques*, 1ᵉʳ octobre 1880 : l'Apologie d'Aristide et l'Épître à Diognète.

(4) Ce rapprochement, qui nous avait échappé, est dû à M. Rummler, *De Aristidis philosophi atheniensis*, etc., p. 10. — V. saint Justin II *Apol.*, c. 6 ; Migne, *Patr. gr.*, t. VI, p. 453.

προσαγορεύηται, πρεσβύτερον ἔχει τὸν θέμενον τὸ ὄνομα.. L'imitation est visible :
M. Harnack le reconnaît, et il n'en écrit pas moins que les renseignements donnés par saint Jérôme sont une amplification absolument
sans valeur de la mention d'Eusèbe (2). Laissons M. Buecheler qualifier ce procédé : « Le soupçon, dit-il, que saint Jérôme n'ait fait que
broder sur Eusèbe peut être purement et simplement écarté comme injurieux pour la science et la parole du Père de l'Église, et comme ne
reposant que sur une lecture inexacte des témoignages. » Nous serons
donc autorisés à interroger avec confiance l'auteur du Catalogue des
écrivains ecclésiastiques relativement à l'apologie de l'athénien Aristide.
« *Quod usque hodie perseverans*, dit saint Jérôme, *apud philologos
ingenii ejus indicium est,* » nous mettant ainsi du même coup sur
la voie de la paternité de l'épître à Diognète. Il n'est pas, en effet,
d'œuvre grecque chrétienne des premiers siècles dont le style soit aussi
pur, la composition aussi parfaite, de l'aveu de tous, que notre épître ;
et si le mérite de bien écrire a été attribué par l'antiquité profane au
seul Aristide, nous avons du moins une présomption qu'elle a dû éma-
ner de sa plume. Mais là ne s'arrêtent pas les preuves. Comme l'apologie a mis à contribution le Timée, ainsi dans l'épître l'inspiration plato-
nicienne est manifeste ; l'une et l'autre contiennent une classification
particulière des différentes races sous le rapport religieux ; l'une et
l'autre sont à leur façon un écho du discours de saint Paul devant
l'Aréopage ; de plus l'épître répond à une série de questions bien déter-
minées que ne traitait pas l'apologie, mais qu'elle avait clairement soulevées « Bref, la raison d'être et l'effet produit, la conception et la mise
en œuvre, le plan et la structure, la langue et a méthode, la terminologie
et la manière de citer, la doctrine et l'enchaînement logique, tout trahit
une provenance commune des deux écrits (3). »

Nous renvoyons volontiers pour les détails de la démonstration au
livre si consciencieux de M. Kihn auquel nous adresserions seulement un
reproche, celui de ne pas toujours suivre une marche assez précise qui
lui fasse éviter la diffusion.

Mais le présent exposé serait incomplet, si nous passions sous silence
une conjecture de M. Kihn (lui-même permet de n'y point voir autre

---

(2) *Op. supr. cit.*, p. 104 : « Alles dies sind vollig werthlose Ausmalungen
des eusebianischen Berichtes. » Cf. Buecheler, *Rheinisches Museum* 1880,
fasc. II, p. 282.

(3) P. 120. — M. Kihn insiste, p. 149, sur ce que l'épître forme un tout par
elle-même, bien que destinée à compléter l'apologie. Nous sommes entièrement d'accord avec lui sur ce point, et si, afin de donner une idée des rapports étroits qui unissent les deux écrits, nous avons dit qu'ils étaient l'un à
l'autre comme un postscriptum à une lettre, ce mot de postscriptum n'a
jamais été dans notre pensée qu'un terme de comparaison.

chose) d'après laquelle l'épître aurait été adressée à l'empereur Hadrien comme l'apologie. Il est naturel, dit-il d'abord, de penser que celui qui la première fois avait entendu Aristide, ait songé plus que tout autre à lui réclamer un supplément d'informations. Ensuite, Hadrien se faisait initier alors aux mystères d'Eleusis ; n'aura-t-il pas pu désirer en même temps pénétrer plus avant dans les mystères du christianisme? Enfin, cette expression κράτιστε Διόγνητε, qui se traduit mot à mot par : puissant fils de Jupiter, semble bien être un titre impérial. Ici nous répliquerons : L'appellation serait admissible à cette époque assurément, mais jamais sur les lèvres d'un chrétien. C'est ce qu'oublie M. Kihn, lorsqu'il cherche dans le mystère de l'Incarnation, Dieu envoyant son Fils aux hommes (1), la possibilité d'une allusion flatteuse à l'égard des empereurs et de leur origine prétendue céleste; il cite même l'invocation d'Horace à Jupiter : *Tu, secundo Caesare, regnes.* Tous les apologistes protesteraient avec nous contre une pareille interprétation, et sans attacher au témoignage d'Adon plus de valeur qu'il ne convient, nous devrions constater qu'il s'est singulièrement mépris en nous rapportant qu'Aristide affirmait dans son Apologie *quod Christus solus esset Deus.*

Nous continuerons donc à prendre Diognète pour un nom propre et à exclure l'acception d'un nom commun; quant à l'épithète κράτιστε, nous ferons remarquer que saint Luc la décerne à Théophile dans la préface de son Évangile, sans qu'on ait songé pour cela à transformer celui-ci en souverain. On peut aussi se demander jusqu'à quel point allait la curiosité d'Hadrien en fait de matières religieuses, et si son scepticisme épicurien était compatible avec le désir de s'instruire et la bonne foi qui perce chez Diognète, quel que soit du reste ce personnage.

HENRY DOULCET.

---

73. — **Histoire des Romains** par V. DURUY, édition illustrée, t. V avec 442 gravures, 3 cartes, 1 plan et 4 chromolithographies. Paris, Hachette 1883, grand-in 8°.

Le texte de ce tome V comprend les règnes d'Adrien, d'Antonin et de Marc-Aurèle (117-180), c'est-à-dire la plus belle période de l'empire romain. L'histoire en est courte, comme celle de tous les temps heureux. Aussi la plus grande partie du volume est-elle consacrée à une étude d'ensemble sur l'Empire et la société romaine au deux premiers siècles de notre ère. M. Duruy y passe en revue la famille, la cité, les provinces le gouvernement, l'administration, les mœurs et les idées. Ce dernier

---

(1) *Ep. à Diogn.*, c. 7, 4 : Ὡς βασιλεὺς πέμπων υἱὸν βασιλέα. Cf. le livre de M. Kihn, p. 81. — C'est ce passage que Keim interprétait tout à fait gratuitement comme ayant trait à la situation politique de Marc-Aurèle et de Commode.

chapitre est particulièrement intéressant : il y est beaucoup question de la situation religieuse de l'empire, de l'effondrement des anciens cultes, de l'invasion des dieux orientaux et des progrès du christianisme. Sur ce point, on peut toujours regretter que M. Duruy, très respectueux pour les croyances chrétiennes, ne se montre pas suffisamment informé. Le récent ouvrage de M. Roller sur les Catacombes lui a fourni, pour cette seconde édition, des suppléments qui ne sont pas toujours heureux. L'illustration elle-même, en ce qui regarde les monuments chrétiens eût gagné à être puisée à ses véritables sources et non aux héliogravures de M. Roller. La vierge de Priscille par exemple est fort mal reproduite. On aurait dû la prendre dans les *Imagine selectae* de M. de Rossi. J'ai cherché en vain la belle statue du bon Pasteur qui figure au musée de Latran (1). On l'aura peut-être réservée pour le prochain volume. Dans le reste de l'illustration, outre les beaux Adriens, Antonins, Marc-Aurèle, il faut signaler les chromolithographies représentant les *Noces Aldobrandines* du Vatican, les *Gladiateurs* du Latran et les vases de Bernay du cabinet de France ; une curieuse restauration de la forteresse romaine de Troesmis sur le Bas-Danube, les bas-reliefs de la colonne Antonine, etc. Au milieu de toutes ces images romaines s'est égaré un jeune cavalier athénien, descendu des frises du Parthénon (p. 148) ; apparition gracieuse et surtout instructive, bien propre à faire sentir la distance qui sépare le siècle de Périclès et celui de Marc-Aurèle. Qu'il y a loin, grand Dieu ! Mais la décadence va marcher bien plus vite encore : l'illustration de ce volume est déjà plus utile qu'agréable ; au tome suivant nous verrons déjà des horreurs. Espérons que M. Duruy saura les tempérer par quelques emprunts à Phidias. — Des cartes, je demande toujours des cartes, avec les limites des provinces ; ce qu'on a fait pour le présent volume ne signifie pas grand chose.

L. D.

---

74. — Les Chroniqueurs de l'histoire de France, depuis les origines jusqu'au xvie siècle, texte abrégé, coordonné et traduit par Madame de Witt née Guizot. 1re série : de Grégoire de Tours à Guillaume de Tyr. 11 planches en chromolithographies, 47 grandes compositions et 267 gravures d'après les monuments et les manuscrits de l'époque, un vol. in-4. Paris, Hachette, 30 francs.

(1) Je saisis cette occasion pour annoncer aux lecteurs du *Bulletin critique* que j'ai fait prendre un moulage de cette charmante statue ; on peut s'en procurer des reproductions en grandeur naturelle chez M. Raffl, 34, rue Bonaparte. Les statues chrétiennes antiques sont des objets fort rares. Celle-ci se distingue entre toutes par la grâce et le naturel de la pose et de l'expression. Quelques personnes la font remonter au second siècle. Cela n'est pas impossible ; toutefois je la croirais plus volontiers contemporaine de saint Cyprien et de saint Laurent.

75. — Journal de la Jeunesse. Nouveau recueil hebdomadaire illustré. Paris, Hachette.

Il est hors de doute que les travaux des savants ne seront jamais appréciés complètement tant que le grand public n'aura pas une idée au moins générale de l'intérêt que peuvent offrir ces travaux. L'Ecole historique moderne recherche avant tout les documents originaux, les chroniques contemporaines, mais le plus grand nombre des lecteurs sera toujours obligé de se contenter de travaux de seconde main. N'est-ce pas un service lui rendre que de mettre à sa portée, dans la mesure du possible, les monuments de notre histoire nationale. Pour cela il faut faire un travail de préparation qui enlève tout ennui à la lecture, supprimer les longueurs, les redites qui n'effraient pas le savant, mais découragent le lecteur ordinaire. De plus, comme le temps et l'espace sont restreints il sera bon de choisir dans les divers chroniqueurs les passages les plus intéressants en les complétant l'un par l'autre. On arrivera ainsi à reconstituer une véritable histoire de France, écrite par des contemporains, avec les préjugés et les erreurs de leur temps sans doute, mais aussi avec l'animation et la vérité qu'on trouve dans les seuls récits des témoins oculaires. Le lecteur sera alors étonné de l'intérêt sans cesse renaissant que lui offrira le récit; c'est qu'il y trouvera non plus la sèche narration d'un manuel, mais la vie palpitante des acteurs mêmes du drame. Ce programme est celui que Madame de Witt a tenté de réaliser dans le nouvel ouvrage qu'elle vient de publier. Le premier volume que nous avons sous les yeux commence par une introduction sur la Gaule romaine, puis Grégoire de Tours prend la parole et nous raconte les faits et gestes des rois Mérovingiens. Par la plume d'Eginhard, du moine de Saint-Gall, de Pascal Radberd, des chroniqueurs de Saint-Denys, de Raoul Glaber, de Guibert de Nogent, de Guillaume de Tyr pour ne nommer que les principaux, sont successivement tracées ces scènes émouvantes des premiers temps de notre histoire : la vie de Pépin et du grand Empereur Charles, la chute des derniers Carlovingiens et l'avènement de Hugues Capet, la conquête de l'Angleterre, la première croisade.

Le texte est illustré par la reproduction de nombreux monuments. Le procédé est à la fois scientifique et agréable. La vue des monuments, aide à mieux entrer dans la vie d'un peuple quand ils sont reproduits fidèlement et avec goût comme ici. Les sceaux, les médailles, les vitraux, les manuscrits sont de la plus grande ressource en pareil cas, aussi l'auteur les a-t-il mis largement à contribution. Il faut espérer qu'un jour viendra où l'on pourra sans crainte faire disparaître entièrement les compositions originales des artistes modernes : si bien faites qu'elles soient, elles n'apprennent rien àl'histoire. Je préfère de beaucoup la reproduction des tapisseries de Bayeux, de l'Evangéliaire de Charlemagne, des couronnes des rois Visigoths etc. Ajoutons du reste qu'ici ces compositions de fantaisie sont l'exception et que la grande, la très grande place est donnée aux monuments contemporains.

L'auteur nous annonce deux autres volumes semblables, qui se termineront au xvie siècle : qu'ils soient aussi bien conçus et aussi bien exécutés, le succès leur est assuré.

Nous devons signaler encore parmi les livres d'étrennes, la collection du *Journal de la jeunesse*. On est souvent embarrassé pour trouver un recueil à la fois amusant et moral à l'usage des enfants. Le *Journal de la jeunesse* remplit ces conditions. Le *Roman d'un cancre*, le *Tambour du Royal-Auvergne*, sont des nouvelles attrayantes et d'un caractère élevé, mais en même temps les auteurs savent déjà faire entrevoir aux enfants l'intérêt que leur offrira plus tard la science. C'est ainsi que le présent volume contient des études intéressantes sur l'École Polytechnique, sur les observatoires, sur Franklin, et qu'à côté des gravures destinées à illustrer les nouvelles, nous voyons figurer des bas-reliefs romains représentant les cérémonies du cens, ou des frises du Parthénon.

E. B.

---

76. — **La Révolution**, 1789-1882, par CHARLES D'HÉRICAULT. In-4° de 445 pages. Prix broché, 30 francs. Librairie Dumoulin et Cie.

« La question qui est soulevée tous les jours, et, pour ainsi parler, toutes les heures ; celle qui passionne toutes les intelligences et défraye toutes les conversations ; celle qui met en cause tout notre passé et d'où dépend notre avenir ; celle qui renferme en elle toutes les autres questions et dont il n'est permis à personne de se désintéresser un seul instant... c'est *La Révolution*. » Aussi M. Dumoulin, éditeur du remarquable ouvrage sur saint Vincent de Paul, que nos lecteurs connaissent, a pensé, avec raison, qu'il y avait lieu de faire sur ce sujet un livre d'étrennes aussi sérieux et utile qu'agréable et intéressant. Nous devons dire tout de suite qu'il y a réussi.

La compétence de l'auteur est depuis longtemps établie. M. d'Héricault a prouvé, par les *Romans de la Révolution* que tout le monde a lus, qu'il possédait à fond et par le détail, l'histoire de cette époque. Il lui a donc été facile de concentrer, dans un tableau saisissant et animé, le résultat de longues années d'étude et de patientes recherches. Préférant avec raison, pour le but à atteindre, l'ordre logique à l'ordre chronologique, il étudie successivement tous les faits de la Révolution dans l'ordre politique et administratif, dans l'ordre religieux et moral, dans l'ordre social et économique, dans l'ordre intellectuel et artistique. A mesure qu'il étudie ces faits, la lumière jaillit, la vérité éclate. Ne se bornant pas à des généralités vagues et à d'arides résumés, il multiplie les faits curieux, les détails piquants et caractéristiques et fait ainsi bien connaître l'esprit de la Révolution, en en peignant la vie intime. Le résultat en est un récit à la fois aussi scientifique que dramatique et émouvant.

L'auteur cède ensuite la plume à M. Pierre qui étudie la Révolution depuis le 18 brumaire jusqu'à notre époque. M. Pierre montre les suites de la Révolution, et l'esprit est satisfait, après avoir vu se dérouler les grands événements, d'en saisir ainsi les conséquences en un seul tableau.

Le mérite de l'ouvrage est très grand, bien qu'il y ait à faire des réserves sur certaines appréciations. Mais le grand attrait du livre que nous faisons connaître à nos lecteurs est incontestablement dans l'illustration. On sait l'intense clarté que projette l'image sur l'histoire : c'est vrai surtout, comme le remarque l'éditeur, pour l'histoire de la Révolution. Aussi a-t-il mis tous ses soins à parer le texte de M. d'Héricault d'une illustration aussi originale qu'abondante. « Les curieux en seront satisfaits et les plus délicats ne s'en plaindront point. L'image *populaire*, qui répandait jusqu'au fond des campagnes, l'idée révolutionnaire ou la haine de cette idée ; l'image *officielle*, consacrée à reproduire les solennités bruyantes ou lugubres d'un temps où il n'y eût peut-être pas un seul jour sans émotion et sans couleur; l'image *plaisante* ou la caricature, fine ou grossière, qui vulgarisait les principes et dépopularisait les hommes, tels sont les éléments multiples et variés d'une illustration que nous avons voulu, pour élever les âmes, compléter par des compositions de grand style, par des reproductions de tableaux célèbres. Rien n'est plus frappant, rien n'est plus précieux qu'un tel ensemble. » L'éditeur n'a rien épargné pour réaliser ce plan. On remarquera surtout les deux portraits de Louis XVI et de Marie-Antoinette, le premier d'après Collet, et le second, superbe eau forte de Toussaint, d'après une miniature du XVIIIe siècle. Signalons encore la très curieuse gravure populaire de l'arrestation du roi à Varennes, reproduite en chromolithographie (Lemercier); le portrait à la sanguine de Mme Roland ; le Marat mourant de David, le Masque de Béranger, la noce sous le Directoire, admirables gravures sur bois de Pannemaker, l'Appel des dernières victimes de la Terreur, chromolithographie... etc. etc.....

Ajoutons, en terminant, que l'ouvrage est précédé d'une introduction sur la France avant 89, extraite de l'Histoire de la Révolution de M. de Saint-Albin, et que deux appendices, l'un sur les causes de la Révolution, l'autre sur les origines du drapeau tricolore, le complètent.

On voit que rien ne manque, pour faire de ce livre une œuvre pleine d'intérêt, qui sera, nous le prédisons, accueillie par tous avec faveur.

A. DE St. A.

77. — **Lady Anne Blunt**. Voyage en Arabie, pèlerinage au Nedjed, berceau de la race arabe, avec une carte et 60 gravures sur bois, traduction de M. DEROME. Paris, Hachette, un vol. in-8° LXVIII — 447 pages, prix 10 francs.

Ce livre est le dernier paru de cette collection de voyages dont la librairie Hachette poursuit la publication. Quoique plusieurs de ces volumes se recommandent des noms si populaires aujourd'hui de Cameron, de Livingstone, de Palgrave, de Stanley..., etc., celui de Lady Anne Blunt prendra place parmi les plus remarqués. Lady Blunt est elle-même une personnalité intéressante. Petite fille de Byron, femme de M. Wilfrid Blunt, l'auteur d'une étude sur les Nomades de la vallée de l'Euphrate, et l'ancien secrétaire d'Arabi Pacha, elle fut la compagne de ses voyages, de ses fatigues et de ses travaux. Elle devait, par tradition de famille, aimer l'Orient : elle était, plus que personne, préparée à l'étudier. C'est le Nedjed, berceau de la race Arabe, que Lady Blunt a visité ; partie peu connue de l'Arabie, dont les limites ont été l'objet de discussions trop longues pour être reproduites ici, et qui correspond à peu près à ce que nous pourrions appeler l'Arabie centrale. C'est là que vivent ces populations nomades, d'une puissante vitalité, réfractaires aux influences étrangères, obéissant, en toutes choses, à une « *coutume* » dont l'origine se perd dans la plus haute antiquité. Ce livre n'est pas, à vrai dire, le premier qui nous entretienne de ces mystérieuses régions. Un professeur finlandais, Wallin, déguisé en religieux musulman, les a parcourues en 1848, mais il n'a laissé qu'un récit très abrégé de son voyage. Guarmani, levantin d'origine italienne, chargé par le gouvernement français d'acheter des chevaux dans le Nedjed, a pu, en sa qualité d'oriental, recueillir sur place de précieux documents. Mais son récit est confus, il néglige la géographie physique, et on ne peut suivre sur ses cartes les voyages dont il a fait le récit en 1865 à la Société de géographie. Palgrave est plus célèbre : ses deux volumes ont une valeur dont le public a été frappé ; son récit est des plus émouvants, mais il contient de graves lacunes, et le livre de Lady Blunt y supplée admirablement. On se ferait une idée très fausse de l'ensemble de la vie orientale au désert, si on la jugeait d'après le livre de Palgrave. Cet auteur soutient une thèse, autant et plus encore qu'il ne raconte. Il a, pour la vie nomade, un mépris préconçu qu'il ne cherche pas à dissimuler ; il n'a guère pris la peine de l'étudier par lui-même il la juge sur des renseignements intéressés et souvent menteurs. Chargé, en 1862, par l'empereur Napoléon III, d'une mission politique secrète, c'est aux populations des villes qu'il eut affaire ; c'est elles surtout qu'il a décrites avec exactitude. Lady Blunt au contraire a vécu avec les nomades et comme eux ; des circonstances romanesques, bien que véritables, l'ont fait accueillir, par les populations qu'elle visitait, comme une femme de leur race ; elle a pu pénétrer là où, en Orient, un homme n'aurait jamais entrée, dans les harems ; elle a causé avec les femmes, elle a été mêlée à tous les actes de la vie pastorale. Aussi, son livre offre un intérêt spécial et inconnu jusqu'à ce jour. Ajoutons à cela que Lady Blunt n'a aucune thèse à soutenir, aucune préoccupation, si ce n'est celle de voir, d'écouter et de rédiger avec sincérité un journal où elle raconte simplement sa vie errante. Elle complète son récit par des dessins qu'elle exécute elle-même, par des observations scientifiques, par d'importantes rectifications géographiques qu'elle consigne sur une carte excellente. En lisant, dans ce livre d'un style clair et précis, le récit de ces fatigues si courageusement supportées et si simplement racontées, on redit avec surprise et admiration le mot du poète : *Dux femina facti* ! (1)   H. T.

78. — **Musaici cristiani** e saggi dei pavimenti delle chiese di Roma anteriori al secolo xv con cenni storici e critici del commendatore Gio. Battista DE ROSSI con traduzione francese. Rome, Spithœver, fasc. ii-xii.

Bénies soient la science et l'industrie modernes qui ont mis au service de l'art les ressources de la chromolithographie ! Voici une des plus admirables applications que l'on ait faites de cette invention merveilleuse. Quel est le voyageur, qui ne se soit arrêté avec complaisance devant les splendides mosaïques des vieilles églises romaines ? Quels heureux moments que ceux que l'on passe devant les merveilles de ce genre que recèlent les églises de Ravenne, de Milan, de Naples, de Torcello, de Salonique et de Constantinople ! Mais il est difficile de s'en procurer des souvenirs matériels. La photographie ne saisit pas facilement les absides hémisphériques ; la gravure les gâterait en les reproduisant avec trop de fini ; ni l'une ni l'autre ne sauraient rendre l'effet de ces coloris simples, mais imposants, relevés par les reflets d'or des vastes fonds. Et pourtant, même en dehors de l'intérêt de souvenir qui peut porter à rechercher d'exactes reproductions, la science, l'histoire de l'art, l'archéologie, l'histoire proprement dite réclament qu'ils soient enfin publiés avec tout le soin possible. C'est ainsi qu'ils pourront être étudiés fructueusement, à l'abri des révolutions du goût et de la manie des restaurateurs.

(1) Le volume est précédé d'une introduction très étudiée du traducteur, M. Derome, sur les populations nomades, d'une préface de M. Wilfrid Blunt, et suivi de deux appendices, l'un sur la géographie physique de l'Arabie du nord, l'autre, sur l'intéressante question du Wahabisme, d'après des renseignements fournis par le colonel C. Ross.

C'est vers l'année 1860 que le gouvernement pontifical mit en train la publication chromolithographique des mosaïques romaines. L'établissement fondé à cet effet passa depuis aux mains de MM. Spithœver et Haas, qui ont continué l'œuvre avec lenteur, mais avec suite. M. de Rossi en a toujours eu la direction scientifique. C'est lui qui surveille l'exécution des planches avec la même rigueur impitoyable qu'il déploie pour celles de sa *Roma sotterranea;* c'est encore lui qui en donne le commentaire avec toutes les ressources de son érudition d'historien et d'antiquaire. L'ouvrage paraît en fascicules; fascicules, est le terme technique, mais ce diminutif ne doit pas faire illusion. Il s'agit d'énormes atlas de 70 centimètres sur 55. Les feuilles de texte ont les mêmes dimensions que les planches; ce n'est pas très commode et peut-être eût-il mieux valu en faire un volume à part, d'un moindre format. Mais, on n'en a que la moitié à lire, car elles sont imprimées en deux langues, italien et français.

Je n'ai point à faire l'éloge d'un pareil travail. Le nom de M. de Rossi recommande assez et le texte et les reproductions. Ce qu'il y a de mieux à faire, c'est de dresser ici, à propos du fascicule double (xi-xii) qui vient de paraître, un catalogue des monuments publiés jusqu'à ce jour, dans ce splendide recueil. Les voici, dans l'ordre chronologique :

IVe *siècle.* — Mosaïque de la bibliothèque Chigi ; deux portraits de défunts, provenant du cimetière de Cyriaque.

V^e *siècle.* — Abside de la chapelle des saintes Rufine et Seconde, au baptistère de Latran, anciennement affectée à la cérémonie de la Confirmation.

Décoration intérieure de Sainte-Sabine sur l'Aventin.

VIe *siècle.* — Abside des Saints-Côme et Damien (526-530).

Arc triomphal de Saint-Laurent-hors-les-murs (v. 590).

VIIe *siècle.* — Abside de Sainte Agnès-hors-les-murs (v. 630).

IXe *siècle.* — Abside de Sainte-Praxède   (847-824).

Arc triomphal de la même église.   *id.*

Chapelle Saint-Zénon, *ibidem.*   *id.*

Abside de Sainte-Cécile.   *id.*

XIIe *siècle.* — Abside de Saint-Clément (v. 1110).

Abside de Sainte-Marie *in Trastevere* (v. 1140).

Façade de la même église   *id.*

Abside de Santa-Maria-Nuova (v. 1161).

XIIIe *siècle.* — Abside de Sainte-Marie *in Trastevere*, partie inférieure (1291).

Abside de Sainte-Marie-Majeure (1295),

Façade de la même église (v. 1300).

Abside de Saint-Jean-de-Latran. *id.*

De plus, six planches représentent les détails du beau pavé de Sainte-Marie-Majeure.

Dans son commentaire, M. de Rossi s'attache d'abord à distinguer toutes les retouches dont chaque mosaïque a été l'objet. Au besoin, il restitue d'après les descriptions ou copies anciennes, soit publiées, soit manuscrites, toutes les parties actuellement disparues ou refaites. Puis il détermine la date et quelquefois l'auteur du monument : enfin il en donne une explication détaillée. De cette façon on n'est pas exposé à égarer son intérêt sur les retouches modernes et c'est là un grand point. Ces monuments, en effet, ont une longue histoire : plus d'un, à force d'être remanié, se trouve maintenant assez loin de sa forme primitive Voilà par exemple la mosaïque des saints-Côme et Damien. Elle contenait originairement une figure en pied du pape Félix IV (526-530), mais sous Grégoire XIII, comme il lui était arrivé un accident, on la remplaça par l'image de saint Grégoire, patron du pape régnant. Cette image devait être de fantaisie, tandis que celle de Félix IV était certainement un portrait, avec le costume du temps. Sous Alexandre VII saint Grégoire fut écarté et on rétablit Félix IV, mais un Félix IV dans le goût du xviie siècle. Il y est encore et il est bon d'être averti, afin de ne pas prendre cette figure maniérée, posée et drapée comme une statue de Bernin, pour un pape du temps de Théodoric.

Les mosaïques absidales de Sainte-Marie-Majeure et de Saint-Jean-de-Latran ont subi des vicissitudes bien plus compliquées. Jusqu'à ces derniers temps, on y voyait des œuvres de la fin du xiiie siècle ; les noms des artistes, écrits au bas, et les portraits de saints franciscains, au milieu de la composition principale, semblaient interdire toute autre attribution chronologique. Mais M. Eug. Müntz — et ce n'est pas un des moindres services que sa sagacité et ses patientes recherches aient rendus à l'histoire de l'art — est parvenu à distinguer plusieurs époques dans l'ensemble de ces grandes œuvres. Il a montré que l'abside de Sainte-Marie-Majeure avait d'abord été occupée par une immense vigne symbolique avec une composition centrale maintenant disparue et un large fleuve où se jouaient des génies pêcheurs, des cygnes, des poissons, etc. Ce fleuve subsiste encore et il reste une bonne partie de la vigne ; mais la composition centrale a été remplacée par un couronnement de la Vierge, avec des saints et autres personnages accessoires. Il en était de même à Saint-Jean-de-Latran, où le large fleuve qui régnait au dessous de la composition principale était un reste de la mosaïque antérieure au xiiie siècle. Ces considérations permettent de faire remonter jusqu'au ve siècle de notables parties de ces belles mosaïques. Dans son commentaire sur celle de Sainte-Marie-Majeure, M. de Rossi accepte les idées de notre compatriote. Quant à la mosaïque de Saint-Jean-de-

Latran, il n'en a publié que la chromolithographie; son commentaire est remis à plus tard et pour une trop bonne raison, hélas! C'est qu'il lui faudra faire l'oraison funèbre du monument. Elle n'est plus, cette belle, cette splendide mosaïque, œuvre de tant de mains, depuis les artistes romains du temps de Sixte III et de Léon le Grand, jusqu'à Jacques Torriti, le contemporain de Giotto. Elle a disparu la fameuse image du Christ, qui, disait la légende, se peignit d'elle-même sur le fond de l'abside, le jour où saint Sylvestre et l'empereur Constantin dédièrent solennellement la basilique épiscopale de Rome. Quelle main barbare s'est abattue sur ces nobles souvenirs? Ah! ne me le demandez pas; j'aurais regret à vous le dire. Mais si vous vous en informez à Rome vous saurez que ce ne sont ni les Goths, ni les Vandales, ni les Barberini, ni les *Buzurri*. — On la refera dit-on. — Je veux l'espérer et je compte sur la chromolithographie de M. Spithœver pour fournir une direction aux restaurateurs futurs.

Le public ne saurait trop encourager une telle entreprise. Il serait également à désirer qu'à défaut d'un éditeur aussi courageux que M. Spithœver, il se trouvât quelque prince ou quelque nadab, ami de l'art, pour faire reproduire ainsi les mosaïques de Ravenne, et surtout celles de Salonique et de Constantinople. Il y a eu, je le sais, pour ces dernières, quelques tentatives; mais les publications de Texier et de Salzenberg sont bien peu de chose en comparaison de celle-ci, et ceux qui les ont dirigées n'étaient point des J. B. de Rossi.

C'est le 11 de ce mois, jour anniversaire du pape saint Damase, que les savants et les Mécènes de toute l'Europe, réunis dans le musée du Latran, sanctuaire de l'épigraphie et de la sculpture chrétiennes, et l'une des plus belles œuvres de sa science et de son zèle, ont remis à l'illustre archéologue romain la médaille commémorative de sa soixantaine. Absent de corps, mais non d'esprit, je me joins à ce concert : *Ad multos annos*! Cette fête de soixantaine est une époque dans une vie si bien remplie, mais une époque encore éloignée du terme. A ceux qui s'absorberaient dans l'admiration du passé, de ces publications imposantes, de ces musées, de ces monuments déblayés et rendus à l'étude, je ne crains pas de prédire bien d'autres étonnements. Comme dit une vieille inscription d'Afrique, gravée au fronton d'une église : *Cur homo miraris? Deo juvante meliora videbis.*   L. DUCHESNE.

TABLE ALPHABÉTIQUE

TABLE MÉTHODIQUE

—

VARIÉTÉS

SOUTENANCES DE THÈSES

CHRONIQUE

SOCIÉTÉ NATIONALE DES ANTIQUAIRES DE FRANCE

ACADÉMIE DES INSCRIPTIONS ET BELLES-LETTRES

PUBLICATIONS DE LA QUINZAINE

REVUE DES REVUES

Le Gérant : E. THORIN.